해양문명론과
해양중국

저자

양궈전(楊國楨, Yang Guozhen)

하문대학교 역사학과 교수이며, 하문대학교 역사연구소 소장, 전국 정협 위원, 국무원 학위위원회 위원, 중국해양발전연구센터 학술위원회 위원, 복건성 역사학회 회장 등을 역임하였다. 연구 영역은 중국사, 중국사회경제사, 해양문명과 해양사 연구이며, 주요 저서로는 『林則徐傳』, 『明淸土地契約文書硏究』, 『閩在海中』, 『瀛海方程』, 『明淸時期福建的土堡』, 『明淸福建社會與鄕村經濟』, 『明淸中國沿海社會與海外移民』, 『西海紀游草』, 『海洋與中國叢書』, 『長共海濤話延平』, 『海洋中國與世界叢書』 등이 있다.

역자

김창경(金昌慶, Kim Changgyeong)_부경대학교 중국학과 교수. 연구 영역은 중국문학(문화), 중국 지역 연구이며, 주요 저역서로는 『쉽게 이해하는 중국문화』, 『중국문화의 이해』, 『중국문학의 감상』, 『단절』, 『중국인의 정신』, 『그림으로 읽는 중국문학 오천년』, 『삼파집』 등이 있다.

권경선(權京仙, Kwon Kyungseon)_부경대학교 HK연구교수. 연구 영역은 동아시아 도시사, 이주사, 노동이동이며, 주요 저서로는 『칭다오, 식민도시에서 초국경도시로』, 『다롄, 환황해권 해항도시 100여 년의 궤적』, 『단둥, 단절과 이음의 해항도시』 등이 있다.

곽현숙(郭鉉淑, Kwak Hyunsuk)_부경대학교 중국학과 강사. 연구 영역은 한자문화학이며, 주요 저역서로는 『자류주석』(표점교감전자판), 『한선문신옥편』(표점교감전자판), 『회중일선자전』(표점교감전자판), 『실용선화대사전』(표점교감전자판) 등이 있다.

해양문명론과 해양중국

초판인쇄 2019년 10월 15일 **초판발행** 2019년 10월 30일

지은이 양궈전 **옮긴이** 김창경, 권경선, 곽현숙 **펴낸곳** 소명출판 **출판등록** 제13-522호

주소 06643 서울시 서초구 서초중앙로6길 15, 1층

전화 02-585-7840 **팩스** 02-585-7848 **전자우편** somyungbooks@daum.net **홈페이지** www.somyong.co.kr

값 36,000원

ISBN 979-11-5905-322-1 93910

이 책은 2017년 대한민국 교육부와 한국연구재단의 지원을 받아 수행된 연구임 (NRF-2017S1A6A3A01079869).

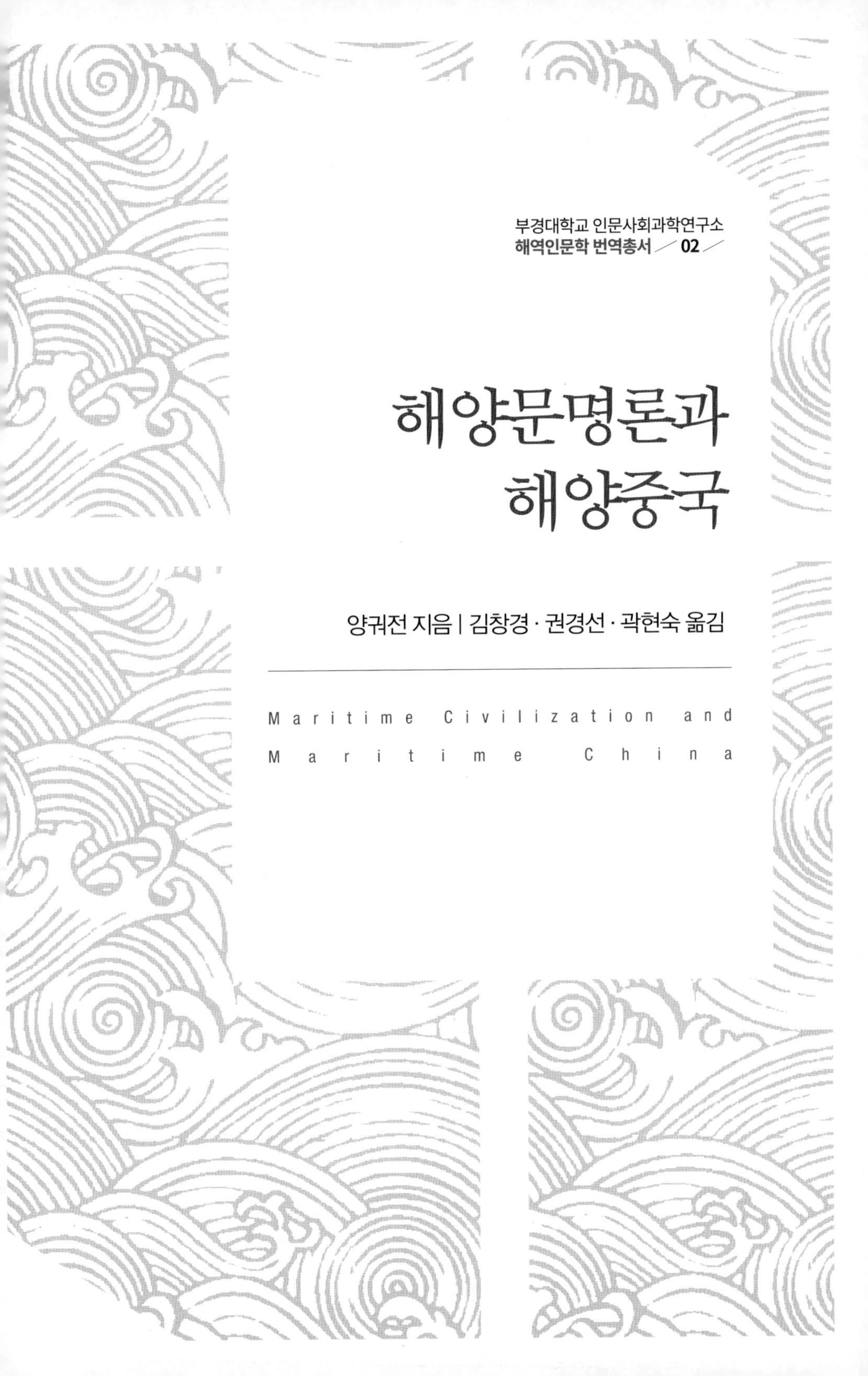

부경대학교 인문사회과학연구소
해역인문학 번역총서 ⁄ 02 ⁄

해양문명론과 해양중국

양궈전 지음 | 김창경 · 권경선 · 곽현숙 옮김

Maritime Civilization and Maritime China

발간사

부경대학교 인문사회과학연구소와 해양인문학연구소는 해양수산 교육과 연구의 중심이라는 대학의 전통과 해양수도 부산의 지역 인프라를 바탕으로 바다를 중심으로 하는 인간 삶에 대한 총체적 연구를 지향해 왔다. 바다와 인간의 관계에서 볼 때, 아주 오랫동안 인간은 육지를 근거지로 살아왔던 탓에 바다가 인간의 인식 속에 자리 잡게 된 것은 시간적으로 길지 않았다. 특히 이전 연근해에서의 어업활동이나 교류가 아니라 인간이 원양을 가로질러 항해하게 되면서 바다는 본격적으로 인식의 대상을 넘어서 연구의 대상이 되었다. 그래서 현재까지 바다에 대한 연구는 주로 과학기술이나 해양산업 분야의 몫이었다. 하지만 인간이 육지만큼이나 빈번히 바다를 건너 이동하게 되면서 바다는 육상의 실크로드처럼 지구적 규모의 '바닷길 네트워크'를 형성하게 되었다. 그리고 이 해상 실크로드를 따라 사람, 물자, 사상, 종교, 정보, 동식물, 심지어 병균까지 교환되게 되었다.

이제 바다는 육지만큼이나 인간의 활동 속에 빠질 수 없는 대상이다. 바다와 인간의 관계를 인문학적으로 점검하는 학문은 아직 정립되지 못했지만, 근대 이후 바다의 강력한 적이 인간이 된 지금 소위 '바다의 인문학'을 수립해야 할 시점에 이르렀다. 하지만 바다의 인문학은 소위 '해양문화'가 지닌 성격을 규정하는 데서 시작하기보다 더 현실적인 인문학적 문제에서 출발해야 한다. 그것은 한반도 주변의 바다를 둘러싼 동북아 국제관계에서부터 국가, 사회, 개인 일상의 각 층위에서 심화되고 있는 갈등과 모순들 때문이다. 이것은 근대이후 본격화된 바닷길 네트워크를 통해서 대두되었다. 곧 이질적 성격의 인간 집단과 문화가 접촉, 갈등, 교섭해 오면서 동양과 서양, 내셔널과 트랜스내셔널, 중앙과 지방의 대립 등이 해역海域 세계를 중심으로 발생했던 것이다.

다시 말해 해역 내에서 인간(집단)이 교류하며 만들어내는 사회문화와 그 변용을 그 해역의 역사라 할 수 있으며, 그 과정의 축적이 현재의 상황으로 나타난다고 할 수 있다. 따라서 해역의 관점에서 동북아를 고찰한다는 것은 동북아 현상의 역사적 과정을 규명하고, 접촉과 교섭의 경험을 발굴, 분석하여 갈등의 해결 방식을 모색토록 하며, 향후 우리가 나아가야 할 방향을 제시해주는 하나의 방법이라고 할 수 있다. 개방성, 외향성, 교류성, 공존성 등을 해양문화의 특징으로 설정하여 이를 인문학적 자산으로 상정하고 외화하는 바다의 인문학을 추구하면서도, 바다와 육역陸域의 결절 지점이며 동시에 동북아 지역 갈등의 현장이기도 한 해역을 연구의 대상으로 삼아 실제적으로 현재의 갈등과 대립을 해소하는 방안을 강구하고, 나아가 바다와 인간의 관계를 새롭게 규정하는 '해역인문학'을 정립할 필요성이 여기에 있다.

이러한 인식하에 본 사업단은 바다로 둘러싸인 육역들의 느슨한 이음을 해역으로 상정하고, 황해와 동해, 동중국해가 모여 태평양과 이어지는 지점을 중심으로 동북아해역의 역사적 형성 과정과 그 의의를 모색하는 "동북아해역과 인문네트워크의 역동성 연구"를 제안한다. 이를 통해 우리는 첫째, 육역의 개별 국가 단위로 논의되어 온 세계를 해역이라는 관점에서 다르게 사유하고 구상할 수 있는 학문적 방법과 둘째, 동북아 현상의 역사적 맥락과 그 과정에서 축적된 경험을 발판으로 현재의 문제를 해결하고 향후의 방향성을 제시하는 실천적 논의를 도출하고자 한다.

부경대 인문한국플러스사업단이 추구하는 소위 '(동북아)해역인문학'은 새로운 학문을 창안하는 일이다. '해역인문학' 총서 시리즈는 이와 관련된 연구 성과를 집약해서 보여줄 것이고, 이 총서의 권수가 늘어가면서 '해역인문학'은 그 모습을 드러낼 수 있을 것으로 기대한다. 끝으로 '해역인문학총서'가 인간과 사회를 다루는 학문인 인문학의 발전에 기여할 수 있는 하나의 씨앗이 되기를 희망한다.

부경대 인문한국플러스사업단 단장 손동주

『중국해양문명 주제 연구』 총서문

개혁 개방 이래 중국의 해양 발전은 놀랄 만한 진전을 가져왔고, 중국의 현대화 움직임을 촉진시켰다. 21세기로 들어서면서 중국의 해양권익 부각과 해양인식의 제고에 따라, 중국의 해양 발전 전략이 국가전략으로 승격되었다. 이는 현대화 건설의 본질적 요구이자 중국역사 발전의 필연적 선택인 것이다.

현대화란 현대문명의 구현이다. 서구에서 추진했던 현대화는 해양에 기대어 발전하였기에, 해양문명은 현대문명의 상징으로 되었다. 대항해 시대에 떠올랐던 서구 대국들은 해외로의 무력정복과 식민지 확장을 끊임없이 진행하였고, 이에 해양문명은 서구자본주의 문명이자 공업문명의 역사적 기호로 되었다. 20세기 해양문명은 해양선진국들에 의해 더욱 이데올로기화되었다. 이들 국가는 '해양-육지'의 이원 대립적 구조를 더욱 과장시켜, 해양은 서구, 현대, 민주, 개방을 대표하고 대륙은 동양, 전통, 전제專制, 보수를 대표한다고 떠벌렸다. 이러한 언어환경 아래 해양문명의 다양성이란 패러다임은 부정되어 중국적이고 비서구적인 해양문명사는 소홀시되었다. 이로 인해 상당 기간 사람들은 중국은 황색문명(농업문명)만 있을 뿐 남색문명(해양문명)이 없다고 믿게 되었다. 그 결과 지금까지 해양의 중요성에 대한 인식에 상당한 제약을 가져다 주었다.

문명은 인류생활의 패턴이다. 문명의 패턴 유형은 일반적으로 생산

방식, 경제생활방식, 의식 형태, 심리요소, 사회 형태로 나눌 수 있다. 경제생활방식의 차이에 따라, 인류문명을 농업문명, 유목문명, 해양문명 등 세 가지 기본 유형으로 구분한다. 지금까지의 연구 성과에서 증명하듯이, 해양문명은 서구의 독자적인 문화현상이 아니다. 서구의 해양문명은 근현대 시기에 자본주의와 서로 연계된 것이지, 자본주의 사회에만 해양문명이 있다는 것과는 결코 동일시될 수 없다. 해양문명 또한 선천적으로 선진문명이 아니라 자체적인 문화 변천의 과정인 것이다. 해양국가와 민족의 해양문명에 드러나는 형식적 차이는 모두 존재적 가치를 지닌다. 해양문명은 인류의 해양물질과 정신적 실천활동에 대한 역사 발전의 성과이자 역사 발전에 중대한 영향을 끼친 요인으로, 여기에는 적극적인 작용과 소극적인 영향이 존재한다. 이러한 해양문명의 관념을 수립하는 것은, 인류해양문명사를 이해하고 복원하여 중국 특유의 해양서사에 대한 기초를 제시하는 것이다.

서구의 논점을 표준으로 삼을 것이 아니라, 중국 자체의 해양문명사가 있음을 인지해야 한다. 중국의 해양문명은 바다와 육지를 하나로 보는 구조 속에 존재하고 있다. 중국은 대륙국가이자 해양국가로, 중화문명 또한 육지와 해양의 이중적 성격을 지니고 있다. 중화문명은 농업문명을 주체로 하고 이와 동시에 유목문명과 해양문명을 포용하고 있어, 다원일체의 문명공동체를 형성하고 있다. 해양문명은 중화문명의 근원 가운데 하나이자 유기적인 구성 부분이다. 해양문명을 드높이는 것은 대륙문명을 비방하거나 서구문명의 무비판적 수용을 고취하는 것이 아니다. 이는 자신의 해양문명 자원과 전통을 발굴하고 그 가운데 현대화에 유익한 요인을 흡수하여, 중국문명의 현대적 전환을 촉진함에 내재적 문화 동력을 제공하기 위한 것이다. 이러한 의미에서 중국해양문명사 연구는 중국의 현대화 과정에 제기된 역사 연구의 큰 주제이다. 그래서 중화민족의 부흥이 완성되지 않는 한 중국해양문명사 연구는 멈출 수 없으며, 앞으로 계속 나아가야 한다.

중국해양문명은 풍부하고 심오하여 현존하는 해양문헌만 줄잡아도 근 1억만 자에 이르지만, 총체적인 수집과 정리가 부족한 상태이다. 1990년대에 대두된 해양사학은 여전히 초보 수준의 발전 단계에 처해 있고, 중국해양문명의 학과 간의 교차와 종합적 연구는 여전히 걸음마 단계에 있다. 이처럼 내재적 문화 축척이 결핍되어 있기에, 중국의 해양 서사敍事는 마음만 앞설 뿐만 아니라 심지어 모순과 혼란을 드러내기도 한다. 이러한 상황 아래 기초적인 이론 연구와 주제 연구는 멀고도 험난하기에 결코 방심할 수 없는 것이다. 이러한 현실에 직면하면서 나는 1990년대부터 중국해양사회경제사와 해양인문사회과학 연구를 진행하여, 『해양과 중국총서海洋與中國叢書』('9・5' 국가중점 도서출판 계획 항목, 12차 중국 도서상 획득)와 『해양중국과 세계총서海洋中國與世界叢書』('10・5' 국가중점 도서출판 계획 항목)의 책임 편집을 맡아 기초를 다졌지만 연구 목표에 도달하기에는 아직 요원하기만 하다.

2010년 1월에 본인이 주제한 교육부 철학사회과학 연구의 중점 과제 중 브레인스토밍 연구과제인 『중국해양문명사 연구』의 연구계획발표 기간에, 교육부 사회과학국의 책임자와 평가 전문가들은 장기적이고도 웅대한 계획을 가지고 에센스본, 멀티볼륨본, 보급본 등을 출간하기를 희망하였다. 그래서 5년 내에 40만 자의 분량의 에센스본, 즉 이 과제의 최종 성과인 『중국해양문명사 연구中國海洋文明史研究』를 책임 편집하고

자 구상하였다. 멀티볼륨본인 『중국해양문명 주제 연구中國海洋文明專題研究』(1~10권)는 250만 자로, '12 · 5' 국가중점 도서계획항목으로 이미 확정되었고, 해양문명과 전략발전연구센터의 계획에 포함되어 있었으며, 아울러 하문대학廈門大學 총장 기금의 후원을 얻었다. 20만 자 분량의 보급편은 『중국해양공간간사中國海洋空間簡史』로 차후 해양출판사에서 출판될 예정이다. 에센스본은 이 항목의 하부 과제의 각 책임자가 집필에 참여하였는데, 그들은 대부분 교수, 연구원, 박사지도교수들이다. 멀티볼륨본과 보급본은 신진 박사나 박사 연구생이 집필하였다. 현재 이러한 작업은 마무리 단계로 접어들었다. 세 종류의 서적은 수정 중이어서 최종 원고로 탈바꿈시키는 임무가 남아 있지만, 초고가 기본적으로 완성되었기에 승리의 서광이 비춰졌다고 할 수 있다.

가장 먼저 이루어진 최종 원고는 바로 멀티볼륨본 10권이다. 기획 초기에는 중국해양통사의 집필 여건이 성숙한 단계에 처해 있지 않았다. 만약 고집을 부려 억지로 그렇게 했다면, 기껏해야 기존의 연구 성과를 조합하는 수준으로 학술의 창조성에 아무런 의미를 지니지 못하였을 것이기에, 주제 연구 방식을 취하기로 하였다. 그래서 『해양과 중국총서』와 『해양중국과 세계총서』에 기초하여 연구 영역을 확대하고 깊이 있는 연구를 진행하였다. 중국해양문명의 의제가 광범위하고 여러 영역을 다루어야 하기에, 단번에 다 해치울 수 없는 것이다. 우리 연구팀은 사실 "견고한 군영에 물 흐르듯 이동하는 병사"여서, 인력상의 출입과 제한으로 5년에 10권이라는 규모는 모두를 극한에 이르게 했다. 이러한 까닭에 끊임없이 끈기 있게 연구를 진행해야만 이후에도 기회가 생겨 연속적으로 해 내려갈 수 있을 것이다.

주제 연구는 생각, 이론, 방법, 자료 등에 있어 새로움이 요구되는데, 투입과 산출의 대비성능이 낮으면 대부분 꽁무니를 빼버린다. 그래서 행정적 자원이나 학술적 자원을 잘 이용하여, '적은 시간에 빠른 효율로 아주 많은 성과를 거둔' 입신양명한 대가의 시각에서 볼 때, 이러한 작업은 정말 하찮은 일로 공식석상에 올려놓을 수 없는 것일 뿐이었다. 이러한 국면을 바꾸려면 뜻있는 자의 더 많은 노력이 필요하다. 다행이 이러한 작업에 선발된 박사 9명은 젊고 혈기왕성하여 주어진 주제를 박사학위 논문에 기초하여 수월하게 진행하였다. 아울러 이들은 길게는 8년 가장 짧게는 4년 동안 최선을 다해 이런 곤란함을 극복하였고, 끊임없이 보강하고 수정하여 마침내 만족할 만한 답안을 내놓았다. 각각의 주제가 "작은 제목으로 큰 문장을 만드는" 학술 연구정신을 제대로 드러내었는데, 이러한 정도에 도달했는지의 여부에 있어서는 독자의 평가와 비판을 기대한다.

양궈전楊國楨

2015년 9월 23일 하문시 거처에서

연구집적형인 본서는 주로 2010년부터 2015년 사이 본인이 주관했던 교육부 철학사회과학 연구 중점 연구 중 브레인스토밍 연구 과제인 『중국해양문명사 연구』의 해양문명과 해양중국의 기초 이론과 실천적 연구에 대한 단계적 성과이다. 이 중 일부분은 이 기간 동안 적었던 조사 연구보고서와 이 시기거나 이보다 조금 빨리 발표한 관련 논문, 강연, 발표, 인터뷰 등이다. 본서의 내용은 크게 세 부분을 다루고 있다. 제1부는 '해양문명론'으로, 기초 이론 연구에 속한다. 이는 해양인문사회과학의 발흥에 대해 정리하고 타 학과에서 사용되는 개념분석 도구를 이해하며, 이를 해양 영역에 어떻게 적응할 것인가를 시도한 것이다. 중국해양문명사 연구는 역사학과가 근간이 되어 관련 학과 영역과 차례로 연결, 융합, 준용하며, 적합한 개념과 설득력 있는 이론 도구를 제공하게 된다. 제2부는 '역사적 해양중국'으로 해양사 연구에 속하며, 기존 연구의 부족분을 깊이 파고들어 논거를 보완한 것이다. 이것은 전체적인 총론 격에 해당하며, 해양을 중심으로 중국해양문명사의 역사 분기 문제를 처음으로 제시하였다. 이것은 또한 구체적인 사례의 탐구로, 역사적 분기점의 전형적인 몇 가지 사례를 취하여 분석하였다. 이러한 연구는 폭넓고 심오하여 끝없는 노력이 필요하다. 여기서 한 작업은 학술적인 축적일 뿐으로 후학을 위해 앞서 길을 마련할 수 있길 바랄 뿐이다. 제3부는 '새로운 유형의 현대해양관'으로 현재 시점 연구에 속한다.

이것은 여러 학과의 '학과 간 정합' 방식을 운용하여, 전 지구적 해양의 중시로부터 해양문명의 현재적 전환을 관찰한 것이다. 아울러 개혁 개방 이래 사회주의 현대화 건설의 실천 속에서 중국해양 발전의 30여 년 간의 경험과 교훈을 통해, 장기적인 추세를 파악하고 새로운 해양관의 이론 구축을 하고자 한 것이다.

중국해양인문을 꿈꾸는 자로, 수 년 동안 수고로움을 아끼지 않고 찾아 나섰고, 세기가 교차하는 이 시기에 중국해양 발전의 역사적 기회와 만난 것은 정말 행운이었다. 나는 다른 이들이 하지 못했던 해양강국이란 이 사업을 전국정치협상회의에서 역설하였고, 뒤이어 '해양정책과 발전 전략의 몇 가지 건의 제안'(1998년 9회 1차 회의 제1034호 제안), '「중화인민공화국 해역 사용 관리법」의 시급한 입안에 관한 제안'(2001년 9회 4차 회의 제2220호 제안), '해양관리자원의 발 빠른 조정으로 해양법 집행 메커니즘의 통일에 관한 제안'(2007년 10회 5차 회의 제769호 제안), '정부의 해양실무 기능 제고에 관한 제안'(2007년 10회 5차 회의 제2244호 제안), 그리고 '중국의 해양권리와 이익에 대한 전폭적 관심'(2007년 10회 5차 회의 대회 발언자료 제53호), '중국해양 기본법의 조기 제정을 위한 건의'(2007년 10회 5차 회의 대회 발언자료 제620호) 등을 제시하였다. 이러한 제안 가운데 이미 실현된 것도 있고, 국가 입법의 의사 일정에 들어간 것도 있다. 중국인이 위대한 해양활동 가운데 이룩한 문명창조를 어떻게 고도화된 이론으로 끌어올릴 것인가가 바로 해양문명 응용 연구의 임무이다. 해양문명 연구는 인문사회과학 분야를 모두 다룬다. 그 가운데 역사학은 장기간 관찰 방법으로 현실에다 역사적 경험을 제공하는 우위를 지니고 있기에, 학제적인 종합 연구에 있어 선도적인 작용을 할 수 있다.

지도층의 중시와 '학술동료그룹' 사우師友들의 격려는 학술적 추구와 책임에 큰 동력이 되었다. 해양인문지식 구조의 단점을 보완하고 역사 연구와 현재적 연구와의 연결을 관통하는 열정을 불러일으키는 데 있어, 그들의 지도와 지지 그리고 도움이 없었다면 이러한 것들을 완성시킨다는 것은 상상하기도 힘들었을 것이다.

나는 2010~2011년 기간의 '격정적인 세월'을 잊을 수 없다. 이 시기는 중국의 새로운 해양 시대가 도래하기 전의 관건적인 시기로, 남방의 작은 섬에 위치한 하문대학이 용솟음치는 시대적 조류의 외침으로 남방해양 연구센터 설립이라는 돌풍을 일으켰다. 2010년 1월 16일 당시 하문대학 주즈원朱之文 당위서기와 예스만葉世滿 총장비서 겸 대학 발전기획처 주임께서 내방하여 해양문제에 있어서 학교가 어떻게 적극적으로 참여하고 어떠한 역할을 발휘할 것인가에 대해 문의하였다. 이에 나는 하문대학의 문과는 해양과 동남아로 지향하는 학술역량을 집적시켜 해양인문사회과학 연구의 플랫폼을 건립해야 한다는 구상을 제시하였다. 이에 대해 그들은 적극적인 찬성을 표시하였을 뿐 아니라 학교의 남방해양센터 설립준비 간부위원회에 나를 참석시켜 힘을 합쳐 사업을 완성하도록 했다. 21일에 거행된 준비위원회 회의에서 그는 거시적 시야와 태도로 국가적 수요와 국가전략에 이바지하는 목표를 가지고, 해양전략이론, 해양권익, 해양법률, 해양역사문화(남양(동남아 일대) 문제와 대만 문제 등을 포함), 해양종합관리, 해양인재배양 등 인문 영역을 해양의 큰 플랫폼 속에 집어넣어야 한다고 하였다. 그의 강열한 해양의식과 국가발전 전략에 이바지하려는 기상은 나를 더욱 고무시켰다. 회의를 마친 후 나는 저우닝周寧 인문대학학장과 허창성賀昌盛 교수의 협조를 받아 삼일 만에 '해양인문사회과학연구 플랫폼'(가칭)의 논거 보고서를 제출하였다. 6월 8일 주즈원 서기와 예스만 총장 비서께서 재차 내방하여, 관련 계획을 좀 더 세밀하고 완전하게 수정한 후 제출하라 요청하였다. 7월 3일 해양센터 건립 준비위원회 회의석상에서 주즈원 서기는 해양인문사회과학연구에 투입은 적지만 발 빠른 행동으로 먼저 시작하고 경비도 우선적으로 지원할 것이라 하였다. 이에 나는 각지의 친구들에게 자문을 구한 후 '해양문명과 전략발전 연구센터'의 보고서를 제출하였다. 주즈원 서기의 지속적인 관심 아래 연구센터는 2011년 1월에 비준을 받아 출범하였고, '해양문명과 전략발전 전문가포럼'을 준비하였다. 나는 이러한 내용을 국내외 친구들에게 알렸고, 이에 광범위한 호응을 얻었다. 리우츠구이劉賜貴 국가해양국 국장, 저우마오핑周茂平 해양국기율위원회 서기, 천밍이陳明義 전 복건성 서기, 예쐉위葉雙瑜 성위원회 비서장, 니위에펑倪樂峰 부성장, 린깐취안林甘泉, 천까오화陳高華, 장하이펑張海鵬, 리우칭쭈劉慶柱, 천주우陳祖武 중국사회과학원 학부위원, 리우난라이劉楠來, 장춘니엔張椿年, 궈송이郭松義 명예학부위원, 리궈창李國强 중국변강사지 연구센터中國邊疆史地研究中心 연구원, 리홍옌李紅岩 중국사회과학원잡지사 연구원, 쑤지란蘇紀蘭 중국사회과학원 원사, 첸청단錢乘旦 북경대학 교수, 리우베이청劉北成 청화대학 교수, 리원하이李文海, 왕스쯔王思治, 팡중잉龐中英 중국인민대학 교수, 하오춘원郝春文 수도사대 교수, 웨이홍윈魏宏運, 펑얼캉馮爾康 남개대학 교수, 허우젠신侯建新 천진사대 교수, 주레이朱雷, 후더쿤胡德坤 무한대학 교수, 저우쩐허周振鶴, 거젠숑葛劍雄 복단대학 교수, 천춘성陳春聲, 리우즈웨이劉志偉, 우이슝吳義雄 중산대학 교수, 판진민範金民 남경대학 교수, 수즈량蘇智良 상해사대 교수, 저우싱궈周興國 양주

대학 교수, 천상성陳尙勝 산동대학 교수, 왕홍빈王宏斌 하북사대 교수, 왕스화王世華 안휘사대 교수, 천동요우陳東有 남창대학 교수, 팡즈위엔方志遠 강서사대 교수, 시에비쩐謝必震 복건사대 교수, 리칭신李慶新 광동성사회과학원 해양사 연구센터 연구원, 커다웨이科大衛 홍콩중문대학 교수, 천지아룽陳佳榮 홍콩 동문, 천궈둥陳國棟 대만중앙 연구원 해양사센터 연구원, 정융창鄭永常 대만성공대학 교수, 콩페이리孔飛力, 송이밍宋怡明 미국 하버드대학 교수, 하마시다 다케시濱下武志 일본도쿄대학 명예교수, 모리 마사오森正夫 나고야대학 명예교수, 리우홍劉宏 싱가폴국립대학 교수, 정문수鄭文洙 한국해양대학교 국제해양문제 연구소 소장, 탕진타이湯錦臺 재미대만학자 등이 편지와 전화로 조언을 아끼지 않았다. 이들은 "해양경제가 존재했다면, 해양문명이 분명히 출현했을 것이고", "넓디넓은 대국에다 광활한 해역을 지녔기에, 중국해양사에 대한 연구가 없을 수 없다. 역사 연구의 학자로서 역사 연구에 아무런 소양이 없는 일부 사람들의 기이한 견해에 귀기울일 필요가 없다"라 하였다. 아울러 이들은 적극적으로 참여하길 기대하며 동시에 해양인문사회과학 연구 플랫폼을 세우는 구상은 "매우 전략적 시야를 지닌 대작이자 큰 배치로, 바다를 헤집는 인재나 궁수가 아니면 할 수 없는 것이고", "많은 성과를 이룰 올해, 동지들과 더불어 큰 뜻을 진작시키고 새로운 기반을 다시 만들어, 사람들의 많은 감탄을 자아내길 바란다" 등의 격려를 해주었다. 이러한 격려에 많은 감격을 받았다. 이 해에 또 대만민주자치동맹 복건성위원회로부터 '해양문화 교류의 심화, 양안동포의 정신적 유대 강화' 프로젝트를 의뢰받아 수행하였고, 국가해양국 중국해양정보센터로부터 '포용적 발전과 현대해양 발전관 연구' 프로젝트를 의뢰받아 조사 연구보고서를 작성하였다. 주즈원 서기가 당해 8월에 복단대학 당위서기로 이임한 후에도, 주총스朱崇實 총장의 지속적인 지지로, 2011년 11월 11일 하문대학에서 '해양문명과 전략발전 포럼'을 성공리에 개최하였다. 초청한 대가와 학자들은 한치의 망설임 없는 선택이었다. 나는 포럼에서 대가들의 깊이 있는 견해를 본 책의 부록에 편성하였는데, 그 의미는 우리들이 역사적 조류의 전열에 서서 공동 노력과 외침으로, 역사로 하여금 '늙었으되 아직 원대한 뜻이 있는' 이러한 중국의 고사를 잊지 않게끔 전파하는 데 있다.

인문학과의 질적인 성과는 학자의 장기적인 학술 축적, 문화적 자각 그리고 개인적 체득에 달려있다. 저우닝周寧 선생은 "1등 학문은 개념을 드러내는 것이고, 2등 학문은 결론을 내는 것이며, 3등 학문은 사료를 밝혀내는 것이다"라 한 적이 있는데, 심사숙고하고 자성自省할 가치가 있는 내용이다. 시대에 따라 그에 적합한 사상이 있고, 또 시국의 변천에 따라 발전하고 변화하는 것이다. 우리의 사고는 그러한 국한성을 가지기에 그 시대의 수준을 반영하여 그 시대의 낙인을 남기게 된다. 초지初志를 굽히지 않아야 할 것은, 우리가 중국해양문명사의 총체와 국가해양 발전전략의 수요에서 출발하여 중국해양문화의 우수한 전통을 계승 발전시키고, 국가해양 소프트파워의 방향과 방법을 제고하여 현대해양문명 건설에 이바지하는 데 노력을 경주해야 한다는 것이다.

본서의 원고를 넘기는 지금, 하문대학 부총장인 리지엔파李建發, 예스만葉世滿, 잔신리詹心麗, 사회과학 연구처와 인문대학 그리고 각 지역 사우師友들의 관심과 지지에 감사를 드리고 싶다. 아울러 한시도 나의 곁을 떠나지 않고 지지해 준 동반자 웡리팡翁麗芳에게 감사를 드린다. 그녀의 지혜로움과 예지력, 그녀의 확고함과 걱정은 나에게 큰 힘이 되었다. 그대의 손을 잡고 해로하며, 그대와 누렸던 시간을 아주 소중히 여길 것이다. 아울러 온 마음으로 그대를 보호하고 동행하며 돌볼 것이다. 본서의 초고가 완성된 후 몇 차례 문장을 다듬었고, 박사생인 왕펑쥐王鵬擧, 리우루루劉璐璐, 왕샤오동王小東, 천천리陳辰立 등이 수정과 대조 작업을 도와주었다. 선택 과목인 '해양사학술전연추종海洋史學術前沿追踪'을 수강한 학위 과정의 2014학번 인문대학 박사생 그리고 남해 연구원의 박사생들도 고귀한 수정의견을 개진하여 주었기에, 이에 감사의 뜻을 표한다.

양궈전

2015년 가을에

한국어판 서문

해양 세기로 진입하면서 해양의 지위가 날로 높아지고 있다. "미래 문명의 출로는 해양에 있다"라는 이 명언은 전 세계의 많은 사람들로부터 각인되어지고 찬동을 받고 있다. 해양을 인식하고, 해양을 개발하며, 해양을 이용하고, 해양을 경영하고 다스리며, 해양을 보호하는 것은, 인류사회의 발전과 창조에 광활한 공간과 무대를 제공하였다. 이러한 시대 배경 아래, 해양인문사회과학이 초연히 일어나 새로운 성과를 거두고 새로운 공헌을 이루어, 인류 지식과 학술 누적의 성장점으로 되었다.

해양인문사회과학의 건설은 국제적으로 실험 단계에 있어, 아직 공인된 모델이 형성되지 않았다. 그리고 후발 해양국인 아시아 해양국가에서는 이제 막 시작하였기에, 몇 대에 걸친 학자들의 부단한 노력이 필요하다. 후발 해양국가에서는 선진 해양국가에서 연구된 가장 새로운 이론·개념·방법을 학습하여, 선진 해양국가의 학과 건설의 성과와 경험을 받아들일 필요가 있다. 이와 동시에 해양인문사회과학의 현지화를 강화하는 데 더욱 노력해야 하고, 자국의 해양실천 경험을 결합하여 이론적 창신創新을 이루며, 자신의 학과체제와 학술체제 그리고 담화체계를 세워야 한다.

독자들에게 이 책을 봉헌하면서, 다년간 해양세계와 해양중국의 역사와 현상에 대한 나의 생각을 드러내었다.

먼저, 나는 역사학적 시야로 해양문명의 개념과 함의를 해석하였다.

서구의 '해양문명론'에서는 해양의 다양성을 부정하면서, 해양은 서구, 현대, 민주, 개방을 대표하고, 대륙은 동방, 전통, 전제, 보수를 대표한다고 선전하고 있는데, 이것은 서구 중심주의의 담론체제이다.

'해권론海權論'이나 '육권론陸權論'이건 상관없이, 모두 서구에서 만든 육해陸海 대립의 지정학적 정치이론으로, 이는 동양 해양발전의 역사적 이론을 무시한 단편적인 이론이다. 해양문명은 해양-육지가 일체가 된 구조에서 존재하기에, 육지문명과는 전혀 이원대립적 구조로 이루어져 있지 않다. 그래서 해양문명과 육지문명 간의 고립적이고 단절적인 국한성을 타파할 필요가 있다. 이로부터 인류문명의 전체 국면에서 재차 인식하여, "해양문명은 해양활동에 근원을 두어 생성된 문명 유형이고", "해양문명은 해양문화의 유기적이고 종합적인 문화공동체이며", "해양문명은 인류문명의 작은 체제이고", "해양문명은 문화 발전 과정이며", "해양문명은 장기적이고 종합적인 문화 축적"인 「해양문명론」을 제기할 필요가 있다. 이처럼 "해양문명의 개념과 함의를 바꾸면, 사상관념의 장애를 타파하고 시야를 확장하는 데 도움이 되고, 해양인문세계에 대한 깊이 있는 인식에 도움이 되어, 인류문명의 세계역사 과정에 새로운 논지를 제공하게 된다". 인문해양세계에 대한 연구방법으로 나는 '해양을 본위로 삼는 것'을 제시하였다. 그래서 지리적 기초로는 해양공간을 본위로 삼고, 연구대상으로는 해양사회를 본위로 삼으며, 직간접적으로 해양활동에 종사하는 집단을 본위로 삼는 것이다.

둘째, 해양중국의 역사 과정을 논술하였다. 서구 국가 주도의 글로벌화가 도래하기 전에, 중국은 '해상 실크로드'를 통해 유럽과 아시아 대륙 연해 국가와 정치적 경제적 문화적 교류가 있었다. 이것은 동양국가 주도의 고대 글로벌화 또는 초기 글로벌화 과정이라 칭할 수 있다. 해양사의 연구와 발전은 중국이 대륙국가라는 고정관념을 바꾸었고, 중국은 육지국가이자 해양국가라는 형상을 수립하였다.

셋째, 현대적 신형 해양관을 논술하였다. 이것은 해양이익을 공평하고 공유하고, 해양자원을 지속가능하게 이용하며, 인간과 해양이 조화롭게 공존하는 것이다. 중국이 '21세기 해상 실크로드' 건설을 제의한 것은, '아태 재균형'이나 '해양 연방론'과는 완전히 판이한 전략구상인 것이다. 해양은 이미 인류에게 있어 가장 중요한 생존발전 공간으로 되어, 특정 국가나 지역에 속하지 않고, 전 인류가 공동으로 향유하는 개방공간에 속해야 하는 것이다. 그래서 우리는 그 어떤 단일중심주의를 초월하여, '단일 주체성'을 강조하는 것에서 '다원화'로의 관념적 전환을 이루어야 한다.

나는 이러한 분석이 중국뿐만 아니라 해양발전으로 향하는 동방국가의 이론과 실천적 연구에 대해서 참고할 가치와 현실적 의의를 지닌다고 믿는다.

김창경 교수가 이 책을 한국어로 번역한 것에 대해 감사드린다. 이러한 번역은 독자들에게 중국학자가 연구한 해양문명론과 해양중국의 성과를 이해시키게 될 것이며, 한중 양국의 학술교류 촉진에 큰 의미를 지닐 것이다. 이에 심심한 사의를 표한다.

양궈전

2019.1.5

차례

제2부/ 역사적 해양중국

제3부/ 새로운 유형의 현대해양관

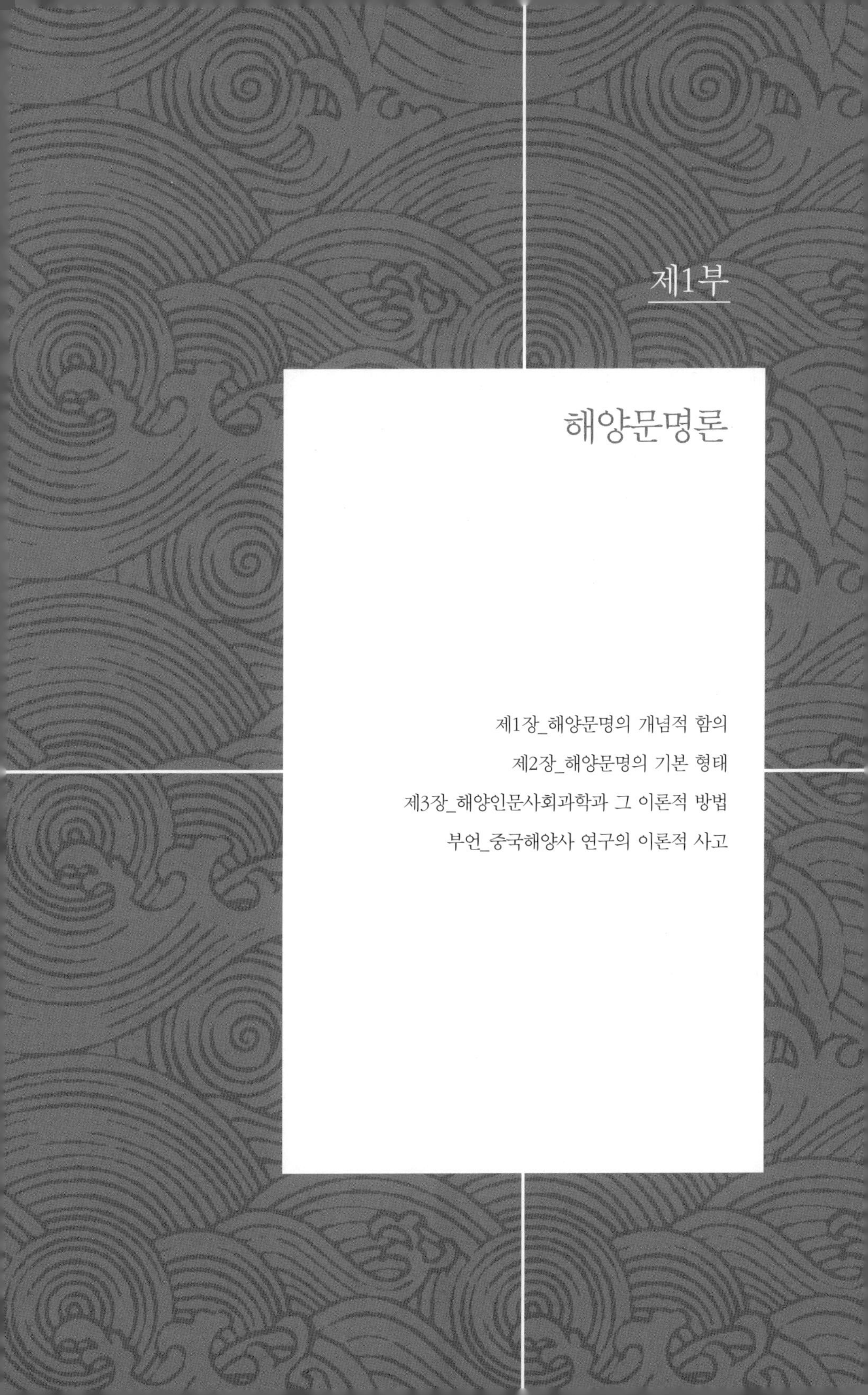

제1부

해양문명론

제1장

해양문명의 개념적 함의*

인류는 자신이 창조한 문화 및 문명에 대해 다양한 해석을 가지고 있지만, 학계에서는 여전히 공인된 정의를 내리지 못하고 있다. 문화와 문명은 관련 있으면서도 구별되는 개념으로 역사와 현대생활 속에서 왕왕 동의어로 간주되어 엄격하게 구별하지 않았다. 학자들은 서로 다른 각도에서 문화와 문명을 구별하여, 이에 대한 인식이 일치하지 않았다. 그러나 청나라 말, 서구로부터 중국에 문화와 문명이라는 새로운 개념이 들어오면서, 그 함의에 큰 변화가 일어났고, 이러한 상황은 중국학자들이 해양문화와 해양문명의 개념을 정의하는 데에 깊은 영향을 끼쳤다.

* 본 장은『中國高校社會科學』2013년 제4기에 등재되었고, 원제목은「中華海洋文明論發凡」이다.

1. 서구의 해양문명 관념

해양문명은 대항해 시대 이래 서양학자들이 해양의 역사적 역할을 총괄하면서 형성된 개념이다. "'해양'이 '초원'을 대신하여 전 세계 교류의 주요한 매개체가 되었다는 것은 서구의 획기적 발견이었다. 서구는 범선, 이어서 증기선으로 해양을 이용하여 모든 인간이 거주하고 거주 가능한 세계로 통일시켰고, 그 가운데 남미주와 북미주가 포함되었다."[1] 서구의 세계적 대국 굴기는 인류사회와 문명 발전에 있어 해양의 지위를 부각시켰다. "해양이라는 근본적인 역량이 16세기에 갑자기 폭발한 후로 그 성과는 짧은 시간 내에 전 세계의 정치・역사 무대를 장악하였다."[2] 이것은 유럽 인문주의의 흥기, 종교 개혁, 경제사회의 전환과 서로 호응하였고, "해양과 국제적 시장이 자유라는 관념 속으로 합류되었다. (…중략…) 기계의 발명에 따라 (…중략…) 거대한 해권海權이 동시에 거대한 기계적 역량이 되었다. (…중략…) 산업혁명은 해양이라는 하나의 요소에서 탄생된 바다의 후손들을 기계의 제조자와 기계의 노예로 만들었다."[3]

서구 지식체계에서 초기 문명은 메소포타미아 유역과 나일강변의 하류문명에서 시작하였다. '해양문명'이란 단어는 그리스어에서 처음 보이며, 크레타섬에서 해상상업, 해적의 노략 및 식민 정복으로 의해 형성된

---

1 토인비의 말로, 스타브리아노스(Stavrianos)의 『全球通史－從史前史到21世紀』(上)에서 인용하였다. 吳象嬰 外譯, 北京大 出版社, 2006, p.335.

2 C. Schmitt, 林國基 外譯, 『陸地與海洋－古今之'法'變』, 華東師範大出版社, 2006, p.49.

3 위의 책, pp.57～59.

미노스문명(BC.3000~BC.1400)에서 사용되었다. 고전문명시대(BC.1000~500)에는 아시아, 아프리카, 유럽의 세 대륙 사이에 위치한 지중해가 문명세계의 중심이었다. 미노스문명과 그 뒤를 있는 미케네문명 속의 해양상업문명 요소는 그리스문명과 로마문명으로 계승되었다. 중세문명시대(500~1500년)에는 북유럽의 '야만족'인 스칸디나비아 해적 바이킹이 바다에서 궐기하여, 300년(800~1100년) 동안 '해적시대'를 창조하였다. 14세기에는 이탈리아의 피렌체, 베니스 등 도시공화국이 해상무역을 건국의 기초로 하여 해양에 의존한 상업문명을 발전시켰다. 근대문명시대에는 해양문명의 중심이 지중해에서 대서양 해안의 이베리아 반도의 포르투갈과 스페인으로 이동했고, 이어서 서유럽의 저지대 국가인 네덜란드와 섬나라 영국이 대서양 경제의 흥성을 가져 왔다. 유럽의 확장과 정복으로, 비서구 세계는 서방 주도의 세계체계에 편입되어 종속되었다.

유럽이 "세계의 여타 지역에 대한 지배적 지위를 확립함"에 따라, "하나의 분명한 문제를 끌어냈다. 즉 세계의 아주 작은 모퉁이에서 어떻게 모든 상대를 이기고 자신의 의견을 강제로 미주, 아프리카, 아시아에게 강요할 수 있었을까 하는 것이다".[4] 이것은 서구 중심주의적 사회과학의 출현을 불러일으켰다. "19세기에 유럽과 미국에서 생겨나기 시작한 사회과학은 유럽 중심주의적인 것이다. 당시 유럽세계는 자신이 문화적으로 승리했다고 여겼고, 여러 측면에서 보아도 확실히 그렇다. 정치적 측면이든 경제적 측면이든 유럽이 세계를 정복한 것이었다."[5]

이런 배경 아래, 독일 철학자 헤겔Georg Wilhelm Friedrich Hegel(1770~1831)은

4 Immanuel Wallerstein, 劉峰 譯, 『開放社會科學－重建社會科學報告書』, 三聯出版社, 1997, p.30.
5 위의 책, p.55.

『역사 철학』에서 인류문명의 지리적 토대를 고원 지대, 평원 유역, 해안 지역 세 형태로 나누었다. 제1·2구역인 "평범한 토지와 평범한 평원 유역은 인류를 토지에 구속시켜, 그들을 무한적 의존성에 말려들게 했다". 그러나 제3구역인 "대해大海는 도리어 인간을 끼고, 사상과 행동에 의해 제한된 울타리를 초월하여" 배를 도구로 삼아 "견고한 육지에서 불안정한 해면으로 이동하는" 해양문명을 생산하였다. 해수의 유동성은 대지의 제한을 초월하는 해양문명의 자유성과 개방성을 결정하였다. "바다는 우리에게 한없이 넓고 끝없이 무한한 관념을 가져다 주었다. 인류가 바다의 무한함에서 그 자신의 무한함을 느낄 때, 한정된 모든 것을 초월하게 하는 용기를 불러일으켰다. 바다는 인간을 정복과 약탈에 참여하도록 유도하는 동시에 이익을 추구하고 상업에 종사하도록 장려하였다." 해수海水의 변화무상한 성격은, 관례를 깨고 위험을 무릅쓴 진취적이고 용감한 해양문명정신을 결정했다. 항해가들은 생명과 재산의 모험을 무릅쓴 채 이익을 추구하고, "무역에 종사하려면 반드시 용기가 필요하고, 지혜는 반드시 용기와의 결합을 필요로 했다. 왜냐하면 용감한 사람들이 바다에 들어서면 어쩔 수 없이 간사하며 믿음직스럽지 못하고 변화무상한 요소에 대응할 수밖에 없기에, 그들은 반드시 책략과 기민을 동시에 지니고 있어야 했다".[6]

헤겔은 온대를 역사의 진정한 무대로 보았다. 미주美洲인 '신세계'가 출현하기 전의 세계역사 무대인 유럽, 아시아, 아프리카 세 개의 주洲로 구성된 '구세계'는 바로 지중해로 결합된 것이다. "지중해는 지구상에 3/4

6 Georg Wilhelm Friedrich Hegel, 王造時 譯, 『歷史哲學』, 上海書店出版社, 2006, pp.83~84.

의 면적이 결합되는 지역으로 세계역사의 중심이자" "구세계의 심장이다. 이는 구세계의 성립 조건이며, 구세계에 생명을 부여한 존재이지만 "광범위한 동아시아는 세계역사의 발전 과정과 격리되어 버렸다".[7] 그리스 세계는 역사의 소년기이고 로마 세계는 역사의 성인기이다. 게르만 세계는 역사의 노년기이며, 동방 세계는 역사의 유년기였다. 중국, 인도, 바빌론과 같은 고대문명 국가는 "해양이 부여해 준 문명을 누릴 수 없었다(이들의 문명이 막 성장하고 변화하는 시기 내에 있든 막론하고). 그들의 항해 — 이러한 항행航行 발전이 어느 정도인지 상관없이 — 가 그들의 문화에 영향을 끼치지 않았기에, 그들과 세계역사의 기타 부분과의 관계는 전적으로 다른 민족이 그것들을 탐색하고 연구한 것에 기인한 것이다".[8]

헤겔은 '철학의 세계역사'를 강의하면서, 해양문명은 인류문명의 최고 단계로, 중국과 동방은 인류문명의 유년기를 대표한다고 여겼다. "하나의 민족은 여러 단계를 동시에 뛰어넘을 수 없으며, 세계역사에서 두 차례의 새로운 시대를 겪을 수 없다. (…중략…) 그것은 정신적 과정 속에 한 가지 임무만 감당할 수 있기 때문이다."[9] 그래서 중국과 동방은 해양문명과 인연이 없었다. 이것은 역사학자들의 연구 결론과 같지 않다. 역사적 사실에서 말하자면, 지중해 세계는 해양문명의 상호 작용을 통해 서구의 발전 역사상에 있어 분명 거대한 역할을 발휘하였다. 그러나 그것을 해양문명의 유일한 형태나 유형으로 생각한다면 편파적인 것이다. 헤겔은 다원적인 문명의 융합체인 중국을 하나의 농업적인 전

7 위의 책, pp.83~84.
8 위의 책, p.94.
9 위의 책, p.12.

체 문화 단위로 여겼다. 유럽의 하위급 문화 단위인 고대 그리스와 비교를 진행한 목적은, 고대 그리스 해양문명의 독특성을 돋보이게 하고 '지중해가 세계역사의 중심'이라는 역사관을 고취시키기 위해서였다. 여기에서 출발하여, 헤겔이 창조해낸 해양문명은 농업문명이나 유목문명을 능가하는 선진적 문명 형태로, 서구 중심주의 해양문명 담론체계의 토대가 되었다.

해양이 부여한 문명은 서구가 흥기한 원동력이기에, 해양문명은 자연적으로 자본주의 문명의 동의어가 되었다. 독일 지리학자 에른스트 캅Ernst Kapp은 『비교지리학』(1845)에서 "세계사의 역사는 동방의 양하(양자강, 황하)문명과 나일강변의 이집트문명시대에서 시작되었다. 그리스와 로마의 고전 시기와 지중해의 중세기 문명시대에는 내해의 문명시기로 진입하였다. 그리고 미주 대륙의 발견과 전 지구적 항해에 따라 해양문명시대가 시작되었다"[10]고 말했다. 20세기로 접어 들어서는 해양문명이 선진국에 의해 한층 더 이데올로기화되었다. 해양은 서양, 현대, 민주, 개방을 대표하고 대륙은 동방, 전통, 전제專制, 보수를 대표한다는 것이 국제적인 주요 담화로 되어, 문명사의 해양 논술에 영향을 주었고 지배하였다.

제2차 세계전쟁 이후, 발전도상 해양국가의 흥기와 자국 해양문화자원의 발굴에 따라, 해양문명이 자본주의문명, 서구산업문명과 같다고 인식하는 관념에 대해 국제학계의 질의를 받았다. 우선 해양문명은 하류문명으로 거슬러 올라갈 수 있으며, 일찍이 기원전 3천 년 전에 지

10 C.Schmitt, 林國基 外譯, 앞의 책, p.11.

중해는 이미 대규모의 무역, 이주, 상호 작용을 겪었다. 내해內海문명시대 또한 해양문명으로, 페니키아, 그리스, 로마는 바다의 딸이었다. 둘째, 해양문명은 육지문명과 확연히 구분되는 것이 아니었다. 고대 그리스의 해양문명은 육지의 산간 지역 경제를 토대로 하여, "지중해의 북쪽 연안에서 산봉우리가 마치 병풍처럼 되어 있어 지중해 항행의 가장 큰 적인 매정한 북풍을 막아주었다. 그곳에 많은 대피항이 있었다. 에게해에는 '돛을 올려 먼 항해를 떠나라, 남풍이 불든지, 북풍이 불든지 관계없이'라는 속담이 있다. 한편 이런 산간 지역은 필연적으로 이민을 바다 쪽으로 이끌고, 매혹적인 수면은 연안 교통의 최적 노선이자 유일한 노선이었다. 해양활동은 이처럼 산간 지역 경제와 더불어 연관지어졌다. 양자 간에 서로 침투하고 보충함으로써, 경작, 원예, 과수, 어렵과 항해활동이 결합하는 놀라운 조합이 형성되었다".[11] 대항해 시대 이후, 세계무역 노선의 변경이 해양문명의 중심을 지중해에서 북대서양 지역으로 이동시켰다. 그러나 "유럽의 흥기 또한 대서양 경제 자체에 참여하고 이용하는 것이 주가 아니고, 심지어 미주와 카리브해 식민지에 대한 직접적인 착취와 아프리카 노예무역인 것 또한 주가 아니었다". 도리어 "그것은 미주에서 획득한 금전을 이용하여 아시아의 생산, 시장 및 무역의 장점을 강제적으로 나눠가지려는 것이었다."[12]

해양문명 발전 유형의 다원화, 다양성은 국제학술계의 인정을 받았다. 세계해양구역을 분석 단위로 여기는 것은, 민족국가에 근거하거나

11 Fernand Braudel, 唐家龍 外譯, 『菲利浦二世時代的地中海和地中海世界』 1, 商務印書館, 1996, p.192.

12 Andre Gunder Frank, 劉北城 譯, 「序文」, 『白銀資本－重視經濟全球化的東方』, 中央編譯出版社, 2011, p.5.

육지 구축 분석 방법에 근거하는 것 이외의 또 다른 선택이 되었다. 페르낭 브로델Fernand Braudel의 지중해 세계에 대한 걸출한 연구에 뒤이어, 인도양, 대서양, 태평양을 둘러싼 정치, 경제, 사회, 문화 간 상호 작용 과정에 있어서 새로운 연구저서들이 출간되었다.

동방문명은 대륙문명의 대표일 뿐만 아니라 여기에는 해양문명도 존재하고 있다. 1980년대, 일본 학자 하마시다 다케시濱下武志는 조공무역권朝貢貿易圈과 해양아시아 개념을 제기하여, 중국 연해지역과 중국 해안에 둘러싼 국가들, 인도양 연안의 각 나라들을 해역 세계의 중요한 구역으로 여기고 총체적인 연구를 했다. 호주학자 앤서니 리드Anthony Reid는 동남아의 '지중해'와 연결된 '바람 아래 땅Lands below the Winds, 風下之地'의 공동적 운명을 연구하였다. 그는 무역시대가 동남아에게 가져다 준 변화의 방향이 모두 일치하진 않지만, 유럽과 마찬가지로 거대했다고 하였다.[13]

중국의 해양사는 서양 학계의 주목을 받기 시작했다. 2002년, 영국 아마추어 역사학자 개빈 맨지스Gavin Menzies는 『1421－중국, 세계를 발견하다』를 출간하여, 정화鄭和 함대의 일부 선대船隊가 미주와 호주 그리고 남극 대륙을 발견했다는 새로운 학설을 제기하였다. 이 학설은 영어권 세계로 하여금 새로움을 가져다 주면서 거대한 파문을 일으켰다. 최근 네덜란드 학자 레너드 블루세Leonard Blusse 등 학자들이 '라인강-양자강' 연구 계획을 제시하여, 아시아와 유럽의 큰 강 유역에서 해양으로 진출하여 지방과 지역 중심에서 전 세계경제의 무게중심으로 발전하는 여정을

13 Anthony Reid, 吳小安 外譯, 『東南亞的貿易時代－1450～1680』, 商務印書館, 2010.

밝히고자 하였다.

21세기에 들어와서는 해양 개발의 입체적 추진과 서구의 확장성 해양문명의 발전 유형이 이어가기가 어렵게 되었다. 이에 따라 세계해양문명의 전환기에 맞이하여, 공업문명과 해양생태문명의 충돌과 조화는 새로운 물질자원과 사상자원을 제공하였고, 신형 해양문명을 구축하는 방향으로 전진하고 있다.

2. 중국인의 해양문명에 대한 이해

19세기 말~20세기 초 이래로 중국인은 해상권을 상실하고 나라 대문이 활짝 열리는 현실에 분개하면서, 서구해양문명의 관념과 논술을 받아들였다. 그들은 보편적으로 "중국문화는 아시아 대륙의 지리적 산물이다. 유럽과 일본의 물질문명은 해양성 국가로서의 그들만의 경험이 있다"[14]는 관점에 찬성하면서, 해양문명을 서구로부터 배워 낡은 사회를 개조하는 이론적 도구로 삼았다. 양계초梁啓超는 『20세기 태평양 노래二十世紀太平洋歌』에서 인류문명의 발전 순서를 '하류河流시대－내해內海문명시대－대양大洋문명시대'로 열거하였다. '하류시대'는 중국, 인도, 이집트, 소아시아 등 네 곳의 '지구상 고문명 조국'의 농업문명시대

14 黃仁宇, 『万歷十五年』, 三聯出版社, 2005, p.273.

이고, '내해문명시대'는 지중해문명시대이며, '대양문명시대'는 대서양 시대이다. 이런 시대적 구분은 해양문명을 농업문명보다 높은 선진문명 형태로 간주한 것으로, 해양문명이 자본주의문명과 서구산업문명과 같이 연계된 '선험적 지식'으로 인식된 것이다.

중국 인문사회과학에서 바다에 대한 연구는 이미 백 년이나 되었지만, 여러 원인으로 해양문명의 명확한 정체성이 드러나지 않고 있다. 중화문명사나 문화사 연구에 있어서도, 중국해양문명을 연구하는 학자는 매우 드물었다. 20세기 중기 고고학자이자 민족학자인 린후이상林惠祥의 '아시아 동남 해양 지대'와 링춘성凌純聲의 '아시아 지중해' 학설은, 중국역사가 황토문명이자 농경문명의 역사라는 논지를 흔들지 못하였다. "그리스는 해양국가, 중국은 대륙국가"[15]라는 인식은 학계와 사회의 보편적 관점이었던 것이다.

1978년 개혁 개방 이후에, 다큐드라마 〈하상河殤〉은 서구해양문명의 '선험적 지식'을 계몽하여 중국의 황하문명과 황토지문명을 비판함으로써 거대한 파동을 일으켰다. 이것은 중화문명에 해양문명의 존재여부에 대한 반성을 자극하여 '중국은 육지국가이자 해양국가'라는 관점을 둘러싼 논지와 해양에 관한 역사 연구의 영역을 끊임없이 확장·확대시켰다. 또한 중국문명의 기원과 형성 발전에 관한 토론에서, 해양으로 향하는 문명 요인이 중시받기 시작하면서 유사 이전 해양사회 집단의 역사는 고고학, 인류학, 민족학, 언어학 등 많은 분야의 발굴과 검증에 의해 점차 분명해져 갔다. 해외교통사의 중점은 해상교통 노선의 창

15 馮友蘭, 『中國哲學簡史』, 北京大學 出版社, 1996, p.23.

립, 발전, 변천에서 해상활동 구역과 중국인 인적 네트워크의 구축으로 바뀌었다. 중국은 1990~1991년에 유네스코의 해상 실크로드의 종합적인 고찰에 참여했고, 1998년에는 '국제해양의 해' 활동을 펼쳤으며, 2005년에는 정화鄭和의 대항해 출항 600주년을 기념하는 활동을 하였다. 이를 계기로 '중국과 해상 실크로드', '동아시아 해역권', '중국 항해문명'은 주제 영역으로 형성되어 고대 중국과 아시아 해역의 정치, 경제, 문화와의 상호 작용의 내용을 포괄하는 중대한 연구 성과들이 많이 나왔다. 해양이민사와 화교화인사華僑華人史가 해외교통사의 종속에서 두각을 나타내어, 중국해양과의 연결에 있어 화인 이민네트워크의 기능과 작용을 돋보이게 하였다. 경제사적 해양 연구는 해외무역사 일변도의 국면을 타파했다. 해양업의 역사로는 조선造船 역사, 해운海運 역사, 해항海港 역사, 해양어업사, 해염海鹽 역사, 세관海關 역사, 해사海事 역사 등이 있고, 해양 구역 경제사로는 '두 개의 만北部灣, 渤海灣', '두 개의 삼각주珠江三角洲, 長江三角洲', '두 개의 섬臺灣島, 海南島'의 해양 발전사 등이 있어, 이처럼 새로운 영역이 출현하여 서로의 뛰어남을 드러내었다. 사회사적 해양 연구는 전통적인 왜구 연구에서 해양사회 집단 연구로 확대되었고, 연해지역 사회 연구에서 해역사회 연구로 연장시켜, 어민사회, 단민疍民(수상거주민)사회, 해상상인사회, 해적사회, 섬海島사회, 만海灣사회 등 새로운 영역을 개척하였다. 변강邊疆 역사 가운데 해강海疆 연구는 섬 벨트 역사 연구의 역량을 강화시켰으며, 해양문명판 건설에 대한 아이디어를 제시하였다. 홍콩・마카오・대만 역사 연구, 남중국해 열도의 역사 연구, 조어도釣魚島 역사 연구는 해양사적 주제 영역을 형성하였다. 군사역사의 해양 연구는 해안방어사, 해군역사, 해전역사 등의 영역에서 새로운 연구 성과를 창출하였다. 해양문화사는 새로운 연구 영역이 되면서, 해양생활방식, 해양인문유형, 해양가치관념, 해양심리성격, 해양풍속습관, 해양종교신앙, 해양문학예술, 해상문화교류 등 영역이 모두 연구 고찰의 대상이 되었다. 해양고고, 해양역사지리, 해양과학기술사, 해양재해사, 해양환경사, 해양생태사 연구의 시작은 중국 해양사 연구 영역을 인문해양에서 진일보하여 자연해양으로까지 또 해면에서 해저와 하늘에 이르기까지 확장하였다.

연구 영역의 확장과 더불어 해양사 연구는 해양이 단지 인간사회 교류의 통로라는 협의적 개념에서 변화하기 시작하였다. 해양을 인류생존 발전의 제2공간으로 인식하게 되었고, 바다의 개발과 활용을 문명 형태 및 문명의 발전 과정으로 보았다. 나아가 인류를 해양생태계의 일부로 사고함으로써, 지배적 사상이나 연구 방향에 있어 육지 중심에서 해양 중심으로의 이행을 달성하게 되었다. "중국에서 환태평양의 역사 발전과 해양사 연구의 대표로는 북경대학 역사학과 허팡추안何芳川 교수가 주도하는 아시아 태평양 지역사 연구팀과 하문대학 역사학과 양궈전 교수가 주도하는 중국해양사 연구팀이다. (…중략…) 1990년대 초, 양궈전 교수는 박사생 제자들을 이끌어 중국해양사회 경제사를 연구하기 시작하여, 중국의 해양역사학이 형성되길 희망하면서 『해양과 중국』과 『해양중국과 세계』 총서 두 세트를 연이어 출간하였다. 양궈전 교수의 구상에 따라, 첫 번째 총서(전 8권)는 주로 중국의 해양관, 항구도시, 어업경제와 어민사회, 해상시장, 해외 이민의 변화 발전 등을 탐구하였다. 두 번째 총서(총 12권)는 이전 연구 영역을 심화시키는 것 외에, 해양사회사, 해양재해사, 해양문화사, 항해기술사 등 연구 영역을 개척하여 중국해양사 연구를 새로운 차원으로 끌어 올렸다."[16] 대만 '중앙연구원' 인문사회과학연구센터(전신은 삼민주의 연구소, 중산인문사회과학연구소)는 1984년부터 2년마다 중국해양 발전사 국제학술심포지엄을 개최하여, 2008년까지 『중국해양 발전사 논문집』을 10집까지 발행하였다. '중국은 육지국가이자 해양국가'라는 틀 안에서, 중국해양 발전의 대륙 연해지역, 대만 지역 및 해외 지역과 항해 교통, 해양정책, 해양무역, 해양이민, 항만, 해적, 해난 사고 등의 테마논문에 대해 탐구하여 가치 있는 새로운 견해를 많이 제시하였다. 2009년, 광동성사회과학원은 광동해양사 연구센터를 설립하였고, 2010년부터 『해양사연구海洋史研究』 저널을 출간하기 시작하였다. 내용은 화남 지방과 남중국해 해역을 중심으로, 해양사회경제사, 해상 실크로드사, 동·서구문화 교류사, 해양신앙, 해양고고 및 해양문화유산 등 중요한 문제에 연구 중점을 두었고, 사회과학문헌 출판사에서 출판하였다. 2011년부터, 상해 중국항해박물관에서 『국가항해國家航海』 저널을 발행하기 시작하여 상해 국제항운센터의 문화·역사와 정치 이론, 국내외 항해사, 해상교통 혹은 무역사, 국내외 고대 선박과 침몰 배 연구, 수중고고, 항해 문물 등의 분야를 다루었고 상해고적출판사에서 출간하였다.

그러나 이러한 연구 성과들은 중국 국내와 국제 역사학계의 주목과 인정을 받았지만 대부분 해양문명이라는 이름을 붙일 수 없고 연구의 폭과 심도도 일치하지 않았다. "이런 노력은 중국역사상에 있어 해양의 위치를 자리매김하는 문제를 해결할 수 없고, 사회사상적인 충격감도

16 包茂紅, 「海洋亞洲－環境史研究的新開拓」, 『學術研究』, 廣東省社會科學聯合會, 2008, pp.115~116.

부족하다. 심지어 역사 연구 종사자들의 육지 농업문명을 중심으로 하는 사유방식 조차 바꾸지 못했다. 학술적 관점에서 보자면 다음과 같이 말할 수 있을 듯하다. '우리는 여전히 해양에서 헤매기만 할 뿐 잘못된 영역에서 완전하게 벗어나오지 못하고 있다'."[17] 1980~1990년대에 해양문화 연구는 한동안 열기를 이루었지만, 대부분 시사적인 문제로 야기된 것이고, 연해 지방 정부와 민간의 힘으로 추진되었기에 학술 연구의 심화 결과가 아니었다. '해양문화학'학과 설립을 호소하는 사람들은 '문화학'이 무엇인지 명확히 알지 못했고, 1930년대 중화민국 학자들이 구축한 '문화학'학과의 관점과 주장과 더불어 이론적으로나 학술적으로 계승과 성찰의 관계가 아니었다. 해양문화 이론 연구의 역량은 한계가 있으며, 중국의 전통해양문화 성격에 대한 이해에 있어서 적지 않은 상이점이 있다.

해양문명의 범주 획정에는 또 다른 이해가 있다. 어떤 학자는 "보편적 의미에서 보면, 소위 '해양문명'이란 인간들이 해양을 둘러싸고 진행한 일련의 정신적 · 물질적 활동이며, 이로부터 생산된 대량의 성과이다. 사실 (…중략…) 공업문명이 형성되기 이전 몇천 년간 세계 각지의 사람들의 해양에 대한 인식과 개발 그리고 활용은 모두 초급 단계에 머물고 있었고, 그 발전 또한 질적인 변화가 아닌 수량의 변화에 멈춰져 있었다. 공업문명시대가 도래하고, 인류의 과학기술 수준이 제고되며, 해양을 인식하고 이용하는 수단이 일정한 수준에 도달한 이후, 해양의 깊이와 너비 그리고 그것의 거대한 에너지가 더 이상 인류활동의 장애

17 楊國楨, 「海洋迷失－中國史的一个誤區」, 『東南學術』, 福建省社會科學界聯合會, 1999, p.30.

물이 되지 않은 후에야 비로소 해양문명이 점차 형성된다"[18]고 여겼다. 어떤 이는 해양문명이 인류의 어린 시절인 원고시대까지 확대시켜, 원고시대에서 인류의 '집단 기억'인 해양문명을 탄생시켰다고 여겼다. "인류의 눈빛이 바다를 주목한 순간 인류와 해양의 대화가 시작되었고, 푸른 해양문명이 서로의 눈빛교환 중에 탄생되었다."[19] "하나의 문명공동체나 문화 구역은 연해지역이거나 환해環海 지역이어서, 그 사회의 사람들만이 고기와 새우를 잡을 줄 알고, 소금을 만들 수 있으며, 배로 운송할 수 있는데, 이처럼 바다에 기대어 먹고살기에, 해양이 요인이자 요소로 구성된 문화, 즉 해양문화가 있게 되었다. 더 작은 문명공동체나 문화 구역에서 설령 이런 것을 이해하지 못하고 이런 일에 종사하지 않더라도, 분명 해양과 접촉할 것이다. 바닷가에 서서 저 멀리 조수를 구경하고 파도를 잠시 보더라도, 그들 또한 분명 생각하는 바가 생길 것이고, 이러한 사고의 누적은 해양에 대한 인식을 형성시키고 계승할 것이다. 이것은 해양에 대한 과학적 인지일 수도 있고, 해양에 대한 낭만적인 자유로운 상상일 수도 있는데, 이 또한 '해양문화'인 것이다." "해양이 문명공동체나 문화 구역에 대해 아주 중요하다고 하면, 그것을 모두 수많은 '해양문화' 현상으로 구성된 '해양문명'이라 할 수 있다"[20]는 견해를 가진 학자도 있다. 서로 간 척도의 엄격함과 편폭에 있어 그 차이가 어찌 천 리의 먼 거리에 그치겠는가! 이와 같이 해양문명에 대한 학술계와 사회에서의 혼란스런 이해나 각기 자기주장을 가지고 있는

18 陳志强, 「海洋文明發展的新舞台」, 『文明』, 首都文明工程基金會, 2010, p.8.
19 蘇文菁, 『蘭芳, 世界的海洋文明－起源, 發展与融合』, 中華書局, 2010, pp.6~7.
20 曲金良, 「西方海洋文明千年興衰歷史考察」, 『人民論壇 · 學術前沿』, 人文論壇出版社, 2013, p.62.

것은 오랫동안 해양의식이 박약했고 해양문명에 대한 깊이 있는 연구가 결핍되었기 때문이다.

서구해양문명을 판단 기준으로 볼 때, 어떤 이는 중국에는 해양문화는 있지만 해양문명은 없다고 여긴다. 예를 들면 다음과 같다. "해양문명을 해양문명이라고 부를 수 있는 것은, 첫째, 이 문명이 인류사회의 발전을 리드해야 하며, 둘째, 이러한 리드는 해양문명에 유익해야 하기에, 이 두 개 가운데 하나라도 없어서는 안 된다. 한 문명이 지리적으로나 위치상으로 해양에 가깝고, 심지어 발달된 해양문화를 가지고 있다 하더라도, 반드시 해양문명인 것은 아니다. (…중략…) 중국 고대문명의 발전이 해양에 유익한 것이 많이 없기에, 중국이 긴 해안선을 가지고 있어 풍부한 해양문화도 창조를 했다 하더라도 해양문명이라고 할 수 없는 것이다."[21] 혹은 "중국사회는 대륙문명이 주류로 하는 문화 유형이 형성되어, 해양문화는 싹 트기도 전에 곧바로 '찬밥 신세'가 되어 버려 비주류문화의 행렬에 놓이게 되었다", "중국에서는 스스로의 해양문명 전통을 형성하지 못했다", "중국의 고대문명 형태 속에서 해양문명은 주도적 지위와 멀리 떨어져 있었고, 심지어 농업문명에서 독립하여 농업문명과 병렬된 하나의 문명 형태로 되는 것조차도 매우 어렵다."[22] 대다수 학자들 마음속에 중화문명의 성격을 여전히 '대륙 농경문명'으로 여기고 있다. 중화문명이 '포용성이 아주 강한 다양성과 복합형 문명'임을 인정한다 하더라도, "중화문명이란 농경문명을 주축으로 하고,

21 鄧紅風,「海洋文化与海洋文明」,『中國海洋文化研究』一卷, 海洋出版社, 1999, p.22.
22 倪建中・宋宜昌 編,『海洋中國－文化重心東移与國家空間利益』中, 中國廣播出版社, 1997, pp.560・601・695.

초원유목문명과 산림농목農牧문명을 양 날개로 하면서, 전통적인 상업과 수공업에 의해 유지되었으며, 현대공업과 현대농업 그리고 현대서비스업을 통해서 끌어올려진 복합형 문명"이라고만 말할 뿐, 해양문명의 위치는 없는 것이다.[23] 이런 견해들은 사실상 정통적 주류 관점에 대한 재진술이고 미세한 조정일 뿐으로, 일찍부터 학계와 사회에서 오랜 세월에 걸쳐 일반화되어 사람들 마음속에 깊이 파고 들어간 것이다. 문제점은 다음과 같다. 하나의 민족국가에 단 한 가지 문명만 존재할 수 있는가? 복합형 문명국가에서 역사에 의해 주도적 지위를 선택받지 못한 문명은 문명이 아닌가? 다양화된 세계에서 인류사회 발전을 이끌지 못한 문명은 문명이라고 할 수 없는가?

어떤 이는 중국의 해양문화란 지역문화이며, 주로 중국 동남 연해 일대의 이색적인 문화를 가리키고, 동시에 대만, 홍콩, 마카오 그리고 해외에 많은 화인華人이 거주하는 지역을 포함한 문화라고 여기고 있다. 해양문화가 지역문화라는 견해는 틀린 것이 아니다. 문제는 중국의 해양문화는 중국의 지역문화이자 해양 아시아의 지역문화이기도 한다는 점이다. 환중국해는 아시아의 '지중해'로 해양을 통해 접촉하고 연결된 것으로, 다른 성省이나 다른 나라에 속한 지역은 서로가 기점과 종점이 되고 서로가 중심과 주변이 되는 것이어서 고정적인 국경이 없는 것이다. 중국해양문화를 어떤 지역에 국한시켜 지역문화의 특질로 여기거나 어느 지역의 선도와 우수함을 부각시켜, '중국해양문명의 가장 전형적인 구역'이라고 자칭하면서, 개체와 전체의 관계를 차단하는 것은 분명 적절하지 않다.

23 姜義華, 「中華文明多樣性十論」, 『人民論壇・學術前言』, 人文論壇出版社, 2013, p.6.

어떤 이는 중국해양문화와 서구해양문화를 비교하면서, "세계해양문화는 서구 모델만 있는 것이 아니라", "동양에도 해양문화가 있으며, 남색藍色문화가 있"고 서구의 해양문화는 해양상업문화이고, "고대 중국해양문화의 본질은 해양농업문화"라고 하였다.[24] 어떤 이는 고대인이 해양생계(고기잡이, 항운, 장사)를 묘사하는 '바다를 밭으로 삼다[以海为田]'는 어휘를 글자만 보고 대강 뜻을 짐작하여 해양농업으로 곡해하였고, 역사적으로 결코 존재하지 않는 '바다를 상업으로 삼다[以海为商]'라는 어휘를 창조하여 서로 대조하면서, 중국은 해양의 개발과 이용이 육지 개발과 활용의 자연스런 보충이자 확장이라고 여겼다. "해양문명은 육지문명에서 잉태되고 배양하였다"고 추론하였다. 여기서 문제는, 해양농업문화는 도대체 해양문화인가 아니면 농업문화인가? 고대 그리스의 해양상업문화는 농축산업 상품화의 기초에서 발달하였음에도 왜 해양농업문화라 하지 않는가라는 점이다. 중국해양농업문화와 서구의 해양상업문화를 세계해양문화의 기본 모델로 생각하지만, 이론 방법에 있어서는 여전히 동서양의 차이에 대한 개념화와 도식화의 틀을 드러낸 서구 중심주의적 추론인 것이다.

어떤 이는 "인류 역사가 지금까지 발전하여 세계의 최전선에 앞장선 민족은 대부분 늑대의 정신으로 무장한 민족"이라고 여겼다. 광의의 유목정신은 "초원유목정신 뿐만 아니라, 해양유목정신과 우주유목정신도 포괄하는 것이다. (…중략…) 이런 유목정신은 용맹스러운 성격, 특히 늑대와 같은 성격을 기초로 한 것이다".[25] 문제는 초원에 서서 저 멀

24 宋正海, 『東方藍色文化－中國海洋文化傳統』, 廣東教育出版社, 1995, p.149.

25 姜戎, 『狼圖騰』, 長江文藝出版社, 2004, pp.283・364・365.

리 바다와 우주를 바라보고, 인류의 개척적이고 진취적인 정신을 유목문명의 확장으로 귀결시킨다는 점이다. 비록 유목민족과 해양민족이 유동적인 측면에서 서로 통하는 면이 있지만, 해양문명정신을 늑대정신에서 변화해 온 것이라는 이러한 새로운 사유방식은 실질적으로 중화해양문명의 존재를 부정하는 육지적 사유방식으로, 농업문명을 유목문명으로 바꾸었을 뿐이었다.

중서해양문화의 비교는 고대 중국과 그리스의 비교에서 시작된다. 고대 그리스문명은 에게해 연안과 크레타섬 등 바다의 도서島嶼에서 기원하는 해양상업문화이다. 중화문명은 황하 유역에서 기원한 황토지 농경문명이다. 양자의 시점 차이는 향후 2~3천 년 역사 흐름의 차이를 크게 결정하였다. "바로 이러한 점에서 시작되어, 동서양이 서로 다른 발전의 길을 걸어갔다."[26] 문제는 하나의 민족국가를 문명 단위로 하고, 하나의 문명 단위에 단 한 가지 문명만 있다면, 이는 인류문명 발전의 실제에 부합하지 않는 것이다. 중국을 연해지역의 해양문명이 아니라 대륙문명이라는 점으로 그리스의 해양문명과 비교한다는 것은 오도하는 것이다. 역사의 발전 과정에서 중국이 창조한 고대문명은 '다원일체'적인 대형문명으로, 서로 다른 지역과 민족의 서브문화 단위로 구성되었는데, 이는 헤겔이 말한 세 가지 유형을 포함하는 것이다. 미국 학자 포머란츠K. Pomeranz가 지적했듯이, "동·서방에 대한 비교(혹은 어떠한 비교든)를 할 때 채택된 단위는 분명 비교 가능성이 있어야 하지만, 현대 민족국가에서는 이런 단위를 당연히 구성해야 하는 것은 아니다. 왜냐

26 〈走向海洋〉節目組 編著, 『走向海洋』, 海洋出版社, 2012, p.20.

하면 중국은 하나의 완전체로 구체적인 유럽의 어느 나라가 아니라 유럽 전체와 비교하는 것이 마땅하기 때문이다".[27]

이런 논술들은 완전한 이론적 '함정'을 형성하였다. 즉 해양문명은 서구 자본주의 혹은 공업시대의 산물이고 동방문명과 중화문명은 농업시대의 산물이기에, 동방과 중국은 해양문명이 없는 것이다. 서구의 해양문화는 해양상업문화이고, 중국의 해양문화는 해양농업문화이기에 중국의 해양문화는 육지문화, 특히 농업문화의 확대인 것이다.

이와 동시에 '전통을 전복'하자는 주장이 제기되었다. 하나는 중국의 문명을 해양문명에서 기원하고 발전하였다고 여기는 것으로, 예컨대 "비록 중화의 선사시대 역사의 발전 사슬이 여전히 모호하고 구체적이지 못하지만, 전반적이고 합리적인 맥락은 분명 다음과 같을 것이다. 소위 '황하문명'이란 연해에 위치한 동이東夷의 해대문명海岱文明이 황하 하류에서 중상류로 확대되어 나아간 것이고, 소위 '장강문명'은 연해에 위치한 오월吳越문명을 포함한 백월百越(粵)이 장강 하류에서 중상류로 확대되어 나아간 것으로",[28] 이는 해양문명을 중화 농업문명의 원천적 위치에 둔 것이다. 또 하나는 중국을 세계해양문명의 발원지로 보고 중화해양문명이 근대에까지 전 세계의 으뜸이라고 여긴다는 점이다. 예컨대, 중국은 15세기 이전 해양의 왕이었다. 국민의 해양의식, 조선 기술과 항해 능력, 문명의 복사력과 지속성이라는 세 가지 측면에서 보면, "복건福建은 세계해양문명의 발원지"[29]라고 여기는 것이다. 어떤 이는

27 K.Pomeranz, 史建云 譯, 「中文序言」, 『大分流－歐洲, 中國及現代世界經濟的發展』, 江蘇人民出版社, 2003, p.2.
28 曲金良, 『海洋文化与社會』, 中國海洋大出版社, 2003, pp.39～40.
29 蘇文菁, 『福建, 海洋文明發源地』, 美國强磊出版公司, 2007.

"중국 장강 유역, 동남연해 지방의 옛 나민糯民과 이후 점차 분화되어 형성된 나이糯夷, 백월, 백복百濮 등의 민족"에서 발원하였다고 여기면서, "중화 민족이 만 년 전부터 지금으로부터 대략 6,000년 전후의 중화 염황炎皇 시기에 이르기까지 인류의 공동문명문화의 대륙시대를 창조하였다. 그 때의 나이糯夷는 육로나 해로를 따라 전 세계를 개척하였다. 그래서 중화민족의 해양문명은 선사 시대의 개척에서 근대 서구의 궐기 전까지 줄곧 세계를 이끌었기에, 근대 이전의 인류 해양사는 대부분 중화해양사라고 할 수 있다"[30]고 제기하였다. 다시 말해 중국 중심론이 서구 중심론을 대체한 것이다. 문제점은 그들의 글이 대체로 자신의 관점만 사용하고, 앞선 이들이나 당대 학자들의 기존 연구 성과를 선택적으로 취하였는데, 그 가운데 아직 명확한 논거가 없는 논술을 포함하여 짜깁기하고 실증을 거치지 않은 채 그대로 확대시켜 체계와 결론을 갖다 붙였다. 이는 역사의 원형과 부합하지 않기에, 전반적인 사료를 장악하는 기초 아래의 이론과 학술의 혁신라고 할 수 없으며, 학술계의 인정을 받을 수도 없는 것이다. 아울러 이는 중화해양문명이 세계를 리드하는 자와 뛰어난 자의 역할을 표현하기에 급급한 행동으로, 초조하고 불안하여 이론적 자신감이나 문화적 자신감이 결핍된 표현인 것이다.

결론적으로 해양문화에 관한 토론은 중국해양사 연구의 새로운 연구 진전과는 서로 맞지 않는다. 대다수의 학자들은 해양사에 대해 그다지 익숙하지도 않고 관심도 없으면서도, 단지 기존의 지식으로 일반적인 이야기를 할 따름인 것이다. 그리고 해양사를 연구하는 "학자들은 미세

30 流波,『源, 人類文明中華源流考』, 湖南人民出版社, 2007, pp.149~150.

한 실증연구는 기꺼이 즐겨하나, 큰 틀의 이론적 탐색에 대해서는 흥미를 느끼지 못하는 듯하다".[31] 이러한 문제점은 중화문명사 연구의 주류가 전통적인 육지문명의 옛길로 다시 돌아가게 한 결과를 낳았다.

중화해양문명사를 인식하는 것은 경제 글로벌화 배경 아래 중국이 현대화를 실현하는 과정에서 제기된 문제이다. 이는 해양문명의 개념을 재인식하는 것을 의미하므로 이러한 개념을 수정하고 재구축하여 학술적 발언권을 장악하는 것이 혁신적 과제이다.

3. 해양문명의 역사학적 해석

문화와 문명의 표현은 횡적으로는 사회적 변천이고 종적으로는 역사적 변천이다. 문명을 심화된 이론으로 연구를 진행하여, 장시간의 탐색과 변화의 과정을 거쳐 다양한 연구 시각과 유파가 있지만, 지금까지 여전히 통일된 이론 구조나 연구 패러다임을 형성하지 못하고 있다. 최초의 고전적 정의는 "문화와 문명은 복잡한 완전체로, 그 속에는 지식, 신앙, 예술, 도덕, 법률, 풍속 및 사회의 구성원으로서 지니고 있는 일체의 능력과 습관을 포함한다"[32]고 되어 있다. 이는 인류생활의 각 방면뿐만 아니라, 모든 자연과학, 기술과학과 인문사회과학을 다 다룬 것이

31 李紅岩, 「海洋史學淺議」, 『海洋史研究』 3, 社會科學文獻出版社, 2012, p.7.
32 Edward Burnett Tylor, 蔡江濃 譯, 『原始文化』, 浙江人民出版社, 1988, p.1.

다. 그러나 이런 개괄은 학술 연구로 말하자면 문제가 된다. 학술사學術史에서 증명했듯이, 문화와 문명의 내포를 인류가 창조한 물질적 재부와 정신적 재부의 총체로 간단히 개괄하는 것은, 내용도 없을 뿐더러 학술적 이행에 있어서도 확신하기 어려운 것이다.

해양문화와 해양문명은 모두 인류가 해양을 '인격화'한 것으로, 인류가 해양 공간과 자원을 개발·활용함으로써 창조한 물질적 재부와 정신적 재부의 총화이다. 이러한 정의는 표면상으로는 아무런 문제가 없지만, 실질적으로는 해양과 문화, 문명의 개념을 혼합하였을 뿐이다. 그래서 그것이 기타 문명과 다른 특수성을 잘 드러낼 수 없을 뿐더러 그것의 특징을 모호하게 하였다. 해양문화와 해양문명은 모두 해양활동의 실천에 뿌리를 둔 것으로, 해양실천활동의 심화와 진보가 끊임없이 발전함에 따라, 해양과 문명의 결합은 다원화와 다양성의 특징을 드러내었다. 그래서 이것은 고정적이거나 통일된 패턴이 없기에, 동태적이고 변화하는 역사적 존재로부터 그것의 본질을 드러내 보여야 하는 것이다. 이는 해양문명사의 임무를 결정하였다. 그래서 서로 다른 시공조건 아래 해양문화의 적극적 성과를 주목하여 해양사회 발전과 사회진보 그리고 그것의 소극적인 성과에 주목하여 해양사회의 침체와 사회 퇴보에 반응해야 한다. 그러므로 해양문명의 개념과 함의를 개조하는 것은, 사상관념의 장애를 타파하여 시야를 넓혀 주며 해양인문세계에 대한 심도 있는 인식으로 인류문명의 세계역사 발전 과정에 새로운 해석을 제공하는 데 도움을 준다.

"역사학은 시간 속에 처해 있는 구체적인 인물과 구체적인 문화를 다루는 것이다."[33] 역사적 각도에서 해양문명을 정의하는 것은, 널리 공유된 인식을 형성할 수 있는 함축적 의미를 아직 개괄해내지는 못하지만, 우리가 세계와 중국역사의 진행 과정에 근거하고 보편성과 포용성의 관념에서 출발하여, 해양문명의 정의에 대한 기본적 이론 가설을 제기하고 연구의 착안점과 중점으로 삼는 데 아무런 방해가 되지 않는다.

헤겔이 『역사철학』에서 내린 정의와 달리, 우리는 해양문명을 자본주의문명, 서구공업문명과 동일시되는 문명 형태로 인정한다. 이것은 전 지구적 해양시대에서 생겨난 한 가지 형태지만, 해양문명 형태의 전부는 아니다. 해양문명은 경제생활 방식에 따라 구분된 문명 형태이자 문화의 발전 과정으로, 그 내적 의미는 낮음에서 높음으로, 시초의 문명에서 현대문명에까지 이르는 서로 다른 형태를 포함하고, 지역 해양에서 전 세계의 해양과 입체적 해양으로의 또 다른 발전 단계도 포함하고 있다. 국가나 지역의 해양문명으로서 서로 다른 특성이 있고, 시대적 차이에 따라 서로 다른 역할이 있기에, 성장 이후에 쇠퇴가 있기도 하고 쇠퇴 후에 다시 부흥하거나 재생하기도 하여, 각기 다른 기능을 발휘하고 있다. 해양문명은 '해양-육지'가 일체화된 구조 속에 존재하기에, 육지문명과는 고저나 우열의 이원대립적인 것이 아니라, 양자 간의 상호 작용은 바로 인류가 세계의 진전에 참여하는 과정이다. 그래서 해양문명과 대륙문명 간의 고립이나 해석을 단절시키는 한계성을 타파하여 인류문명의 전반적 국면에서 재인식할 필요가 있다.

33 Georg G. Iggers, 何兆武 譯, 『二十世紀的歷史學－從科學的客觀性到后現代的挑戰』, 遼宁教育出版社, 2003, p2.

1) 해양활동이 만들어 낸 문명유형으로서의 해양문명

인류생활 공간 속 자연생태 환경의 차이는 문명의 첫 번째 속성을 결정하였다. 해양문명은 대륙의 가장자리 지역 주변으로 육지에 의해 둘러싸인 반 봉쇄적인 해양지리 구역에 기원을 두고 있다. 이것은 농업문명이나 유목문명이 발생한 지리적 기반과는 다르다. 그래서 생존의 기회와 도전은 해양에 있고, 문명의 출발점과 발전 무대 역시 해양에 있다. 최초의 해양활동은 항만의 환경과 계절풍 그리고 해류 등 자연법칙의 제약을 받았다. 인류와 해양과의 관계는 국부적인 해역에서 출발하여 점차 상대적으로 고정되면서 사회적으로 약속된 출항 시간, 항해 방향, 교역 대상과 해역 범위를 탐색하면서 형성되었다. 이에 해양문명은 모두 특정한 해역에서 탄생되었다. 아시아, 아프리카, 유럽의 세 대륙 중간에 위치한 지중해는 이런 천연적인 조건을 갖추고 있다. 대서양 양안의 북해, 발트해와 카리브해, 인도양 연안의 홍해, 페르시아만 등 그리고 서태평양 연안의 발해만, 북부만北部灣, 동중국해, 남중국해 등 또한 모두 '지중해'이며, '지중해'적 특성을 지니고 있다. 그래서 이 지역들은 서로 비슷하고 가까운 지리 조건도 가지고 있어 해양을 개발・활용하고 해양문명이 형성될 가능성이 있다. 해양은 하나의 자연체로써 각 민족에 대해 차별 없이 평등하게 대하기에, 개방 혹은 폐쇄적 구별이 없다. 그러나 지리적 요인이 문명의 발전을 결정하는 것이 아니기에, 모든 집단의 해양문화가 자연스럽게 해양문명을 생성하는 것은 아니다. 해양 집단이 개화와 진보를 취하고, 해양의 격리와 속박을 돌파하는 조선・항해 능력과 해양으로 나아가는 진취적 인식이 있고, 동시에 외부 집단과의 접촉 그리고 문화교류의 기회를 얻어야만 비로소 '바다가 낳은 딸'이 될 수 있는 것이다. 외부 세계와 단절된 해상활동과 외딴섬 생활은 외부 세계와 교류하는 활력이 없기에 '폐쇄형' 해양문화로 해양문명을 형성하거나 전파할 수 없다.

중화민족의 선조들은 동아시아 대륙과 해역에서 생활하여, 지리 조건의 차이에 따라 서로 다른 생존 방식을 선택하였다. 해양문명은 연해나 섬에서 생활하는 선조들의 고기잡이 생활에서 기원하였고, 정착 부락은 풍부하고 안정된 어패류 식물의 공급원으로 형성된 것이지 농업문명의 부산물이 아닌 것이다. 연해 부락은 문명시대로 진입한 후 항구로 발전되어 해양 집단이 건립한 초기 국가의 수도이기도 하였다. 그들은 바다를 통해 환중국해의 서로 다른 지역과 소통하였고, 그 문명을 서·남태평양의 섬까지 전파시켰다. 중화해양문명이 형성된 이후의 역사 발전 속에서, 해양 집단이 동이, 백월에서 한인漢人으로 전환되었고, 해양활동의 주체인 국가와 지방 그리고 민간의 관계는 격렬한 변동이 일어났지만, 해양문명 유형의 존재를 끝내 소멸시키지는 못하였다. 해양문명 유형의 내부 구조상의 역사 변천을 연구하는 것은 중화문명사의 다양한 발전을 구성하는 중요한 내용 중 하나이다. 해양문명 유형의 외재적 형식과 내부의 실질적 관계를 정확히 다루는 것은, 중화해양문명의 독특성과 '개성화된' 본질을 드러내는 중요한 전제 조건이자 중화해양문명의 역사 발전 규칙을 탐색하는 객관적인 요구이다.

2) 해양문화의 유기적 총체인 문화공동체로서의 해양문명

해양문명은 자연적인 해양을 활동 기점으로 하는 물질 생산 방식, 사회생활과 교류 방식, 정신생활 방식의 유기적이고 종합적인 문화공동체이다. 해양문화는 해양문명의 내포이고, 해양문명은 해양문화의 매개체이다. 넓은 의미의 해양문화(물질문화, 제도문화, 정신문화)는 유동성을 기본 특징으로 한다. 즉 유동적인 집(배), 유동적인 생계(어획, 무역, 약탈), 유동적인 문화(해양어업문화, 해양상업문화, 해양이민문화, 해적문화), 유동적인 국경선(지리와 국가 그리고 지방행정구의 경계선을 초월)으로, 유동 가운데 다양한 해상문명 그리고 대륙문명과 접촉・충돌・융합을 통해, 해역과 민족이 서로 다른 각각의 특색 있는 해양문명을 형성하였다. 해양문명사에 있어서 해상 집단과 대륙 연안 집단이 서로 다른 해양사회 모델을 만들었다. 예컨대 해양어민사회, 선원사회, 해상상업사회, 해적사회, 수군水軍사회, 해안벨트 항구사회, 어촌사회, 제염공[鹽民]사회, 무역항사회 등이다. 각 집단 구성원은 공동적 생계, 신분, 생활목표와 이익을 가지고 있고, 직간접적인 교류와 상호 결합을 통해, 각기 특색 있는 집단의식과 집단규범을 형성하였다.

환중국해 주변 해양문화 공동체의 활동이 연이어 일어나 끊임없이 생장하고 번성한다는 점에 있어서는 인정을 받고 있다. 중화민족의 해양 발전으로 말하자면, 해양문화 공동체의 풍부하고 다채로운 표현은, 해역과 도서를 개발・이용하고 중화민족의 해양권리를 발전시키는 데 중대한 공헌을 하였다. 다만 역대 왕조 통치자들이 해양을 중요하지 않다고 인식하였기에 홀시되고 가려지게 되었다. 심지어 유동流動을 홍수나

맹수마냥 엄청난 재앙으로 여기고, 해안 주민을 사회에서 가장 믿을 수 없는 집단으로 보아, 해양문화 공동체의 이미지를 비방하였고, 강력하고 주도적인 발언권을 통해 민족의 사회심리에 이식시켜 부정적인 영향을 야기했다. 이에 해양을 본위로 삼고 최하층 구조에서 착수하며, 실증연구의 기초 아래 해양문화 공동체의 진면목을 회복하고, 해양문화 공동체가 중화문명 '다원일체' 중의 일원임을 확립시키며, 해양을 등한시하는 전통 관념을 전환하는 것은 중대한 학술적 가치가 있다. 또한 중국이 해양국가라는 긍정적 이미지를 수립하고 해양문화 건설을 전개하며, 해양국토의식, 해양의 지속적 발전의식, 해양권익의식 그리고 해양안전의식을 배양하는 데에 중대한 현실적 의미가 있다.

3) 인류문명의 작은 갈래로서의 해양문명

해양자연에 대한 해양 집단의 '인격화', 해양에서 맺어진 사람들 간의 관계는 자신만의 발생・발전・변화의 규칙이 있기에, 사람과 땅의 관계나 육지사회 관계의 자연적 확장이 아니다. 육지에서 해양으로나 해양에서 육지로라는 이 두 가지는 서로 다른 해양문명의 발전 경로이다. 해양문명은 자신만의 진화 과정이 있는 인류문명의 작은 시스템이다. 문명 시스템은 세 가지 하부 시스템, 즉 기술 시스템, 사회 시스템, 사상의식 시스템을 포괄하며,[34] 점진적 변화・돌변・재조합이라는 각기 다

34 L.A. White, 沈原 外譯, 『文化的科學－人類与文明研究』, 山東人民出版社, 1988, p.351.

른 진화 형식이 존재한다. 각기 다른 해양지리 구역에 따라 해양문명은 발생과 발전의 선후가 있다. 그래서 서로 다른 진화 단계에 처할 때 서로 다른 목표와 추구가 있고, 서로 다른 단계적 문명 성과도 있으며, 서로 다른 문명 양식과 특정된 구조 그리고 문명의 상징을 지니고 있어 다채로운 해양인문세계를 구성하게 된다.

중화해양문명은 중화문명의 시스템적 구성 부분이다. 중원 농업문명은 핵심이자 주도적 지위에 처해 있고, '다원일체'의 방향을 주도하고 결정하였다. 연해해양문명은 지역사회문화와 민간문화의 단계에 머물러 중화문명의 주류에 오르지 못했다. 그러나 이러한 점만으로 '해양문화가 당시 중국의 실제 상황에 맞지 않다'는 결론을 내릴 수 없다. 해양문명의 주체로부터 볼 때, 초기에는 동이東夷와 백월百越의 문화계통, 진한秦漢시대에는 화하華夏와 동이 그리고 한漢과 백월百越 간의 상호 작용으로 공생된 문화계통, 한당漢唐시대 이후에는 한족 이민자 그리고 동이와 백월의 후예들과 융합된 문화계통이 있다. 중화문명에서 대륙문명과 해양문명 간의 관계는 큰 조직과 작은 조직 간의 관계로, 중국역사의 아주 긴 발전 과정 속에서 해양문명의 진전에 대해 전면적으로 고찰해야 한다. 중화해양문명은 또한 동아시아 해양문명 시스템의 중심 시스템이다. 동아시아 해양문명 시스템인 '환중국해 해양문화권'은 상고시대부터 진한시대까지 연해지역에 토착한 중화민족 선조들과 주변 도서 토착민들 간의 접촉과 교류의 '아시아 지중해 문화권'이다. 한당시대 이후 주변과 서아시아와의 해양 왕래는 중국 주도의 '동아시아 해역경제문화권'으로 불렸는데, 이는 현대적 '세계 화인 경제문화 네트워크'와 일맥상통한 것이다. 여기에는 중화해양문명과 외래해양문명의 친근,

융합과 경쟁, 분리를 내포하였기에 중국역사의 범위를 뛰어넘었다. 만약 왕조 통치자의 마음으로 해양을 대하면서, 왕조가 바다를 경략經略하는 것으로 중화민족의 해양 발전을 대치하는 것이 아니라면, 우리는 중화해양문명 시스템의 외향적 경주가 내향적 경주보다 중요하여 동아시아 해양문명의 방향에 영향을 주고 있음을 인정해야 한다. 중국이 서구 해양세력과의 경쟁 과정에서 겪은 좌절과 쇠퇴는 중화해양문명 시스템 조직 자체의 원인도 있다. 세계해양문명의 역사 발전의 관점에서 볼 때, 중화문명의 역사적 추이를 조명하는 것은 해양문명사 연구의 내적 논리에 있어 필연적 요구이자, 중화해양문명사와 세계해양문명사 간의 상호 작용과 충돌, 관련도와 의존관계, 보편성과 차이성 등을 부각시키는 데 도움이 된다. 이런 연구를 통해서야만이 우리는 한층 더 중화해양문명의 넓고 심오함을 밝힐 수 있고, 세계를 통해 중화해양문명사의 역사 발전 가운데 정수와 찌꺼기를 바로 바라볼 수 있을 것이다.

4) 문화 발전 과정으로서의 해양문명

"문명은 상태 모형이 아닌 운동이며, 정박하는 것이 아닌 항해이다."[35] 해양문명은 예로부터 인류문명의 선진적 형태인 것이 아니라, 문화 발전의 과정이다. 해양문화와 해양문명은 해양활동의 실천에 뿌리를 두면서, 해양실천활동의 심화와 진보에 따라 지속적으로 발전하였다. 총

35 Arnold Joseph Toynbee, 沈輝 外譯, 『文明經受着考驗』, 浙江人民出版社, 1988, p.47.

체적인 역사 추세는 낮은 단계에서 높은 단계로 발전하고, 구역 해양에서 전 지구의 해양과 입체적 해양으로 확장되며, 집단문명에서 구역사회문명과 국가문명, 세계문명으로 끌어올리는 것이다. 서구해양세계를 본위로 삼는 해양문명의 발전은 지중해에서 대서양으로 이어 태평양으로의 전이를 거쳤으며, 고대에서 근대에 이어 현대에 이르는 과정을 대신하였다. 하지만 세계해양문명사는 서구해양문명을 유일한 모델과 표준으로 삼아 동일한 방향으로 진행된 것은 아니다. 비非서구에는 다원적인 해양문명의 '중심'과 '가장자리'가 있어, 점차적 변화 형식으로 진화하였기에, 이들 해양문명에는 각기 다른 특색을 갖고 있고, 세계해양문명에 대한 자신만의 독특한 공헌이 있다. 미래해양문명의 방향은 입체적인 해양 개발의 문명 발전과 상생 협력적 세계 신형 해양 질서의 수립에 의해 결정되는 것이다.

중화해양문명의 문화 발전 과정은 서구해양문명의 발전 과정과 서로 마주 향해 갈 때도 있지만 서로 역방향으로 갈 때도 있다. 즉 단절할 때도 있지만 합류할 때도 있다. 중화해양문명의 내부에는 해역과 민족집단 그리고 지방정권이 달라, 해양문명의 발생과 발전에 선후가 있고 흥성과 몰락도 있으며 계승할 때와 단절할 때도 있고 진보도 있고 후퇴도 있어, 뒤엉켜 복잡한 역사 장면을 드러내었다. 그래서 해양과 문화의 결합은 다원화와 다양성의 특징을 드러내어 고정적이고 통일된 양식이 없지만, 전반적인 발전 추세는 결코 변화하지 않았다. 중화해양문명의 부흥은 역사의 계승·발전으로, 입체적인 해양시대의 요구에 따라 끊임없이 조정되고 뛰어넘어, 세계해양문명의 전형에 긍정적 역량을 충분히 제공할 수 있다.

5) 장기적이고 종합적인 문화 축적으로서의 해양문명

해양문명의 유동성, 개방성, 다원성 및 포용성의 특징은 대륙문명과 외래문명의 장기적이고 종합적인 문화 축적을 흡수하여 형성된 것이다. 이는 대륙문명과의 상호 작용 속에서 구역에서 전 세계로 나아가 영향력을 확장하여 인류사회가 점차 하나의 전체로 연결되게 하고, 해양과 육지가 상호 작용하는 세계역사의 큰 국면을 형성하였다. 해양문명은 육지문명의 양육에서 떨어질 수 없고, 육지문명 또한 해양문명의 보답을 얻는다. 해양과 육지의 대립적인 관념은 해양문명이 사회문명의 발전 과정에서 발휘했던 기능을 진실로 반영할 수 없다. 고대 그리스문명만 해외에서 기원했다는 점을 예외로 두고, 세계의 고대문명이 모두 대륙문명이라는 이러한 견해에 단편성을 지니고 있다는 것은 이미 국제학술계에 공통된 인식이다. "크레타－미케네를 중심으로 한 에게문명의 형성과 발전은 고대 이집트와 메소포타미아문명의 긍정적인 영향을 받았다. (…중략…) 근동近東 지역의 이 두 고대문명은 크레타문명보다 600~700년을 앞섰으며, 크레타인은 고대 이집트와 메소포타미아 유역과 상당히 밀접한 관계를 지니고 있다. 크레타－미케네를 중심으로 하는 에게문명은 근동 지역의 양대 선진문명의 방사 아래에서 형성・발전한 것이라 말할 수 있다. 그래서 그들 문명의 출발점이 상당히 높아, 크레타인은 일찍 미노스황궁과 같은 세상 사람들이 감탄한 물질문명과 정신문명을 만들 수 있었다. 고대 그리스문명은 에게문명을 계승・발전하였고, 근동의 갖가지 문명의 전파와 영향에서 혜택을 받았다."[36] "지중해 역사의 규율은, 해상생활이 해안에서 멀리 떨어진 지역으로 영향을 확장하는 것이며, 그 보답으로 내륙의 영향을 끊임없이 받는다." 이와 반대로 "만약 이집트가 나일강의 산물이라 말한다면, 그것 또한 마찬가지로 지중해의 산물인 것이다".[37]

해양문명이 중국역사의 발전 과정으로 진입한 것은 농업문명, 유목문명과 서로 격동하는 과정이며, 대륙문명과 해양문명이 서로 융합하고 상호 작용하는 과정이기도 하다. 해양활동의 주체는 혈통적으로 오랑캐와 중국 그리고 중국과 백월百越의 융합 과정을 거쳐 한족漢族의 가장자리인 화하華夏로 진입하였는데, 오늘날까지 중화민족에 대한 동질감으로 이어졌다. 영역 공간에 있어 동부 연해지역과 관할 해역은 고대의 가장자리에서 근현대의 중심 지역으로 이동하였고, 지금처럼 국가이익의 핵심 지대 위치로 상승하였는데, 이는 모두 장기적인 역사 구축의 과정이다. 황하 중하류 지역을 근거지로 하는 농업문명 집단은, 중화문명에서 가장 일찍 강력한 지위를 확립하여 왕조체제를 건립하였으며, 국가의 정치, 경제, 문화의 융합·발전 과정을 주도하였다. 육지 조건이 중화해양문명의 발전 과정 속에 맡은 역할은 기타 국가의 해양문명과 서로 다른 특성을 드러냈다. 해양 생산품에 대한 대륙의 강렬한 수요는 일부 해양 집단의 내적 발전을 끌어당겼고, 농업문명의 영향을 받아들여 동이와 백월 지역이 중국 영역에 들어서고 난 후, 해양활동 집단은 연해로 이주해 온 한인으로 대치하게 되었다. 이에 그들은 해양과 육지의 이중성격을 지니게 되었다. 중화문명은 황하와 장강의 산물이자 환중국해의 산물이기도 하다. 역사 발전 과정에서 중화해양문명은

36 朱寰 主編, 「序言」, 『歐羅巴文明』, 山東教育出版社, 2001.
37 Fernand Braudel, 肖昶 譯, 『文明史綱』, 廣西師範大 出版社, 2003, p.30.

주류 지위에 있는 중화농업문명에 깊이 물들어, 각 왕조에서 '해양을 경략할' 때 서로 다른 표현이 있었는데, 이는 중화문명에서 육지와 해양의 관계도 같지 않음을 드러낸 것이다. 단순히 강토疆土 개척이 도서 지역으로의 확산이고 종실관계가 해외국가로의 확충이라 획일적으로 인식하고, 특정 시기의 왕조가 '국가 해양행위의 주체'로서의 의의와 기능을 소홀히 했다면, 이는 중화문명에서 육지와 해양의 관계를 정확하게 드러내는 데 분명 영향을 끼칠 것이다.

유명 사학자 왕경우王賡武는 "세계화는 해양 실력이 육지 실력을 대신하는 상징적 표지"라고 지적했다.[38] 지금의 중국은 세계화에 융합되고자 노력하고 있고, 개혁 개방은 현재진행형만 있을뿐 완료형이 없다. 공산당 18차 인민대표회의 보고서에서 다음과 같이 지적했다. "해양자원의 개발 능력을 향상시키고, 해양경제를 발전시키며, 해양생태환경을 보호하고 국가의 해양권익을 굳건히 지켜 해양강국을 건설한다." 중화해양문명을 계승·발전시키고 현대화로의 전환을 실현하는 것은 해양강국이 필히 나아가야 할 길이다. 국가 해양 발전 전략의 방향과 수요는 유구한 해양문화의 우수한 전통에 깊이 뿌리 내려져 있다. 이에 역사적 유물론과 과학 발전관의 지도 아래 외국해양문명사의 연구 성과와 경험을 참고하여, 현대의 수요에 맞게끔 하고 중국 특색을 반영한 중화해양문명사를 건립하는 것이다. 아울러 창의적 연구를 펼쳐 연해지역과 민간 계층에 침전된 해양역사 자원을 추출함으로 체계화된 지식을 갖추도록 한다. 실증 연구를 기초로 이론체계의 구축을 강화시키

38 「王賡武談全球化海洋文化－中國須加强海洋外交」, 『海疆在線』, 2013.3.22(http://www.haijiangzx.com/2013/0322/49338.shtml.).

고, 중화해양문화의 우수한 전통을 계승・발전시켜, 국가적 해양의 소프트파워를 향상시키는 방향과 방법을 생각하는 것은 현대해양문명의 건설에 도움을 주는 새로운 의미를 가지고 있다.

제2장

해양문명의 기본 형태

해양문명의 기본 형태는 해양경제문명, 해양사회문명, 해양제도문명, 해양정신문명을 포함한다. 이 형태들은 서로 침투하기도 하고 영향을 주기 때문에 고정된 패턴으로 단정지을 수 없다.

1. 해양경제문명

문명의 본질은 사회 생산력이다. 해양경제는 해양문명의 물질적 토대와 경제 형태이며, 인류가 직간접적으로 해양자원과 해양공간을 개발·활용하여 형성된 것이다. 해양경제는 생산, 유통, 소비, 관리, 서비스 영역에 관련하여 해양과 관련된 경제 구성, 경제 이익, 경제 형태와 경제 운영 모델을 포괄한다. 해양경제와 해양(자연해양과 해양공간을 포괄)은 본질적으로 상호 의존관계에 있다.

당대 학술체제에서 해양경제는 경제학적 개념으로 해양을 개발하고 이용하는 해양학적 개념과 함의를 경제 영역에 운용하여 경제학적 해석을 더한 것이다. 지금까지 해양경제에 관한 연구는 주로 현대 해양산업경제(해양자원의 개발에 대응)와 해양구역경제(해양공간의 이용에 대응)에 집중되어 왔다. 해양경제학은 아직 형태가 갖춰지지 않아 경제학계에서는 해양경제의 내포와 외연에 대한 명확한 구분이 없다. 현대 해양경제의 매개체인 해양산업은 해양개발, 활용사업의 발전과 기술 진보의 순서에 따라 전통산업(해양어업, 해수제염, 조선, 해양운수, 간석지 간척), 신흥산업(해수 양식, 석유가스 채굴, 해수화학공업, 해수담수화, 해양의약, 해안사광, 해양관광), 미래산업(심해채광, 해양에너지개발, 해수의 종합적 이용, 해양프로젝트) 세 가지로 분류되며, 국민경제 구조인 '3차산업'의 분류법에 따르면 다음과 같다.

제1산업 : 해양어업, 간석지 간척, 해수 양식

제2산업 : 해수제염, 수산물가공, 조선, 해양석유가스, 해수화학공업, 해수담수화, 해양의약, 해양채광, 해양에너지개발, 해수의 종합이용, 해양공정

제3산업 : 항구서비스, 해양운수, 해저창고, 해양관광, 해양정보산업, 해양문화산업

경제활동과 해양공간의 연관된 정도에 따라 해양경제는 협의, 광의, 범의泛義로 나누어진다. 협의의 해양경제는 자연 해역에 한하며, 해양

자원을 개발·활용하는 각 종류의 산업과 그와 관련된 경제활동의 총체이다. 예컨대 원자재와 생산 장소에서 상품이 나올 때까지 모두 해양으로부터 떨어질 수 없는 산업이다. 광의의 해양경제는 해양 개발과 활용을 위한 조건을 제공하는 경제활동이다. 예컨대 원자재와 생산 장소는 해양에 있지 않지만, 상품과 서비스는 해양에 전용되는 산업이다. 더 폭넓은 해양경제는 해양경제와 분할될 수 없는 도서島嶼경제, 연해경제, 바다와 강 체계에 속하는 하천경제 등까지 확대된다. 여기에는 해양에서 얻는 자원, 육지에서 이루어지는 생산, 대륙과 해양을 구분하지 않는 상품시장 혹은 육지경제와 서로 겹치는 산업을 포괄한다.

해양경제문명의 발전은 먼저 해양생산력의 진보, 해양학의 발전 수준과 해양기술, 생산도구(예를 들어 조선과 항해술, 항구 개발, 해양어구漁具와 어법漁法, 해수양식, 해수제염, 해양성농업, 해양 신흥산업기술 등)의 응용에서 집중적으로 드러난다. 더 나아가 해양경제 생산 관계의 진전, 해양자연자원과 자연생태환경에 적합한 선택적 해안벨트, 섬과 해역의 경제 개발 모델의 전환 그리고 해양경제공간(예를 들어 항해네트워크, 해양무역 네트워크 등)의 확장에서 표현된다.

인간이 해양자원을 개발·활용하면서 서로 의존하는 여러 해양 분야와 산업을 만들어, 여러 분야와 업종을 포괄하는 경제 시스템을 구성하였다. 이는 해양 수역을 유대로 한 지역성(흔히 국가급, 심지어 초국가급) 종합경제 시스템을 구축한 것이다. 해양 수역의 유동성과 연결성으로 이 경제 시스템들은 교차성과 크로스오버적인 특징을 지니고 있다. 각종 해양 업종, 구역경제 시스템, 대륙(섬)경제 시스템 간에 교차가 존재할 뿐만 아니라, 같은 해역을 공유하는 서로 다른 업종 시스템, 구역 시스템

심지어 서로 다른 나라의 해양경제 시스템 사이에도 교차가 존재한다.

한편 역사 기록에는 해양경제라는 단어가 없지만 해양경제에 관해서는 많은 문헌자료를 보존하고 있다. 기존 연구 결과를 보면 문명사적인 (협의적)해양경제는 전통에서 현대로의 변천 과정을 겪었고, 두 단계에 포함된 내용은 서로 다르다. 전통해양경제에는 해양에서 진행하는 해양어업경제, 항해운수업경제, 해양상업경제, 해양이민경제, 해적경제 등과 육지 혹은 섬에서 진행되는 조선, 해수제염, 수산물 가공, 수출상품 제조 등 수공업 경제가 포함되었다. 또한 상업, 교통, 관리와 서비스 등 항구경제와 간석지 간척 등 해양성 농업경제가 모두 이에 포함되었다. 그러나 현대해양경제의 중심은 이미 전통산업에서 해양석유와 가스 그리고 광물 등 자원을 개발하는 여러 신흥산업으로 옮겨 갔다.

전통해양경제는 해양활동에 종사하는 모든 지역에서 존재하였다. 처해 있는 해양환경이 외부와의 연결 정도가 다르기 때문에, 각 해역 그리고 인류와 서로 대응하는 다른 물질문명 형식으로 발전되었다. 일반적으로 대항해 시대 이전에는 해양을 개발·활용하는 수준이 낮았고, 해양경제 발전이 비교적 완만하였으며, 그중 최고로 빼어난 점은 항해기술의 진보와 해양상업의 확대였다. 항해 기술의 진보는 해양을 통해 대륙 간의 연결을 이루었기 때문이다. 전통해양경제 구조에서 항해운수업과 해양상업이 하나로 합쳐져 점차 주도적인 업종으로 되었다. 그것의 상대적 규모, 즉 경제 생산액이 소재 구역 총 생산액에서 차지하는 비중은 지역과 국가의 해양경제모델에 중대한 영향을 끼치기 때문에, 해양경제문명의 중요한 내용이 된다. 현대해양경제 구조에서 항해운수업과 해양상업은 기본적으로 분리되어 있지만 이 둘은 마찬가지로 중대한 기능을 하고 있다. 무슨 연유인지는 모르겠지만, 해양경제를 연구하는 일부 학자들, 특히 중국학자들은 여전히 항해운수업을 해양경제의 정통 산업 부서의 하나로 여기면서도, 해양상업을 해양경제 밖으로 배제시켰는데, 이는 곤혹스러운 일이다.

2. 해양사회문명

문명의 주체는 사람이며, 문명은 생산력의 발전 정도에 따라 결정되므로, 기존의 인간관계 패턴의 제한을 받은 사회조직, 활동, 진화 양태가 사회문명이 된다. 해양사회문명은 주로 해상 집단 및 해양과 관련된 집단이 여러 직간접적인 해양활동에서 형성된 사회조직, 활동, 진화 양태이다. 중국역사에서는 주로 민간 측면의 인간관계에서 발전하여 형성된 비공식적인 제도로 표현되었다. 예컨대 해양 집단이나 해양과 관련된 집단 등의 사회조직 원칙 그리고 상관사회 조직이 각종 관계와 이익을 규범화하는 풍습 혹은 비공식적인 규칙이다. 종횡적인 연결을 통해 해양사회 조직은 일정 시기와 일정 구역에서 바다를 삶으로 여기는 운명공동체를 조성하여, 해양사회문명으로 하여금 업종과 구역별 특징을 지니게 했다.

중국해양 사회문명은 동이東夷와 백월百越의 해상사회 집단에서 기원한다. 1950년대, 링춘성凌純聲 교수는 「중국 고대 해양문화와 아시아 지중해中國古代海洋文明與亞洲地中海」 등의 연구에서 중국을 중심으로 하는 동아시아문화를 서부의 '대륙문화'와 동부의 '해양문화'로 크게 나눴고, 원주민 민족사의 각도에서 서부 화하華夏농업문명을 대륙성 문화로, 동부 연해 만이蠻夷 지역의 어업과 수렵문화를 해양문화로 추정했다. 또한 '진주조개, 배와 노, 문신'으로 대표되는 아시아 지중해 문화권으로 하여, '금과 옥, 수레와 말, 의관'으로 대표되는 화하 대륙성 문화체계와 구별지었다. 지난 반세기 이래 고고학의 발견, 해양민족 집단인 백월-남도어족南島語族에 대한 여러 학과들의 종합적 연구, 역사학계의 중국역사의 남방 맥락에 대한 탐색 등은 해양문명의 기원에 대한 인식을 모호함에서 점차 분명함으로 나아가게 했다.

한 무제가 남월南越을 평정한 이후 중국은 전통해양시대로 진입했는데, 다시 말해 봉건사회의 해양시대이자 왕조 통치하의 해양시대였다. 동쪽으로 이동하고 남쪽으로 내려온 한족의 이주민들은 해안 지역과 섬으로 들어가 토착 민족과의 문화 접변과 융합 과정을 통해, 한화월인漢化越人과 월화한인越化漢人 같은 해상 집단과 육지의 해양 관련 집단을 형성하였다. 이들은 점차 중화민족의 주체 속으로 융합되어 연해지역의 새로운 한족을 형성하였다. 해양민족의 유전자를 보존한 그들은 백월-남도어족의 조선 기술, 항해 항법 기술의 바탕에서 새로운 도약을 이루어, 해상 실크로드의 번영과 정화鄭和의 서양 진출 등 눈부신 업적을 남겼다.

전통시대의 해상 집단은 단민疍民, 선원, 해상海商, 해적, 수군이 포함되는데, 이들은 보통 토지와 아무런 관계가 없으며, 육지에 거처할 곳이 없었다. 그들은 토지를 잃어 육지에 고정된 거주지가 없거나 육지에 집은 있지만 주요 가족 구성원이 일 년 내내 해상생활을 하고, 직접적인 해양활동에 기초하여 서로 연락을 취하는 것이다. 해양 생활방식의 차이로 그들은 육지사회와는 다른 조직인 '선상사회'를 결성하였다. 배는 동태적이고 가변적인 사회문화 매개체로, 사회 균형의 확립은 불확실하여, 땅에 근거하고 사회 안정을 표준으로 한 사회규범을 확립한 육지사회와 반대로, '선상사회'는 유동(주로 공간의 이주와 사회의 유통성)을 전제로 규칙, 제도, 행위규범을 발전시켰다. 전통시대에서 육지의 해양 관련 집단인 연해의 육지 어민, 제염업자, 항구 노동자, 상업과 서비스 노동자, 항구와 어촌 관리자, 해안 방어 관병은 조직제도상으로는 육지 정착사회체제에 속했지만, 그들의 생산과 생활은 해양과 떼어 놓을 수 없는 인연을 맺고 있었다. 행위와 방식 등에 있어서도 해양의 영향을 깊이 받아 육지와 해양의 이중성격을 지니고 있어, 농후한 해양성으로 기타 육지 거주 집단과 서로 구별되었다.

해양중국은 전통에서 현대로 전환하는 데에 오랜 시간 우여곡절의 진행 과정을 겪었다. 16・17세기에 중국과 서양해양문명이 남중국해에서의 합류를 배경으로, 중국사회는 신구新舊의 충돌로 변화의 징조를 드러냈고, '전통 속의 변천'은 근대로 전환하는 좋은 기회가 되었다. 해상권력이 관청에서 민간으로 이동되었고, 민간의 해양무역은 국제해양무역과 연결되었다. 이는 조공朝貢제도인 해양 질서에 충격을 가져다 주었고, 이에 남중국해는 한줄기 '해양상업문화'의 기개를 응집시켰다. 청조淸朝는 해양에서 뒷걸음질치고 '제1차 경제 세계화'의 물결과 역방향으로 나아가, 역사가 준 기회를 놓치고 중국 근대해양 발전의 낙오를 야기했다.

그러나 현대적 전환은 위기이자 전환점이다. 전통해양사회조직이 쇠락하였고 일부 해역의 어민사회, 수상생활사회, 해상상업사회의 생계는 '사양산업'으로 전락하였으며, 심지어 파산하여 소실되었다. 반면 '선상사회'는 시대와 더불어 발전하여 현대적 전환 과정을 실현하였다. 예컨대 어민사회 조직은 레저어업 합작공사나 어업회사로, 선박주민사회나 해상상업사회의 조직은 기선회사나 운수회사로, 수군은 해군으로 전환되었다. 다른 한편으로 전통해양사회 조직이 쇠락하는 동시에 신형 해양사회 조직(예를 들어 어업행정, 선박행정, 항만사무, 세관사무, 해양감시, 해사, 해경, 해양탐사, 해양석유가스 채굴, 해양환경보호, 원양과학조사 등의 부서)들이 대량으로 나타나 신형항구도시, 해양지역사회, 무역항상업, 금융, 배송, 레저, 여행, 해양문화산업, 임해공업, 해양연구, 해양교육 및 문화사업 등을 구축하였다. 이와 같은 역사 단계에 전통해양사회 조직과 현대해양사회 조직이 공존하여, 전통해양사회 조직의 현대화 발전은 상대적으로 완만하게 진행되었다.

전통과 현대가 서로 충돌 · 융합하는 파란만장한 과정에서 문명의 장점이 생겨날 수도 있다. 해양사회조직의 신구 교체는 전통에서 현대로 현대에서 미래로 이어져 멈추지 않게 될 것이다. 이는 해양사회문명의 계승 · 발전 또는 단절 · 재생에 조직적이고 기초적인 보장을 제공하기 위한 것이다.

3. 해양제도문명

해양제도는 주로 국가 측면의 공식제도로, 해양 관련 업무를 관리하는 법률과 정책, 이를 집행하는 부서의 설계와 기능 그리고 그것의 변천 등이다. 넓은 의미로 보면, 역사상 해양행위 주체, 특히 국가(왕조), 지방정부(관청), 해군(수군) 등 공권력 조직이 포함된다. 이는 대내외의 해양 정책과 대책(합리적인 것 혹은 불합리한 것) 그리고 구체적인 제도와 전략의 수립 및 집행, 아울러 국가 내부에서 민간과 정부 간의 해양공간에 대한 권력의 상호 작용 관계, 국가와 지역 간 해양권리의 상호 작용 관계를 처리하는 것이다. 해양제도의 본보기는 바로 「해양법에 관한 국제 연합 협약」을 규범으로 하는 국제해양제도이다.

제도는 사람들의 서로 다른 사회적 지위와 권력 그리고 이익관계를 반영한다. 제도주의 학파는 "제도는 실질적으로 개인 혹은 사회가 관련성 있는 어떤 관계 혹은 어떤 작용에 대한 일반적인 사상습관"[1]이라고 여긴다. 제도를 통해 해양업무를 처리하는 권력 행위와 그 지도사상의 구축과 발전은 대체로 해양사회 변천의 방향을 좌우하는 것으로, 이는 해양제도문명과 행위문명의 집중적인 체현인 것이다.

해양정책은 국가가 해양과 해양 관련 사무를 처리하는 지도방침이며, 어느 방향에 힘을 기울여야 할지 결정한다. 정확한 해양정책은 해양 발전을 촉진시키고, 잘못된 해양정책은 해양 발전을 방해하거나 파

1 Thorstein B Veblen, 蔡受百 譯, 『有閑階級論』, 商務印書館, 1964, p.138.

괴하는 역기능을 한다. 전통왕권국가 시대에 최고 통치자의 의지와 명령은 바로 정책이다. 현대민족국가 시대의 해양정책은 국가권력 기구에서 입법을 제정하고, 행정기관이 관철시켜 철저히 실행한다. 여기서 반드시 지적해야 할 것은, 해양정책의 구상과 구축은 한 시기나 한 지역의 구체적 사무를 뛰어넘어 장기간의 검증이 필요하다는 점이다.

해양전략은 해양정책의 운용 배치이다. 서구의 언어환경에서 해양전략은 해양정책보다 낮았고, 근대에 들어와서야 자발적으로 해양전략을 세웠다. 해당국의 종합적 실력과 정세의 변화 그리고 해양사무의 경중과 완급에 따라 해양전략은 시대적 특색과 단계적 배치의 특성을 드러낸다. 현대해양전략은 국가 대전략의 일부로서, 국가의 총체적인 전략 지도와 제한을 받는다. 여기에는 대체로 해양정치전략, 해양군사전략, 해양경제전략, 해양관리전략, 해양과학기술전략, 해양법제전략, 해양사회전략, 해양문화전략 등을 포함한다. 단계적으로는 해양 부서 업무의 전략, 해양 관련 구역의 전략, 외해外海 대양의 전략 등으로 나눌 수 있으며, 해양 발전의 여러 방면에 관련하여, 목표는 해양을 개발, 이용, 제어하는 주도권을 가지고 국가 이익의 최대화를 쟁취하는 데 있다.

해양의 제어, 관리, 활용에 관한 법률은 관습법에서 성문법으로 변화·발전하는 긴 과정을 거쳤다. 해양법률의 토대는 해양권리sea rights이다. '해양권리'라는 법률 용어는 원래 인류가 해양활동 중에서 공유하는 자연권을 가리킨다. 법률에서 규범화한 해양권리는 예로부터 해양 집단이 대대손손 장기적으로 일정한 범위에서 지속적으로 활동하여 안정화된 항구, 항해 구역, 어획 구역의 '역사적 권리' 그리고 해양 가운데 섬의 첫 발견, 명명, 점용占用의 선점권 등의 권리에서 기원하였다. 이런 해양권리는 역사 발전 과정에서 어떤 것은 포기되었고, 어떤 것은 수정되었으며, 어떤 것은 계승되어 현대해양권리의 기초가 되었다.

국가해양권리는 주권이 육지 영토 외에 해양 수면으로 뻗어나가는 것이다. 현재 합리적이고 정당한 해양권리는 한 나라가 국제사회에서 응당 획득해야 할 자격으로, 국제법과 국제해양법이 관련 국가에게 부여한 법률적 권리이다. 17~18세기에 서구가 해양법 제도를 만들어 공해의 자유와 영해의 주권 원칙을 확립하였고, 일부 연안해역은 연해국가가 해양주권을 행사하는 영해로 되었다. 20세기 초, 다수 국가는 영해 3해리의 규정을 수용하고 차례로 입법화하였다. 이후 영해 범위의 확대가 발전 추세로 되었다. 1970년대까지 12해리 영해권을 선언한 나라는 52개 국이었고, 200해리 영해권을 선언한 나라는 10개 국이었다. 1994년 11월 16일에 「해양법에 관한 국제 연합 협약」이 발효된 이후, 특수 해역을 제외하고는 12해리 영해권이 널리 통행되는 표준이 되었다.

해양권리의 확장은 해상주권에 의해 확대된 관할권의 해역 내에서의 주권권리, 공해, 국제 해저 지역과 극지의 각종 권리이다. 「해양법에 관한 국제 연합 협약」에서는 24해리 '인접 지역' 내에 해당 영토 혹은 영해에서 세관, 재정, 이민 및 위생 관련 법률 및 법규 위반을 방지하고 처벌 할 수 있는 관제권管制權이 있음을 규정하고 있다. 200해리 '경제수역'과 '대륙붕' 내에, 해저를 덮은 수역 그리고 해저와 그 하층토와 같은 자연자원을 탐사・개발하고 보전・관리할 권리가 있다. 또한 해수와 조류, 풍력생산에너지 등을 이용한 경제적 개발과 탐사활동에 종사할 권리가 있으며, 해양오염, 해양과학 연구, 해상인공시설의 건축과 철거에 대한 관할권을 행사한다. '국제 항해에 사용되는 해협'과 '군도수역群島

水域' 등 유형의 해역은, 연해국가와 군도국가에 있어 영해와 다를 뿐만 아니라 공해와도 다른 주권을 가지고 있다. 공해상에서 각국은 자유항해권, 어획권, 군함과 정부의 비상업적인 서비스를 수행하는 선박에 대한 면책특권, 전시임선권, 추격조사권을 가진다. 국제적 해저 지역에서는 각국이 국제기구를 통해 '인류의 공통적 유산'으로 공유하고 평화적 목적을 위한 이용과 개발의 권리를 가지고 있다. 극지에서는 각국이 과학적 조사를 수행하고, 기후, 교통, 보안 그리고 자원의 연구, 개발 및 활용에 종사할 권리를 가지고 있다.

해양법률제도는 해양권을 행사하면서 획득한 경제, 정치 및 문화 이익에 대한 분배제도이기도 하다. 현대해양이익은 국가가 해역을 관할하는 해양이익, 전 세계의 해양항로를 활용하는 이익, 공해의 해양자원을 개발하는 이익, 국제 해저 지역의 재부를 공유하는 이익을 포함한다. 아울러 해양의 정치, 경제, 문화, 생태안전 영역의 이익, 해양과학 연구의 이익, 해양환경보호와 보전의 이익 등을 포함한다. '이익의 강도'에 따라 생존 이익, 중대 이익, 주요 이익과 부차적 이익으로 나눌 수 있다. 각기 다른 시기에 모든 나라의 해양권은 국가, 지역사회와 사회 집단 등의 다양한 측면의 해양이익에 해당한다. 해양권익은 시기별로 구체적 내용이 동일하지 않지만, 모든 해양이익은 생존 이익과 발전 이익을 필연적으로 포함하게 되다.

여기서 반드시 지적해야 하는 점은, 권리 자체가 이익과 동등하지 않으며 권리의 행사가 반드시 권리를 행사하는 자에게 이익을 가져다 주지는 않는다는 점이다. 따라서 '해양권익sea right and interest'이란 언급이 있는 것이다. '해양권익'은 '해양권리'와 밀접하게 관련된 법률 용어이다.

그것은 '이익'에 대한 직접적인 요구를 드러내고, 합법적인 권리의 기초에서 해양이익 유지의 실현을 강조하고 있다.

해양권력은 권력정치 용어이다. 당대 해양권력의 매개체는 넓은 의미에서 해양공간과 자원을 개발·활용하고 관리·제어하는 경제력, 정치력, 군사력, 문화력을 포함하고, 좁은 의미에서는 국가와 국민의 해상 군사력만을 가리킨다. 그래서 넓은 의미에서든 좁은 의미에서든 해양권력은 '해양권익'에 관한 분쟁을 해결하는 해양 실력과 동일시된다. 한 나라의 해양권력은 해양을 다스릴 수 있는 능력에서 비롯된다. 정상적인 해양사회를 보면, 국가의 해상군사력은 해양경제 발전을 보호하고, 해양질서와 해양이익을 유지해 주는 주체세력이다. 국가의 해상군사력은 민간의 자기 방어력이며, 국가의 해상 역량에 대한 보충이기에, 양자가 서로 의존하여 해상 역량의 전체를 구성한다.

역사와 현실 속에서 국내해양권력 구조와 국제해양권력 구조는 모두 불평등하였다. 이러한 불평등은 국가별 그리고 내정內政의 헤게모니(권력으로 억압)에서 드러날 뿐 아니라, 사상 관념의 주류 정도로 드러난다. 지정학地政學에서 거의 선험적인 지위를 가진 해권海權 개념으로 예를 들어보자면, 해권은 서유럽의 해양 발전에 대한 역사적인 경험에서 탈태하였고, 해권의 합리적인 핵심은 해양문명사 연구의 개념적 도구가 될 수 있다. 하지만 이것으로 역사를 해석하자면, 무의식적으로 국가 간의 해양 쟁탈전에 초점만 두게 되어, 국가(특히 면적와 인구가 모두 유럽에 빰칠 정도의 중국) 내부의 해양권력의 역사적인 진화를 소홀히 하고, 민간 해양권력의 역사적인 역할과 민간해양개발의 통로 자원을 과소평가하게 된다. 이러한 역사 기술은 역사의 한 단면만을 파악할 수 있을 뿐이어서, 대단히 단편적이고 제한적인 측면을 지니게 된다.

전통에서 현대까지, 민간해양사회나 해양국가에 관계없이, 내포와 외연은 동일하지는 않지만, 해상 역량으로서의 본질은 동일한 것이다. 예로부터 어느 해역이건 해양에 관련된 사람들이 해양에 나아가는 의식은 분명 해양권력을 추구하는 충동으로 이어졌다. 그 표현 형식이 폭력적일 수도 있고 평화적일 수도 있을 것이다. 민간해상권력의 작동 시스템은 작은 범위에서의 사회적 약속에서 민간해양사회와 지역해양사회의 규칙이나 암묵적 관행으로 발전하였다.

민간해양권력은 국가해양권력의 형성에 조건을 만들었다. 역사적으로 국가와 민간사회가 해양의 중요성에 대해 인식하는 것과 해양 발전에 대해 예측하는 것은 그다지 일치하지 않았다. 이런 상황 아래 민간해양권력과 국가해양권력은 효과적으로 통합될 수 없다. 이에 정부와 민간은 해양권력을 사용하고 통제하는 데 경쟁하게 되어, 해양 발전은 중앙 집권과 해양지역의 사회적 혼란 상황에서 방향을 잃게 될 것이고, 심지어 정부 당국이 해양에서 후퇴하는 선택을 초래하게 될 것이다. 그러나 민간해양권리와 국가권력이 해양 발전에 대한 합의에 이르면, 양측 간의 합치된 힘은 개발을 위한 거대한 원동력으로 변할 것이다. 영불 백년전쟁 이전과 전쟁 초기에는, 서유럽의 민간해양권력이 엄청나게 커져서 경제와 사회 발전에 아무런 기여를 하지 않았다.[2] 그 이후 절

2 "해적과 사나포선의 (…중략…) 선원은 때로 프랑스인, 혹은 플랑드르인, 스코틀랜드인 및 영국인이다. 소위 말하는 '피난자'와 각 나라의 망명자로 구성된 혼란스러운 강도 집단이며, 강탈하는 선박의 국적을 거의 따지지 않았다." "해적이라는 평판을 가진 사람이 높은지위를 획득함을 우리는 흔히 볼 수 있다. 예를 들어, 시장 혹은 기타 관직이다. 15세기에는 심지어 캔터베리의 성이나 아우구스티노스 수도원의 원장마저도 술 운반선을 강탈한 혐의로 유죄 판결을 받는 적이 있다. 도시마다 여전히 강탈과 파괴를 당하고, 도시민들이 참혹하게 살해되었다. 농작물도

대왕권의 흥기에 따라 영국 등 국가의 왕실과 민간해양사회 간의 이익이 점차 근접하게 되었다. '특허' 받은 해적[3]은 북유럽과 서유럽 국가의 현대화 과정에 아주 중요한 참여자가 되었다. 해양에서의 후퇴와 해양의 대대적 발전의 구별은 다분히 국가 내부의 연대성에 달려 있다. 해양이 급속도로 발전한 서구는 아마 국가적 내부 통합의 어려움과 고달픔을 느끼지 못했을 것이다. 이런 상황에서 서구사상과 학술 담론이 중국해양역사의 서술에 영향을 미치게 되어, 오류를 야기하고 해양제도문명에 대한 전반적인 이해에 불리하게 작용한다.

해양문명사의 제도문명에 대한 연구는 문명 내부의 제도와 외부(국제) 제도를 아울러 고려하여, 각종 해양제도의 규범 형태를 연구하고 또 다른 시공 조건하에서 제도의 존재와 운영을 연구해야 한다. 또한 인사와 사건을 통해 제도의 실제적인 운영을 고찰하여, 정부제도와 민간제도의 모순과 충돌을 밝히고, 아울러 각종 치환적 집행, 선택적 집행, 부가적 집행, 상징적 집행, 기만적 집행, 적대적 집행의 비정상적 상태를 드러내어, 해양사회의 존재 메커니즘과 생활 형태 그리고 인간관계를 해석해야 한다.

이런 사나조선의 세금 때문에 불태워 버렸다. 프랑스와 전쟁을 벌이는 동안에 잉글랜드 남해안선을 따라 브리스틀까지 거의 모든 도시를 불태워 버렸다. (…중략…) 연해 주민들이 내륙으로 도망갔다. 경작지가 황폐해지고 농가는 불에 태워져, 작은 항구들이 점점 황폐해졌다. (…중략…) 강도들은 심지어 내륙으로 깊이 들어간 강에 매복했다." James Westfall Thompson, 徐佳玲 外譯, 『中世紀晩期社會經濟史』, 商務印書館, 1992, pp.87~98.

3 엘리자베스 여왕시대에 '특허' 강도는 잉글랜드의 국가경제 재정 자주화의 중요한 일환이며, 적대국을 타격하는 군사 및 외교 수단이었다. 에섹스(Essex) 백작(엘리자베스 여왕의 연인)이 여왕에게 진언한 내용은 이런 고려 사항을 충분히 반영을 하였다. "우리 정부는 그(스페인 국왕)를 해칠 방법을 찾아야 합니다. 그것은 바로 그의 보물을 탈취하러 가는 것입니다. 이렇게 하면 우리는 그의 살을 자를 수 있고, (또한) 그의 돈으로 그와 싸울 수 있습니다." Herbert Richmond, *Statesmen and Sea Power*, Oxford Press, 1964, p.9; Michael Howard, 褚律元 譯, 『歐洲歷史上的戰爭』, 遼宁教育出版社, 1998, p.46.

4. 해양정신문명

해양정신문명은 인류가 해양자원을 개발하고 활용하며, 해양공간을 이용하고 개조하는 과정에서 얻어진 정신적 성과의 총합이다. 여기에는 해양인식, 해양사회의례, 해양종교신앙, 해양풍속습관, 해양문학예술 등의 문화 형태가 포함된다.

어느 학자는 "인류의 교류 행위 가운데 80%는 언어에 의한 것이 아니라, 눈빛, 표정, 손짓 혹은 형체를 통해 진행하는 것이다. 특정한 사회를 지배하는 행위와 작동규범은 대부분 법률 조문으로 작성할 수 없다. 대부분의 규범은 국민의 집단적 잠재의식에 존재한다"[4]고 지적하였다. 해양정신문명과 해양제도문명의 기본 내용은 모두 인류가 해양공간에서 교류활동을 하는 것에 근원을 두고 있다. 제도문명은 문건(언어)화된 '행동과 작동규범' 등의 진화 과정의 산물이고, '집단적 잠재의식'은 정신문명에 더욱 부합한다.

해양의식이란 넓은 의미에서 인류가 장기적인 해양실천 속에서 형성・심화된 것으로 인류활동, 인류심리, 인류사회 그리고 해양과의 관계에 관한 감성과 이성적 인식을 가리킨다. 해양의식은 해양활동 집단심리의 침전으로 인류가 주도적으로 해양으로 나아가 해양을 이용하고 개발하는 행위이다. 아울러 동년 시기 해안에서 생활하는 해양 집단이 해양식품자원과 왕래 통로를 찾는 과정에서 형성된 본능적 반응일 뿐이

4 Santiage Gahona Fraga 朱倫, 鄧穎洁 譯, 『歐洲一体化進程－過去与現在』, 社會科學文獻出版社, 2009, p.5.

었다. 인류가 해양자원을 개발하고 해양공간을 이용하는 활동이 발전함에 따라, 특히 해양경제문명, 해양사회문명이 크게 발전하였다. 이후 과학 기술의 발전과 사회 형태의 발전 변화에 따라, 해양의식은 해양에 대한 경외와 적응에서 해양의 정복・개조로 이어졌고, 또 다시 인간과 해양이 조화롭게 공존・발전하는 역사적 과정을 겪었다.

좁은 의미에서의 해양의식은 주로 해양자원과 해양공간에 대한 사람들의 인식을 가리킨다. 이러한 인식은 해양이 개인과 공동체 그리고 국가와 사회의 생존 발전에 있어서 지니는 가치와 의의이다. 아울러 해양이익과 해양권리를 추구하고 보호함으로써 사회의 발전과 국가의 변혁을 추동시키는 바람이다. 머핸Mahan은 "해양 자체로는 생산해 내는 것이 없고, 다만 중요한 공공 영역, 상업 통로, 운송 수단으로서 해양은 고유한 속성과 가치를 지닌다"[5]고 여겼다. 해양무역경제를 발전시키기 위한 해양통로의식과 해양무역경제를 보호하기 위한 해양권리의식은, 서구가 전통에서 현대로 전환되는 직접적인 원동력이 되었다. 독일 '역사학파'의 비조인 리스트List는 "자유와 지능 그리고 교화가 국가 역량에 가져다 준 영향, 다시 말해 국가의 생산력과 재부에 있어서의 영향이 가장 명확하게 드러난 것은 바로 항해 사업에 있다"[6]고 언명하였다. 20세기 후반에 이르러 해양의 가치가 더욱 확장되어 해양의 자원 가치, 정치 가치, 안전 가치, 소비 가치, 생태 가치, 심미 가치 등을 더욱 입체적으로 개발・활용하며 보호하게 되었다. 현대해양의식의 주요 부분은 해양통로의식에서 해양권익의식, 해양주권의식, 해양안전의식, 해양건

5 Alfred Thayer Mahan, 「海權對歷史的影響」, 『亞洲問題』 第二章, 海洋出版社, 2013, p.477.
6 Friedrich List, 陳万煦 譯, 蔡受百 校, 『政治經濟學的國民体系』, 商務印書館, 1961, p.98.

강의식, 해양전략의식 등으로 전환되었다.

처해 있는 생존환경의 압력과 대처 방식의 차이, 해상, 연해와 내륙 주민, 국가와 사회, 중앙과 지방, 정부와 민간, 열도국가와 연해국가의 해양가치에 대한 인식이 각기 다르기에, 서로 다른 해양의식을 지니게 된다. 역사적으로 지중해 지역과 '해상 실크로드' 주변 해역의 복잡다단한 해양의식이 바로 그 예이다.

해양의식이 사회의 보편적 관념으로 발전하고 확대되는 것은 해양 공간을 주요 발전 차원으로 여기는 해양국가의 필수 조건이기 때문이다. 이러한 보편적 해양관은 근현대 해양문명의 영혼이었다. 해양공간 속에서 생산하고 생활하는 방식과 육지 공간에서 사회생활을 하는 방식과의 차이는, 해양 집단으로 하여금 '육지가 아닌 해양의 시각에서 이 세계를 안배'하게끔 하고, 더 나아가 해양을 기점으로 하는 세계관을 형성하게 하였다. 즉 육지가 해양을 확정하는 것이 아니라 해양이 육지를 확정하는 것으로, 해양이 존재의 실현 방식인 것이다. 그것의 요지는 바로 네덜란드 법학가 휴고 그로티우스Hugo Grotius가 총결한 것처럼, 해양은 지구를 둘러싸고 있는 인류의 고향으로, "해양이 육지의 소유이라기보다는 해양이 육지를 보유하고 있다고 하는 것만 못하다".[7]

해양생존경계의 유동성과 불확실성, 인류생존에 있어 극한 상황의 한계 체험은 그들로 하여금 위험과 위기를 처리하는 유연성을 결정해 주고, 그 속에서 모험과 진취정신을 길러주었다. 외부와의 접촉에서 상호 작용의 빈번함과 다양성은 사람들로 하여금 사유방식의 개방성과

7 Hugo Grotius, 馬忠法 譯,『論海洋自由或荷蘭參与東印度貿易的權力』, 上海人民出版社, 2005, p.40.

다원성을 결정해 주었고, 그 속에서 자유, 평등, 관용의 관념을 배양시켰다. 헤겔은 이에 대해 "바다는 우리에게 한없이 넓고 끝없이 무한한 개념을 가져다 주었다. 인류가 바다의 무한함에서 자기 자신의 무한함을 느낄 때, 제한적인 모든 것을 초월하여 나아가게 하는 용기를 불러일으켰다. 바다는 인간에게 정복하고 약탈하도록 유도했지만, 동시에 이익을 추구하고 상업에 종사하도록 장려하였다. 평범한 토지와 평원 유역은 인간을 토양에 얽매이게 하였고, 그들을 끝없는 의존성으로 몰아넣었지만, 바다는 도리어 인류가 생각과 행동의 제한된 범위를 뛰어넘게 만들었다"고 경전적인 표현을 했다.[8] 영국의 역사가인 노먼 데이비스Norman Davis는 "운동은 불확실성과 불안감을 조성한다. 불확실성은 항구적인 사상을 잉태했고, 불안전은 창조의 활력을 촉진시켰다"며 해양 기질의 불확실성이 지중해문명의 활력이라고 극찬했다.[9] 생존 본능에서 승화된 이러한 품행은 사람들이 모방하고 계승하게끔 하여, 선상사회의 정신적 역량을 응결시켰다. 이러한 정신적 역량은 집단의 일치된 인식으로 되어, 해양 사람들의 생산생활방식에 스며들었다.

해양사회의 의례는 출생에서 사망에 이르기까지 해양 사람들의 인생역정의 규칙으로 여러 측면에서 육지사회 의례와 다른 표현 형식과 표현 방법으로 드러나고, 해양의 가치관을 무형적으로 구현해낸다. 해양 집단 더 나아가 해양 관련 사람들의 종교신앙 형태가 상대적으로 많기 때문에, 해양종교신앙은 육지종교신앙보다 더욱 풍부한 빈번성, 유동성, 임의성을 지니고 있다. 항해생활은 해양 사람들로 하여금 육지

8 Georg Wihelm Friedrich Hegel, 王造時 譯,『歷史哲學』, 上海書店出版社, 2006, p.96.
9 Norman Davis, 郭方・劉北成 外譯,「序言」,『歐洲史』, 世界知識出版社, 2007.

주민과 다른 풍속 습관을 양성시켰는데, 특히 음식 습관, 혼례와 장례 풍속, 오락 풍속, 명절 풍속 등을 들 수 있다. 해양으로부터 직접 경험한 어업생산에 관한 금기, 해상교통에 관한 금기(언어에 관한 금기와 행위에 관한 금기를 포함)는 해양 사람들의 생활방식을 가장 선명하게 드러냈다. 해양문학과 해양예술은 해양의 자연현상, 해양인문, 해양활동을 대상으로 한 민간 성격이 풍부한 작품을 가리킨다. 여기에는 주로 해양사회가 만들어낸 신화와 전설, 해양활동과 관련된 희곡, 가요, 속담 등의 민간 텍스트, 사람들의 해양활동, 해양자연경관, 인문경관에 관한 조형예술작품, 해양사회(예를 들어 어촌)의 복식과 선박 선체의 채색 등 민간예술을 포함한다.

바다는 불확실성한 성격을 지니고 있기에, 때로는 거칠고 두려우며 때로는 고요하고 자애롭다. 이런 불확실성은 시공간의 차원에서 드러나며 지역 특성에 의해 만들어진 해양문화공간의 구조와 해양문화생태는 각기 자신만의 개성을 가지고 있다. 개성은 무엇이 우월하고, 열등한지 말할 수 없지만, 사회 진화로 인한 정수와 찌꺼기의 구별이 있다. 서유럽의 근대해양문화와 서구문명의 산업화 과정은 밀접하게 연관되어 있으며, 이에 해양 요소는 사회문명으로 흡수되고 증폭되었다. 세계로 향해 새로운 항로를 찾는 모험과 해양무역은 국제시장의 개방을 이루었고, 이는 해양군대의 역량을 이용하여 해양패권을 탈취하여 해외 식민지와 자원을 점령하는 것으로 상승하였다. 이런 확장적인 해양문명은 근대 해양강권국가의 궐기와 발전 방식을 분명히 드러냈고, 이에 개방과 확장, 진취와 약탈, 자유와 억압, 문명과 야만이 하나로 합쳐지게 되었다. 서구에서 기원한 현대해양문명은 생산력을 최대 한도로 해방시켰고 세계화 과정에서 중요한 역할을 했지만, 그것의 부정적인 효과로 야기된 생태 문제와 문화 관계의 긴장감은 지속 불가능한 측면을 드러냈다. 이는 사람들의 반성을 일으키게 되어 해양생태문명으로 전환하기 시작했다. 이와 반대로 현대의 언어환경에서 흔히 야만적이고 후진적으로 인식되는 비서구 전통해양문명은 서구의 발전 경로에 담긴 문화적 의미와 달리, 생태, 녹색, 환경 보호, 평화 그리고 상생의 문명적 이념에 더 부합할 수 있을 것이다.

중국은 해안선이 길고 복잡하며 지역 간의 차이가 크기에, 다양한 특색을 지닌 해양활동공간을 형성하였다. 해양활동공간은 다양한 문화적 축적을 지니기에 다양한 해양문화 패턴을 발전시켰다. 통일된 패턴 속에서 작은 전통으로서의 해양문화는 오랜 기간 지역문화와 민간문화 차원에 머물러 있어, 엘리트문화의 제련과 발양을 얻을 수 없었다. 그래서 해양의식은 끝내 공식적인 주류 관념으로 들어갈 수 없었고, 더욱이 중국해양문명의 해양에 대한 총체적 인식이 정확하지 못하게 되었다. 이런 상황에서 내륙의 주류 관념과 해양가치에 대한 연해민간의 인식이 두 극점으로 분화되었고, 해양의식은 육지 주류사회에 영향을 끼치기 어려웠으며, 육지를 중요시하고 해양을 가볍게 여기는 사회심리가 더욱 깊게 뿌리 박히게 되었다.

이것은 연구자들의 더 많은 노력이 요구되고 있다. 역사 자원과 민간자원을 발굴하여 정수만을 취하여, 그 당시 역사에서 선택되지 않았지만 지혜 가득한 사상 이론, 행위 규칙, 도덕규범, 풍속 습관을 잘 정리해야 한다. 이를 현대 언어로 더욱 명확하게 표현하여, 현대인들의 마음 속 깊이 뿌리 내리게 하고 공통된 인식을 가질 수 있도록 힘써 노력해야 한다.

제3장

해양인문사회과학과 그 이론적 방법

해양인문사회과학은 자연과학 중 해양과학과 대응하는 개념으로, 주로 해양지역의 사회현상과 인문적 특징을 연구하여, 해양세계 속에서 인류문명이 체현한 것을 고찰하고 해양을 합리적으로 개발・이용・보호하는 지식체계를 찾아내는 것이다.

맥킨더Mackinder가 지리발견 시대의 종결을 선고[1]하기 전에, '대항해 시대'의 해양활동은 수학(예로 삼각함수), 자연과학과 기계공정기술 등 방면의[2] 학과 발전을 이끌었다. 오늘날 인류문명 발전 속에 해양의 작용과 지위 상승에 따라, 인문사회과학계는 해양 연구에 더욱 박차를 가하면서 관련 연구 분야를 확대해 나아가고 있다. 그 가운데 해양을 연구대상으로 삼아 새로운 분과학문이 잉태되어 나타나기 시작했다. 이러한 새로

1 Halford John Mackinder, 林爾薇・陳江 譯,『歷史的地理樞紐』, 商務印書館, 1985, pp.49~50.

2 Wolf. A, 周昌忠・苗以順・毛榮遠 譯, 周昌忠 校,『十八世紀科學, 技術和哲學史』, 商務印書館, 1997, pp.151~168.

운 분과학문은 해양문명을 재인식함에 있어 신新 이론, 신 사고, 신 연구 방법을 제공하였고 아울러 서로 연결・관통・정합의 방향으로 발전함에 따라 해양인문사회과학 체계 구축의 발전 추세가 나타났다.[3]

학술적 차원에서 볼 때, 해양인문사회과학의 이론과 방법을 고찰하고 이미 성취한 성과를 총괄하는 것은 해양문명사를 추동하는 학술적 관점의 혁신, 학과체계의 혁신, 과학적 연구 방법의 혁신에 있어 중요한 의의가 있다. 한편, 현대해양문제에 대한 종합적 연구의 실천은 현대해양 발전의 수요를 충족시켜야 하고, 기존의 지식 구조, 연구 방식, 전공 설치는 시대와 더불어 나아가야 한다. 아울러 해양인문사회과학의 학술적 규범을 형성하여 창조적 연구 성과의 이론화와 체계화를 촉진해야 한다.

1. 해양인문사회 연구의 분과학문

인류의 해양활동 행위 방식, 생활 방식은 육지사회와는 다른 인문 유형을 만들었고, 정신활동에 있어서는 해양지식언어, 가치관, 문화예술, 무속신앙, 민속, 풍습 그리고 독특한 인문정신을 형성하였다. 해양생활방식에는 바다를 삶으로 하는 암호가 숨겨져 있다. 인문학과와 사회학과는 모두 다른 시각과 방법으로 해양문명에 대해 연구하여, 해양학술 영역과

---

3 楊國楨, 「論海洋人文社會科學的興起與學科建設」, 『中國經濟史研究』 3, 中國社會科學院, 2007, p.109.

해양 분과학문을 잉태시켰다.

1) 해양사학

역사는 문명의 누적으로, 문명 연구는 역사 연구를 수위에 두어야 한다. 마르크스 엥겔스는 『독일 이데올로기』에서 "우리가 알고 있는 유일한 과학은 역사과학이다. 역사는 자연사와 사회사로 구분하여 관찰할 수 있다. 하지만 이 두 가지는 분할할 수 없다. 왜냐하면 사람이 존재한다면 자연사와 인류사는 상호 필요조건이기 때문이다. 자연과학인 자연사에 대해서 우리는 여기에 언급하지 않지만, 깊이 연구해야 할 것은 인류사"라고 하였다.[4] 20세기 사회과학자들은, 인류문명이 급격히 변함에 따라 "역사에 대한 관심이 역사학자들의 전유물이 아니라 모든 사회과학자들의 의무"[5]라고 여겼다.

원래 역사학의 학문 설계는 해양 요소를 고려하지 않았고, 해양사는 사상의 보편적 진보와 기타 해양 관련 학과의 진보에 따라 발전하였다. 역사학의 해양 관련 연구는 통사, 단대사(고대사, 근현대사), 지역사와 국가별 역사, 주제별 역사(정치사, 군사사, 경제사, 교통사, 국제관계사 등) 등 분과학문으로 분산되어, 소속된 분과학문의 부속과 보충 정도에 그치고 있다. 19세기 말에 해권론海權論을 지도해 온 해양정치사와 해양군사사

4 Marx-Engels, 「德意志意識形態」, 『馬克思恩格斯選集』 第1卷, 中共中央馬克思恩格斯列寧斯大林著作編譯局編, 人民出版社, 1972, p.66.

5 Immanuel Wallerstein 外, 劉鋒 譯, 『開放社會科學—重建社會科學報告書』, 三聯書店, 1977, p.106.

연구가 흥기하여, 유럽을 중심으로 해권확장사, 항해무역사 등의 주제 영역을 형성하였다. 이로 인해 지중해에서 대서양까지의 해양 발전사가 많은 관심을 받아, 분과학문의 방향으로 발전하게 되었다.

제2차 세계대전 이후 해양의 중요성이 높아지면서, 아시아와 미주의 '지중해'가 재차 인식되었다. 이에 해양활동가들이 맡은 역할이 재발견되고 중시되어 항해교통사, 해역사, 항구사, 해사海事사, 해도海盜사, 해양이민사, 해양경제사(해양어업사, 해염海鹽사, 해양무역사 등), 해양문화사, 해양역사인문지리, 해양환경사 등이 새로운 연구 영역으로 형성되었다. 해양사는 바다에 임하고 있는 전 지구의 연해국가와 군도국가로 확대되어, 해양경제, 해양사회, 해양문화의 역사적 서사 대상으로 발전되었다. 해양사의 다원화와 다양성 연구는 국제적 조류가 되어, 해양사 주제의 박물관, 아카이브, 도서관이 나타났다. 1960년 '국제해양사학회 International Association for Maritime History'를 이어 '국제해양경제사학회 International Association for Maritime Economic History' 등의 학술단체가 성립되었다. 육지화를 극복하는 연구 사유와 해양 관련 역사에서 전체 해양 연구로의 전환은 바다를 인류의 생존공간으로 여기게 하였다. 해양의 시야로 바다와 관련 있는 자연, 사회, 인문 영역을 연구대상으로 하는 해양사학이 두각을 드러냈으며, 2008년에 미국 역사학회는 해양사가 역사 연구의 전문 분야임을 처음으로 인정했다.

1990년 이후, 중국 섭해사涉海史가 해양사로 전환되어, 중외 관계사, 해외 교통사 학과에 새로운 의미를 부여하여, 중국해양 사회경제사는 사회경제사학과의 새로운 연구 분야가 되었다. 중국에서는 해양사학의 흥기로 인해, 2004년에 하문대학에 해양사학 박사 과정이 설립되었으며 2009

년에는 광동사회과학원에 광동해양사 연구센터가 설치되었다.

해양사학의 출현은 육지를 기반으로 하는 전통사학에 대한 도전이며, 민족국가를 역사 분석 방식으로 삼는 것에 대한 또 다른 선택이다. 그 의미는 대륙과 해양을 똑같이 중요하게 관찰해야 함을 제창하고, 육지역사에 편중되어 있는 부족함을 보완하며, 세계사나 전 지구사의 구조를 수정 · 제시하는 것이지만, 해양사가 육지사를 결코 대신하는 것은 결코 아니다.

해양사학은 해양인문사회과학의 기초이다. 해양사학의 진보는 다량의 문화적 축적과 정확한 사료의 버팀목을 통해 기타 해양인문사회학과에다 풍부한 정보자원과 사상자원을 제공해 주는 것이다.

2) 해양지리학

해양지리 공간은 인류해양활동의 기초이며, 사람과 토지의 관계 및 지역 계통의 중요한 조성 부분이다. 대항해 시대의 '지리적 대발견' 이후, 유럽해양국가의 해외식민과 상업활동이 각 대양으로 확장되었고, 상품 생산지, 서버시장, 운송 판매 노선 등 풍부한 지리 지식이 필요하게 되었다. 이러한 인지적 욕구는 박물학 등의 영역과 마찬가지로 지리학과의 영역을 확장시켜 서방지리학의 근대적 변형을 촉진하였다.

근대지리학에서 해양은 분과지리학(계통지리학) 중에서 자연지리학과 지역지리학 가운데 위치한 지역인문지리학의 연구대상이다.

분과지리학 중 해양자연지리 연구는 해양자연환경에 대한 공간 구조와 그 발전 변화를 살피는 것으로, 19세기 중기에 자연지리적 틀 아래, 주로 전통해양자연과학 연구에 종사하는 '해양자연지리학'이 시작되었다. 1872~1876년에 이르러, 영국은 여러 학과로 조직된 '챌린저'호로 해양 고찰을 했는데, 이는 해양 기상, 해류, 수온, 해수 화학 성분, 해양 생물과 해저 침전물 등의 방면에 큰 성과를 거둔 표지가 되었다. 이로 인해 해양학은 자연지리학에서 분화되어 물리학, 화학, 생물학, 지질학 가운데 해양 연구와 융합하여 독립학과를 형성하였다. 1970년대 이후 해양 개발의 발전에 따라 해양자연지리학은 대륙붕과 해안선 연구로까지 확대되었고, 프랑스 반네이J.R.Vanney의 『대륙붕지형학』과 미국 버드E. C. F. Bird의 『해안선의 변화－전 지구 평론』은 모두 이 이론과 방법의 새로운 변혁을 반영하였다. 1990년대부터, 해양자연지리학에서는 응용원격탐지, 지리정보 시스템 등 신기술과 결합하여, 해양환경과 해양자원 연구의 내용을 더욱 강화했다.

지역지리학은 지구의 각기 다른 공간을 구역으로 구분하여 연구대상으로 삼은 학과로 자연지리와 인문지리를 포함한다. 그중 인문지역지리는 지역을 단위로 하고, 인류활동과 지리환경의 상호 관계를 연구한다. 19세기 전반기에 독일 지리학자 훔볼트Humboldt, Alexander는 『신대륙 적도 지역 여행기』(전 30권, 1808~1827)에서 비교 방법으로 지역의 지리적 특징을 종합적으로 연구하였다. 뒤이어 독일 지리학자 리터Karl Ritter는 『지구과학 통론』(전 19권, 1827~1859)에서 지역 개념과 차등 등급 단위를 제시하여, 인지人地 관계의 일관성과 통일성을 강조하면서, 지역지리학에서의 인문지리 지위를 두드러지게 했다. 이 외에도 리터의 『지리학－지리의 인류 소양과 역사에 대한 관계』, 라첼Friedrich Ratzel의 『인류지리학』, 『정치지리학』, 『생존공간－생물지리학』은 19세기 후반 인문지리의 중요한 초석이 되는 저작이다. 20세기 초, 인문지리학은 '지리환경결정론', '이원론', '개연론Possibilism', '적응론', '조정론' 등 서로 다른 학술 유파를 형성하였다. 1920년대에 독일 지리학자 헤터너Hettner는 『지리학－그 역사, 본질 및 방법』(1927)에서, 지리학은 인간과 자연을 함께 두고, 지표의 각종 현상을 주시하는 구역의 결합, 연구 구역의 총체적 특징, 즉 전체적으로 공간 내부의 사물과 그 관계를 연구해야 할 것을 주장하였다.[6] 프랑스 지리학자 비달 드 라 블라쉬Vidal de la Blache는, 인류생활 방식의 지역과 구역 내의 차이성은 자연환경과 밀접하게 관련이 있을 뿐만 아니라, 사회제도와 사회요소 그리고 역사 사건과 인종적 유전성 등 역사 진화 과정과 관련이 있다고 여겼다. 그는 사회학과 역사학을 바탕으로 연구 유형의 지역 분포를 둘러싼 각 요소 간의 상관 관계를 분석할 것을 주장했다. 제2차 세계대전 이후 인문지리학은 인류활동의 각 방면과 지리환경 간에 형성된 공간 분포와 변천 그리고 그 규율에 대한 연구를 더욱 깊이 있고 풍부하게 하였다. 정치지리, 경제지리, 군사지리, 사회지리, 문화지리, 역사지리, 인구지리, 촌락지리, 민족지리, 행위지리, 질병지리 등의 분야가 계속 형성・확대되었는데, 이는 해양인문지리학의 성장에 사상적 자양분과 이론적 본보기를 충분히 제공하였다. 지역지리학과 지역해양학의 구분에 따라, 해역의 자연과 인문적 차이를 해석하는 것을 연구대상으로 삼는 지역해양지리학이 만들어졌다. 해양 획분의 필요와 해양수산, 항구, 임해공업, 연해 여행, 도서 개발의 합리적 배치

6 Hettner, 王蘭生 譯, 『地理學－它的歷史, 性質和方法』, 商務印書館, 1983, pp.3~6.

의 필요에 따라, 해양경제지역 시스템의 형성 과정과 구조적 특징 그리고 발전 법칙을 연구하였으며 해양 연구에 있어 경제학과 지리학의 교차 융합으로 해양경제지리학이 생겨났다.

1980년대에 '해양법에 관한 국제 연합 협약'과 해양종합관리의 수요에 따라, 해양자연지리학, 해양구역지리학, 해양인문지리학(근간은 해양정치지리, 해양경제지리)은 '해양지리학'의 학과체제로 조정되어, 현대지리학의 새로운 분과학과로 되었다. '해양지리학' 연구의 객체는 해안과 해저를 포함하고, 그 범위는 가스, 물, 생물과 암석권巖石圈을 다루며, 그 연구 내용은 해양환경, 해양자원과 그 개발 이용과 보호, 해양경제와 강역(해안, 도서, 연해, 대륙붕, 경제수역, 공해 등), 정치와 입법 그리고 관리, 해양신기술의 발전과 응용, 영향 등을 포함한다. 1986년 국제지리연합회는 해양지리 연구팀을 정식적으로 성립시켜, '인류활동의 해양 관리에 대한 상호 관계'을 둘러싸고, 『해양법』에서 다루고 있는 지리 과제, 해양 이용과 관리 과제, 이로 인해 생긴 구역 과제를 집중적으로 검토하였다. 1988년 호주 시드니에서 거행된 제26차 세계지리대회에서는 '국제해양지리 전문위원회'의 성립을 투표로 비준하였다.

3) 해양정치학

해양정치는 해양행위 주체가 해양권력, 해양권리, 해양이익을 확립하고 보호・확대하는 것을 핵심으로 하는 모든 정치활동의 총화이다. 해양권력sea power은 해양권리를 실현하기 위해 지니고 있는 해상 능력,

역량과 관계를 뜻하며, 투키디데스Thucydides의 저서에 처음 보이는 단어이다. 고대 그리스시대에 사용된 '제해권制海權'이란 단어의 본뜻은 한 국가가 갖고 있는 해상 군사력을 가리킨다. 즉 제해권을 가진 한쪽은 해군을 갖고 해상에서 자유롭게 항해할 수 있지만 다른 한쪽은 자유롭게 항해하지 못하는 것이다. "교전 상대국이 일부 해역에서 해운을 완전히 통제할 수 있을 때, 이 나라는 제해권을 가지고 있는 것으로 여겨진다."[7]

역사상 해양권력의 행위 주체는 기층조직(개인, 단체 등), 지역사회(지방정권 혹은 지방정부), 국가(왕권국가 혹은 민족국가), 국제(구역 국가동맹 혹은 국제 조직) 등 각기 다른 층위를 포괄한다. 해권의 운영은 국가 내부(민간, 지방과 국가 사이), 국제적인 해양이익, 해양권리의 충돌과 투쟁에 미치는데, 이는 매우 복잡한 역사의 진행 과정이다.

고대 서구에서 해양정치는 정치학의 주제 영역이 결코 아니었다. 18세기에 이르기까지, 영국이 해상패권을 컨트롤하여 해가 지지 않는 제국이 되었고, 해양군사에 의탁한 해양정치는 권력정치의 전문 영역이 되기 시작하였다. 1890년 미국 해군 전략이론가 머핸Mahan은 『해권의 역사에 대한 영향』(1660~1783)에서 해양권력을 "국가의 해양에 대한 이용과 통제"로 규정하여, 해권의 발전은 "해양이나 해양의 일부 해상 군사력을 포함하고, 아울러 평상시의 무역과 해운도 포함한다. 이러한 무역과 해운은 자연히 무장된 선대船隊를 만들어 안전이 보장받도록 한다"[8]고 하였다. 그는 "해양을 통제하는 것, 특히 국가 이익과 무역에 관련된 중요 교통선상에서 해양을 통제하는 것은 국가의 강성과 번영의

7 『브리테니카백과사전』 15, 中國大百科全書出版社 1999, p.161.

8 Alfred Thayer Maylan, 李少彦 外譯, 『海權對歷史的影響』(1660~1783), 海洋出版社, 2013, p.21.

순수 물질적 요인 중 가장 우선시되는 요인"이라고 강조하였다. 이것이 서구국가가 해양 강국으로 향한 상징적인 표현이다. "해권사海權史는 그 넓은 외연으로 한 민족이 해상 혹은 해양에 기대어 부상하는 데 도움을 주는 일체의 내용을 망라하는 것으로, 군사사의 일부라 할 수 있다."[9] 그는 1660~1783년 사이의 서구해양군사사를 연구하고 재구성하였는데, 민족국가 간 해양권력의 각축을 해양정치의 가장 중요한 지위로까지 끌어올렸다. 그 후 해권은 강권국가의 외교, 군사 국책의 중요한 기점으로 되었고, 해양정치 또한 그에 상응하여 국제관계와 지정학 연구 영역의 주요한 키워드가 되었으며, 주권국가 사이에 해양권력, 해양권리, 해양이익 분배에 따른 모순이나 충돌 또는 협력, 전쟁과 외교 등을 둘러싼 모든 정치활동을 표현하는 데 사용되었다.

1904년, 맥킨더Halford John Mackinder는 유라시아 대륙의 지리적 구도를 다시 해석하면서, 바다와 대륙의 이원대립적 세계역사의 서사와 적대적 개념('해양국가'와 '대륙국가')을 세워, 대륙권력의 해양권력에 대한 위협을 고취시켰다.[10] 제1차 세계대전 이후, 국제정치(국제관계, 국제사무, 세계정치 등으로도 불림)는 정치학의 분과학문으로 성장하였다. 해양의 이용과 통제를 둘러싼 국가의 대외정치 행위와 전쟁과 외교의 권력 게임은 국가 간의 관계와 국제 사무를 연구하는 중요한 영역으로 되었다. 공간과 정치 관계의 관점에서, 해양과 육지의 대립, 해권과 육권陸權의 대립을 탐구하는 현대 정치지리학(지연정치학)의 영향력은 급속히 확대되어, 강권 국가의 외교, 군사전략 정책에 깊은 영향을 가져다 주고 있다.

9 위의 책, p.1.
10 Halford John Mackinder, 林爾薇·陳江 譯, 앞의 책, pp.49~71.

제2차 세계대전 이후, 지연地緣정치학은 세계패권을 추구하는 정치, 군사적 실천과 결합하여, 해권과 육권을 핵심 개념의 도구로 삼아, 국제정치의 담론체계를 구체적이고 심도 있게 주도하였다. 전후, 미국과 소련의 양극화된 대결 구조는, 육지와 해양의 대립을 기조로 하는 지연정치학적 이론을 더욱 중요한 위치로 밀어올렸다. 미국 측은 맥킨더 등의 논술을 답습하여, 학술계에서 대중매체에 이르기까지 '해양국가'를 서구 진영의 자기 별칭으로 여겼다. 아울러 소련과 그 동맹국에 '대륙국가'라는 태그를 붙여, 민주'해양국가'가 장기적으로 전제'대륙국가'에 대항하는 세계 질서의 청사진을 펼쳐 놓았다. 소련 측은 군사와 정치 방면으로 접근하는 쪽으로 기울여, 기술적이고 전문적인 서사를 구축하였다. 1976년, 소년 해군 사령 고르슈코프Sergey Georgyevich Gorshkov(1910~1988)가 발표한 「국가의 해상 파워」에서는 국가의 해권sea-power of state을 "세계 대양에 대한 과학적 연구, 경제 개발을 합리적으로 보호하고 국가 이익을 보호하는 각종 물질 수단의 총화이다. 그것은 자국을 위해 해양을 이용하는 각 국가의 해양과 경제 잠재력의 능력을 결정한다"고 여겼고, 해권의 본질은 "나라 전체의 이익을 위해 세계의 해양을 가장 효율적으로 활용하는 것이다. 사람들은 이를 지구 수역의 능력 수준"이라고 하였다.[11] 1980년대 레이건 집권 초, 미 해군장관이었던 존 레먼John Lehman은 머핸의 해권 관념을 부흥시켜, 냉전 대치를 거시적 전력의 일환으로 여겨, 머핸의 '해권'과 '해군 전략' 사상을 '해상에서의 우세'와 '해양 전략' 사상으로 발전시켰다.

11 Sergey Georgyevich Gorshkov, 濟司二部 譯,『國家的海上威力』, 三聯書店, 1997, pp.2・5.

냉전이 끝난 뒤, 세계 해양정치경제의 질서는 전통적인 해양제도의 쇠퇴로 말미암아 재편이 요구되었고, 이에 해역과 대륙붕 경계의 분쟁이 격화되었다. 신흥 연해국가와 도서국가는 해양경쟁에서 우위를 점하고자 해양 발전전략을 잇달아 세워, 기득 이익을 취한 선진 해양국가에 대해 압력을 가하였다. 하지만 해양패권 모색을 기조로 하는 낡은 질서는 여전히 역사의 무대를 떠나지 않았고, 해양 전략의 조정은 국제무대에 있어 한 국가의 위상을 결정했다. 군사력 통제와 해상권 확장 논리는 시대에 뒤떨어지지 않고, 여전히 국제해양정치의 실천을 주도하고 있다. 다른 방면으로, 해양의 이익이 갈수록 다원화됨에 따라, 다국적 어로, 원양 운수, 해저 자원의 개발과 분배, 해양과학 연구, 해양환경과 생태 보호 등에 대한 협력, 해양지진, 쓰나미 피해, 해양환경 오염과 생태계 위기에 대한 대비, 해적, 밀입국, 해상 테러활동과 불법월경 등에 대한 단속이 점차 국제정치와 외교 분야의 중요한 주제가 되어, 관련 국제 협력활동의 발전과 해양국제기구의 설립을 촉진하였다. 이에 해양정치의 내용은 전통의 범주를 훨씬 뛰어넘어, 국내정치과 국제정치, 매크로정치와 기층정치의 경계가 더욱 모호해졌다. 해양정치 이론은 이로부터 권력의 각도에서 고찰하는 일방적인 사고를 뛰어넘어, 혁신적인 새로운 동향이 나타나기 시작했다. 예를 들어, '국제관계 정치경제학'은 경제적 안전을 국제정치 연구의 시야 속으로 집어넣고, '복합적 상호 의존' 이론은 "지금의 에너지, 자원, 환경, 인구, 해양과 공간 이용 등의 문제와 군사 안보, 이데올로기와 영토 분쟁 등 전통적인 외교 의제를 동등한 지위에 두고자 함"[12]을 강조한다. "석유, 어류, 선박, 변호사, 과학자와 해군 장성을 함께 두는 것은 분명 이상한 혼합이지만,

그러나 그 공통의 매개체는 해수海水이다."[13] 해저정치 이론은 해저 가치의 제고와 해저(대륙붕과 심해를 포함)정치 중에서 국가와 국제 조직 행동의 상호 작용 패턴을 제기하고 있다.[14] 환경정치 이론은 환경과 생태(해양을 포함)로 인한 권력과 이익, 충돌과 협력의 문제를 제기하고 있다.

중국에서는 해양정치에 관한 연구가 뒤늦게 일어 연구 성과가 상대적으로 적은 편이다. 국제해양정치 연구에 관한 저서는, 장웨이張瑋, 쉬화許華의 『해권과 흥망』(1991)과 『해권과 해군』(2000), 리우지셴劉繼賢, 쉬시캉徐錫康의 『해양 전략 환경과 대책 연구』(1996), 왕성룽王生榮의 『해양 대국과 해권 쟁탈』(2000), 리우이젠劉一建의 『제해권과 해권 전략』(2000), 루루더陸儒德의 『해양, 국가, 해권』(2002), 리우종민劉中民 등의 『국제해양정치 주제 연구』(2007), 스웨이石煒의 『해권문명의 비밀 폭로』(2012), 왕이웨이王義桅의 『해상海殤－유럽문명 계시록』(2013) 등이 있다. 중국해양 정치 전략 연구에 관한 저서는, 장스핑章示平의 『중국 해권』(1998), 우춘광吳純光의 『태평양상의 대결－당대 중국의 해양전략 문제』(1998), 왕페이윈王佩雲의 『격동하는 중국해－최후의 해양과 늦은 각성』(2012), 니러슝倪樂雄의 『문명의 전환과 중국 해권』(2011), 콩즈궈孔志國의 『해권, 경쟁 재산권과 해양 주둔 대책』(2011), 왕시우잉王秀英 등의 『해양권익론－중국과 일본의 동해 쟁의 해결 매커니즘 연구』(2012), 천밍이陳明義의 『해양 전략 연구』(2014) 등이 있다.

---

12 Robert O.Keohane · Joseph S, Nye, Jr., 林茂輝 外譯, 『權力與相互依賴－轉變中的世界政治』, 中國公安大學出版社, 1991, p.29.

13 위의 책, p.110.

14 Barry Buzan, 時富鑫 譯, 『海底政治』, 三聯書店 1981, p.319.

4) 해양법학

국제법은 국가 간의 정치 쟁점을 해결하는 일종의 확정적 형식이다. 해양법은 '해양에 대한 통제, 관리, 사용에 관한 규정'이고, 해양법학은 현대 국제법 학과의 분과이다.

고대 로마시대부터 정치적 실체인 해상 관계를 조절하는 규칙이 출현하기 시작했다. 로마는 카르타고와 조약을 맺어 서로 특정한 해역의 항해를 제한했다. 그러나 근대 국제법이 형성되기 이전에, 해양 연안국가들은 모두 자국의 이익과 수요(주로 어업)에 근거하여, 해상권력 통제 범위를 자의적으로 확정하였다. 해양이 넓음으로 인해, 실제로 통제된 것은 소수의 해역에 불과해 "몇 세기 동안 해양은 그 어떠한 개별 국가의 관할받지 않는 '세계 공유지'의 하나였다".[15]

대항해 시대 초기의 해상 탐험과 식민지 확장에서, 포르투갈과 스페인은 유럽 이외의 해양주권을 보유한다고 선포하였고, 아울러 「교황 경계선 칙령」(1493), 「토르데시야스 조약」(1949)과 「사라고사 조약」(1529)을 통해 해양과 해상 항행권을 분할하였다. 이것은 신흥해양국가, 특히 영국과 네덜란드의 반발을 불러일으켰다. 그들은 해양자유론을 주장하면서, 해양주권의 독점에 도전하였다. 1580년, 잉글랜드 여왕 엘리자베스 1세는 "모든 나라의 선박은 태평양에서 항해할 수 있다. 해양과 공기는 모두가 공동으로 사용할 수 있으므로, 해양은 그 어떤 국가도 소유할 수 없다. 자연과 공공 사용에 대한 고려는 해양을 점령하지 않기로 했기 때

15 Robert O.Keohane · Joseph S, Nye, Jr., 林茂輝 外譯, 앞의 책, p.106.

문"[16]이라고 선포했다. 또한 1608년, 네덜란드 법학자 휴고 그로티우스Hugo Grotius(1583~1645)는 「해양자유론Mare Liberum」을 발표하면서, 내수만과 내해 외에의 해양은 어느 국가에도 전속되지 않는다고 주장하며, "모든 사람은 국제법에 의거하여 자유롭게 항해할 수 있고", "자유 무역을 향유하며", "어업은 모든 사람에게 자유롭고 개방적"[17]이라고 하였다.

반면 네덜란드에 비해 어업 열세에 처한 브리튼 제도British Isles에서는 근해 어장 관할권을 보호하기 위해 근해 주권을 주장하였다. 1613년, 스코틀랜드 법학자 윌리엄 웰우드William Welwod(1578~1622)는 『해양법 요약An Abridgement of All Sea-Lawes』에서, 해양의 주체 부분인 대양에 있어서는 해양의 자유를 실행하고, 해안으로부터 100마일 범위 안에서 군주와 국민의 보호와 관리를 받는 해역은 연해국가에 속해야 한다고 주장하였다. 1618년, 잉글랜드 법학자 존 셀던John Selden(1584~1654)은 『폐쇄해론閉鎖海論, Mare Clausum』을 발표하면서, "해양이 모든 사람에게 공유되는 것은 아니고, 육지처럼 개인의 통제를 받을 수 있고, 사적인 재산이 될 수 있다"고 주장하였다. 1625년, 그로티우스가 출판한 『전쟁과 평화의 법De jure belli ac pacis』은 대양의 자유와 연안국의 근해 주권의 이중원칙을 확인하고, 공해와 영해의 구분에 법학 기초와 지도 원칙을 제공했으며, 영해의 주권과 공해의 자유를 위한 법적 실천을 추진했다. 1702년, 네덜란드 법학자 빈케르스후크Bynkershoek(1673~1743)는 『해양주권론de dominiso maris』에서 한 국가의 해양에 대한 통제권을 '무기 역량이 미치는 곳에 그침'이라고 주장하였는데, 이는 당시 영해 폭이

16 Sin Hersoh Lautenacht 修訂, 王鐵崖・陳體强 譯, 『International Law』 上卷 第二分冊, 商務印書館, 1981, p.97.

17 Hugo Grotius, 馬忠法 譯, 『論海洋自由或荷蘭參與東印度貿易的權利』, 上海人民出版社, 2005, pp.9~14.

대전차포의 최대 사거리가 3마일이었던 것에 기인한다. 1793년, 미국은 『독립선언』에서 미국의 영해를 3해리로 선포하였는데, 세계 최초로 영해 폭을 정식적으로 선포한 나라였다. 1930년, 세계 선박의 80%를 보유한 20개 국이 3해리의 영해권을 지지했다.

제2차 세계대전 이후, 제3세계 연해국가와 군도국가들은 해양권을 쟁취하려는 투쟁을 벌였는데, 이는 식민 열강이 주도한 전통 영해 구분과 공해 자유의 원칙을 크게 흔들어 놓았다. 1958년, 제1차 국제해양법 회의에서 「영해와 인접구역 공약」, 「공해 공약」, 「어로와 공해생물자원 보호 공약」, 「대륙붕 공약」을 통과시켜, 국제해양법의 기본 프레임을 다졌다. 이로부터 해양법은 국제법의 중요한 영역이 되어, 실천 과정 속에서 이론과 개념의 갱신이 끊임없이 추진되었다. 1973~1982년 제3차 국제해양법 회의에서, 9년 동안 11차례 회의의 협상을 거쳐 「해양법에 관한 국제연합 협약」을 통과시켰다. 전통적인 해양법의 기초에서, 주권을 권리 항목으로 나누어, 국가 관할 해역과 국제 해역 그리고 '인류 공동 계승 재산'(국제해저구역의 원칙, 규칙과 제도)으로 만들었다. 이 공약이 발효된 이후, 각 연해국가와 군도국가들은 자국의 해양 법규를 잇달아 만들거나 개정해 새로운 해양법체계를 만들었고, 「해양법에 관한 국제연합 협약」을 잘 해석하고 활용하여 본국의 해양이익을 최대한도로 쟁취하는 데 있어, 국제해양 분쟁도 불사하였다. 해양패권국가는 '항행의 자유'라는 명분을 내걸고, 다른 나라의 배타적 경제수역 주권권리를 부인하고, 본국의 해양이익을 국제법 규정에 반영하기 위해, 기존 법률 조문과 원칙에 도전하며 법조문의 변경을 요구하였다. 국제해양법 제도의 끊임없는 변동은 법학계의 적극적인 연구와 토론을 이끌었고, 해양 법학의 발전을 촉진시켰다고 할 수 있다.

5) 해양경제학

전통해양산업은 주로 해양과 해안 일대에 의존하는 어업, 소금, 항구, 항운 등의 업종을 뜻한다. 경제학에서 육상 부문 경제의 의존에 따라 개별적인 항목의 경제 이론이 생겨났다. 제2차 세계대전 이후, 해양 개발의 심화로 말미암아, 해양석유와 천연가스 개발을 중심으로 하는 신흥 해양 산업군이 형성되어, 선진 해양국가들은 경제적인 각도로 종합적인 해양 연구를 시작했다. 해양과 의존관계가 있는 경제 영역은 각 부문 경제에서 해양경제로 조정·통합되었다. 1960년대 중반, 미국 학자들은 경제학 이론을 응용하여 해양경제 문제를 연구하였고, 대학에 해양경제 과정을 개설하였다. 1977년, 소련학자 파벨 부니치П.Г.Бунич는 『세계 대양 경제학』을 출판하였다. 1980년대 초 국제적으로 '해양정책 경제학'과 '해양경제학' 등의 개념을 제시하여, '해양경제'라는 이름으로 명명된 연구소가 나타나 일정한 연구 성과를 올렸다. 이후 해양산업경제를 연구하기 위해, 경제학과 자연과학 그리고 기술과학이 서로 융합하여, 어업생물경제학, 어업관리경제학, 수산양식경제학, 항구경제학, 해운경제학 등의 주제 영역으로 발전되었다. 해양자원 개발의 수단과 기술이 맞물린 경제적 평가, 해양자원의 합리적 개발과 해양환경 보호의 경제 메커니즘은 자원경제학, 환경경제학, 생태경제학의 해양 연구를 형성하였다.

중국 경제학계는 1978년 해양경제학과 설립을 제안하였고, 1981년 제

1차 해양경제 심포지엄을 열고서 중국해양경제 연구회를 창립했다. 1982년, 산동성 사회과학원 해양경제 연구소를 설립하였으며, 1982~1986년에 『중국해양경제 연구』(제1~3집)를 출판했다.[18] 1984년 국가 해양국이 『해양 개발』이라는 잡지를 창간했는데, 이는 해양경제 연구와 학과 건설의 출발을 의미한다. 1990년대에는 해양경제의 실천적 경험을 총결하고 응용 연구를 진행하는 기초 위에 해양경제학의 학문적 성격을 탐구하였고, 이를 바탕으로 해양산업 경제학, 해양구역 경제학, 해양운수 경제학, 해양자원 경제학, 해양환경 경제학의 이론 연구를 펼쳤다. 1997년, 담강湛江 해양대학에서 해양경제학 전공을 처음으로 설립했다. 21세기 초, '해양경제학' 관련 교재와 저서들이 출판되기 시작하여, 해양경제학은 차츰 분리학과의 프레임으로 되었다. 그러나 중국해양경제학의 연구대상은 현대 해양산업에 국한되어, 해양 개발의 경제적인 문제를 중심으로 연구하였다. 이는 경제학의 기본 원리를 해양 영역에 적용하는 것만 강조할 뿐으로, 역사상 해양에 의존하는 각종 경제 현상과 유형을 연구 시야에 넣어 전면적인 고찰을 하지 않은 것이다. 특히 해양경제문명을 대표하는 상업문명을 포함시키지 않았다. 다시 말해 근대 해양경제의 근간이며 현대화 과정 중에 역할을 담당하였던 해양상업 경제를 형태와 유형으로의 이론적 총결과 업그레이드가 이루어지지 않았기 때문에 아직은 완정한 이론체계를 구축하지 못한 상태에 있다.

18 張海峰 主編, 『中國海洋經濟研究』 第1~3輯, 海洋出版社, 1982・1984・1986.

6) 해양사회학

해안가, 바다, 도서로 조합된 해양사회 시스템은 사회구역 시스템의 중요한 구성 부분이다. 인문사회과학의 해양사회 문제에 대한 연구는, 전통적으로 어민, 해적, 해상 등 해양활동 조직과 연해 항구, 연해 도시, 바다 관련 업종 등 사회 변천에 관한 연구이고, 연해와 도서 토착 민족사회의 연구이다. 즉 응용사회학의 이론적 방법은, 사람과 바다에 대한 관계의 어떤 측면 혹은 구체적인 사항에 대해 분석하는 것이어서, 해양사회는 여전히 사회학의 주제 영역 가운데 하나가 아니었다. 최근 수십 년간 해양의 이용과 개발이 심화되면서, 해양활동 단체의 생태가 다르고 여러 국가나 지역의 사회경제가 불균형적으로 발전하면서 다양한 사회문제가 생겨났다. 「해양법에 관한 국제연합 협약」의 실시에 따라, 해양사회 이익의 확장과 재분배에 따른 분쟁, 해양 개발로 인한 생태 파괴, 해양오염, 해적 창궐 등 사회 문제는 전 지구적 문제가 되었고, 이로 인해 해양사회학은 사회학의 분과학문으로 현실적 요구를 제공하게 되었다. 일부 응용사회학의 분과학문은 해양문제 연구를 학문 분야에 포함시켰다. 예컨대, 발전사회학은 사회 발전과 사회 공정의 균형을 탐구하는데, 해양사회의 발전과 해양사회와 육지사회의 조화·발전 문제, 특히 후진적이거나 낙후된 해안 지역과 도서의 발전 문제가 그중 한 영역이다. 환경사회학은 "비사회적 문화환경과 인류 집단 간의 상호 작용을 취지로 삼아"[19] 해양환경과 인류의 바다 이용을 둘러싼 다툼이나 해양 개발과

19 Lijima Nobuko, 包智明 外譯, 『環境社會學』, 社會科學文獻出版社, 1999, p.4.

생태 파괴의 모순을 다루는 것이 또 하나의 영역이다. 해양이 사회에 미치는 영향과 사회가 해양에 미치는 영향을 연구대상으로 하는 해양사회학이 흥기함으로 인해, 이 영역은 공인된 주제 영역으로 되었다.

1990년대, 중국해양사학의 흥기와 해양사회 개념의 제기와 전파는 관련 연구에 중요한 기초적 범위를 제공하여, 해양사회학의 출현에 지식 원천과 학문의 성장 포인트를 제공하였다. 2004년 이후, 중국 사회학계는 해양사회학의 연구대상, 연구 내용, 이론 구성, 학과 건설의 탐구 및 응용 연구를 시작하였고, 일부 해양대학에서 해양사회 연구소를 설립하였다. 2009년, 광동성 사회학회는 해양사회학 전문위원회를 설립하였으며 2010년, 중국사회학회는 하얼빈에서 열린 총회에서 해양사회학 전문위원회를 발족하여 제1회 중국해양사회학 포럼을 열었다. 이로써 해양사회학과 주류 사회학 간의 대화의 장이 열리게 되었고, 2011년, 『해양사회학개론』이 출판되면서 해양사회학은 이론 혁신과 사회기술 발전의 실천을 의제로 삼아 희망찬 발전 전망을 드러냈다.

7) 해양관리학

인류의 해양관리는 해양활동 집단의 자발적 관리에서 시작되었고, 이후 행정과 업종 차원의 관리로 나아갔다. 19세기 관리학이 생긴 후, 해양관리는 부문 관리학 연구의 범위에 속하게 되었다. 1930년대, 미국은 해양개발의 흥기로 인해, 국가를 주체로 하는 해양관리체제를 형성하여 해양관리의 이론을 제시하였다. 1960년대 이래, 해양을 이용해서

경제 성장을 이루려는 수요와 해양개발 과정에서 생긴 이익 충돌, 자원 고갈, 환경 악화가 부각되어, 해양관리 제도에 큰 변화가 생겼다. 인류의 해양활동에 있어 어떤 방면의 국부적이고 분산된 단일 관리에서, 지방, 국가와 국제사회의 해양권익, 해양과 해안가의 환경, 자원과 인류 활동의 협조적인 종합적 관리로 발전하였다. "해양의 종합적 관리는 특정 해양 공간 내의 자원과 인류활동을 포괄적으로 고려하는 방법을 일컫는다. 이러한 관리법은 특수 지역 관리의 발전으로 여길 수 있는데, 이는 전 해양 혹은 그 가운데 중요한 부분을 주시해야 할 특별 구역으로 제시하는 것이다."[20] 지금 이 시대의 해양관리는 국가를 중심으로 정책, 법률, 경제, 행정 등의 수단을 통해 해양권익에 관련된 해양지역 내의 자원개발과 인류의 해상활동에 따른 통제와 서비스의 해양종합관리이다. 해안가와 국가 관할 해역, 혹은 국제해역에서 자연적 과정에서 발생하는 관리 문제, 사회 과정에서 발생하는 문제, 해양 개발의 이용과 활동 과정에서 발생하는 관리 문제는 모두 해양종합관리의 중요 내용이 된다. 1970년대, 해양관리학의 이론은 구조주의와 제어론이 지배하는 단계에서 총체적체계 이론의 영향 단계까지 건너갔다. "해양 관리의 성격, 특징, 원칙, 유형, 법률제도와 관리 대상, 범위, 수단, 정책, 구획, 충돌 조정 그리고 장기적 작용과 영향 등 관리의 기본 문제에 대해 깊이 있는 논의와 총괄을 하고, 규칙성 있는 인식과 관점을 제시했다. (…중략…) 관리 연구의 진전과 성과는 해양관리 이론의 체계적 총괄과 해양관리학 설립을 위한 조건을 만들었다."[21] "1980년대에 총체적 체계이론

20 John M. Armstrong, Peter C. Ryner, 林寶法 外譯, 『美國海洋管理』, 海洋出版社, 1986.
21 鹿守本, 『海洋管理通論』, 海洋出版社, 1997, p.51.

이 이미 변화하여, 최초의 세대에서 — 이 개념과 원리는 자연과학, 특히 생물학에서 나온 것이다 — 새로운 단계까지 발전하였는데, 이때 사회학을 포함한 사회 과학에 상당한 영향을 미쳤다."[22] 해양관리 목표와 조치의 선택은 사회적 선택에 속한다. 국내관리이건 국제관리이건 간에, 해양관리 내부 시스템 내의 사용자 관계 시스템과 외부환경 시스템 내의 사회 시스템은 그 관계가 뒤엉켜 복잡하기에, 해양관리는 사회학, 경제학, 법학 등 사회과학과 사회기술이 더 많이 필요하다. 역사, 문화 등 해양인문과학의 협력에 있어서는 인문사회과학의 참여와 연구로 동태적인 인문사회 정보가 제공되어야 한다.

21세기로 들어와, 해양공간 기획과 해양구획의 진보와 발전은, 국제사회가 생태계를 기반으로 한 관리 단계로의 진입을 촉진하였다. 해양공간관리(또는 해양종합관리)는 해양권익 보호, 해역사용 관리, 해양법의 집행과 감독, 해양생태 환경보호, 해양과학 연구관리, 해양 발전전략, 해양정책과 기획, 지역과 국제 간 협력 등을 포함한 종합적인 업무가 되었다. 일부 국가들은 해양공간 기획을 관리 도구로 해서 적지 않은 경험을 얻었다. 2006년, 유네스코 산하의 정부 간 해양학위원회와 '인간과 생물권 기획'에서는 생태계를 기반으로 하는 해양공간 기획을 추진하여, 제1회 국제해양공간 기획 세미나를 열었고, 공간 기획에 대한 현황과 실천적 경험을 회고하였다. 여기서 "법정 권력과 정치 지원은 해양공간 기획 성공의 중요한 요소이다", "자연과학과 사회과학의 정보를 포함하는 수준 높은 데이터베이스는 필수적이다", "해양공간 기획의 목포는 정확하고 측정 가

22 Adalberto Vallega, 「海洋管理的理論與方法」, 楊金森 外編, 『海岸管理指南』, 海洋出版社, 1999, p.79.

능해야 한다", "이익 관계자들이 해양공간 기획 과정에서 참여하는 것은 상시적이고 장기적으로 지속되어야 한다", "해양 공간 기획은 (…중략…) 다른 경제 부처의 계획과 목표를 명확히 고려해야 한다", "해양 공간 기획은 인접한 해안가 기획, 육지 활용 기획, 해안가 유역(합류 구역) 기획과 조정해야 한다"[23]고 지적했다. 해양공간 기획 업무를 성공적으로 실행하기 위해, 해양공간 기획 가이드북을 조합·편집하였다. 여기에는 정부 간 해양학위원회 수첩과 지침 제53호가 들어있으며 2009년에 출판되었다.[24]

8) 해양고고학

"해양고고학은 인류가 역사적으로 각종 해양활동에서 남긴 유적, 유물을 연구하는 학과로, 고고학의 한 갈래이다."[25] 고고학은 원래 인류학에 속하는 분과학문이었다. 20세기 중엽, 인류학의 내용과 분과가 신속하게 발전함에 따라, 고고학이 전문학과로 되었고 수많은 분과가 출현하였다.

잠수 기술의 진보에 따라, 해저에서 보물을 찾는 선박 인양 작업이 점차 과학적인 해양고고학으로 나아갔다. 1960년, 고고학자가 경량 장비를 이용하여 처음으로 지중해의 수중고고에 사용하였고, 이는 아주 빨리 서유럽 해역으로 전개되었다. 최초로 지중해의 수중고고를 한 미국 고고학자 조지 베스Gerge Bass는 1966년에 『수중고고학』을 출판하였고,

23 Fanny Douvere 外, 徐勝 譯, 『國際海洋空間規劃論文集』, 海洋出版社, 2010, p.140.
24 Ehler Charles·Fanny Douvere, 何廣順 外譯, 『海洋空間規劃－循序漸進走向生態系統管理』, 海洋出版社, 2010.
25 邱克, 「淺談海洋考古學」, 『海交史研究』 6, 中國海外交通史研究會, 1984.

1967년에는 10여 개국의 고고학자들이 참가하는 훈련반을 운영했다. 1973년에는 텍사스 A&M대학에서 항해고고 연구소와 해양고고학을 설립했고, 1964년 영국은 '항해고고학회'를 설립하여 『국제 항해고고와 수중탐색』 잡지를 출판했다. 1973년 스코틀랜드에 영국 최초의 해양고고 연구소를 설립했다. 1978년에는 마크레로이Keith Muckelroy가 『해양고고학』을 출판하였는데, 이는 해양고고학 창립의 상징이 되었다. 해양고고학은 "인류가 해상활동에서의 물질문화 유물을 과학적으로 연구하는 것이다. (…중략…) 그것은 해양문화에 관한 모든 면을 다루기에, 선박 등 항해 기술의 유물만 의미하는 것은 아니다".[26] 그래서 해양고고학은 수중고고의 대명사로 되는 것은 아니다. "육지에서 발견된 고대 침몰선은 해양환경에서 나온 것이 아니고 수중고고에도 속하지 않지만, 항해나 해양고고학에 속하는 것은 틀림이 없다." 항해고고(선박고고, 침몰선고고, 화물적하고고, 배 모형과 선박 설계고고, 항구고고)와 해양성 촌락고고(선사 패총 동굴유적 고고, 해안 촌락, 역사적 성터와 바다 속으로 가라앉은 유적고고) 등 다른 분야를 포함하기에, "그 내포의 차이는 크지만, 해양을 기초로 하는 생계, 무역, 수공업, 방위, 개발, 교통 등은 공통된 특징을 지니기에" "여러 학과가 교차하는 신흥 학과"로 되었다.[27]

26 Keith Muckelroy, 戴開元 外譯, 『海洋考古學』, 海洋出版社, 1992, p.3.
27 吳春明 外編, 『海洋考古學』, 科學出版社, 2007, p.2.

9) 해양문학

"해양문학은 해양문화의 중요한 표현 형식으로, 인간의 내면적 감정과 일정 시기 인류의 해양활동을 재현하는 문화현상이다." 해양문학은 해양 배경, 해양 이미지와 해양 제재를 갖추고서, 해양현상과 해상생활, 해상전쟁과 해상영웅, 해양정취와 해양의식을 표현하는 문학 창작으로, 여기에는 시가, 산문, 소설 등 각기 다른 장르를 포함하고 있다. 광의의 해양문학은 "언어, 문자 그리고 다른 문학 장르로 해양과 관련된 자연현상을 묘사하고, 인류가 해양과 그 관련 활동을 반영하여 형상을 묘사하고 감정을 표출하며 철리哲理를 논술하고 사상을 표현하는 것이다".[28] 엄격한 의미에서 해양문학은 인류의 해양생활, 해양정신, 해양의식을 묘사한 작품이다.

서양문학 중에는 서로 다른 시대의 인류와 해양의 관계를 반영하였는데, 어떤 이는 "바다가 두렵다가(상고신화가 대표) 바다를 찬송하게(19세기 전기의 해양시가가 대표)되었고, 바다와 싸우다가 바다를 즐기고(19세기의 해양소설이 대표) 탐색(해양공상과학소설이 대표)하게 되었으며, 마지막으로 바다와 친해지는(오닐과 헤밍웨이가 대표)"[29] 변화를 겪었다고 생각하기도 한다.

제2차 세계대전 이후, 해양정취, 해양정신이 스며있는 해양문학은 독특한 문학 유형으로 연구되었다. 당대의 저명한 해양문학 작품으로는 헤

---

28 趙君堯, 「論中國海洋文化與海洋文學」, 段漢武 · 范誼 主編, 『海洋文學硏究文集』, 海洋出版社, 2009, p.125.

29 羅貽榮, 「西方海洋文學中的海洋精神」, 『中國海洋文化硏究』 第一卷, 文化藝術出版社, 1999, p.125.

밍웨이Ernest Hemingway(1899~1961)의 『노인과 바다』(1952)를 들 수 있고, 레이첼 칼슨Rachael Carson(1907~1964)의 해양생태 에세이집 '해양 삼부곡'인 『해풍 아래서』(1941), 『우리를 둘러싼 바다』(1951), 『바다의 가장자리』(1955)는 저자의 주 연구 과제였다.

중국문학 가운데 해양을 제재로 하는 대표적인 문학작품은 상고시대의 신화, 전설, 선진의 제연齊燕신화, 한・당・송・원 시기의 해부海賦와 해양시, 명청시대의 해양소설이 있다. 해양신화・전설과 제연신화는 상상과 환상으로 해양을 해석하고 정복하는 것이고, 해부, 해양소설, 해양시는 바다에 관련된 섬, 사람, 사건, 전쟁, 도적 등 내용을 담고 있다. 뱃노래는 어부의 노동과 생활상, 풍작의 기쁨, 조난의 슬픔을 재현하여, 어부의 꿋꿋한 인문정신을 전달하고 있다. 엄밀하게 말하면, 대부분의 해양문학은 육지 시각에서 해양현상과 바다와 파도를 관조하는 것을 많이 묘사하고 있지만, 바다를 직접 겪고 감흥을 드러낸 작품은 적은 편이다. 16~17세기에 중국해양의 대 동요와 대 분화에 따라 해양의식이 새롭게 인식된 배경 아래, 해양영웅과 해양정신을 찬송하는 해양소설이 한동안 출판되었다. 만력 25년(1597), 도요토미 히데요시의 조선 침입으로 왜적에 대한 근심은 더욱 깊어졌는데, 라무등羅懋登은 당시의 시사를 근심하여 『삼보태감서양기통속연의三寶太監西洋記通俗演義』 100회를 지어, 명대 초기의 해양 성세를 추모했다.[30] 만력 시기, 남주산인南州散人 오환초吳還初가 편저한 『마조전媽祖傳』 2권 32회에서, 북천 묘극성군의 딸인 현진玄眞이 임 씨 집안 장자의 딸로 다시 태어나, 서쪽으로는 요괴

30 羅懋登, 『三寶太監西洋記通俗演義』, 上海古籍出版社, 1985.

와 원숭이를 소탕하고 남쪽으로는 괴이한 악어를 쓸어버리며, 해난을 구조하고 육지 요괴를 퇴치하는 스토리를 기술하고 있다.[31] 청대 초기의 해금정책은 동남 연해지역 사람들의 생활에 영향을 주었는데, 어느 뜻있는 재인才人이 편찬한 『관화당평론금운교전貫華堂評論金雲翹傳』 20회 가운데 3회를 걸쳐, 가정嘉靖 시기 해난海難 때 해적인 서해徐海가 김운초金雲翹를 구하였고, 이에 그녀는 복수를 하였지만, 결국 관청의 거짓 소환으로 죽게 되는 스토리를 묘사하고 있다. 여기에서는 서해를 반란 영웅으로 형상화하여, "젊은 시절 공부를 하다가 과거에 낙제해서 이를 버리고 상인이 되었고", 도량이 넓은 영웅호걸이며, "기세가 당당한 절세의 영웅"이라고 찬양한다.[32] 강일승江日昇의 『대만외기臺灣外記』에서는 정지용鄭芝龍과 정성공鄭成功의 해상 굴기의 스토리를 묘사하였다. 그러나 이러한 소설들은 신괴神怪소설이나 연애소설의 형식으로 나타난 것으로, 해양문학의 창작을 문학 유형으로 제시한 것은 최근의 일이다.

중국에서 해양문학을 독립문학의 유형으로 연구를 한 것은, 1953년 양홍리에楊鴻烈가 홍콩의 신세기 출판사에서 출간한 『해양문학』에서 시작되었다. 1970년대 이후에 대만과 중국학자들은 해양문학에 대한 연구를 펼쳐 나갔다.

31 南州散人, 韓錫鐸 外 點校, 『天妃林娘娘傳』, 『中國神怪小說大系』 怪異卷四上, 遼沈書社, 1992.
32 青心才人 編次, 魏武揮鞭 點校, 『金雲翹傳』, 中國經濟出版社, 2010, p.151.

10) 해양인류학

"해양인류학은 인류학의 이론과 시각 그리고 방법을 운용하여, 해양 유형 사회에서의 인류활동과 그 문화를 분석하고 연구하는 학과이다."[33]

인류학 창립 초기에는 해양과 해양 집단의 문화에 주목했다. 대항해 시대에 해외 식민지의 진기한 보물과 야만인의 일상 기물을 수집하는 것은 유럽 식민 종주국의 풍조였다. 소장품이 나날이 풍부해지면서, 박물관은 이국의 문화재를 모으고 전시하는 장소가 되었고, 아울러 인류학과 민족학의 '들판'이 되었다. 20세기 초 사회문화 인류학은 민족지 연구 방법의 창립으로 혁명적인 전환을 일으켰다. 스콜라식의 '흔들의자에 있는 민족학'에서 인류학자들의 '필드워크' 위주의 학술과 직업 이행으로 변하게 되었고, 연구의 시야 또한 비서구 이문화의 원시적인 진기한 풍속에서 모든 유형의 인류사회로까지 확대되었다. 이러한 연구 방법의 변화는 비서구 지역의 근현대 해양민족을 연구하는 것에서 시작되었다. 인류학의 기초가 된 작품은 1922년 영국 인류학자인 브로니슬라브 말리노프스키Bronislaw Malinowski의 『서태평양 지역의 항해자』가 대표적이다. 그 이후 사회문화 인류학은 수많은 분과학문으로 발전하여, 해양민족과 그 사회문화에 대한 연구에 관심을 가졌다. 이러한 예로는 오스트로네시아어족Austronesian family 연구, 해양어업 지역과 어업사회 문화의 연구, 바다를 넘나드는 국제 이민과 이산 집단 연구를 들 수 있다. 이러한 연구의 관심은 해양지역사회에 위치한 인류생활의 많은 영역을 재

33 張先清・王利兵, 「海洋人類學ー概念, 範疇和意義」, 『廈門大學學報(哲學社會科學版)』 1, 廈門大學, 2014.

정비하게 되었다.

해양 집단의 언어 전파로 오스트로네시아어족 문화권을 연구하는 것은, 언어인류학이 주목하는 영역이다. 언어소통은 해양 집단 간의 연관관계에 기초가 된다. 알아듣지 못하다가 서로 상대방의 언어를 배우는 것은 생존의 요구이자 문화 교류의 요구이다. 해양은 언어를 전파하는 기능을 갖추고 있기에, "고대 그리스 항해가들은 한때 그리스어를 지중해 해안 지역의 유행어로 만들었다. 말레이시아의 용감한 항해가들은 말레이시아어를 서쪽으로는 마다가스카르까지 동쪽으로는 필리핀까지 전파했다. 비록 폴리네시아인의 목선이 이러한 도서들을 격리시키는 광대한 해상에서 정기적으로 항행하는 시기로부터 지금까지 이미 여러 세대가 지나왔지만, 태평양에서는 피지 군도에서 이스터섬까지 또 뉴질랜드에서 하와이까지 거의 모든 곳에서 동일한 폴리네시아어를 사용하고 있다. 이 외에도 '영국인들이 바다를 지배하게 되면서', 영어는 세계에서 유행하는 언어가 되었다."[34] 송원시대에는 페르시아어와 아랍어가 아시아 해역의 국제언어였고, 중국인들은 항해가들의 언어를 통해서, 페르시아어와 아랍어를 받아들여 새로운 단어를 만들어냈다. 명대 중후반에 이르러 동남아 해역에서 활약한 사람은 장주漳州 사람들 위주의 복건・광동 해상海商과 해외 이민자들이어서, 민남어閩南語가 이 지역의 국제언어가 되었다. 유럽인이 동쪽으로 와서도 먼저 민남어를 배운 뒤에 중화무역권에 융합된 것이다. 해양지역언어의 접촉과 상호 차용은 해양문명의 표현 형식이자 언어인류학의 연구대상이다.

---

34 Arnold Joseph Toynbee, Somervell 節錄, 曹未風 譯, 『歷史硏究』, 上海人民出版社, 1966, p.234.

해양어업 지역의 민속문화는 민속학의 연구 범위에 속한다. 민속학은 19세기 중엽에 영국에서 탄생하였고, 그 연구대상은 민속활동(의식)과 민속 관념이다. "민속은 민중의 정신으로 이루어진 모두 사물을 포함한다. 하지만 그들의 공예 기술과는 구별된다. 민속학자들의 주의를 불러일으키는 것은, 쟁기의 형식이 아니라 밭가는 이가 쟁기를 끌며 흙을 일굴 때 거행하는 의식이고, 어망과 작살의 구조가 아니라 어부가 바다에 들어갈 때 지키는 금기이며, 다리와 집의 건축술이 아니라 시공할 때의 제사와 건축 이용자들의 사회생활이다."[35] 야외 조사활동을 통해 해양민간생활의 전설, 고사, 속담, 신앙, 풍속을 채집하고 기록한다. 해양민속은 복장, 음식, 주거, 교통, 금기와 같은 해양생활 풍습을 포함하고, 선박, 어구, 어로작업과 같은 생산풍속을 포함하며, 해신 신앙 같은 해양풍속을 포함한다. 이러한 연구는 해양민속의 중요한 영역이다.

어떤 학자는 1950년대 서양학술계에서 '해양인류학'의 개념을 제시했는데, 그 최초의 정의는 주로 바다와 해안가에서 생활하는 사람들의 민속 문화와 물질문화를 가리켰다. "인류학이 해양사회 연구에 점차 개입하면서, 그 연구 내용도 점점 풍부해지고 있다. 이에 해양인류학의 개념도 맨 처음 해양민속문화에 관심을 갖는 것에서 더 나아가 해양사회문화 장르의 정체성에 대한 연구로 발전했다. 1960년대 말부터 해양인류학의 개념과 관련 연구 성과가 점차 학계에 알려지면서 인정을 받았다. 연구 또한 1970년대에 이르러 절정에 이르렀다. 해양인류학은 인류학과 해양학이 서로 공유하는 하나의 분과학문으로 운영되었고, 그 상징적인 성과

35 Char Lotte Sophia Burne, 鄭德潤 外譯, 『民俗學手冊』, 上海文藝出版社, 1995, p.1.

로는 1977년 미국 인류학자인 스미스의 편저 『바다에 사는 사람들 – 해양 인류학 연구*Those Who Live from Sea : A Study in Maritime Anthropology*』가 있다."[36]

2. 해양으로 나아가는 학제적 연구 방법

해양인문사회학과가 흥성하면서 많은 사람들은 해양 발전이 단순히 육지 발전의 확대가 아니라, 해양공간의 문명적 형태로 독립된 작은 시스템을 형성하는 것으로 여기고 있다. 이들은 육상 사고를 답습하는 기존학과의 이론적 방법과 학술규범이 모두 큰 한계를 지니고 있어, 자연 – 사회 – 경제의 복합적인 해양 문제에 익숙하지 않는 것임을 지각했다. 우리는 해양 문제가 전통학문에 의해 소홀히 다루어져 변방화된 것을 직시하고, 학과의 한계를 넘어 종합적인 방법으로 해답을 구해야 한다. 이것이 바로 학제적 이론과 방법이 육지에서 바다로 향하도록 요구되는 것이다.

1) 발전 연구

'발전'은 영어로 'development(프랑스어 – développement, 독일어 – entwicklu

36 張先淸・王利兵, 앞의 글.

ng)'로 번역된다. 아리스토텔레스의 자연발생설 중에 발전이란 최초에는 출산과 대립되는 것으로, 단지 '규모의 확대'만을 가리켰다. 1651년, 하비William Harvey의 『동물발생론』에서 세포의 생성 원칙을 제시하였고, 발전은 그 이론의 중요한 개념이라고 하였다.[37] 생물학의 진전에 따라 발전의 의미는 진화와 관련된 개념(특히 라마르크 진화론)으로 확대되었다.[38] 1768년에 모제르Justus Moser가 처음으로 entwicklung(발전)으로 사회 변화의 과정을 묘사하였다.[39] 공업혁명 이후, 생산과 물질생활이 점점 발전의 핵심 목표가 되고, 다윈의 진화론이 시작된 후 서양 식민지 침략자들은 사회 다윈주의 발전관을 고취하기 시작했다.

20세기 중엽 이래, 국가와 지역 간의 발전 불균형 문제는 '남북 문제'로 변화되었고, 인류 발전권 관념을 빨리 촉진시켰다. "발전 연구가 일어난 것은 1950년대로, 복잡한 발전 과정의 운행 법칙을 설명하기 위해서였다."[40] 1960~1970년대에 수많은 국제 협력 발전 프로젝트의 전개에 따라, 많은 학자와 발전 실천자들은 관련성 있는 지역 및 지역 발전의 연구와 실천에 참여하였고, 자체 시스템의 발전학 또는 발전연구학Development Studies을 형성하였다.[41] 그 연구 범위가 처음에는 개발도상국가가 어떻게 저발전 상태에서 벗어날 수 있었는지에 집중되었고, 점점 선진국가의 발

---

37 M. A. Sinaso,「發展－走向何方」, Perroux. F 編,『新發展觀』(華夏出版社, 1987, pp.3~4)에 보임. Lois N. Magner, 李難・崔極謙・王水平 譯, 董紀龍 校,『生命科學史』, 華中工學院出版社, 1985, pp.243・244・249~251.

38 Raymond Henry Williams, 劉建基 譯,『關鍵詞－文化與社會的詞彙』, 三聯書店, 2005, p.125.

39 李小運 外主編,『普通發展學』, 社會科學文獻出版社, 2005, p.11.

40 위의 책, p.18. 이 책에서는 Development Studies를 '발전학'이라 번역을 했는데, 이는 어떤 학문을 뒤에다 '-logy'를 붙이는 것을 고려하여, X Study(Studies)를 어떤 연구라 많이 번역하기에, 그래서 본문에서는 '발전연구'라는 명칭을 취하였다.

41 葉敬忠・劉燕麗・王伊歡,『參與式發展規劃』, 社會科學文獻出版社, 2005, p.3.

전사와 인류사회의 지속적인 문제로까지 확대되었다.

발전 연구는 먼저 경제학 분야에서 세차게 일어났다. 즉 경제 성장을 촉진하는 발전경제학을 강조하는 것으로 '평균 수준이 어떻게 발전에 영향을 미치는지'와 '주민 간 또는 국가 간의 경제적 분배 문제가 어떻게 발전에 영향을 미치는지' 등의 문제를 중시하였다. 그 다음 사회학, 정치학 등의 학과가 뒤따라 각자의 학문 분야에서 분과학문을 형성하였다. 발전사회학은 주로 현대사회에 보이는 기본적 특징의 문제를 둘러싸고 있는데, 예를 들어 사회 분화와 조합, 세속화, 도시화 등 사회 발전의 총체적 시각에서 계통 연구를 발전시키고, 사회 지표와 역사비교의 방법 연구를 통해 사회 발전 정책을 평가한다. 발전정치학은 주로 개발도상국의 경제・사회 발전의 정치 결과와 정치 요소가 경제・사회발전에 대한 반작용을 연구하여 발전 과정 중의 불공정, 조화, 안정 등의 문제에 주목한다. 발전인류학은 민족문화의 차이에서 출발하여 세계경제 배경 아래 각종 문화의 지식, 전통 간의 상호 작용까지 고찰한다. 발전철학은 사람을 근본으로 여기는 발전관을 제시하여 사람들이 어떻게 자신의 활동을 조정할 수 있는지를 탐구하고 좋은 사회의 발전을 실현한다. 이밖에 과학기술 발전학, 발전심리학 등의 연구학과가 있다.

1980년대, 발전 연구 이론은 한층 더 나아가 성장을 넘어 지속적인 발전Sustainable development 개념을 확립하고, 인류사회와 자연의 조화를 목표로 하여 '인구, 환경, 자원, 발전'의 전면적 관련성에 대해 전 지구적 범위의 시공간적 해석을 내놓았다. 2007년에 아시아 개발은행이 발전도상국의 소득 분배 상황과 빈곤의 흐름 변화를 결합시켜 '포용적 성장Inclusive Growth'을 먼저 제안했다. 경제 글로벌화와 경제 발전의 성과에 대한 혜택과 모든 국가, 지역과 사람들이 지속적인 발전 속에서 경제·사회의 조화로운 발전을 실현하도록 제창하였다. 지금에 이르기까지 지속적 발전 연구는 당대의 발전 연구의 공통된 인식으로 되었다.

발전 연구가 해양 분야로 들어가면서 생태학에서는 어류 등 재생 자원의 개발에 주안점을 두어 시작한 뒤, 정치, 군사, 사회, 문화 분야까지 확대했다. 해양 발전은 인류가 직간접적인 개발을 통해, 해양실천활동으로 사회 변천에 영향을 미치는 행위를 말한다. 이전 사람들은 전통적인 육상 발전 모델을 해양에 답습하여, 해양의 발전이 해양경제의 생산적인 성장으로 여겼기에, 해양정치, 해양경제, 해양사회, 해양문화의 전반적인 발전, 해양선진국과 개발도상국의 협력 발전 문제에 대한 고려는 적은 편이었다. 해양 영역의 발전권이 보편적으로 받아들여지게 되고 중요한 권리로 간주된 이후, 새로운 해양 발전관이 점차 구축되고 있으며 아울러 해양실천활동 속에서 「해양법에 관한 국제 연합 협약」, 「21세기아젠다」 등의 문서에 구현되었다. 해양국가들은 국내 입법과 해양 발전전략의 수립을 통해 해양과학기술의 발전으로 해양자원을 합리적으로 개발하고 해양생태계를 보호하며 해양관리와 해양군사력을 발전시켜, 국가의 해양권익을 확장하고 해양경제와 해양문화의 발전을 통해 국제 경쟁력을 높이고자 하였다.

해양 발전연구는 실질적으로 사람과 바다의 관계에 대한 여러 학과의 전방위적·종합적인 연구로 미래 해양 연구의 한 방향이며, 이것의 연구 이론과 연구 방법의 성숙은 해양문명을 인식하기 위한 새로운 여정을 열어갈 것이다.

2) 지역 연구

지역은 본래 지리학의 학술 개념으로 전체적인 특징과 계통 특징을 지닌 지구 표면의 단위를 뜻한다. 제2차 세계대전 이후, 지역지리학은 사상과 경제학 등의 결합으로 독립된 지역과학 연구 영역을 촉진시켰고, 이는 지역경제학, 지역역사학, 지역심리학 등의 학과로 세분할 수 있다. 미국은 국제적 이슈에 대한 도전으로 국가 안전과 글로벌 전략의 수요를 위해 '지역 연구Areas Studies'를 적극적으로 지원하여, 지역과학협회와 특정 지역을 연구대상으로 삼은 전문연구기관인 '아시아 연구', '중동 연구', '아프리카 연구' 등 국가별로 지역연구센터를 설립하여 지역연구 계획을 많이 제시하였다. 아울러 여기에는 역사학, 경제학, 사회학, 심리학 등 학과의 학자들이 모여 인문사회과학의 통섭적 연구를 펼쳤다.

지역 연구 중 지역 개념이 지리학의 개념에서 파생하여 서로 다른 학과의 접목을 거쳤기에 다른 의미를 가진다. 지역은 크고 작은 것이 있고 그 분할의 근거와 기준에 따라 통일된 견해는 없지만 공통점은 있다. 즉 지역은 뚜렷한 특징이 있지만 고정된 경계를 보유하는 공간이 있는 것은 아니다. 1960년대 이후, 글로벌화된 환경 아래 국가를 기본으로 하는 지리 공간 관념이 도전을 받아 "'지역'에 대한 관심이 다시 대두하였다. 여기에 말하는 '지역'은 크고 다국적인 지역을 포함할 수도 있고, 한 나라의 작은 지역도 포함할 수 있다. (…중략…) 모든 연구는 자신만의 방식으로 전통적인 방식에 따라 국가를 중심으로 하는 제도화된 사회과학 이론의 전제에 대해 도전하였다."[42]

지역사적 연구 사고를 해양 공간으로 끌어들인 뒤, 원래 육지지역으로 간주되어 지방행정과 국가의 경계를 넘는 '회색지대'가 '해역권', '항해권', '해양무역권', '해협지역' 등의 신개념으로 귀납되었다. 페르낭 브로델은 『펠리페 2세 시대의 지중해와 지중해 세계』에서, 지중해 지역의 개념에 대한 명확한 의미는, 일정 정도 지역사 연구에서 해양공간으로 나아가는 측량대라 할 수 있다. "지중해는 적어도 이중성을 가진다. 먼저, 지중해는 수많은 산과 평원에서 내려온 반도로 이루어져있다. (…중략…) 둘째, 지중해는 이런 작은 대륙 간에 복잡하고 분산된 넓은 해역에 절묘하게 꽂혀 있었다. 지중해는 하나의 단일 단위가 아니라 '여러 바다의 연합체'이다. (…중략…) (국경으로 말하자면) 지중해 남쪽은 끊임없이 넓게 펼쳐진 사막과 분리하기 힘들고, (…중략…) 다른 한편으로 북쪽에 위치한 유럽은 지중해 지역에 바짝 붙어있어 지중해의 많은 충격을 받았다."[43]

동아시아 지역에서 일본은 해양지리지역 연구를 일찍 시작했다. 1993년도에 '해역아시아사 연구회'를 발족했다. 최근 몇 년 동안의 주요 과제 또한 대부분 해양지역 연구 영역에서 비롯하고 있는데, 예컨대 2000~2002년도 과학연구비(기반 연구B)로 『전근대 동아시아 해양지역권의 비교사 연구』를 진행하여 『동아시아 해양지역권의 사적 연구』를 출판했다.[44] 2005~2009년도 문부과학성 과학연구비 보조금으로 특정 영역인 『동아시아의 해역 교류와 일본 전통문화의 형성』이라는 연구를 진행하

42 Immanuel Wallerstein, 劉鋒 譯, 『開放社會科學—重建社會科學報告書』, 三聯書店, 1997, pp.90~91.

43 Fernad Braudel, 曾培耿・唐家龍 譯, 吳模信 校, 『菲利普二世時代的地中海和地中海世界』 第一卷, 商務印書館, 1996, p.30.

44 京都女子大學研究叢刊 39, 2003.

여, 『동아시아 해양교류사 현지 조사 연구-지역, 환경, 심성』[45]과 『동아시아 해역 시리즈』 1~6권[46]을 출판했다. 마츠우라 아키라松浦章 교수가 '문화 교섭학'을 창도하여, 『근세 동아시아해역의 문화 교섭』을 출판했다. 이외에 모모키 시로桃木至朗가 편집한 『해역아시아사 연구 입문』[47]도 있다. 또한 일본 학술진흥회, 일본 학습원대학과 한국 경북대학, 중국 복단대학이 협력하여 '동아시아 해양문명의 역사와 환경'을 연구하는 등 모두 중국 연해지역과 해역을 해양아시아역사와 분할할 수 없는 부분으로 간주하여, 아시아 해역사에 큰 관심을 보였다.

3) 세계체제 연구

세계체제 연구는 1970년대에 흥기했다. 세계체제 이론은 서양학술계가 현대화 이론을 이어받은 이후, 거시적 차원에서 제시한 새로운 이론과 방법이다. 그것은 정치, 경제, 문명의 3차원에서 세계 질서를 다시 세우려고 도모하는 것이다.

1974년, 미국 학자인 이매뉴얼 월러스틴은 『근대세계체제』 제1권을 출판하여 16세기 자본주의 농업과 유럽세계의 기원을 기술했다. 그는 세계체제, 즉 현대 자본주의 세계체제를 15세기 말~16세기 초에 유럽에서 출현했다고 여겼다. 세계체제는 "세계에서 유례가 없는 사회 시스

45 广島大學大學院文學研究科, 2007~2009.
46 東京汲古書店, 2010~2011.
47 京都思文閣, 2010.

템이다. (…중략…) 그것은 제국, 도시와 민족국가와는 다른 시스템을 가지고 있는데, 그 이유는 그것이 정치 실체가 아니라 경제 실체이기 때문이다.” 이 실체는 단일화된 노동 분업과 다원문화를 갖고 있기에 세계체제라고 부른다. “그것이 세계를 망라한 것 때문이 아니라 그 어떤 법적으로 정의하는 정치적 단위에 비해 크기 때문이다.” 유럽은 당시 유일한 세계경제권이 아니라 단지 유럽만이 자본주의의 발전도로에서 다른 세계경제권을 뛰어넘은 것이다. 현대 세계체제는 자본주의 세계경제권의 하나이다. “봉건적인 유럽은 하나의 ‘문명’이지 세계체제가 아니다.” 현대사회에 있어 “유일한 사회 시스템이 세계체제이다.”[48]

월러스틴의 세계체제 이론에 입각한 세계역사에 대한 해석은 상당한 충격을 주었다. 그래서 ‘세계체제가 단일한지 아니면 계열을 이루는지’, ‘세계체제가 500년 혹은 5,000년 동안 존재했을지’에 대한 일련의 토론을 불러 일으켰다.

아부 루고드Abu-Lughod는 『유럽 패권 이전－13세기 세계체제』에서 잇따르는 세계체제가 존재했다고 하였다. 그것은 바로 고전 세계체제, 13세기의 세계체제와 현대 세계체제이다. 그는 13세기 세계체제는 매우 선진적인 세계체제라고 생각하였다. 13세기 후반, 서유럽권, 지중해권, 유라시아 대초원권, 이집트 홍해권, 중동 페르시아만권, 아라비아 서인도양권, 동인도양 동남아권, 중국 남양권 등 8개의 하부체제가 상호 중첩되어 형성되었다. 유럽(서구)은 그때 막 체제 속으로 들어가 외곽 역할만 맡았을 뿐이었다.[49]

48 Immanuel Wallerstein, 羅營渠 譯, 『現代世界體系』 第一卷, 高等教育出版社, 1974, p.6.
49 Abu-Lughod, 杜憲兵・何美蘭・武逸天 譯, 『歐洲霸權以前－1250～1350年的世界体系』, 商務

군더 프랭크Andre Gunder Frank는, 세계체제의 시작은 1800년, 1492년, 1450년 등이 아니라 5000년 전(기원전 3000년경)까지 밀어 올릴 수 있다고 하였다. 그가 볼 때, '세계역사의 단절'은 결코 분명하지 않고, 소위 근대 초기의 역사는 유럽의 세계체제의 확장에서 독립적으로 만들어진 것이 아니라 일찍이 작동된 세계경제체제에서 만들어진 것으로, 이러한 세계경제체제는 유럽을 중심으로 구축된 월러스틴의 '현대 세계체제' 구조 속으로 밀어 넣을 수 없는 것이다.[50]

데이비드 윌킨슨David Wilkinson은 문명형태론과 세계체제론의 관점을 종합해서 '문명－세계체제 이론'을 제시하였다. 지역 기능을 갖춘 수많은 사회적 실체, 예컨대 서로 간에 많은 영향을 주는 도시와 문명의 유형은, 그 국경이 통상적으로 민족, 국가, 언어, 문화와 종교 단체 등 전통 공간 차원의 지리적인 한계를 뛰어넘는다. 그것은 사회적 네트워크로 연결되어 세계체제(동시에 한 지역)를 구성하는 것으로, 문명체제의 정체와 그 구성 부분의 상호 의존성이 충분히 구현된다. 이러한 네트워크는 사회문화해양 표면의 잔잔한 물결을 최대한 제한하고 있다. 예를 들어, 역사 사건, 소규모 사회문화체제의 진화, 특정 문명 중 행위 주체의 활동 등이다.[51]

세계체제 이론은 거대한 서사에 속하는데, 역사관(인지 전제)이 세계역사 연구에 주로 영향을 미친다. 우리는 해양 발전(특히 공간 확장)의 과정을 탐구하게 되면, 글로벌화한 현대 세계체제의 확장된 역사 진화를

印書館, 2015.

50 Andre Gunder Frank・Barry K. Gills主編, 郝名玮 譯, 『世界体系－500年還是5000年』, 社會科學文獻出版社, 2004.

51 David Wilkinson, 「文明, 中心, 世界經濟和貿易區」, 위의 책.

분명 언급하게 될 것이다. 세계체제 이론을 참조하면 우리는 새로운 시각과 문제를 제시하여 논의를 진행할 수 있을 것이다. 예컨대 '해상 실크로드'의 해역공간을 세계성체제로 볼 수 있는지의 문제, 그리고 해상 실크로드와 연해로부터 온 서양체제와의 상호 작용 문제 등이다.

4) 다문화 연구

다문화 연구cross cultural research는 20세기 전반에 사회학과 인류학에서 나타난 연구 분야로, 한 가지 이상의 문화에 대한 비교 연구이다. 뒤이어 심리학에서 다문화 심리학으로 발전시켰다. 1980년대 이래로 이런 연구방법은 관리학, 미디어학, 교육학, 언어학, 사회학, 정치학, 국제관계와 문화 연구 등의 영역까지 확대되어 학제적 연구의 중요한 일환이 되었다.

문화 비교 연구의 목표는 연구대상의 이동과 그 원인을 연구하는 것이기에, 다문화 연구는 글로벌 발전 추세에 적합하여, 국경을 초월하고 지역을 뛰어넘으며 다문화의 전파, 교류와 상호 작용 그리고 그 영향에 주목한다.

서양 현대학술 중에서, 다문화 연구는 보편적인 규칙을 탐구하는 경험적 연구의 일부분이었다. 이 연구 경로는 막스 베버의 세계 주요 문명에 대한 종교문화 연구를 예로 들 수 있다. 베버는 종교의 '본질' 문제를 피하고선, "종교 행동 자체의 '의미(죄, sin)'라는 이러한 시각"으로, 종교의 "공동체 행동 유형의 조건과 효응을 탐구하였다".[52] 그의 가장 유명한 다문화 연구는 '가치 중립Wertfrei적 입장'에서 출발하여, 5대 종교(유교, 인도교, 불교, 기독교, 회교)의 '경제윤리'를 탐구하는 것이다. 이는 바로 "심리적 사실적인 갖가지 관련 속에서 종교에 뿌리를 둔 행동의 실천적 활력이다".[53]

제2차 세계대전 끝났을 때, 슈펭글러Spengler의 『서구의 몰락』이 비엔나에서 출판되어 문명생태학의 탄생을 선언하였다. 슈펭글러는 비교연구방법을 특별히 추앙하였는데, "죽은 형식으로 하는 방법은 수학 정률Mathematical Law이고, 생명력이 있는 형식의 방법은 유비Analogy"[54]라고 하였다. 또한 그는 "고전문화나 서구문화가 인도·바빌론·중국·이집트·아랍·멕시코문화보다 더 우월한 위치에 있다고 생각하지 않는다. 그것들은 모두 동태적으로 존재하고 있는 독립된 세계이다. 분량으로 보면, 그것들은 역사의 일반적인 그림 속 위상은 고전문화 못지않고, 아울러 정신적 위대함과 그 역량의 상승 측면에서 보면 그것들은 항상 고전문화를 능가한다"라고 하며 서구 중심주의를 반대하였다.[55] 그는 생물학의 비교생태학 방법을 빌려와 다른 문화에 대해 비교 연구를 하였다. "식물과 동물의 비교생태학은 오래전부터 우리에게 방법을 가져다 주었다. 하나하나가 연이어 생겨나고 성장하며, 이어서 서로 접촉하고 억압하는 여러 문화의 운명 속에서, (…중략…) 원시적인 문화 형식을 구분해내고, 여러 각종 문화의 발전을 지탱해 주는 근본적인 문화를 제시해 준다. (…중략…) 이 문화의 관념은 (…중략…) 이 문화의 내재적 가능성의 총체이다. (…중략…) 그것은 이미 실현된 현실적인 역사

52 Max Weber, 康樂・簡惠美 譯, 『宗教社會學』, 广西師范大學出版社, 2005, pp.1~2.
53 위의 책, p.46.
54 Oswald Spengler, 吳琼 譯, 『形式与現實』(『西方的沒落』 총서 第一卷), 上海三聯書店, 2006, p.2.
55 위의 책, p.16.

구현의 문화와 구별된다."[56]

토인비의 문명 연구는 슈펭글러의 문명생태학을 상당 부분 계승·발전시켰다. 슈펭글러와 비교하면, 토인비는 문명 주체의 작용을 다음과 같이 더욱 강조한다. "역사의 연속성은 (…중략…) 한 개인의 생명에서 표현되는 것과 같지 않다. 오히려 몇 세대 생명의 연속인 것과 같다. (…중략…) 역사 연구는 자체적으로 문제를 설명할 수 있는 단위가 한 민족국가도 아니고 극단적인 인류 전체도 아니다. 그것은 우리가 사회라고 부르는 어떤 인류 집단이다."[57] 또한 그는 문명의 탄생과 발전의 큰 원동력은, 문명의 주체가 환경의 (적당한) 곤란을 극복하는 투쟁이라고 하였다. "문명 탄생의 환경은 매우 어려운 환경이지 결코 안일한 환경이 아니다. (…중략…) '가장 큰 자극 능력을 발휘할 수 있는 도전은 중간의 한 점에 있고, 이 점은 강도의 부족과 강도의 과도 사이의 어느 곳에 있다'는 것이다."[58] "먼 곳에서 보거나 또 전체적인 국면으로 보거나 (…중략…) 진정 가장 적당한 도전은 그 대상이 성공적인 도전을 받아들이게 자극할 뿐만 아니라, 더 큰 힘을 모아 앞으로 나아 갈 수 있도록 자극해야 한다."[59]

문화 인류학자 베네딕트Ruth Fulton Benedict는 슈펭글러의 사상을 추종하고, 문화 정합(즉 정체성)을 강조하는 '문화 유형' 방법론을 제시하였다. "인류학자들은 단일 원시문화 연구에서 다원 원시문화 연구로 옮겨가

---

56 위의 책, p.102.

57 Arnold Joseph Toynbee, D. C. Somervell 節錄, 曹未風 譯, 『歷史硏究』 上冊, 上海人民出版社, 1986, p.14.

58 위의 책, p.174.

59 위의 책, p.236.

고, 단수에서 복수로의 변화 의미가 더욱 뚜렷해지고 있다." "과거 경험에서 제공되는 인식의 틀은 아주 중요하여 무시할 수 없는 것이다. (…중략…) 전체가 부분을 결정한다는 것은 그들의 관계일 뿐만 아니라 본질이다." "슈펭글러가 지닌 가치와 독창성은 서구문명의 대립 구조에 대한 분석에 있다. 그는 두 가지 중대한 운명관을 구분했다. 고전사회의 아폴로 형(태양신 형)과 현대사회의 파우스트 형이다." "기본적이고도 특색 있는 문화 구조는 (…중략…) 생활을 모델화하고 이 문화에 참여하는 개인 사상과 감정에 대해 제한을 가한다. 전통적 풍속의 영향 아래, 개인 습관 유형의 형성에 영향을 가져다 준 전체적인 요소는, 민족 문제를 통한 연구로 해답을 얻을 수 있다. 이는 이런 방식으로 발견된 사실과 과정으로 원시사회에 적용할 수밖에 없다는 것을 의미하는 것은 아니다."[60] 어느 일본 학자는 "베네딕트가 말한 문화 유형은 (…중략…) 실증적 특징을 갖춘 논술로, 세계의 모든 문화를 작은 틀 안에 집어넣는 것을 목적으로 하는 추상적인 유형과는 다르다"고 하였다.[61] 베네딕트는 슈펭글러의 유기 정체론 사유(연역－유추적 방법)를 답습하고, 비지식적(즉 인지 시각)인 상태(인식상으로 개념과 감성의 사이에 있음)는 추상적 실증적 고찰을 시작하기에, 절대 유형론이 아니다. 또한 막스 베버의 형태론의 출발점은 대부분 추상 개념이기에 이런 느낌이 없는 것이다.

다문화 연구를 다루는 서구 인문사회과학의 사상과 이론은 아주 많기에, 앞서 기술했던 것처럼, 우리의 인문해양 연구에 가장 계발적인

60 Ruth Fulton Benedict, 何錫章・黃歡 譯, 『文化模式』, 華夏出版社, 1987, pp.139・40・41・43.
61 이시카와 에이키치(石川榮吉)의 『人類學槪論』 내용이 아야배 츠네오(綾部恒雄)의 『文化模式論』에 실림. 아야배 츠네오가 주편한 『人類文化學的十五种理論』에 보임. 周星 外譯, 貴州人民出版社, 1988, p.50.

영향을 끼쳤던 대표적인 유명 학자 몇몇만을 선택했다. 중국해양사회문화의 정체성 문제, 해양 집단이 중국을 벗어나 '해상 실크로드' 등 해양지역에서 직면하는 다문화 문제 등은, 우리가 이러한 다문화사상 이론을 파악하고 활용케끔 하는 내재적 요구인 것이다.

앞서 열거한 부분은 매우 중요한 부분이다. 사실 모든 인문사회학과에서 해양 문제를 대함에 있어, 교차와 중복된 부분이 존재하고 학제적 방법의 응용이 존재하게 된다. 학문적 실천에 있어, 기존 학과의 한계를 어떻게 뛰어넘어 방법상의 혁신을 구현하고 융합하는가 하는 것은, 끊임없는 탐색과 끊임없는 조화의 과정이다. 해양문명사연구는 각 해양 관련 학과의 해양 이론과 개념 도구를 적절하게 사용하고 개조하여 '학제 간 연구'를 진행해야 한다. 이를 통해 본질이 서로 통하는 연결점을 찾아 차용과 개조를 거친 후, 해양문명사의 자료 해석과 새로운 논술의 분석 도구를 이루는 것이다.

3. 해양을 본위로 하는 연구 방법

해양을 본위로 하는 것은 바다로 회귀하는 것으로, 이는 문명의 중심이 되는 본질에 대해 독립적인 고찰을 진행하는 것이며 해양문명의 함의를 드러내는 근본적인 경로로, 이론적으로 두 가지 측면에서 해석할 수 있다.

1) 해양 공간을 본위로 하는 것

해양 공간을 본위로 하는 것은, 지리적 기초에서 해양 공간을 본위로 하는 것이다.

해양의 공간 개념은 과거에는 보통 지구 표면의 육지 이외에 연속하는 염수鹽水 공간을 가리켰다. 현대에서는 바닷물, 섬과 암초, 바다 하층토, 주변 해안대와 그 상공의 조합인 지리 공간과 생태 시스템을 뜻한다. 해수로 둘러싸인 섬과 암초, 바다 하층토, 남북극의 극지, 수륙이 서로 교차하는 대륙 해안대의 육지지역, 해상의 하늘, 바닷물로 형성된 '생명 공동체'가 해양의 구성 부분으로 간주된다.

「해양법에 관한 국제 연합 협약」의 규범적인 해양은, 지리적 의미를 가진 해양 공간뿐만 아니라 일부 육지 공간과 해양의 영공도 포함한다. 그것은 지표 생태 시스템의 기초로, 전 지구 기후와 환경의 중요한 요소를 결정한다. 아울러 그것은 인류생존 발전의 환경 조건이도 하다.

현대에 있어 일체화된 해양 공간 관념은, 역사상 일련의 지리적 '발견'을 통해 조금씩 누적되어 탄생한 것이다. 인류 최초의 해양활동은 넓게 펼쳐진 해양수면을 무대로, 해양수면의 벽을 타파하는 것에서 시작하였다. 인류의 해양 공간에 대한 인식은 원래 평면적이고 지역적이서, 서로 달라 간섭하지 않는 것이었다. 이후 해양경제와 해양과학기술의 진보에 따라, 국경을 뛰어넘는 연결고리의 건립과 '이 시점'과 '이 지점'의 한계를 뛰어넘는 능력이 한층 더 높아졌고, 해양 공간의 범위가 점차 커져, 인류가 점유하고 사용하는 가치 구분이나 재분배로 그 속성을 결정하였다.

해양활동에 직간접적으로 종사하는 공간체제는, 정치, 경제, 군사, 문화 등 각기 다른 층차가 있기에, 해양정치 공간, 해양경제 공간, 해양사회 공간, 해양안전 공간, 해양문화 공간(인지 공간, 상징 공간, 관념 공간을 포함) 등의 차이가 있다. 동일한 역사시대에 서로 다른 층차의 해양 공간 분포는 완전히 일치하지 않는다. 하지만 기본적인 공통점은 해양지리 공간을 기초로 하여, 인류가 해양을 개발하고 이용하는 진전에 따라 그 내포와 외연이 끊임없이 확충되었다는 점이다.

각종 해양 공간의 역사 변천은 해양문명의 역사 공간을 구성한다. 서로 다른 시간, 서로 다른 지역과 수역에는 서로 다른 해양 공간이 있는데, 그것들의 경계는 끊임없이 변화했다. 지역 해양시대로 말하자면, 다른 민족 집단이나 사회 집단, 지방 정부 혹은 국가가 주체가 되어 해양을 개발하고 이용하는 활동은, 연해 육지의 항구나 바다 가운데 도서 등의 각기 유리한 지리적 위치에서 출발하였다. 그리고 정통한 해양 기술과 경제 조건을 바탕으로 수문水文, 지문地文, 천문天文 지식을 이용하였다. 해양의 위험과 재해를 극복하는 능력은 민족과 국경의 한계를 뛰어넘어 밀접한 관계를 맺게 되고, '해내海內'와 '해외海外'의 공간을 확장하여 특색 있는 '해상 강역海上疆域'을 연결시켰다. 당시 해상활동 집단의 인식은 바다환경에 대한 도전 본능과 자발적인 반응일 뿐이었지만, 육지와 바다 그리고 하늘의 공간적 요소가 작용했다는 사실은 부인할 수 없다.

그래서 해양문명사의 해양 공간의 원래 모습 또한 해양에 국한되지 않고, 연해와 바다 가운데의 육지, 그 위에 있는 하늘과 교차하는 것이다. 이러한 해양 공간 구조로 해야만, 육지와 해양이 대립한다는 낡은 관념을 없앨 수 있고, 해안 지대를 해양지역 역사의 분석 틀에 넣어, 해안 지대가 바로 해양경제 벨트라는 역사적 위상을 회복시킬 수 있다. 해양 공간을 처리할 때 역사학자들에게 요구되는 것은 다음과 같다. 첫째, 해양활동의 유동성과 월경의 특성을 파악함에 있어, 육지 중심 사상으로 확정된 '해내'와 '해외'의 표준으로 제한하지 말아야 한다. 둘째, 해양 수역만을 전적으로 하는 좁은 관념을 버리고, 육지와 하늘에 관련된 요소를 충분히 고려하여 해양문명의 역사 과정을 전체적으로 고찰해야 한다.

2) 해양사회를 본위로 삼는 것

해양을 본위로 하는 것은 연구대상에 있어 해양사회를 본위로 하는 것이다. 해양사회는 직간접적인 각종 해양활동 가운데, 해상 집단, 해양 관련 집단과 사람 사이에 형성된 혈연관계, 지연관계, 직업관계, 계급관계, 민족관계 등 각종 관계의 조합을 뜻하며, 여기에는 해양사회 집단, 해양지역사회, 해양국가 등 다른 층차의 사회조직과 그 상호 작용의 구조체제를 포함한다.

해양 집단과 사회 집단은 해양사회의 기본 단위로, 개인, 집단, 가족, 생산 조직, 사회조직 등 기본 단위 혹은 요소로 구성된다. 여기에는 해상 집단과 조직 그리고 육지・해양 관련 집단과 조직을 포함한다.

해양문명사에서 다른 해상 집단과 해양 관련 집단이 각기 다른 해양사회 유형을 만들어 내었다. 예를 들어, 해양어민사회, 선원사회, 해상海商사회, 해도海盜사회, 해군사회, 해안지대 항구사회, 어촌사회, 제염업자사회, 무역항구사회 등이다. 다양한 단체 구성원들은 공통의 생계, 신분, 생활 목표와 이익을 갖고 있으며, 직간접적인 교류를 통해 서로 결합하여 특색 있는 집단의식과 집단규범을 형성하였다.

해양활동 집단이 결집한 지역사회는 해양사회의 표현 형식이다. 해양지역사회는 사회과학 영역에 있어서 아직 미성숙한 지역 분석 단위지만, 공통점도 있다. 그것은 바로 해양지역의 범위가 바다와 도서 그리고 연해지대의 육지의 세 부분을 모두 포괄하는 것이다. 연해지대는 바다와 육지가 교차하는 부분으로 해양과 육지의 이중성을 가지고 있다. 그리고 육지의 경제사회문화는 해양에 관련된 성분과 결부되어 해양에 귀속되며 해양과 떨어질 수 없는 일부분이다. 해양지역의 육지 경계는 행정구획 범위와 분명하게 나누기 어렵고 통일된 기준이 없어, 이를 종합적으로 분석할 때, 행정구획의 요인을 가능한 고려하게 된다. 예를 들어, 미국 해양경제 지역의 육지 부분은 해안이나 오대호五大湖에서 뻗어나간 육지의 해변 우편구역과 행정구역(현의 경계)을 가리키는데, 일부 구체적인 연구에서는 연해지역과 구별조차 하지 않는다. 2004년부터 중국의 해양통계에서는 해안선이 있는 연해의 현縣과 시市를 연해지대로 넣었는데, 이로써 연해지대가 해양의 일부분으로 되었다.

이 외에도 해양지역은 한 나라 주권이 관할하는 연해지대와 섬 그리고 해역에 국한하지 않고, 대체로 민족과 국가를 넘는 국경으로 해양활동이 미치는 외해外海, 해외국가와 지역까지 확대되어, 대내외적으로 상호 작용하는 정치와 경제 또는 문화적 연계를 이루고 있다. 예를 들어, '아시아 지중해', '환중국해' 등의 개념은 주로 동아시아–동남아 해역을 연결체로 하는 해양지역을 뜻한다. '해양 아시아', '해상 실크로드'

는 주로 서태평양 서해안과 인도 연안 연해국가와 도서국가로 서로 연결되는 해양지역을 말한다. 이 외에도 해양지역은 다른 과학적인 개념 도구로도 표현할 수 있다. 예를 들면, 항해권, 무역권, 이민권, 문화권, 극지권, 항해 네트워크, 무역 네트워크이다. 권이나 네트워크 등 또한 모두 육지와 해양을 연결하는 것이다.

해양문명사의 지역사회 연구는 이런 개념 도구를 빌려, 구체적인 연구대상인 해양지역을 구분하고, 해양과 연계된 육역陸域과 해역海域을 함께 고찰하는 것이다.

부언

중국해양사 연구의 이론적 사고*

오늘 오신 여러분들께 토론회를 빌려, '중국해양사 연구의 이론적 사고'라는 제목으로 얕은 소견을 이야기하고자 한다. 중국해양사에 관한 이론은 다루는 범위가 매우 넓어, 아래 세 가지에 대해 주로 이야기하고자 한다.

1. 섭해사涉海史와 해양사

먼저 이야기하고자 하는 것은 섭해사와 해양사이다. 우리가 알고 있는 해양문화 혹은 해양문명은 다양한 학과의 연구 영역으로, 자연과학,

* 본 장은 '2009년 해양문화학술대회'(2009.11.10, 대만해양대, 하문대, 성공대 공동 개최)의 주제 강연 내용으로, 2009년 12월에 대만해양대의 『海洋文化學刊』 제7기에 실렸다.

기술과학, 인문과학과 사회과학을 포함한다. 이 많은 학과가 해양 방면의 연구를 함으로써 서로 간의 충돌이 생겨나지만 마지막에는 통합이라는 문제가 나타나게 된다.

1997년에 나는(양궈전－역자 주) '중국 해양인문사회학'을 건립하자는 제안을 했고 다음해에는 '해양인문사회과학'으로 확대시켰다. 이 개념은 자연과학 하부의 '해양과학'과 서로 대응하는 것으로, '인문과학', '사회과학', '자연과학', '기술과학'과 병렬되지 않는 제2차원의 유형에 속한다. 해양자연과학 영역은 해양생물학, 해양화학, 해양물리학 등 학과를 종합하여 '해양과학'으로 되고, 해양인문사회과학 영역은 각 인문사회학과의 분과인 해양문학, 해양역사, 해양정치학, 해양경제학, 해양사회학, 해양관리학, 해양법, 해양문화과 같은 학과를 종합하여 '해양인문사회과학'으로 된다. '해양과학'과 '해양인문사회과학'을 결합하여, 최종적인 전망은 '대大해양과학'으로 발전시키는 것이다.

해양인문사회과학은 21세기 국제 발전의 큰 조류이다. 당시 '해양인문사회과학'을 제기할 때는 선례가 없었을 뿐만 아니라 이에 응하는 이도 거의 없었다. 유럽과 일본에서는 이미 다른 인문사회과학 배경의 학자들이 함께 모여 해양 문제 연구를 시작하였지만, 대부분 응용 연구로 한층 높은 이론적 연구를 제기하지 못하였다. 나는 연구를 할 때 학과의 제한을 받지 않아야 하며, 연구에 '학과가 없다'는 주장이 옳다고 생각한다. 하지만 학문으로서 발전하기 위해서는 기존 학과의 뒷받침이 필요하다. 이에 기존 학과에서 해양 분과학문으로 발전하는 것은, '해양인문사회과학' 건설의 필연적인 과정이다.

우리는 해양사학에서 착수하여, 『해양과 중국』 총서와 『해양중국과 세계』 총서를 출판하였다. 두 총서는 기금재단의 보조 없이, 하문대학의 교육자원만을 운용하였다. 박사논문에다 일부 교수의 해양 연구 과제를 바탕으로, 1990년대부터 총 20권인 두 총서를 출판하였다. 당시에는 상당히 힘든 작업이었지만, 현재 '해양'은 이미 대업이 되었으며, '해양인문사회과학'의 제안은 사회과학계와 해양학계의 인정을 받고, 아울러 중요한 연구 과제가 되었다. 그러나 많은 연구자가 '해양으로 돌아선' 이후, '해양' 관련 연구 과제를 하기 시작하면서 해양은 혼탁해지게 되었다. 그래서 '해양인문사회과학'의 내포를 분명히 하는 것이 중요한 일이 되었다. 역사학의 각도에서 볼 때도 '해양사'와 '섭해사' 간의 차이가 있다.

'섭해사' 연구는 중국에서 이미 100년의 역사를 가지고 있고, 순수 해양사학은 1980년대 이후에야 비로소 제기되었다. '해양사'와 '섭해사'의 가장 큰 차이는, '육지를 본위로 여김' 또는 '바다를 본위로 여김'으로 구분하는 것에 있다. 다시 말해 주도적인 사상이 육지적 사유인지, 해양적 사유인지가 가장 큰 구별이다. '육지'를 본위로 여기는 것은 육지로부터 해양을 바라보는 것으로, 이는 우리들의 오래된 습성이다. 이전 연구자들이 연구한 자료들은 모두 육지에 있는 문인들이 육지에서 바다를 보았기에, 해양 사람이 적은 것이 아니라는 점을 먼저 분명히 해야 할 것이다.

육지에서 바다를 보면, 바다는 가장자리이자 안정적이지 않은 것이고, 육지는 견실하고 안정된 것으로 여기게 된다. 그래서 문명은 견실한 육지에서 성장하고, 해양문명은 육지문명의 연속인 것이다. 우리는 이러한 '현대판' 언론을 본 적이 있다. 예를 들어 『해양중국』이라는 책은 원래 해양을 본위로 삼아야 하는데, 이 책에서는 "초기의 해양문명은 모두 농업문명에서 잉태되었다"고 말한다. 즉 해양문명은 농업문명에서 잉태되어 나왔고, 중국의 전통적 해양문화는 일종의 해양농업문화라고 여기는 것이다. 『인류문명의 중화 기원 고찰人類文明中華起源考』에서는, 중화해양문명은 장강 유역과 동남 연해의 옛 나민糯民이 개척한 것이라고 한다. 여러분들이 이러한 입론에 찬성하는지 모르겠지만, 이런 잠재적인 의식이나 육지 사유의식은 여전히 많은 학자들의 연구에 존재하고 있다. 역사학의 각 분과학문에도 섭해사 연구가 있다. 예를 들어, 경제사 하부의 해양무역사 연구, 중외 관계사 하부의 중국과 외국의 관계가 있는데, 이런 연구는 기본적으로 육지 사유적 관점에 속하는 것이다. 그들은 해양을 하나의 통로로만 여기고, 해양을 경제관계나 외교관계의 보상으로 간주할 뿐이다. 그들이 보는 것은 바다 양쪽 끝에 위치한 육지의 정치, 경제, 외교의 상호 작용일 뿐이다. 그래서 중간 과정은 무시되어 버리고, 해양활동의 부분 또한 무시되어 버리게 된다. 이는 마치 현재의 고속도로처럼, 다리로 바다를 건너가 순식간에 바다를 건너 건너편 피안에 도착하는 것과 같다. 하지만 해양활동 자체는 이런 바다를 건너는 고속도로가 아니라, 수많은 크고 작은 선박과 항구로 연결된 생생한 경력이다. 항행 중에 해양활동 집단들은 해상의 온갖 어려움을 극복하고, 다른 문명의 해양활동 집단들과 교류하여, 육지의 농민들과 전혀 다른 생존방식을 형성하게 된다. 그래서 해양문명은 그들이 창조한 것이지 결코 농업문명이 가져온 것이 아니다. 바다가 농업문명을 전파한 것은 육지문명과 해양문명이 상호 작용한 결과인 것이다.

앞서 제기한 해양문명을 농업문명에 귀속시키는 것은 전통적인 사유에 속하는 것이다. 이것 외에 또 다른 새로운 사유로, '2007년 맨 아시아 문학상Man Asian Literary Prize'을 받은 소설 『울프 토템』이 있다. 이 책에서는

"인류의 역사 발전에서 지금까지 세계에서 가장 전열에 존재하고 있는 민족은 대부분 늑대정신으로 무장한 민족"이라고 하였다. 저자는 서양 세계는 기본적으로 사냥과 유목에서 무역 항해로 발전하였고, 더 나아가 현대공업시대까지 발전한 것으로 여기고 있다. 책에서는 서구를 삼림의 늑대라 칭하고, 서구 삼림의 늑대는 동양의 초원 늑대(동양의 초원은 몽골제국을 가리킴)에 의해 내해, 깊은 바다, 나중에는 대양으로 내몰리게 되면서 더 사나운 바다 늑대가 되었다. 그들은 서양의 낡은 무역선과 해적선을 몰고, 외해와 대양으로 나아가 동양으로 통하는 무역의 새로운 통로를 찾았다. 그 결과 뜻밖에 전화위복으로 아메리카 신대륙을 발견하였고, 서유럽보다 몇 배나 큰 풍요로운 땅 그리고 잉카와 인디언의 금은 광산을 탈취하였다. 아울러 서구의 자본주의를 발전시키기 위해 거대한 재부를 축적시켰다. 그 결과 서양의 바다 늑대는 강대해져 세계적인 늑대, 거대한 늑대, 자본 늑대, 공업 늑대, 과학 늑대, 문화 늑대로 되었다. 이 저자는 초원에 서서 바다가 무엇인지를 상상하였다. 비록 유목 민족과 해양민족이 유동적인 측면에서 서로 통하는 부분이 있지만, 해양문명의 정신을 늑대정신에서 변화・발전한 것이라는 새로운 사유는 육지적 사유인 것이다. 이는 농업문명을 유목문명으로 바꾸었을 뿐이다.

일반적인 역사 교과서와 문명사 저서에서는, 고대세계가 이원체제라고 여기는데, 이는 농업문명과 유목문명의 충돌과 통합으로 여기는 것이다. 오늘날의 관점에서 보면 이 이원론은 문제가 있으며, 마땅히 해양문명을 더해야 할 것이다. 왜냐하면 해양활동은 자신의 기원과 발전의 과정이 있고, 스스로 자신의 세계를 이루며, 농업세계와 유목세계와는 병존하여 상호 작용을 하고, 인류역사상 존재하는 일종의 실현 방식이기 때문이다. 그래서 바다는 하나의 길일 뿐만 아니라 생존 발전의 공간이자 문명의 과정인 것이다.

섭해사는 제2차 세계대전 이후, 큰 변화를 겪어 해양사로 전환되었는데, 이는 해양권의 투쟁으로 야기된 것이다. 제2차 세계대전 이후, 제3세계(특히 라틴아메리카 국가)는 200해리 해양권을 주장하였는데, 그들이 가리키는 해양권은 바로 영해 주권이었다. 선진 해양국가와 근 10년 가까이 협상을 거친 뒤 최종 타협으로 「해양법에 관한 국제 연합 협약」이 형성되었는데, 이로 인해 영해 이외의 공해 개념이 뒤집혀졌고, 12해리 영해, 24해리 인접 구역, 200해리 경제 수역과 대륙붕 제도를 확립하였다. 그래서 연해국가와 도서국가는 세계 3분의 1 이상의 해양주권 혹은 주권권리를 나누어 가졌다.

오늘날 인문해양은 실제적으로 일종의 해양점유운동으로, 점유하고자 하는 것은 해양공간과 해저 자원이다. 해양 주변의 국가들은 모두 새로운 해양법에 따라 해양권익을 확장하고 해양경계를 다시 구획하기를 요구하고 있다. 그래서 중국은 주변 8개 국가가 원래 중국에 속한 해양 도서에 대해 부당한 이익을 취하고자 하는 것에 직면하여, 큰 논쟁을 불러일으켰다. 이러한 상황에서 해양주권과 해양권익의 역사 논증은 매우 중요하다. 지금은 도서국가와 연해국가에만 해양권익을 나누는 것에 그치는 것이 아니라, 내륙국가들도 해양권익을 나누고자 요구한다. 그렇다면 해양권익은 어떻게 구분해야 할 것인가? 국제해역이 200해리 경계에 따라 연해국가의 '해양 국토'로 된 이후, 공해가 작아졌는데, 공해의 권익은 어떻게 구분할 것인가? 국제해저의 권익은 어떻게 구분할 것인가? 이런 것이 모두 생존 공간과 자원의 문제로 되어, 세계 각국의 국가 이익, 발전 이익, 안전 이익, 통로 이익에 영향을 끼쳤다. 갖가지 이익이 해양에 집중되어, 해양 발전으로 향하는 각국들이 해양 경제, 해양사회, 해양문화 등의 역사를 어떻게 발전시키고자 하는 것은, 해양 소프트 파워를 드러내는 표현인 것이다. 그러므로 당대의 해양사는 원래 서구에서 말하는 무력으로 바다를 통제하는 '해권사海權史'와는 크게 다르게 되었다. 만약 새로운 해양사를 만들려면, 모든 개념을 바꾸어야 한다. 아울러 바다를 본위로 하여 체계적 연구를 한 이후에야, 비로소 바다와 육지를 전면적 바라볼 수 있고, 한 국가 혹은 지역의 전체 역사를 구성할 수 있을 것이다.

2. 해양 공간

두 번째 이야기는 '해양 공간'이다. 바다에 대한 대다수 사람들의 일반적인 개념은 눈으로 볼 수 있는 해수면인데, 그렇다면 바다 공간은 얼마나 넓을까? 이는 해양 공간에 대해 이론적인 탐구를 할 필요가 있다. 해양 공간은 자연해양과 인문해양으로 나눌 수 있는데, 우리가 지금 말하는 것은 인문해양이다. 인문적 의미에서 해양은 인류생존 발전의 두 번째 공간이다. 사람은 두 발로 지상에 서 있는 동물로, 사람들에게 육지는 첫 번째 공간으로, 이미 몇백 만 년의 발전을 거쳐 오늘 이 상태에 이르렀다. 그렇다면 바다는 어떠한가? 바다의 발전 과정은 이전만 하더라도 그다지 중시되지 않았다. 하지만 어찌 되었건, 해양 공간은 인류가 자연해양을 기점으로 하는 일종의 행위 양식, 생산 방식, 교류 방식으로 이루어진 생활 공간, 물질적 분배의 공간, 문화 창조의 공간이다.

먼저, 바다가 하나의 지리적 공간인 것은 분명하다. 이전의 지리 공간에서 바다가 가리키는 것은 능히 볼 수 있는 해수면뿐이었다. 그러나 오늘날 해양은 그 공간이 평면적인 것에 그치는 것이 아니라 입체적인 것으로, 여기에는 해역 주변의 연해 지대, 해양 속의 수질, 도서, 해저의 하층토, 해상의 하늘을 모두 포함하고 있다. 이에 대해 우리는 컵 이론으로 비유할 수 있다. 우리는 컵 안의 물만 보는 것이 아니라 컵 가장자리도 봐야 한다. 이 컵 가장자리가 가리키는 것이 바로 육지인데, 이 부분은 바다에 속하는 것일까 아니면 육지에 속하는 것일까? 물과 가장자리 부분이 있어야만 바다가 되는 것으로, 우리가 연구하는 해양사는 단지 물 안쪽에 있는 역사만을 뜻하는 것이 아니다. 만약 물만 주목하고 주변의 육지를 무시하면, 그것은 완정한 해양사가 되지 못한다.

일반적으로 서로 다른 생활방식을 가진 사람들은 서로 다른 공간이 있다. 육지의 시각으로 바다를 보면 육지는 세계가 존재하는 방식이 되고, 바다는 피안으로 통하는 도로일 뿐이다. 하지만 바다를 삶으로 여기는 사람의 입장에서 말하자면, 바다야 말로 세계가 존재하는 형식이고, 육지는 해양의 경계이다. 그렇다면 섬은 도대체 육지인가 바다인가? 그 속성은 인류역사에서 변천에서 얻어진 것으로 변화할 수 있는 것이다. 예를 들어, 16세기 이전 영국 사람들은 자신의 나라를 유럽 대륙 밖에 고립된 육지라고 여겼다. 그러나 16세기 이후에 이르러 모든 생활 방식과 생산 방식이 바뀌었다. 항해무역이 주요 생활 방식으로 된 이후, 그들은 스스로 자기 나라가 육지에 속하지 않고 해양에 속하며, 영연방(잉글랜드, 스코틀랜드, 아일랜드 – 역자 주)을 한 마리 물고기 혹은 한 척으로 배로 여겼다. 역사적 변천 이후 그들은 이미 해양의 일부분에 속한다고 자각하였고 더 이상 육지의 일부가 아니라고 생각했다. 인문적 시각으로 이야기하자면, 해양 공간은 변화하는 것으로, 어떤 육지가 바다에 속하는지 또 어떤 해양이 육지에 속하는지는 바뀔수 있는 것이다. 역사 공간은 끊임없이 확장되는 것으로, 지금 인문해양을 연구하는 우리는 실제로 해양과학적, 사회과학적 개념을 빌려서 해양 공간을 설명하며, 이 자리에 계시는 학자 가운데도 이와 같이 하시는 분이 있다. 이것은 역사학 자체가 아니라 기타 과학적 개념을 빌려서 표현한 것이다.

예를 들어, 현재 많은 문장에서 '대帶'라는 개념을 제기하고 있다. 예를 들어, '연해 지대', '도서 벨트島嶼帶' 등의 많은 명사가 있다. 이를 해양학적 개념으로 보면 소위 연해 지대라는 것은 해안 지역을 가리키는 것으로, 특정 개념을 지니고 있다. 그 개념은 수로와 육지가 교차하는 곳으로, 이 경계선을 인문사회과학으로 이해하면 더욱 넓어진다. 이 지역이 육지로 얼마나 멀리 뻗어 있는가 하는 것은, 성격 차이에 따라 원근의 차이가 있다. 예를 들어, 해군 기지가 500m 정도 된다면, 그 연해 지대가 500m 있는 것이다. 만약 한 항구를 가리킨다면, 해안과 창고 등을 같이 계산해서 1~2km 정도일 것이다. 만약 항구문화로 한다면, 온 도시가 모두 계산되어야 하므로, 육지의 경계는 달라질 것이다. 중국에서 해안선을 조사할 때, 바다에서 얼마나 떨어지면 연해 지대라 할 수 있을까? 이전에는 일반적으로 30리里를 말하였는데, 이는 명청 시대 해안가의 주민들을 이주시킨 '천해遷海'운동으로 연해 지대를 정리한 30리 거리와 비슷하다. 하지만 지금은 인문사회과학 안에서 차용되었기에, 연해 지대를 통계하는 방식은 더 이상 이렇게 계산할 수 없다. 만약 이렇게 계산한다면 한 마을은 바다와 육지 두 지역으로 잘리게 될 것이다. 현재 일반적인 방법은 해안선을 가진 현급 단위로 계산하는데, 이 현의 육지 변경이 바다로 부터 30리 이상 혹은 100리에 있는 것이다. 이처럼 중국 연해에는 연해지역에 속하는 현이 얼마나 있는지 계산해 낼 수 있다. 이러한 현과 시는 설령 육지에서 생산하는 수출 지향형 경제라 할지라도 모두 해양통계에 속하는 것으로, 임해공업이 바로 여기에 속한다. 왜냐하면 임해공업의 원재료는 바다에서 나와 간접적으로 바다를 이용한 것이다. 예를 들어, 보강寶鋼의 철광석은 호주에서 운반되어 왔고, 제련된 강철은 다시 해양선박으로 운송되어 나가기에, 마땅히 해양산업으로 귀착되어야 한다. 2004년 이후 중국해양 통계에 '연해 지대'라는 항목이 생겨났는데, 이는 더 이상 피상적인 언급이 아니라, 인구, 생산, 생활 등 해양과 밀접한 관련이 있는 항목을 모두 집계한 것이다.

둘째, 소위 '도서 벨트'는 많은 도서들이 이어져 인류의 활동과 연계되는데, 그렇다면 이것은 바다에 속하는 것인가 아니면 육지에 속하는 것인가? 이것 또한 그 활동이 바다와 연계되어 있는지 보아야 한다. 섬에서 사는 사람 역시 육지에 속할 수도 있다. 왜냐하면 그들의 활동이 폐쇄적이고 다른 사람과 교류하지 않으며 해양활동도 없기 때문인데, 오스트로네시아 민족Austronesian family이 이런 종류에 속한다. 그들은 육지 속성이 비교적 강하다. 그러나 바다를 통해서 연결되면 상황은 달라지게 된다. 이른바 '고도孤島의식'은 자신이 독자적으로 존재할 수 있고 스스로 체제를 갖추고 있으며, 외부와의 교류가 필요 없는 것으로 여기기에, 고도의식 자체가 육지의식이다. 그래서 일본학자들은 다음과 같이 여기고 있다. 일본은 예전에는 고도의식을 갖고 있었고 지금 일본에서는 해양의식을 많이 이야기하는 하는데, 이것은 해양으로 나아가 교류와 개방을 하고자 하는 것을 의미한다.

셋째, '구區', '권圈', '망網(네트워크)'이라는 개념이 있다. '구'라는 개념은 일반 지리의 '지역' 개념이다. 우리는 현재 바다의 지역 안에 있으며, 그 중에 육지가 있고 바다가 있어, 순수 해양학의 바다 구역과는 다른 것이다. '권'은 원래 역사학의 개념이 아니라 사회과학의 개념으로, 항해권, 무역권, 이민권, 문화권이 있다. 여기에는 현재 우리가 이야기하는 한문화권漢文化圈을 포함한다. 한문화권이란 중국어나 한문을 사용하는 큰 범위로, 이 개념은 어떻게 차용되었는지 더 깊이 생각할 필요가 있다. 다음은 '망'(네트워크)으로, 원래 자연과학의 것이며 사회학과 역사학에서 차용하였다. 여기에는 항해 네트워크, 무역 네트워크 등이 있는데, 네트워크는 항구를 노드로 하는 것이다. 역사학에서 네트워크 개념을 차용함에 있어, 이전의 관념을 조정해야 하지, 더 이상 자아 중심의 시작 관념으로 이야기해서는 안된다. 왜냐하면 해양활동은 항구와 항구 사이에 있는 것으로 출발점이자 종점이기 때문이다. 또 배를 몰고 나가는 것은 바로 목적지에 도착하는 것이 아니라, 그 과정에서 많은 경유 지점이 있기에, 그 정류장이 종점이 된다. 또 출발을 하면 그곳이 출발점인 것이다. 따라서 모든 곳이 출발점이자 종점인 것이다. 그래서 우리 모두는 중심이자 가장자리이며, 피차가 중심이자 가장자리인 것이다. 그래서 중심에서 가장자리까지 누가 중심인지, 누가 가장자리인지 논쟁할 필요가 없다.

3. 인문해양 개념의 조정과 조화

세 번째 강연 내용은 인문해양 개념에 조정과 조화가 필요하다는 점이다. 오늘 우리는 바다에 대해 함께 이야기하고 있으며, 모두들 인문사회과학 영역의 연구자에 속한다. 하지만 학문적 배경과 성장 과정은 크게 다르다. 중국문학, 사회학, 경제학, 역사학 등의 배경이 있다. 각기 다른 학문적 배경에서 해양에 대해 이야기하자니 공간에 대한 개념도 다르다. 그래서 조금의 조화가 필요하다. 이에 1998년에 해양인문사회과학 개념의 조화 문제를 제기하였다. 그 당시 나는 세 가지 개념을 이야기하였는데 그중 하나가 '해양경제'이다. 무엇을 해양경제라 부르는가? 역사학의 해양경제, 경제학의 해양경제, 사회학의 해양경제, 심지어 문화학의 해양경제는 모두 다 다르다. 만약 여러 사람들이 뒤섞여 같이 이야기를 할 때, 먼저 개념상의 조정이 있어야 하고 그 가운데서 공통점을 찾아 이야기의 출발점으로 삼아야 한다. 만약 공통점이 없으면 서로 보완하지 못하고 충돌이 생기기 마련이다. '해양지역'으로 예를 들면, 먼저 그것이 단순히 수역이 아니라 연해 지대, 섬, 해저 등을 포함하고 있다는 공감대를 형성해야 한다. 범위가 이렇게 큰 것에 모두 동의하고 공감대를 가짐으로써, 이처럼 공감하는 범위 내에서 모두가 특징을 발휘하면 바로 교류할 수 있다. 해양경제, 해양사회 역시 마찬가지다.

이번 학술대회에서 발표된 문장 중에 일부 해안을 연구한 문장이 있는데, 이것은 해양을 연구한 것이라 보기 힘들다. 그렇다면 이것을 해양문화라고 할 수 있겠는가? 이것은 작자에 의해 정해진다. 개념이 분명하다면, 해안가의 활동이나 항구활동은 모두 해양문화라 할 수 있다. 그러므로 해양사의 이해에 있어서 우리가 해야 할 일이 아직 많이 있다. 해양문화는 현재 핫이슈 연구 분야이다. 20년 전 중국에서는 그 누구도 제기하지 않았지만, 〈하상河殤〉에서 중국에는 해양문화가 없기에 서구 문화를 전반적으로 받아들여야 한다고 하였다. 그 후 해양문화에 대한 관심을 가진 사람도 있었지만, 문화에 관심을 갖는 사람은 역사 지식과 데이터가 없고, 지방의 관습이나 어민의 풍속을 연구하는 것은 지방화의 작은 지식에 불과한 것이다. 그래서 거시적인 역사 구조에 두지 못하고, 테이블에 오르지 못하는 작은 접시의 음식에 불과한 것이다. 지금의 이 단계는 해양과 관련된 것과 해양이 혼재되어 있다. 만약 그 수준을 높이려 한다면, 이와 유사한 학술대회를 통해 개념상의 조화를 거치고 분야가 다른 학과 사람들이 같이 모여 연구를 한 후에, 공통적 인식을 가지고 교류를 진행한다면 더욱 좋은 결과를 가져 오게 될 것이다.

이상의 소견으로 연구의 시작으로 삼고자 하니, 참고하길 바라며 삼가 가르침을 청한다.

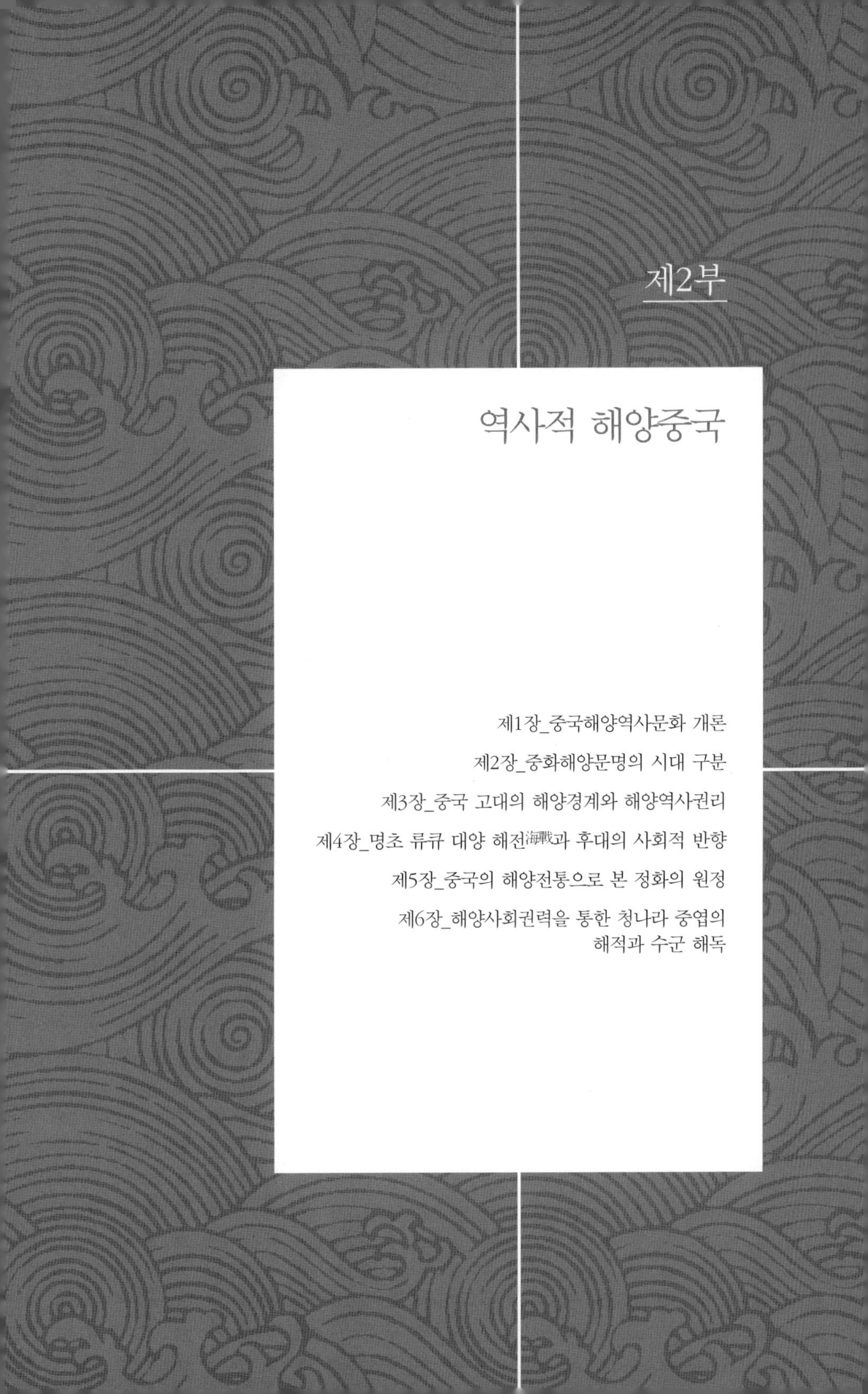

제2부

역사적 해양중국

제1장

중국해양역사문화 개론*

1. 중국해양 발전의 역사문화

이번 강연의 제목은 중국해양 발전의 역사와 문화로, 이에 관한 세 가지 문제점을 제시하고자 한다.

첫째, 현재 중국의 해양 발전 문제에 주목함에 있어, 왜 해양역사문화를 중시해야 하는가?

둘째, 과학적 해양사관을 어떻게 수립하여, 중국해양 발전의 기본적인 사실(史實)을 파악해야 하는가?

셋째, 역사를 거울 삼아, 중국의 해양 발전을 어떻게 촉진해야 하는가?

---

* 본 장은 2005년 9월 12일 북경 국가해양국에서 주관했던 해양관리 주제세미나에서 강연했던 내용이다.

1) 첫 번째 문제

—현재 중국의 해양 발전 문제에 주목함에 있어, 왜 해양역사문화를 중시해야 하는가

첫 번째 이유는, 기왕의 사회발전전략을 성찰하여 해양의 역사문화 자원을 발굴해야 한다는 것이다.

중국은 대륙국가이자 해양국가로 육지와 해양의 복합형 국가이다. 이론적으로 볼 때, 육지 발전과 해양 발전이 동등하게 중요한 의미를 지닌다고 할 수 있다. 하지만 중국의 역사적인 국가 발전 방향은, 육지를 중시하고 해양을 경시하여 육상과 해양이 불균형을 이루게 되었다. 주周·진秦·한漢·당唐 시기의 중국사회는 농업사회를 주체로 발전하였고, 정치, 경제, 문화의 중심지는 황하黃河 유역에 있었다. 역대 중원 왕조 통치자의 통치 이념은 모두 농업 중심으로 국가를 세웠으며, 북방 내륙에서 온 유목민족의 압력과 위기를 처리하는 가운데 다민족국가의 통일과 융합을 실현시켰다. 아울러 경제, 사회, 문화의 제도를 끊임없이 완벽하게 개선시켜, 유교사상을 핵심으로 하는 전통문화를 형성하였다. 송宋·원元·명청明清 시기에는 중국의 경제 중심이 남쪽과 동쪽 지역으로 기울어졌고, 해양 발전은 일찍이 왕조 통치자의 선택에 의해 몇 차례 국책으로 채택되었으나 결국 포기되었다. 이와 같이 국가의 관점에서 역사를 살펴보면, 중국은 대륙국가로서는 정상이지만, 해양국가로서는 '단편'일 뿐이다. 역대 왕조 통치 계급은 육지사회를 관리하는 경험이 풍부하여 집정執政 이론이 성숙했지만, 해양 발전에 대해서는 아주 낯설었고 심지어 기억조차 잃어버릴 정도였다. 그래서 해양으로부터 온 압력에 직면하면, 육지사회를 관리하는 방법으로 처리할 수밖

에 없었다. 이는 해양 발전전략의 결함과 해양에 대한 의식이 희박하다는 것을 야기하여, 중국의 전통사회에서 현대사회로의 전환을 늦어지게 하였다. 하지만 중국의 해안 지대와 환중국해의 도서 그리고 해역으로 구성된 해양지역은, 옛날부터 연해 주민들의 생존 발전 공간이었다. 국가의 간섭으로 인한 좌절을 길게 보면, 해양 발전을 지방과 민간의 수준에 국한시켰거나 체제 밖으로 벗어나 작동하게끔 강요하였을 뿐이어서, 해양발전의 역사적 전통은 영구적으로 중단된 것은 아니었다. 국가의 간섭이 가장 엄격한 시기에 연해 지방과 민간의 해양 발전은 더욱 활발한 편이었다. 그래서 지역의 각도에서 역사를 보면, 중국이 해양국가로서의 일면을 보여준 것은 연속적이었지 단편적이지 않았다. 연해 지방과 민간의 해양 발전이 연속성을 갖고 있었기 때문에, 중국이 해양 발전의 방향을 재차 선택할 가능성이 있는 것이다.

개혁 개방 이후 중국의 사회발전전략 사고는 해양 쪽으로 기울어져, 연해지역의 해양 발전의 잠재력을 되살려 놓았다. 해양을 향하고, 해양을 통해 세계로 나아가 융합됨으로써, 동부 연해지역의 부상을 일으켰고 중서부의 진흥을 이끌어, 중국 경제사회가 현대로 전환하는 것을 견인하게끔 했다. 해양경제력, 해양과학기술 역량, 해양관리 역량, 해양방위력을 발전시켜 해양의 종합적인 역량을 제고시켰는데, 이는 해양강국의 전략 목표가 되었다. 그렇지만 육지를 중시하고 바다를 경시하는 관념을 바꾸고 육지와 해양을 균형적으로 발전시키는 이상을 실현하기 위해서는 아직 가야 할 길이 멀다. 역사적으로 해양 발전은 지방과 민간의 차원에 머물러 있었다. 이에 중국의 해양 발전이론과 실천은 모두 성숙되지 못했고, 기존의 사회발전전략에 대한 깊은 반성도 없었기에, 해양역사문화자원을 발굴하여 그 속에서 경험적 교훈과 사상적 자양분을 받아들여야 한다.

두 번째 이유는, '중국 위협론'의 도전에 대한 대응으로, 해양 역사문화지식으로 무장할 필요가 있다.

현재 '중국 위협론'과 관련된 여러 표현이 있지만, 일치된 목표는 중국이 세계 강국이 되는 것을 막는 것이며, 무엇보다도 중국의 해양 진출을 억제하는 것이다. 중국을 억제하는 수단으로는 정치, 경제에서 문화에 이르기까지 모든 수단이 동원되고 있다. 중국이 직면하고 있는 서태평양의 제1열도선과 제2열도선에 정치, 경제, 군사적인 포위망을 형성하기 위해, 중국 위협론자들은 역사문화적인 측면에서 문제를 크게 제기하고 있다.

첫째, 이들은 중국해양 발전사를 말살시키고 중국해양 발전의 합법성을 부인한다. 이는 서구해양 패권주의자들의 상습적인 수법으로, 일본의 우익세력과 대만의 '대만독립분자'가 적극적인 움직임을 보이고 있다. 중국의 조어도釣魚島와 동해 자원을 점유하고 해권 확장을 위해, 일본 우익세력은 역사를 왜곡하고 동아시아 해양역사를 새롭게 논술하는데 조금도 주저하지 않는다. 그들은 중국이 역사적으로 '육권陸權국가'이고 지금도 여전히 '대륙 아시아 질서의 비호자'이면서, 바다로 나아가는 것은 '현실적 변경'으로 '해양국가 일본'의 생존을 위협한다고 여기고 있다. 아울러 일본 우익세력은 '해양 아시아'의 리더를 자처하며, 환중국해의 반원형 도서에 '서태평양 해양국가 연방' 건립을 고취한다고 여긴다. 대만에서는 '대만독립분자'들이 역사를 왜곡하며, '대만인은 해양성 민족이고 중국인은 대륙성 민족'이며, '대만은 해양문화, 중국은 대륙문화'라고 멋대로 말하면서, 일본 극우세력의 주장에 동조하여 '일본환류黑潮 동맹'을 맺어야 한다고 한다. 둘째, 중국에 해양 발전사가 있음을 감출 수 없을 때, 그들은 역사적 해양중국을 '해상 패권', '식민지 확장'으로 중상모략하고 있다. 예를 들어, 정화鄭和를 확장주의자로, 그가 서양으로 나아간 것을 군사력으로 해상 조공국을 통제한 것이라고 말한다. 이러한 언론은 겉으로는 칭찬이지만 실제로는 모욕으로, 자가당착적인 것이다. 이들의 공통점은 중국해양역사문화를 근본적으로 왜곡·부정하고 서방의 해양패권 논리에 영합하는 것으로, 세계 여론을 기만하는 것이다.

이에 대해 명확히 대답해야 한다. 해양관리, 해양실무에 종사하는 사람들은 그 누구도 이러한 문제를 피할 수 없다. 중국의 해양역사문화 지식을 충실히 해야만 '중국 위협론'의 도전에 차분하게 대처할 수 있을 것이다.

2) 두 번째 문제

—과학적 해양사관을 어떻게 수립하여, 중국해양 발전의 기본적인 사실史實을 파악해야 하는가?

오늘날 세계에서 지배 지위에 있는 해양문화이론은 본래 유럽에 근원을 두고 있으며, 해외의 무력정복과 식민지 확장을 통해서 해양세계의 문화적 패권의 담론으로 되었다. 19세기 독일의 대철학자인 헤겔 Georg Wilhelm Friedrich Hegel은 『역사철학』에서 인류문명의 지리적 토대를, 고지대와 광활한 초원 그리고 평야, 평원 유역, 바다와 연결된 해안 지역 세 가지 형태로 나누었다. 그는 이에 대해 다음과 같이 말한다. 1류와 2류 지역에서는 '평범한 토지와 평범한 평원유역이 인류를 토양 속에 속박시켜 무궁한 보살핌 속에 말려들게 한다'. 하지만 바다와 연결되는 해안 지역에서는 '바다는 인류를 협박하여 그 사상과 행동의 제한적인 범위를 초월하게끔 하였고', '바다는 인류로 하여금 정복하고 약탈하게끔 했지만, 그와 동시에 인류가 이윤을 추구하고 상업에 종사하도록 북돋았다'. 그가 말하는 해안 지역은 전적으로 유럽 남부 지중해 연안 지역을 가리키며, 해양 발전에 내포된 의미는 해외정복과 약탈 그리고 해양상업이다. 아시아와 중국은 1류와 2류에 속한다. '이처럼 토지의 제한을 초월하여 바다를 건너는 활동은 아시아 각국에서는 없었던 것이다. 그들에게는 더 웅장한 정치적 건축물들이 있고 그들 자신도 중국과 마찬가지로 바다를 경계로 삼았던 것이다. 그들이 볼 때, 바다는 육지가 끝나는 부분이자 육지의 경계일 뿐이어서, 바다와 밀접하게 관계하지 않았다. 이러한 사유에 따라 서구 학술계는 해양문화를 육상문화보다 뛰어난 선진문화로 보았고, 15~16세기의 대항해로 야기된 세계적인 연계를 자본주의 시대의 서막이자 현대화와 세계화의 시작으로 보았다. 이처럼 서양문화의 담론 속에서 해양은 서양, 현대, 선진, 개방을 대표하고, 대륙은 동양, 전통, 낙후, 보수를 대표하는 것으로, 이는 자산계급 민족과 농업민족을 구분 짓는 꼬리표가 되었다. 중국의 해양 발전의 합법성을 부인하는 이러한 언론은 앞서 서술한 것처럼 선입견을 가지고 추론·연역하여 나온 것이다.

이런 이론은 문제가 있는 것으로, 세계해양 발전의 역사적 사실에 부합하지 않는다. 지금까지의 연구 성과에서 증명했듯이, 해양문화는 서양만의 문화현상이 아니고, 선천적인 선진문화도 아니다. 서구해양문화는 근대와 자본주의가 서로 연계되어 있다. 그러나 자본주의 문화를 반드시 해양문화라 할 수 없고, 자본주의여야만 해양문화가 있다고 할 수 없는 것이다. 서방이 이런 논리를 만들어낸 것은, 해양패권국가가 해양을 통제하고 더 나아가 세계를 통제하는 것에 도움을 주기 위해서이다.

우리는 해양문화는 육지문화와 서로 대응하는 문화 유형으로, 생존 발전 공간에 대한 양자의 적응 방식은 다르지만 양자 간의 우열은 없다고 생각한다. 해양강국과 육상강국의 관계는 서양과 동양, 현대와 전통, 선진과 후진, 개방과 보수의 대립일 필요는 없다. 해양문화는 서양의 특허가 아니라, 연해에 거주하는 각 민족이 해양실천활동에 종사하면서 창조해낸 문화는 다양한 양식을 갖고 있기에, 서로 다른 발전 과정이 있다. 이는 해양문화의 다양성을 보여주기에, 서구의 표준에 부합하지 않음으로 해서 부정될 수 없는 것이다.

중국인들의 생존 발전 공간의 주체는 바로 대륙이다. 그들의 찬란한 전통문화는 대륙에 뿌리를 두고 있다는 것은 부정할 수 없는 사실이다. 중국인들이 대륙에서 해양으로 나아갔고, 지역적 관점에서 볼 때도 그 역사가 연속적이어서, 해양문화에 그들 자신만의 특색을 창조한다는 것도 부정할 수 없는 것이다. 해양문화는 장기적으로 주류의 지위에 오르지 못했다. 이는 왕조 통치자가 해양 발전의 길을 포기・선택한 것과 강한 육지문화에 따른 부정적 효과와 전통적인 타성적 힘과 관련이 있다. 이것은 우리들이 비판하고 지양해야만 하는 부분이다. 하지만 함부로 과장하거나 무한히 높은 원칙에 준하여 비판해서는 안 된다. 만약 중국전통문화를 '황하문화', '황토지 문화'라 한다면, '더 이상 새로운 문화를 배태할 수 없는 것이다'. 또 만약 중국의 전통해양문화를 '내륙 농경문화에 의해 동화되어 더 이상 뒤집어질 수 없는' 것이라 한다면, 이 또한 사실과 맞지 않는 것이다. 중화민족의 형성은 농업민족이 모인 공동체에 그치는 것이 아니라 다원일체의 민족으로, 그 속에 해양민족의 특성을 포함하고 있다. 상고시대는 지금 중국의 대륙 변방 일대에 있는 '동이東夷', '백월百越' 집단으로, 이들은 '배를 수레로 삼고 노를 말로 삼았기에' 해양민족에 속한다. 진한秦漢 이후 중원의 농업민족이 해안지역으로 이동하였고, 동이와 백월 사람들과 서로 충돌・융합함으로써, 연해의 생존환경에 적응하였다. 이들 가운데 일부분은 육지의 생활방식(도시와 농촌사회 계층)을 유지하였고, 일부분은 해양의 생활방식(수상생활 사회계층)을 선택하였으며, 다른 일부분은 육지와 해양 두 군데를 겸하는 집단(어민, 선주, 해상 등 해양활동 집단)으로 변했다. 해양지역에서 생활한 한족들은 고향의 농업문화를 계승하고 원주민들의 해양문화를 흡수하여, 지역사회 발전에 육지와 해양의 이중적 성격을 구비하였다. 그러므로 중화민족이나 중국인은 농업민족이지 해양민족이 아니며, 해양문화가 없다고 두루뭉술하게 말하는 것이다. 역설적으로 중화민족이나 중국인은 해양민족이고, 중국해양문화는 농업문화보다 선진적이라는 것 역시 일부를 가지고 전체를 평가한 것이다.

과학적 해양사관을 세우려면, 중국해양 발전의 기본적 역사 사실을 분명히 파악해야 한다. 아래에 중국해양 발전과 해양문화를 정확하게 이해하는 것에 있어, 의미가 있거나 논쟁적인 사건과 인물에 대해 설명하고자 한다.

(1) 해상 실크로드

'해상 실크로드'는 고대 중국의 대외 해상교통과 경제문화 왕래를 형상적으로 비유한 것으로, 학술 분야에서는 과학적이지 않아 여러 의견이 상충되고 있다.

비단은 고대 대외무역의 주요 상품이 아니며, 자기나 차보다 중요성이 떨어진다. 한 대 이후 관방에서는 줄곧 비단무역을 금지하거나 제한하는 정책을 시행하였다. 비단은 주로 조공의 증여품으로 보내졌으며, 향료를 답례품으로 받았다. 실크로드라는 말은, 무역상품이 아닌 물품으로 명명되었고 유출만 있었을 뿐 유입은 없었기 때문에 단편적인 것이다. 게다가 '로드' 역시 경제문화 왕래의 전반적인 내용을 포함하고 있다고 하기 어렵다. 혹자는 현재 학술계의 '해상 실크로드 연구'는 너무 왕성하여 중국이 고대부터 비단을 줄곧 외국으로 수출했었다는 오해를 불러일으켰다고 하였다.

서한西漢 시기에 서문徐聞에서 남해와 인도양을 거쳐 지금의 인도 남부와 스리랑카에 이르는 항로를 열었는데, 일반적으로 이를 '해상 실크로드'의 시작이라고 보고 있다. 당대 초기의 '광주통해이도廣州通海夷道'에서는 그 항로를 포스만ersian Gulf과 아프리카 동해안까지 확장시켰다. 천보天寶 10년(751)에 당의 군대가 탈라스 전투Battle of Talas에서 패배한 이후 서역으로 통하는 대외 육로교통이 차단되면서, 중국과 서아시아의 경제문화 왕래가 해양으로 이동하였다. 오대五代에는 동남 연해의 남당南唐, 오월吳越, 민閩, 남한南漢 4개국이 해양 개방을 했다. 송대 이후 중국 경제의 중심은 동남쪽으로 이동하였다. 동남 연해지역의 경제가 일어나 상품경제가 활발하였는데, 이는 해양 발전의 내적 동력이 되었다.

과학기술의 진보로 조선 수준이 향상되었으며, 항해 중에 나침반이 사용되었다. 이로 인해 해상海商을 필두로 하여 바다를 통제하는 힘이 끊임없이 강대해졌다. 송 왕조가 남쪽 임안臨安(항주)으로 옮겨와 바다의 이로움에 의지하며, 해양을 개방하는 조치를 취하였다. 이에 투르판 상인(주로 아랍 상인)들을 중국으로 불러와 무역하였고, 중국 해상海商의 해외 무역을 장려하였다. 원나라가 송나라를 멸망시킨 후부터는 계속 바다를 개방하였다. 11세기부터 14세기 초까지 300여 년간, 중국은 동남쪽으로 머리를 돌려 바다로 향했는데, 이것이 바로 육지국가이면서 해양국가였던 것을 말해 준다. 동아시아에서 아프리카 동쪽 해안까지의 광활한 해역에 중국 해상들이 주도한 무역망이 형성되어, '중국 상인들이 이역을 왕래하며 물건을 판매하는 것은 마치 동쪽 지역이나 서쪽 지역을 왔다 갔다 하며 물건을 파는 것과 마찬가지였다'. 어민들은 항해를 통해 황해, 동해, 남해지역의 어장과 섬을 개발하였다.

이 시기 삼백 년 동안, 해양의 해안지역 사회 발전에 대한 해양의 영향이 분명하게 드러났다. 우선 바다에 대한 경제적 의존도가 높아졌다. 예를 들어, 산동山東 밀주密州에서는 '상인들이 운집하였고, 해양 선박의 이익은 부자와 권문세가들이 강점하였고', 절강浙江 항주杭州에서는 '접촉하는 사람들이 대부분 강과 바다를 이용하는 상인들로, 큰 돛대를 한 거선巨船이 안개 자욱한 수면 위로 천천히 움직이니, 사방의 많은 물자가 발 디딜 틈 없이 모여들었다'고 기록되어 있다. 강소江蘇의 화정華亭과 해염海鹽 등 연해 주와 현에서는 '간사한 무리들과 부자들은 식량을 대량 구매하여 아랍인들에게 판매하였다. 선박의 적재 용량은 이천 곡斛을 넘지 못하였기에, 남쪽이든 북쪽이든 간에 그 이윤이 몇 배가 되었고', 천주泉

州에서는 '맨발에다 터번을 두른 외래 상인들 그리고 높은 돛을 단 거선이 항구를 가득 채우네'라고 기록되어 있다. 해양항운과 상업 이외에, 해양어업, 해염업, 수출형 수공업, 상품농업 등도 덩달아 발전하였고, 해수양식업도 싹트기 시작했다. 다음으로, 해양성 인문 정취가 형성되었다. 광주廣州, 천주 등의 항구도시에서는 이역異域문화를 수용·차용하여, '세계 각지의 풍속문화가 제멋대로 뒤섞였다'. 또한 항해의 여신인 마조媽祖에 대한 신앙이 형성되었다. 마조는 조정의 책봉을 여러 차례 받았으며, '부인'에서 '천비'로 승격되어 국가적 제사의 대상이 되었다. 이로써 해양의 신이 존재하지 않는 중국의 형세는 종결되었다. 이후 정화가 서양으로 나아갔고, 시랑施琅이 대만으로 진군하는 등 관방의 해양활동은 모두 마조의 비호를 받게 되면서, 마조는 '천비'에서 '천후天侯'로 이어서 '천상성모天上聖母'로 격상되었다. 이에 마조 신앙은 중국인들이 항해하여 이르는 남북 연안과 해외 각국에까지 전파되었다.

(2) 정화가 서양으로 진출하다

영락永樂 3년(1405)부터 시작된 정화의 서양 진출은, 명 성조成祖 주체朱棣가 독창적으로 시작한 대항해활동이자 전통왕조체제 아래 중앙정권이 가장 개방적으로 해양을 경영한 것이다. 성조는 왕조 안보에 유리한 국제환경을 조성하여, 왕조의 위상을 세우고, 해양의 큰 구도 속에서 사고하였는데, 이는 해양 발전 방향으로 경도된 선택이라고 할 수 있다. 집결된 선박과 인원이 많았고, 항해 범위가 넓었으며, 지속 시간이 길었다는 것은, 중국이 당시 세계에서 최대의 해상력을 가졌음을 증명한다. 그러나 이러한 선택이 미국 학자인 루이스 레버씨스Louise Levathes가 『중국의 해상 제패』에서 '유럽의 대모험과 대확장 시대가 도래하기 100년 전에, 중국이 세계의 식민강권을 이룰 수 있는 기회가 있었다'라고 하는 것일까?

정화의 말을 즐겨 인용하는 이가 있었는데, 그는 '국가가 부강해지고자 한다면 해양을 돌보지 않은 체 그냥 둘 수 없다. 재부는 바다에서 취하게 되고, 위험 또한 해상에서 나왔다. (…중략…) 일단 타국의 군주가 남양을 점령해 버리면, 중국은 위험에 빠질 수 있다. 우리 해군함대가 전쟁에서 반드시 이겨 상업을 대대적으로 확대하고, 이역을 제압하여 그들로 하여금 남양을 감히 넘보지 못하게 한다'고 하였다. 아울러 이것에 근거하여 '정화와 관련된 해권海權 방면의 논술은 세계적 해권론자인 미국의 머핸Alfred Thayer Mahan보다 500년이나 앞선다'고 찬양하였다.

정화가 했던 이 말은 프랑스 학자인 프란시스 미테랑Francois Mitterrand의 『해외 화교海外華人』에서 정화가 인종仁宗 주고치朱高熾에게 말했다고 할 뿐, 출처를 밝히지 않고 있다. 그러나 명 왕조의 관련 기록에는 이런 얘기가 없었고, 그 내용을 보아도 사실이 아니다. 첫째, 명 성조의 해양 안목은 조공체계를 육지에서 해외로 뻗어나갔을 뿐, 해양을 개척하려는 의식이 없었다. 정화는 황제의 명을 받들어 사신으로 외국에 나갔으며, 주요한 임무는 조서를 내리거나 관직, 관복, 예물 등을 하사하는 것이었다. 아울러 해상 각국의 군주나 사신들의 진공進貢을 맞이하고 보내었으며, '가난한 자를 괴롭히지 않고 약자를 깔보지 않는 태평스런 복을 향유하길 바라는' 평화적 이념을 전파하는 것이었다. 그런 까닭에 정화가 성지聖旨를 위배하여 '이역을 제압하려는' 생각은 불가능했다. 둘째, 정화의 함대는 해상무역을 했지만, 그것은 후하게 주고 적게 받는 것으로, 정치적 이익을 중시하고 경제적 이익을 소홀히 한 것이다. 아울러 함대 뒤로 민간 해상 선단이 따라와 '장사를 확대하는 것'이 없었다. 그와 반대로 항행 중에 민간 해상과 '해외 유랑민'의 집거지를 타파하였다. 셋째, 사신으로 나아간 28년 동안, 정화는 해상 강국의 도전을 전혀 받지 않았기에, '재부는 바다에서 취하게 되고, 위험 또한 해상에서 나왔다. (…중략…) 일단 타국의 군주가 남양을 점령해 버리면, 중국은 위험에 빠질 수 있다'고 인식하는 것은 불가능하다. 여기서 알 수 있듯이, '중국이 세계의 식민강권을 이룰 수 있는 기회가 있었다'는 역사적 가능성을 위배하는 가설은 성립되지 않는다. 또한 '정화가 머핸보다 500년 앞서 해권론을 제기하였다'고 말하는 것은, 주관적으로 정화정신을 널리 알리는 것이지만 객관적으로는 그와 정반인 것이다.

(3) 명대 말의 국부적 해양 개방

정화가 서양으로 나아간 뒤, 명 왕조는 해양에서 물러났는데, 사람들은 통상적으로 중국이 이로부터 해양 발전의 길을 포기하는 선택을 한 것이라 여겼다. 하지만 그들은 명대 후기에 약 100년 간 국지적 해양개방이 있었는지 알지 못하였는데, 이는 바로 융경隆慶 원년(1567)에 실시된 장주漳州 월항月港(지금의 용해시龍海市 해징진海澄鎭)을 수출 관문으로 한 '동서양무역 제도'이다.

서양으로의 이동이 폐지된 이후 해금이 시행되었지만, 민간해양무역을 차단하지 못했다. '선박을 통한 해상무역[下海通番]'은 관청에서 통제 불가능한 항만에서 암암리에 자생하였다. 이로 인해 월항은 작은 소주蘇州라 불릴만큼 번성하였다. 동쪽에서 온 포르투갈 사람들은 광주에서 입항을 거절당한 뒤, 장주漳州 해안인 하문만廈門灣으로 이동하여 오서浯嶼에다 암거래 기지를 건립하여 월항과 무역활동을 진행하였다. 이후 절강성 영파寧波 바깥 바다의 주산舟山 쌍서雙嶼에다 암거래 기지를 구축하여, 왜구와 소통하고 중국 밀수업자와 무역을 하였다. 결국 가정嘉靖 연간에 조야를 진동시킨 왜구의 난[倭亂]이 일어나 동남 연안 일대에 큰 재난을 가져 왔다. 관원들은 해양무역을 금지시키는 것은 불가능하고 '재앙의 근원은 쥐구멍과 같다. 반드시 하나를 남겨 두어야 한다. 만약 모두 막아 버린다면 멀쩡한 곳이 뚫리게 된다'는 것을 알게 되었다. 이에 비로소 융경 시기에 바다를 개방하는 새로운 정책이 생겨났다.

융경 시기에 바다를 개방한 것은, 중국해양 발전사에서 정화의 서양 진출보다 더 적극적인 사회적 의의를 지닌다. 첫째, 그것은 유럽의 해양세력의 동쪽 이동과 일본 해양세력의 침략으로 생긴 '개통을 통해서 금지하는[寓禁于通]' 정책이다. 체제 밖에서 발버둥치는 해상사회 집단을 명 왕조 관리체제 내로 끌어들여 월항을 중심으로 한 하문만廈門灣의 장주항만에서 출국무역권을 향유하게 하였다. 이에 해상무역상들은 모두 장주와 천주의 도부道府에다 보고하는 것에 그침으로써 중국인들의 해상생존환경이 개선되었다. 둘째, 민간의 해양역량이 동아시아 해역상업 경쟁에 참여하는 조건을 만들어냈다. 상선은 일본을 제외하고는 기타 동서양 지역의 지정 항구로 직행할 수 있었다. 네덜란드에서 해양세력이 동으로 이동하기 전, 장주 항만의 해상海商을 대표로 하는 중국해상상업 역량은 동서양의 주요 무역지에다 상업 거점과 이민지역사회를 설립하여, 동아시아 해역의 무역 네트워크를 장악하였다. 또한 이들은 마카오를 기반으로 한 포르투갈인과 마닐라를 기반으로 한 스페인 사람들과 경쟁을 벌여 우세를 점하였다. 특히 월항과 마닐라 간의 항로와 마닐라와 멕시코 아카풀코Acapulco 간의 항로 연결은, 중국 상품이 미주로 들어가고, 미주의 백은白銀(스페인 은화)이 중국으로 유입되게 하였다. 이는 세계시장의 형성을 촉진시켰을 뿐만 아니라 중국 화폐제도의 개혁과 동남 해양사회의 전환을 촉진시켰다. 연해 일부 지역에서는 '중화의 풍속이 이민족에 의해 변하게 되었고', 해상무역을 '삶을 보살펴주는 것'으로 여겼다. 또한 '만약 부자가 되려면 필라인 군도Feline affairs(현 필리핀)로 가야 한다'는 은어가 광범위하게 전해졌고, 『사해지남四海指南』, 『해도침경海道針經』류의 서적이 끊임없이 불법으로 간행되었는데, 이는 해양의식의 고조를 충분히 드러내는 것이다.

17세기 전반에, 서양해상패권인 네덜란드가 동아시아의 해양경쟁에 뛰어들었고, 바타비아(현 인도네시아 자카르타)를 베이스캠프로 삼아 팽호澎湖를 점거하고, 대원大員(현 대남臺南 안평安平)을 점령했다. 이들은 장주항만지역에서 중국과 직접무역을 하며 중국의 '동서양무역 제도'에 도전하였다. 이에 중국의 민간해양역량이 크게 분화하였고 대대적인 개편이 일어났다. 합법적인 해상환경이 어렵게 되자, 무장 상업 집단이 일어났다. 가장 유명한 인물은 정지용鄭芝龍으로, 해양을 통일해 네덜란드의 가장 무서운 적수가 되었다.

이전 역사가들의 글에서 정지용은 충동적이고 거칠며 예교를 모르는 해적으로 기록되어 있지만, 지식 청년으로서 유학에 대한 기본 소양도 충분히 있었다. 하지만 생계가 막막하여 마카오에 있는 외삼촌에게 의탁하여, 화물관리인으로 마닐라와 일본에서 사업을 하고, 서양해역과의 교류를 위해 포르투칼어를 배웠으며 카톨릭 신자가 되었다. 얼마 지나지 않아 일본 히라도Hirado로 옮겨가 저명한 해상인 이단李旦의 동료가 되었고, 중국계 일본인을 아내로 얻었다. 히라도에 온 네덜란드인들과 늘상 사귀었고, 이단은 그를 팽호와 대만으로 추천하였으며, 네덜란드인들의 통역을 담당하기도 했다. 이단이 죽은 후, 정지용은 그의 재산을 착복하여 대만에서 일가를 세운 후 출세하였다. 그는 다국적 언어에 능통하고 해양상업경험과 국제적 시야를 갖춘 인재라고 할 수 있다.

천계天啓 6년(1626)에 관방에서는 그가 복건・광동 연안을 약탈하고, '가식적인 인의仁義로 위장하여, 이르는 곳마다 관부의 종적을 보고받고서 약탈하였지만, 그들을 죽이지는 않았다'고 보고했다. 천계 7년(1627)에 정지용은 조안詔安만에서 네덜란드 선대船隊를 격파하였고, 승승장구하여 하문廈門을 장악하였다. 그의 선단은 수만 명에 이르렀고, '그의 배는 모두 외국에서 제작되어 온 것이다. 그 전함은 크고 견고하여, 물속에 들어가도 침몰하지 않고, 암초에 부딪쳐도 부서지지 않았다. 기계들은 날카롭고 예리하여, 총과 포를 한 번 쏘면 수 십리를 날아가 바로 부숴버렸다'. 당시 복건 관부는 해상 통제 능력을 잃어버렸기에, 정지용을 달래어 귀순시키기로 결정하였다.

숭정崇禎 원년(1628)에 정지용은 귀순하여 '외적을 무마하고 해방海防을 보위하면서' 많은 공을 세우고 자신의 잘못을 속죄하였다. 그는 해적 이괴기李魁奇와 종빈鐘斌을 소탕하였고, 숭정 5년(1632)에 정식으로 관직에 임명되었다. 숭정 6년(1633)에 금문金門 해전에서 네덜란드 식민 침략함대를 격파하였고, 숭정 8년(1635)에 해적 류향劉香을 멸하였다. 이에 명왕조는 해난海亂을 평정했다. 숭정 9년(1636)에 부총병副摠兵으로 올랐고, 숭정 13년(1640)에 장조漳潮 총병摠兵의 자리에 올랐으며, 숭정 16년(1643)에 복건 총병이 되었다.

정지용이 귀순하였을 때, 장주에 수입 관세가 부족하여 본 성의 군량을 제공하지 못해, 복건 당국은 그에게 해상무역을 계속할 것을 허가했다. 이로써 병사 모집, 배 계약, 수행에 필요한 양식, 식량, 총기, 군인 월급, 정착비 등을 마련하였다. 이는 사실상 정지용에게 관상官商의 합법적인 신분을 인정하는 것이었다. 그는 안평安平에 진지를 구축하고 바닷길을 개통하여, 선단 상인을 파견하여 동서양무역을 하였다. 그의 계모인 황 씨(네덜란드인은 정 어머니라고 부름)와 어린 동생인 지표芝豹에게 일상적인 경영을 맡겼다. 그는 해방관海防官의 명의로 부령符令과 령기令旗(세금을 부과한 뒤 발급하는 선적 증명과 수출 증명－역자 주)를 발급하여 제해권을 통제하였고, '해상의 이익을 찾아 상선으로 출입하는 모든 나라는 정지용의 부령을 받아야만 통행할 수 있었다'. '외국 상품을 판매하는 데 있어, 국내외 상선들은 모두 비황飛黃(정지용의 호)의 보호가 있었다. 이에 상인들은 아무런 걱정이나 경계 없이 20배의 이윤을 취하였다.'

이때 명 조정은 일본에 대한 금수 조치를 해제하지는 않았으나, 정지용의 조치로 하문, 안해安海에서 나가사키長崎까지의 직접 무역 항로를 개통하였다. 대일무역은 반半합법적 상태로 들어 갔고, 이것이 더 확장되어 동양무역에서 마닐라의 선두지위를 대신하였다. 네덜란드인의 보고에 따르면, 숭정 16년(1643)에 정지용이 일본으로 수출한 수치가 8,500관(일본의 은 화폐 단위)으로, 같은 해 중국 선박이 일본으로 수출한 총량인 10,625관의 80%나 되었다. 이는 네덜란드가 일본에 수출하는 화물보다 2배 이상 많은 것으로, 네덜란드가 대만을 이용해 중국 화물을 일본으로 공급하는 시장 점유율을 무너뜨린 것이다.

명나라 말에 국부적인 해양 개방의 객관적 공헌은, 해양군사력과 해양경제력이 결합된 중국해권을 촉진시켰다는 점이다. 정지용은 중국해권의 대표이자 실천자였으며 스스로 '나는 그것을 바다에서 취하였고, 바다가 없으면 집도 없다'고 하였다. 동아시아 해양경쟁에서 그는 '세계경제에 있어 경영자인 것 같지만', 네덜란드의 해양 패권주의자들과 달리 해양군사력을 운용하여 해양경제의 이익을 보호하였다. 그렇기 때문에 이는 식민지를 확장시키는 행위가 아니었음을 알 수 있다.

(4) 정성공鄭成功의 대만 수복

정성공이 서구해상패권을 꺾고 대만을 수복한 것은, 17세기 해권 경쟁의 중대한 사건이다. 정성공이 들고 일어난 것은 명청 왕조 교체기의 우연한 사건이었다. 만약 청 왕조가 전국을 통일하지 못했다면, 남명南明은 계속해서 강남의 통치를 유지하였을 것이고, 정성공은 대륙을 떠나 해상으로 나아가지 않았을 것이다. 마찬가지로 만약 정성공의 해상항쟁이 없었다면, 청 왕조가 남명을 멸망시키고 대륙을 통일하였으리라는 것 또한 상상하기 힘들다. 청 왕조가 네덜란드를 몰아내고 대만을 수복하는 일정을 펼쳐놓지 못하였을 것이기 때문이다. 그러나 명 말기의 해양 개방사를 살펴보면, 융경隆慶 연간에 바다를 개방하여 기륭基隆과 담수淡水(현재 타이베이에 속함)를 동서양의 무역 지점에 포함시킴으로써, 해양무역 네트워크에 있어 대만의 지위를 끌어 올렸고, 민남閩南 연해 어업상인들의 대만 진출을 촉진시켰다. 네덜란드인들이 대원大員(대만을 통칭)을 침략한 이후에도, 민남사회의 발전이 대만으로 확장되는 큰 흐름은 변화가 없었고, 이 또한 필연성을 지니게 되었다. 정성공이 대만에 상륙한 뒤 네덜란드 식민지 수장인 프리드리히 코예트Frederick

Coyett에게 쓴 편지 내용은 다음과 같다.

> 사실이 증명하듯, 바다 양쪽 지역에 있는 주민들은 모두 중국인이고. 그 곳의 전답은 자고이래로 그들 소유로 되어 식량을 생산하였다. (…중략…) 당신은 남의 토지를 계속 점령하는 것은 부당하다는 사실을 알아야 한다.

정 씨는 하문에다 청 정부에 저항하는 정권을 세우고, 그의 아버지인 정지용의 해권 역량을 계승하여, '서양과 소통하여 나라를 부유하게 하고자 하였다[通洋裕國]'. 그는 매년 평균 40~50척의 상선을 투입하여, 일본과 동남아(현 베트남, 캄보디아, 태국, 말레이시아, 인도네시아 등 지역) 무역에 사용하였고, 중국・동남아・일본의 삼각무역에 종사하였다. 그 결과 해외무역 총액은 연간 424만 냥으로 그 이익은 연간 250만 냥이었다. 이는 정권 총 지출의 62%를 차지하였기에, 해양성 정권임을 명백히 드러낸다. 그러나 이러한 정권 형식으로 명령을 내리는 해상권력은, 정지용 시대의 해방체제가 대행하는 공권력이 아니라 명나라 중앙정권의 잉여 역량으로 부여된 공권력이라는 점을 분명히 알아야 한다. 이에 외국 학자는 '중국 대륙의 실체가 해양무역으로 완전히 전환한 유일한 예증'이라고 말했다.

정성공은 중국해권의 실천에 있어서 정지용보다 한 단계 더 높았다. 그는 손해배상, 항행중단, 무역협정체결 등의 경제제재와 상업협상으로 무역 분쟁을 해결하였다. 또한 네덜란드 식민지 당국에다 중국 상선과 교민들에게 협박하고 갈취한 것에 대해 항의하였고, 군대로 해상안보와 상업 이익을 보호하였으며, 근대 조약 형식으로 네덜란드 식민통치를 종결하고 대만을 수복하였다. 이는 분명 해양세계 규칙과 연결되어, 중국의 전통해양문화가 근대로 전환됨을 드러낸 것이다. 대만을 수복한 쾌거에 대해 장학량張學良이 '대만이 영역으로 들어오는 것을 확보했다[確保臺灣入版圖]'고 한 것처럼, 이는 중화민족의 해권 발전에 장기적이고 깊이 있는 의의를 지닌다. 후세 사람들은 역사상의 해상영웅을 평가하면서 정화와 정성공을 병칭하는데, '두 정 씨는 중국의 기인奇人이'라고 하였다. 사실 중국의 해권 발전이란 측면에서 보자면, 정성공의 역사적 지위는 정화보다 훨씬 더 높다.

(5) 청 전기 남양과 대만으로의 이주

청 왕조는 대만을 통일한 이후 다시 바다를 열었다. 건륭乾隆 22년(1757) 광주廣州에 하나의 항구에서만 통상제도를 시행하였는데, 이는 아편전쟁으로 중국 대문이 열릴 때까지 이어졌다. 외국 상인들은 중국 광주의 항구와 십삼행十三行에서만 교역하는 것이 허용되었고, 중국 밀수업자들과 외국인의 접촉을 허락하지 않았다. 더욱이 바다로 나가 무역을 하는 것을 금지하였으며, 엄격한 제한과 관리를 하였다. 이것이 바로 쇄국정책이다. 명 말의 국지적 해양개방과 비교하면, 이는 역사적 퇴보이다. 해양지역의 해양 발전은 억압을 받음으로 인해, 더 많은 사람들이 위험을 무릅쓰고 타 지역으로 나아갔다. 청 전기의 남양과 대만으로의 이주는, 비장하고 참담한 민간해양이민 활동이었다.

해양이민은 연해에서 섬으로 가는 국내 이민과 중국에서 외국으로 가는 국제이민을 포함한다. 이 두 종류의 이민 형식은 이미 오래전부터 존재했었다. 이민 조류가 명 중엽 이후에 있었고, 청 전기에 한 차례 거세게 일어났다. 해양이민은 주로 복건성과 광동성에서 이루어졌고, 이들 이민의 주된 흐름은 남양과 대만이었다. 아편전쟁을 앞두고 중국의 해외 이주 인구는 약 100만~150만 명으로 추산되고, 대만의 한족인구는 강희康熙 20년(1685)에서 가경嘉慶 16년(1811)까지 대략 180만 명이 증가했는데, 이는 대부분 이민에 기인한 것이다. 남양의 중국해양이민사회(화교사회)와 대만의 한인사회는 모두 중국이 해양 발전으로 향한 역사적 결과다.

청 왕조는 백성들의 출국을 금지시켰는데, 해외이민은 밀항 행위에 속하기 때문이다. 대만은 복건성에 속하지만, 청 조정은 내지 백성들이 대만으로 향하는 것에 갖가지 제한을 두었기에, 대부분의 이민은 밀항을 통할 수밖에 없었다. 그래서 해양이민 활동은 민간의 자발적인 인구이동으로, 정부의 조직적인 식민지 확대가 아니었다. 남양과 대만으로의 이주는 중국인이 해안 지대에서 도서와 이역異域으로 이동한 것으로, 해양자원과 해양공간을 개발하고 이용하는 연속적이고 발전적인 행위인 것이다.

남양과 대만으로의 이주라는 이 두 가지 방향은 중국사회 발전에 큰 영향을 끼쳤다. 남양으로의 이주는 명대에 형성된 분산된 해양이민의 네트워크를 공고히 하고 발전시켜, 개인적 해양무역에 도움을 주게 되었다. 이것은 동남아가 서방의 식민지로 전락한 이후에도, 중국의 민간 해상海商들이 여전히 활기 넘치게 하는 중요한 원인으로 되었다. 해양이민사회의 발전은 중국의 전통문화와 서양문화를 조화시켜 새로운 창조를 이루었고, 그중 일부는 중국으로 되돌아와 복건과 광동 연해사회에 해양의 새바람을 불어넣었다. 대만으로의 이주는 한족의 개척 성과를 공고화시켜, 대만사회 경제를 크게 끌어올리게 되었고, 동시에 대륙과 대만과의 유대 관계를 강화시켰다.

(6) 근대 해양관의 각성

아편전쟁을 시작으로 서양 자본주의 열강들이 해상으로부터 중국의 문을 열었고 이에 중국은 서방에서 진리를 찾고자 하였다.

아편전쟁을 앞두고, 임칙서林則徐는 외부 소식을 탐구하기 위하여, 마카오에서 출판된 영자 신문을 발췌・번역하여 『마카오 소식지澳門新聞紙』로 편집하여 동료(일부는 도광道光황제에게 받쳤다)에게 보내어 참고하도록 했다. 그래서 어떤 이는 임칙서를 『참고소식參考消息』의 창시자로 여겼다. 또한 서양 서적인 『세계지리대전世界地理大全』을 『사주지四洲誌』로, 『국제법國際法』을 『각국의 율례各國律例』로 발췌・번역하여, 초보적인 해양 시야를 갖추었다. 아편전쟁 때 그는 모함으로 해직되었지만, 여전히 국사에 관심을 가졌다. 전쟁에서 패한 현실에서 청의 군대가 전적으로 대륙을 방어한 실수를 인식하면서, 군함을 건조하고 포를 제작하며 수군을 훈련시켜 적들과 해전을 치러야 한다는 주장을 제시하였다. 그 주장은 '군함과 포는 수군이 이를 주도하여, 해상을 왕래하면서 적들을 추격하고, 저들이 능히 갈 수 있는 곳에 나 또한 갈 수 있다'고 한 것이다. 이는 근대 해군 건립의 최초 호소였다.

임칙서의 부탁을 받은 위원魏源은 『사주지』를 기초로 『해국도지海國圖志』를 편찬하면서, '서양의 장점을 배워 서양을 제어하고', 서방의 장점인 '첫째, 전함, 둘째, 화기, 셋째, 군사의 양성과 훈련 방법'을 학습하고자 하였다. 아울러 '중국의 수군은 큰 배를 몰아 해외로 나갈 수 있고 바다에서 서양 오랑캐들과 전쟁을 치룰 수 있다'고 하였다. 이로써 몽롱하고 소박한 해권의식이 구체적으로 드러나게 되었다.

제2차 아편전쟁 이후, '방법을 빌려와 스스로 강해지는[借法自强]' 양무운동洋務運動이 일어났다. 양무파는 함선과 대포를 구매하여 해안방어를 강화하는 쪽으로 전향했지만, 해권 이론이 없는 상태에서 진행되었고 해양을 국토로 여기지 않았다. 그리고 해안 방어는 대부분 육상 수비에 국한되어, 해상교통통제를 실행할 의식이 없었다. 특히 서구 열강들이 엿보고 있고 해권이 상실된 배경에서, 해양으로 복귀하려는 노력은 성공할 수 없었다. 갑오해전甲午海戰의 실패는 해양으로의 복귀에 중대한 좌절을 겪게 되었다. 이홍장李鴻章은 만년에 '나는 한평생 일만 했는데, 군사훈련이건 해군이건 모두 종이호랑이에 불과하구나!'라고 한탄하였다.

20세기 초, 중국 지식계에서 머핸의 '해권론'을 소개하면서, 해권문제에 대한 토론 열기가 일어났다. 이는 중국의 근대 해권의식의 집단적 각성을 반영하였고, 중국 국방관의 근대적 전환을 드러낸 것이다. 사람들은 통상적으로 중국 독자들이 일본인의 역서를 통해 처음으로 머핸의 저작을 알고 있었다고 여긴다. 사실은 엄복嚴復이 머핸의 해권론을 접촉한 최초의 인물이었다. 그는 『법의 정신*Spirit of Laws*』 평어에서 '미국인 머핸이 저술한 해권론 등의 서적을 읽었다'고 명확히 말했다. 그는 머핸의 해권론을 중국어로 직접 번역하지는 않았지만, 『국부론*The Wealth of Nations*』과 『법의 정신』을 번역하고 평어를 더하는 방식으로 머핸의 '해권론'을 소개하였다. 백일유신百日維新 때, 엄복은 「황제에게 올리는 글의 초고擬上皇帝書」를 작성하여, 광서 황제께 영국과 러시아의 해권을 조사하길 건의하고자 했으나, 정변으로 인해 광서 황제께 보내지 못했다. 1908년(광서 34)에 그는 「북양대신 양의주를 대신하여 해군을 창설하자는 상소문代北洋大臣楊擬籌辦海軍奏稿」에서, 당시 유행했던 '바다를 포기하고 육지를 따르자는 담론'을 비판하였고, 동해(일본해), 발해, 황해, 중국 동해와 남중국해 해역의 제해권을 세우고자 주장하였다. 그는 해권을 세워야만 해군을 부흥시킬 수 있고, 해상교통 통제를 실시해야만 해양 국토 밖에서 적을 막을 수 있다고 주장하였다. 이런 측면에서 엄복은 중국에서 근대 해권을 처음으로 제창한 인물이다.

근대 해양의식 각성을 상징하는 대표인물은 '상심하며 동아시아 해권을 물었던' 손중산孫中山이다. 제1차 세계대전이 끝난 후, 손중산은 '무엇이 태평양 문제인가? 그것은 바로 세계 해권 문제이다', '태평양의 중심은 바로 중국이다. 태평양의 해권을 다투는 것은 바로 중국의 문호권門戶權을 쟁탈하는 것이'라고 예리하게 관찰하였다. 중국의 문호권을 다툼에 있어 강력한 해군이 있어야 한다. 1912년 민국이 창립되면서, 해군부海軍部는 임시정부의 9부 가운데 하나였다. 손중산은 해군 건립의 의미를 더 자세히 설명하였다. 그는 '해군은 실로 부강의 기초이다. 저 미국 영국인들이 항상 이야기하는 것처럼, 해양을 제어하는 것은 세계무역을 제어할 수 있고, 세계무역을 제어하면 세계 재원財源을 제어할 수 있다. 세계 재원을 제어한다는 것은 세계를 제어할 수 있기에, 바로 이런 까닭이'라고 하였다. 그는 사회 발전 방향에 있어 해양을 우선적으로 선택했고, 「실업 프로젝트實業計劃」에서 "반드시 먼저 수운水運의 편리함을 구해야 한다"고 주장해, 항구를 '실업 프로젝트의 진원지'로 할 것을 강조하였다.

엄복과 손중산의 해양의식 각성은 근대적 색채를 구현했고, 머핸 해권론의 영향을 받아 해양으로 전향하게 되었다. 그러나 당시의 내외환경이 허락하지 않아 성과를 거두기 어렵다고 느꼈다. 1978년 등소평鄧小平이 개혁 개방을 제시함으로 해서, 근본적인 역사적 반전이 이루어지기 시작했다.

3) 세 번째 질문–역사를 거울삼아 중국의 해양 발전을 어떻게 촉진하는가?

현재 중국의 해양 발전이 직면한 기회와 도전은 그 어떤 역사 시기보다 가혹하고 복잡하여, 역사적 지혜를 받아들이고 실패의 역사적 교훈을 깊이 새기는 것이 매우 중요하다. 해양 발전은 전반적, 전향적, 전략적인 이론 문제와 실천 문제를 지니고 있다. 이러한 관점에 있어 다음과 같은 중요한 몇 가지 과제가 있다.

첫째, 육지와 해양의 균형 발전 문제이다. 역사적으로 육지와 해양의 불균형적인 발전 방향은 몇 차례의 발전 기회를 잃었고, 교훈 또한 아주 깊다. 근대 해양의식의 각성은 소수의 선진적 인물에 국한되어 사회 심리적인 영향이 그다지 크지 않았다. 지금까지도 육지를 중시하고 해양을 경시하는 관념이 사람들의 사상을 심각하게 속박하고 있다. 역사적으로 해양산업에 대한 육지화 관리 방식의 실행도 여전히 답습해 내려오고 있다. 현재 연해지역의 경제사회 발전 계획은 여전히 육지 발전이 중심이 되어 있다. 예를 들어 연해지역 대도시의 클러스터 전략이 해양 차원에서 거의 고려되지 않는 것이다. 해양 발전 계획은 육지 발전 계획에 종속되어, 마치 그 자체 또한 육지적 사유가 존재하는 듯하다. 예를 들어 어업, 어민, 어촌 문제의 해결을 농업, 농민, 농촌 문제를 해결하는 것과 동일시하는 것이다. 해도海島 개발 건설의 지연을 해결함에 있어, 다리를 놓거나 해저터널을 놓아 해도를 육지화하는 방법을 모색하는 것이다. 이것은 조화로운 사회 건설 과정에서, 육지 발전과 해양 발전의 균형을 끊임없이 창조하도록 요구하는 것이다.

둘째, 중국 해권문제를 발전시킨다. 해권은 주로 해양군사력을 의미한다. 대다수 사람들은 중국해권의 발전이 평화적인 부상에 부정적인 영향을 미칠 것을 우려하고 있다. 실제로 중국해권의 발전은 평화 발전을 저해하는 구조적 요인이 되지 않는다. 그와 반대로 중국해권을 발전시키지 않으면, 해양주권과 해양이익이 훼손되는 것은 물론이고, 경제, 에너지, 국토의 안전에 위험을 끼쳐, 최종적으로는 해양국가의 핵심적 이익을 해치게 된다. 중국역사의 해안방어는, 대부분이 국토 방어형이어서 해상의 침입을 막을 수 없는데, 유일한 예외가 바로 정지용과 정성공 부자가 해양을 경영하여, 해양군사력과 해양경제력을 함께 결합시켰고, 이에 제해권을 형성하여 바다로 나가는 통로를 보호하게 되었다. 또한 네덜란드 함대를 대파하여 고국을 되찾게 되었고, 네덜란드를 대만에서 쫓아냈다. 대외 팽창을 목적으로 하지 않고, 근해에서 적극적으로 방어하며, 적극적인 반격을 통해 해양무역의 발전에 이바지하는 이러한 행위는, 중국해양 발전에서 자발적으로 생겨난 해권인 것이다. 당대의 해상 발전 전략을 구축하는 데 있어, 그 속에서 역사의 지혜를 섭취할 수 있다.

셋째, 해양무역의 주도적인 역할을 발휘하는 문제이다. 중국역사상

해양경제 발전의 주역은 해양무역이다. 해양해운업과 해양상업은 기본적으로 합치되는 것이다. 해운업과 해상업이 분리된 이후에도, 상호의존관계는 바뀌지 않았다. 서구에서 가리키는 해양시대는 실질적으로 해양무역시대를 말한다. 현재 중국의 해양경제는 전환기에 처해 있고, 해양무역의 주도적인 역할은 여전히 무시할 수가 없다. 해양무역과 해양산업이 결합해야만, 해양경제의 종합적인 역량을 과학적으로 구현할 수 있다. 해안지대와 해양종합관리 제도의 건립에 있어, 어떻게 유기적으로 결합하는 것이 앞으로 해양경제 발전의 과제이다.

역사를 거울로 삼고 시대와 더불어 같이 나아가, 중국의 해양 발전이론과 해양문화를 성숙시킴으로써, 중국의 해양 발전을 촉진하며 세계 해양문명에 반드시 공헌하게 될 것이다.

2. 중화해양문화와 해협양안[1]

이번 강의의 제목은 '중화해양문화와 양안 해협'이다. 우선 중화해양문화가 무엇인가를 이야기하고자 한다. 중화해양문화란 중화민족이 바다와 도서, 해안 일대에서 직간접적으로 해양자원과 공간을 개발·이용하는 과정 중에 창조해낸 물질문화, 제도문화, 정신문화이다. 그렇

1 본 절은 2008년 11월 8일 하문 해양 주간 해협양안 해양문화논단에서 강연한 것이다.

다면 중화해양문화를 왜 중국해양문화로 부르지 않는가? 이는 개념적으로나 학술적으로 불필요한 혼란을 피하기 위해서이다. 중국 영토는 중원에서 변방으로 확장되는 과정을 겪었고, 오늘날 중국의 영토 범위는 청 왕조가 다져놓은 것이다. 중국의 전통문화는 통상적으로 유가사상을 핵심으로 하여, '농업을 근본으로 여기는' 중원문화로 이해하고 있다. 해양활동에 가장 먼저 종사한 연해지역은 해양민족의 활동 지역으로, 이들은 '동이', '백월', 남만南蠻 계통에 속하여, 원래부터 중원왕조의 관할을 받지 않았다. 해양민족인 '동이'와 '백월'은 해양활동의 유동성으로 말미암아, 그들의 문화 창조는 바다를 뛰어넘어, 주변은 물론 남도南島 민족의 영향이 많았기에, 국경으로 제한할 수 없는 것이다. 이후 '동이'와 '백월'은 중화민족 속으로 융합되었고, 그들이 창조한 해양문화도 당연히 중화민족문화에 속한다. 전통적 해양문화는 남쪽이나 동쪽으로 옮겨간 한족과 현지 해양민족이 융합한 뒤 바다로 나아갔고, 외국해양문화와의 접촉과 교류 속에서 재창조된 것이다. 그렇기 때문에 중화해양문화라는 이름으로 부르는 것이 역사적 실제에 부합한다고 여긴다. 중화해양문화는 역사적으로 '다원일체'의 중화민족문화 가운데 일원으로, 중국이 다민족 통일 국가를 이루는 데 기여를 했다. 해양세계의 일부분인 중화해양문화는 스스로 체계화를 이루었다. 동아시아와 서아시아 해역을 연결하여, 근대적 세계체제의 형성에 역사적인 전제 조건을 만들어 내었기 때문에, 중화전통해양문화는 중국의 소중한 문화자산인 것이다.

육지 발전과 해양 발전은 인류가 생존공간과 자원을 개척하는 행위이며, 양자의 상호 작용은 각 민족이 세계 발전에 참여하는 과정이다.

해양문화는 범세계적인 문화현상이다. 자연적 해양을 기점으로 하는 인류의 행위 유형, 생산생활방식과 교제방식은 각 민족의 최초의 해양활동 실천에서 발원하여 서로 다른 지역에서 형성・발전하였다. 유럽의 지중해와 북대서양 연안, 아시아의 태평양과 인도양 연안, 남태평양 군도, 아메리카의 카리브해 연안은 모두 해양문화를 낳았다. 해양어업, 해상운송, 무역과 연안의 생산품 가공과 운송 판매 등의 경제활동은 바다와 연결되어 있고, 해전과 해적 그리고 해양이민 등의 사회활동은 연해지역과 민족에 보편적으로 존재하고 있다. 전통적인 해양시대는 지역해양시대로, 각 민족의 해양문화는 서로 다른 발전 모델을 가지고 있어 각기 그 아름다움을 추구한다. 환중국해는 '아시아의 지중해'이며, 중화의 전통해양어업문화, 항해문화, 상업문화는 일찍이 세계에서 선두를 달렸고, 평화로운 방식으로 서태평양과 인도양의 아시아 아프리카 각국과 호혜적인 교류를 하였다. 모두가 알고 있듯이, '해상 실크로드'와 정화의 일곱 차례 서양 진출은 그중에서 가장 눈부신 한 페이지를 장식했다.

해양문화는 세계 발전 과정에 거대한 영향을 미쳤으며 15세기 말부터 시작된 '대항해 시대'가 여기에 속한다. 자유로운 이동, 모험 개척, 진취적 개방의 항해문화와 유럽의 확장, 정복의 야심이 서로 결합되어, 새로운 상업항로와 해외식민지 개척을 실현시켰다. 이에 해양상업은 각 대륙을 연결하는 매개가 되어, 인류의 공동체의식을 바꾸어 놓았고, 세계역사를 전통에서 현대로의 변형을 촉진시켰으며, 농업사회를 공업사회로 나아가게 했다. 근대 서구 대국들이 떠오르면서, 이들 국가는 바다 패권을 놓고 쟁탈전을 벌여 바다를 통해 국가를 흥성시키고 부국으로 만들어 강국으로 나아가는 길을 걸었다. 해양상업 능력과 군사력에 의존한 유럽자본주의 해양문화는 전 지구를 휩쓸었고 해양세계를 주도했다. 다른 민족들은 해양문화에 있어 그들 자신의 발언권을 박탈당하여 서방의 부속품이 되었다. 해양의 '세계화'는 해양제국의 흥망과 교체를 연출했다. 세계역사의 중요한 전환점에서, 중국의 명청 왕조는 바다에서 물러나 해금을 감행함으로 인해, 전 세계 해양을 서양의 탐험사업에 다 물려주었을 뿐만 아니라 스스로에게 백년의 재난을 가져와 뭇매를 맞았다. 해양국가의 지위 상실은 중화해양문화의 수치심을 자아냈고, 대중의 육지 중시와 바다 경시의 사회심리를 조성하게 하여, 외부세계로부터 해양문화가 없는 것으로 되었고, 고대 농업문화에 머물러 옛 것을 고수하는 우매한 대륙국가로 전락했다. 해양으로 나아가는 것과 해양을 홀시하는 선택은 국민 경제와 사회문명의 정세와 관련이 있다. 이것은 우리 선조들이 엄중한 역사적 대가를 거쳐 얻은 인식이다.

해양문화와 대륙문화는 본래 대립되는 것이 아니다. 해양문화와 대륙문화는 저급 형태에서 고급 형태로 발전하는 과정이다. 해양과 대륙을 이원대립으로 만들어, 해양이 개방, 진취, 자유를 대표하며, 대륙이 봉쇄, 보수, 독재를 대표한다고 알린 것은 서방해양패권의 담론이다. 오늘날 해양문화를 널리 알리는 것은, 대륙문화를 부정하고자 하는 것이 아니라, 육지와 해양이 서로 보완하여 공동 발전할 것을 강조하는 것이다.

현재 「해양법에 관한 국제 연합 협약」 체결을 표지로 세계는 해양을 전면적으로 개발하고 이용하는 '입체적 해양시대'로 진입하였다. 유엔에서는 21세기를 '해양세기'라고 불렀으며, 심해와 해저로 나아가는 현대 해양자원개발은 인류의 제2 생존발전공간의 문화 개념으로 발전했다. 첫 번째 생산 요소인 해양과학기술의 발전은, 해양경제사회의 생존과 생활기반을 바꾸었기에, 해양문화에 근본적인 영향을 끼쳤다. 해양가치는 최초 해면海面의 경제적 가치, 교통가치, 심미가치에서 육지와 해양의 조화로운 생태문명으로 상승한다. 해양의식은 단일한 방향으로 해양을 향해 나아가다가, 개발, 양생, 친환경을 함께 중시하는 것으로 바뀌었고, 인간과 바다의 화합과 과학의 발전으로 옮겨갔다. 해양정신 속의 통제와 약탈은 약해졌고, 소통과 포용으로 대치되어 세계 발전에 공동으로 동참하게 된다. 관념의 혁신은 근대 서양이 주도했던 해양문화의 결함과 폐단을 반성하고 시정하게 하였다. 아울러 중화민족의 전통적 해양문화 속에서 현대화에 유리한 요소를 받아들여 자국의 국정에 맞는 해양 발전의 길을 찾아, 해양세계의 공평하고 공정한 정치, 경제, 문화의 새로운 질서를 구축하는 데 힘쓰게 하였다. 중국해양문화의 재기는 개혁 개방의 엔진이 되어, 세인의 보편적 관심과 재평가를 야기했다. 중국에는 황토문화와 농목문화만 있고 남색문화와 해양문화가 없다는 언론은 더 이상 큰 의미가 없는 것이다. 아울러 중국은 지금까지 해양국가가 아니었고 단지 대륙국가라는 이러한 언론 또한 비주류가 될 뿐이다. '중국은 대륙국가이자 해양국가'라는 인식이 더 많은 동의를 얻는다. 북경올림픽 개막식에서 바다를 건너 멀리 항해하는 중화민족 쾌거를 선보이고, 중화해양문화의 넓고 심오한 사상을 보여줌으로써, 전 세계의 이목을 끌었다. 이것이 중화민족의 해양의식이 높아진 증명인 것이다.

중국은 여전히 발전 중인 해양대국이자 전통과 현대의 해양문화가 병존하는 해양대국이다. 해양문화 건설은 중화해양문화의 우수한 전통을 계승하고, 역사적으로 지혜로 충만된 사상이론, 행동규칙, 도덕규범, 풍속습관을 추출하여 성대하게 발양해야 한다. 동시에 외국해양문화의 성공적인 경험을 흡수하고, 현실 해양실천 중의 정신문화적 성과와 결합하며, 선명한 민족성에다 세계의 선진적인 해양문화체계를 구축하여, 해양강국 건설의 목표를 위해 정신적인 동력과 지혜를 제공해야 한다. 민심을 결집시키는 기능을 발휘하여 해양사업과 사회 발전을 촉진시켜야 한다. 해양문화를 발전시키고, 중화해양문화가 민간문화나 지역문화 수준에 머물러있는 현상을 바꾸어 국가문화로 높여야 한다. 그래서 사람들의 정신적 욕구를 만족시키고 정신세계를 풍부히 하며 정신적 역량을 증진시켜, 전면적인 발전을 촉진시키도록 해야 할 것이다. 이러한 까닭에 해양문화 건설은 그 임무가 무거우면서도 갈 길은 아주 멀다.

중국의 해양 발전 지역은 동부 연해지역에 있고, 해양 발전의 파워는 '두 개의 항만'(환북부만, 환발해만), '두 개의 삼각주'(주강 삼각주, 장강 삼각주), '양안兩岸'(대만해협 양안)에 집중되어 있다. 대만해협은 중국 동해의 일부로, 고대에는 민해閩海라 불렀다. 환중국해에 처한 중부는 중국과 동아시아 지역의 해상생명선이다. 양안 간의 경제구역은 오랜 역사를 거쳐 형성된 것으로, 중간에 몇 차례 분리되고 몇 차례 합쳐졌지만, 여전히 생기가 넘쳐 흘러 미래 중국의 해양 발전을 위한 중요한 지역으로 되었다. 양안의 해양문화 교류를 널리 알리고 해양문화적인 측면에서 양안의 교류와 협력을 촉진시켜 해양경제를 함께 발전시켜야 한다. 이것은 양안 민중들을 행복하게 할뿐만 아니라 중화해양문화 건설에 기여하는데 중요한 의미가 있다.

육지에서 복건을 바라보면, 사람들은 대부분 이 지역을 쳐다보지 않고, 삼면이 높은 산과 준령으로 둘러싸여 발전할 가망이 없다고 여긴다. '위로는 포동浦東이 있고, 아래로는 광동이 있다'고 하지만, 주강 삼각주와 장강 삼각주에 의해 발전할 가능성이 거의 없는 것이다. 해양에서 복건을 바라보면, 천지는 광활하여 대만과 남양이 모두 우리의 '중심'이 된다. 복건의 해양문화는 이런 환경에서 발전한 것이다. 대만이나 국외, 특히 마닐라, 싱가포르, 페낭섬 등지에서, 대만인이나 남양화인華人 화교華僑 속을 걸어 다닌다면, 복건 해양문화의 확산과 확장을 곧 느끼게 될 것이고 얼마나 큰 친화력을 지니고 있는지를 알게 될 것이다. 이처럼 복건과 대만은 혈연 관계에 있는 것이다.

대만의 개발은 민남閩南 경제구와 해양문화의 확산과 확장이다. 오대五代 시기에 '민국閩國' 항해가와 해상들이 필리핀으로 통하는 '동양 항로'를 개척하였는데, 이는 '호자산虎仔山(지금의 대만 고웅高雄)'과 사마기두沙馬岐頭(현 대만 병동屛東 항춘恒春 반도의 묘비두猫鼻頭)를 기점으로 한다. 남송과 원대 시기에 천주는 아시아 동쪽 해상 '해양 실크로드'의 주요 허브항이었다. 팽호 열도는 어민과 선박 상인의 보충지였고, 천주의 외청으로 진강현晉江縣에 예속되었다. 명초에 계롱산鷄籠山(현재 대만의 기륭과 평도平島)과 조어도釣魚島 등은 중국에서 오키나와로 통하는 망산望山의 성격으로, 복건 항해가가 발견하여 이름 지었다. 명 중엽, 민남 해상海商이 월항月港(현 용해시龍海市 해징海澄)－동남아－대만－일본의 동서양무역 네트워크를 개척하였으며, 대만은 '작은 동양'으로 어상漁商들의 왕래가 잦았다. 1567년에 월항이 개방되자, 대만 북쪽의 담수淡水와 기륭은 복건 정부가 지정한 무역항으로 되었다. 1624년에 '해상 마부'인 네덜란드가 대만을 차지하여 식민통치를 하면서, 민남 해상海商이 펼쳐놓은 양안무역에 의지하여, 중국 실크상품을 중계 운송하였다. 또한 민남에서 이주시켜 개간하게 하고 그들에게 쌀과 사탕수수를 제공하여, 바타비아(자카르타)에서 일본 나가사키의 상로商路를 유지시켰다. 가장 늦게 정성공으로부터 계산하자면, 대만은 민남사회를 '복제'함으로써, 양안은 해양경제문화구와 '운명공동체'를 형성하였다.

청대에 대만해협은 복건의 내해內海였다. 복건은 이전에는 '팔민八閩'이라 불렀고, 대만은 복건의 한 부府가 되어 '구민九閩'으로 불렸다. 양안에 많은 이들이 서로 건너다녔고, '삼통三通'을 곧바로 열어 하나를 이루게 하였다. 그래서 '대만과 복건의 관계는 입술이 이빨을 보호하는 것과 같고, 수족이 그 머리를 지키는 것과 같았다'. 대만과 하문은 청대 초기에 43년간 같은 행정 단위臺廈道에 속해 있었기에, 떨어질 수 없는 관계였다. 그래서 대만이 곧 하문이었고 하문이 곧 대만이어서, 이는 마치 새의 양 날개와 같은 것이었다. 서쪽 해안에서 인력과 자금 그리고 시장을 제공하여, 동쪽 해안 개발구의 경제 발전을 이끌었다. 양안의 대외 협력은 전통적인 해양무역 네트워크를 발전시킴으로써, 해양 특징이 더욱 두드러지게 되었다.

양안 해협이 하나가 됨으로 해서 해양문화를 선도하였다. 하늘을 찌를 듯한 파도의 위협과 흑수구黑水溝(청 제국과 류큐琉球)(현 오키나와) 왕국 간의 해양 분계선)를 뛰어넘는 장렬함 조차도, 대만으로 건너가려는 선민들의 용감한 전진을 막을 수가 없었고, 오히려 개방적이고 진취적인 해양정신으로 더욱 응집되었다. 양안 해협이 하나가 된 것 또한 중국역사상 해양 발전의 가장 두드러진 성과로 되었다.

대만이 할양됨으로 인해 복건은 일본인들에게 팔 한쪽이 잘려나가게 되어, 이에 양안은 50년 동안 분리되었다. 대만이 광복한 후 얼마 지나지 않아, 양안은 또 한 차례 인위적으로 격리되어, 동쪽 해안과 서쪽 해양이 갈려져 발전하였다. 그러나 이처럼 복잡하고 변화무상함에도 양안 해양문화의 바탕색을 바꾸지 못했다. 그래서 양안문화는 서로 다른 상황에서 서로 다른 차이와 특색을 가지고 발전하였지만, 민남과 객가客家 방언으로 통용하고 마조 신앙을 받드는 유대관계를 끊지 못했다. 이것은 당대 양안 문화의 동질성에 기초한 것으로, 강력한 생명력과 영향력을 지니고 있다. '두 문이 서로 마주보며 열려 있고[兩門對開]', '두 말이 앞서 나가는 것[兩馬先行]'[2]은, 양안해양문화의 연결이 미래 대만해협 경제블록의 재건임을 강조하는 것이다.

양안해양문화는 중화해양문화의 구성 부분이자 세계해양문화의 일부분이다. 오늘 양안 해협해양문화 포럼에서 여러분들이 세계해양문화의 시야에서 또 중국, 복건, 대만의 관점에서 뛰어난 논문을 발표할 것인데, 이는 우리들의 사고와 학습에 많은 시사를 던져줄 뿐만 아니라, 해양문화를 깊게 인식하고 사랑하며 실천하게끔 해 줄 것이다. 내 강연은 서두에 불과하기에, 혹 적절치 않은 부분이 있다면 비평하여 주기 바란다.

2 【역주】: 두 문은 대륙의 하문과 대만의 금문(金門)을 가리키고, 두 말은 대륙 복주(福州)의 마미항(馬尾港)과 대만의 마조를 가리킨다.

3. 해양 실크로드와 해양문화 연구[3]

해양 실크로드와 해양문화연구는 역사적 과제이자 현실적 과제이다. 역사적 과제로써 이 연구는 이미 역사학의 전문학술 영역으로 되었다. 중국 학계에서는 백 년의 노력으로, 남해 교통, 중서 교통사, 중국 해외교통사에서 중외관계사, 중국해양사회경제사, 중국해양문명사에 이르기까지, 연구의 범위와 대상 그리고 내용을 부단히 확장하였고, 학제적으로 서로 교차하는 이슈가 되어, 학술적 영향력이 갈수록 커지고 있다. 현재 국제적으로 공통 인식을 갖고 있듯이, 해양 실크로드 혹은 해상 실크로드는 동서양 간의 해양 융합, 교류, 대화의 길이고, 고대에 있어서는 해양중국, 해양동남아, 해양인도, 해양이슬람 등 해양 아시아 국가와 지역의 상호 소통, 상호 보완, 상생, 공영의 해양경제문화교류 체제로써의 개념이었다. 즉 '해상 실크로드'는 서구 자본주의의 세계 시스템에 앞서 있었던 해양세계체제이다. 이 세계체제는 해양 아시아 각지의 해항海港을 기점으로 자유항해무역을 기둥으로 경제와 문화 교류를 주류로 함으로써, 각 지역의 다양한 해양문화를 포용하여 평화와 조화로운 해양질서를 형성한 것이다. '해상 실크로드'의 발생, 발전, 변천을 연구하는 것은 사실상 해양 아시아의 해양문화의 역사적 실증을 찾

3 본 절은 2014년 9월 22일 '해양 실크로드와 해항도시'를 주제로 한국 경상북도와 한국해양대학이 주최한 광주(廣州)학술대회와 9월 25일 '해양 실크로드와 명청 시기 광동 해양경제'를 주제로 중국경제사학회와 광동성 사회과학계가 연합하여 주최한 중산(中山)시 학술대회에서 주제 강연을 한 것이다. 이것은 『學術硏究』 2期(2015)와 『海洋史硏究』 第6輯(社會科學文獻出版社, 2015.3)에 실렸다.

는 과정이자, 해양문화와 해양문명연구를 심화하는 과정이다.

또한 해양 실크로드와 해양문화연구는 현실적인 과제이다. 21세기는 해양 세기로, 한국에서 중동으로 이르는 서태평양 연안과 인도양 연안국가들은 해양 발전전략을 지속적으로 제시하였다. 중국은 중국공산당 제18차 대회에서 해양강국 건설에 따른 국가적 중대 배치를 제안한 이후, 해양 구상에 새로운 단계로 접어들었다. 2013년 10월에 시진핑習近平 주석은 인도네시아 국회 연설에서 21세기 해상 실크로드의 전략 구상을 제시하였고, 2014년 6월에 리커창李克强 총리는 중국・그리스 해양협력포럼에서 '세계 각국과 함께 해양사업을 통해 경제 발전을 이끌고, 국제 협력을 심화시켜 세계평화를 촉진시키고, 평화와 협력 그리고 화합의 바다를 건설하길 원한다'고 하였다. 다시 말하자면 경제적으로는 해상통로를 공동 건설하고, 항행의 자유를 유지하여 해양경제를 발전시키고, 해양자원을 이용하여 해양의 신비를 탐색한다는 것이다. 또한 문화적으로는 서로 다른 문명의 교류와 대화, 평화 공존, 화합 공생을 추구하는 것이다. 중국 국내의 해상 실크로드 연안의 성省・시市・구區와 해양 관련 부문과 업종은 함께 적극적으로 행동하여, 해양경제실험구역과 자유무역지대 건설을 구체화시켜 해양경제를 발전시켜야 한다. 예를 들어, 항만개발, 해양운송, 해양무역, 해양조업, 해양환경, 해양문화산업, 해양관리, 해양안전 등에 새로운 조치를 취하고, 신규 사업을 제시하여 해상 실크로드 산업플랜으로 편성하여야 한다. 아울러 대대적인 투자 유치와 중외협력을 심화시켜 발전의 신 좌표를 찾아야 할 것이다. 이 거대하고 위대한 실천이 어떻게 빛나는 비전을 향해 나아 갈 수 있는지는, 해상 실크로드의 역사적 교훈과 해양문화의 이론적 뒷받침이 필요하다. 중국이 제시한 21세기 해상 실크로드의 청사진은 세계적인 주목을 받고 있다. 이에 해상 실크로드 연선에 위치한 국가 가운데 이에 적극 응하는 국가도 있고 아직 망설이고 있는 국가도 있다. 네덜란드 속담처럼 '태풍이 불면, 어떤 사람은 벽을 쌓고, 어떤 사람은 인공 풍차를 만든다'고 한다. 중국의 의도에 대해 여러 가지 해석이 있는데, 이것은 미국의 '아시아 태평양 재균형'에 대응하는 것으로, 봉쇄된 방어 조치를 피하기 위한 것이라 여기기도 하고, 명대의 조공체제를 재건하여, 18세기 이전의 주도적 지위를 찾아 해상패권을 추구하는 것이라 여기기도 하는 등, 이에 대한 해석들이 분분하다. 이에 대해 중국의 해명은 여전히 미흡하다. 어떤 이는 해양에 대한 중국인의 이해가 철저하지 못하고, 바다 스토리를 말하는데 익숙하지 못하며 문화적 영향력이 부족하기 때문이라고 평가하고 있다. 이것은 21세기 동양과 중국해양문화 건설에 더 높은 요구가 제시되는 것이다. 해상 실크로드와 해양문화연구가 재차 학계의 뜨거운 이슈로 된 것은 시대적 수요이자 사회적 요구이다.

해상 실크로드와 해양문화연구의 핵심 가치는 동양(서태평양과 인도양 연안으로, 즉 지금의 한국과 중동 간의 연해 지대와 해역)의 해양문명과 해양문화를 논증하고 해석하여 널리 홍보하는 것으로, 동양에 항해활동은 있지만 해양문명과 해양문화가 없다는 구시대적 사상관념을 바꾸는 것이다. 이러한 구시대적 사상관념은 15세기 말 대항해 시대를 열어 동양으로 확장한 유럽의 산물이다. 당시 서방은 해양 아시아와 해상 실크로드의 존재를 몰라, 해양 동남아를 '전인도前印度'라고 불렀고, 해양 동아시아를 '동인도'라고 불렀는데, 이것은 그들이 탐험하여 발견하려 했던 신

대륙이었다. 실제로 그들은 해양 아시아로 진입한 이후, 해상 실크로드의 순풍에 올라탔다. 그 당시 해양 이슬람, 해양 인도, 해양 동남아는 그 세력이 미약하였고, 해양중국은 명 왕조에서 해금海禁을 실시하여 인도양과 동남아에서 물러남으로 인해, 유럽의 해양세력은 해양권력의 진공을 아주 쉽게 메울 수 있었다. 그들은 폭력으로 약탈과 정복 그리고 식민의 수단으로 아시아 바다에서 풍파를 일으켰고, 해양아시아세계체제에 충격을 주었다. 19세기 중엽에 이르러 그들은 아편전쟁을 일으키는 등 폭력적인 수단으로 아시아 해양을 서구체제로 편입시켜, 서방해양강국이 해양패권을 다투는 전쟁터로 만들었다. 약탈과 식민지의 확장 과정에서 그들이 조작한 해양문명과 해양문화는 서양 자본주의와 동일시되어, 대륙문명이나 농목문화보다 뛰어난 선진문명이자 선진문화라고 하였다. 이러한 논술은 널리 전파되어 해양을 장악하고 지배하는 국제적 담론으로 되었다. 일본의 메이지 유신은 '아시아를 탈출하여 유럽으로 진입한다[脫亞入歐]'는 형식으로 서구 자본주의의 해양문명을 복제해, 일본의 해양문화를 새롭게 만들고 해양제국주의의 길로 나아갔다. 서구의 확장형 해양문명인 대륙과 해양의 이원대립적 해양관을 답습한 현대 일본은, '해양국가 일본'을 건설하겠다는 구상을 제시했고, 환중국해의 제1열도선에 '자유와 번영의 아크'를 건설하고, 서태평양에 '해양연방'과 '일본환류[黑潮] 동맹' 등을 건립한다는 주장을 펼치고 있다.

현대해양 아시아의 흥기는, 한국, 대만, 홍콩, 싱가포르의 '4마리 작은 용'에서 중국 내륙, 인도, 아세안ASEAN까지 아시아 해양문명의 부흥을 예견하였다. 해양문화의 개념은 서구 선진국의 정의에서 벗어나, 신흥 해양국가의 새로운 이념으로 되었다. 해양문화는 더 이상 단순히 자본주의의 전유물이 아니라, 모든 바다 주변 국가와 도서국가가 해양을 개발하고 이용하는 과정에서 생겨난 문화현상이다. 다시 말해 이것은 해양지역에서의 생활 패턴이고, 물질, 제도, 정신의 각 측면을 망라하는 것이다. 또한 이것은 해상과 육지에서 바다로부터 생산되고 창조된 물질에서, 해양활동 집단과 민간사회 그리고 국가 등 서로 다른 주체가 해양을 주재・관리・통제하는 조직제도와 사회질서만이 아니라, 해양관념, 해양의식, 해양민속, 해양종교신앙, 해양문화예술 등을 전부다 포함하는 것이다. 해양교류활동이 있으면 해양문화가 있다. 또 해양문화는 다양성을 지니기에 국제적으로 통일된 기준은 존재하지 않는다. 서로 다른 민족과 서로 다른 해역의 해양문화는 자신만의 특색이 있고, 서로 다른 발전 단계의 차이가 있기에, 서로 간의 우열을 가릴 수 없는 것이다. 신흥 해양국가의 출현은, 국제환경과 시대 발전의 조류 그리고 외래 해양문화의 추동이 있어야 하지만, 그 자체의 내생 동력도 적지 않은 것이다. 그것은 해양자원, 해양 공간 조건, 사회경제 발전의 필요, 해양인문역사의 계승과 잠재력을 포함한다.

매력이 있어야만 영향력이 있다. 중국의 해상 실크로드와 해양문화 연구에 대한 현주소를 깊이 검토함에 있어, 반성과 보완이 필요한 부분이 있다고 생각한다. 현재 중국학계에서는 해양문화를 건설하는 것에 대한 반대 의견은 없지만, 문화의식에서 이견이 있었던 것은 논의할 만한 가치가 있다.

첫째, 해양문화를 건설하는 것에 대한 역사적 기반 인식이 다르다. 중국의 발전에 있어 해양의 중요성은 많은 사람들이 보아왔다. 그러나 정말 유감인 것은, 학술과 언론의 엘리트를 포함하여 대다수 사람들은, 여전히 중화문명이 내륙문명의 전통 관념을 지니고 있다고 하면서, 오늘날 중국이 해양 발전으로 향하는 것은 중화문명이 육지에서 해양으로 또 전통내륙문명에서 해양문명으로 전향되고 있다고 여긴다는 점이다. 만약 해양으로 나아감에 있어, 중화문명이 후발 주자라고 말한다면, 중화 전통문명의 해양 유전자는 좁은 의미로 '해海'의 유전자로 해海에 의존하여 먹는 것일 뿐이다. 그렇다면 '양洋'이란 것은 우리에게 없는 것이고 설령 있다 하더라도 충분치 않은 것이다. 21세기 중국문명의 전환은 전통적 내륙문명에서 해양문명으로 전환해야 하는 것이다. 이는 '대하大河문명'에서 '해하海河문명'을 향해 또다시 '해양문명'을 향한 유기적인 전환을 실행해야 한다. 이 같은 논술은 중국 자체의 해양문명사 문제를 자신도 모르게 감싸고 있고, 중화해양문명에 대한 자신감이 없다는 공통점을 가지고 있는 것이다. 여기에 깔려 있는 원인은 육지를 중시하고 해양을 경시하는 사회심리에 근본적인 변화가 없다는 점이다.

자신감은 역사의 깊은 곳에서 나온다. 해양사 연구는 중화민족이 그 원류가 오래되고 찬란하게 빛나는 해양문화를 지니고 있고 조화로운 해양정신을 과감하게 탐구하고 숭상해야 함을 알려주고 있다. 중화해양문명은 중화 원형문명의 가지로, 중화 농업문명과 거의 동시에 생겨났다. 한 무제武帝가 남월南越을 평정하기 전에, 동이와 백월 해양 집단의 해양문명은 독립적인 조직이었다. 어떤 학자는 중국역사 문헌 속의 백월 집단은 인류학 연구의 오스트로네시아 어족과 동일한 범주에 속하고, 양자 간에는 친연의 관계가 있다고 지적했다. 백월 집단이 섬을 따라 표류하며 항해활동을 한 범위는, 중국 동해와 남해에서 제1열도선을 넘어 폴리네시아 등 남태평양의 여러 섬에 이르기까지로, 대항해시대 이전에 있어 인류 최대 규모의 해상이민이었다. 동이, 백월은 화하華夏문명(즉 내륙문명, 농업문명, 대하문명)이 주도가 된 왕조통치체제에 편입된 이후, 해양문명은 연해지역으로 들어간 한족 이주민에 의해 계승・변용되었고, 한족漢族화된 백월 후예들과 함께 중화문명의 해양특성을 만들어 해상 실크로드의 서막을 열었다. 만당晩唐시기에 육상의 실크로드가 막히게 된 후 중국과 외국의 교통・교류의 통로가 해양으로 전환되었다는 견해는 정확하지 않은 것으로 증명되었다. 이후 시대에 내륙의 강력한 문명의 차단 아래, 해양문명은 부속 내지 가장자리의 지위에 속하게 되었는데, 특정한 환경 조건에서 비로소 중국역사 무대의 중심으로 진입할 수 있었고, 그 매력과 잠재력을 드러내었다. 하지만 이로 말미암아 중화해양문명이 내륙문명으로 동화된다거나 해양문명이 중국 국정에 맞지 않다는 결론을 내릴 수는 없는 것이다.

둘째, 중국의 해상 특성에 대한 인식 차이가 있다. 해상 특성이란 해양전통, 해양의식, 해양권력, 해양이익을 드러낸다. 이에 대해 현재 유행하고 있는 말들이 있다. 대해大海는 중국에 있어 주체가 없다. 중국인들은 바다를 베개 삼아 전원의 꿈을 꾸는데 익숙해 있다. 고대에 항해했던 중국인들은 바다에 의지해서 먹고 산 것은 결코 아니었다. 정화가 서양으로 나아간 것은 황하문명의 해상 이동일 뿐이다. 다시 말해서 중국의 해상 특성은 내륙문명이 해상으로 확장한 것이다. 이것은 중화문명이 내륙문명에서 도출되어 나온 것으로, 그 신빙성이 떨어진다. 그러나 이에 대해 질의하고 논박하는 사람이 거의 없다.

사실 중국의 해상 특성은 '중국은 대륙국가이자 해양국가'에서 결정된 것으로, 해양과 육지가 일체된 틀 안에서의 해양성인 것이다. 그래서 대륙 중국과 해양중국은 대립 관계가 아닌 것이다. 국가적 시각에서 역사를 보면, 송·원·명·청 왕조의 통치자들은 몇 차례에 걸쳐 해양을 국책으로 삼아 경영했으나, 결국 포기를 하였다. 이에 중국은 대륙국가로서는 정상이지만 해양국가로서는 '단편'에 불과하였다. 대륙성이 해양성을 압도한 왕조 시기의 정책은 해양에서 뒷걸음질 치는 것으로, 이는 해양이익과 해양권리를 이야기하는 해양국가적 문화의식과 배치되는 것이다. 지역의 관점에서 역사를 보면, 중국은 해양국가로써의 일면이 연속적으로 드러난다는 점이다. 해양은 연해지역에 상업무역의 이익을 가져다주고, 바다로 먹고사는 방대한 인구를 모이게 하며, 선진적인 해상운송이 번화한 항구도시로 연결되어, 항해 기술과 동서양무역 제도에 혁신적인 활력을 불러일으켰다. 아울러 해상 실크로드의 무역 네트워크에서 자신의 해양권리와 이익을 확장시키고, 다른 문화와 교류와 대화를 이어와, 2000년 동안 이어진 해양전통을 형성한 것이다. 연해지역과 민간의 해양 발전이 이처럼 연속성을 갖고 있기에, 중국이 해양 발전 전략을 재차 선택할 가능성을 지니게끔 하는 것이다.

근래 해양으로 향하는 실천 가운데, 해양문화의 새로운 이념의 잉태는 그 실천에 있어 기능의 변화를 가져와, 해양사업이 나날이 발전하게 되었다. 하지만 육지 발전의 모델을 해양에 적용하면, 육지가 주가 되고 해양이 종이 되어, 해양이 육지화 되는 것이 크게 행해짐으로 인해, 사람들의 우려를 자아낸다. 일부 지역에서는 대규모 매립지를 조성하면서 해안선과 해양생태환경을 바꾸어 놓았다. 만灣과 섬 지역에 해상 다리를 만들고 터널로 해상교통을 대신하였는데, 그것은 장강 삼각주와 주강 삼각주의 여러 도서들을 하나로 연결시켜 반도半島로 되게 한 것이다. 어떤 이는 금문도와 하문을 잇는 금하대교 건설에다, 대만해협을 뛰어넘을 수 있는 다리와 터널을 건설하여 북경에서 대북臺北까지의 고속열차를 개통시켜, 금문도와 대만을 반도로 바꾸고자 하는 구상을 하기도 하였다. 심지어 미래에는 터널을 건설하는 방식으로 태평양을 뚫어 지나가고, 베링해협을 횡단할 수 있도록 수만 km에 달하는 고속철도를 건설해, 아시아와 미주의 두 대륙을 연결하는 상상을 하기도 한다. 이런 해양을 향한 육지적 사고는 해상의 특성과 반대된다. 어떤 이는 이것이 '고속철도 유토피아'라고 비판하는데, 이는 무리가 아닌 것이다.

셋째, 해양사회에 대한 인식이 다르다. 해양사회라는 것은, 해양, 해안 일대, 도서로 형성된 지역적 집단 공동체이다. 이는 '직간접적인 각종 해양행사 가운데, 해상 집단, 해양활동 집단의 사람과 사람사이에 형성되는 친연 관계, 지연 관계, 혈연 관계, 업연業緣 관계, 계급 관계, 민족 관계 등 각종 관계의 조합을 가리킨다. 아울러 여기에는 해양사회 집단, 해양지역사회, 해양국가 등 다른 차원의 사회조직과 상호 작용하는 구조시스템을 포함하고 있다.' 전통시대 해양사회의 기층은 바로 어민, 수상 거주민, 선원, 해상海商, 해적 등의 조직으로 편성되었다. 해양사회는 해양문명이 발생하여 발전한다는 전제로, 해양사회의 작동이 없으면 해양문명은 없는 것이다. 움직임을 추구하는 것(유동 · 운동 · 항행)은 해양사회의 생활 모델로, 안정됨을 추구하는 농업사회의 형성과는 명확한 대조를 이룬다. 중국 전통사회의 담론 속에 해양사회 집단은 주류 사회에 의해 버려진 '유랑민', '범법자', '해적'으로 사회에서 가장 불안정한 무리이기에, 부정적인 평가가 주어졌다. 1980년대에 어지러운 세상이 정상을 회복하였고, 이에 역사학계에서는 '도적寇' 대신 '상인

商'으로 사용하여, 해상 밀수를 긍정적 의미로 '개인 해상무역'이라고 불렀다. 해적 상인들은 '범죄 집단'에서 '해상 집단'으로 변하여 긍정적인 평가를 받았다. 이것은 사상관념의 해방으로, 해양경제사 연구의 발전을 촉진시켰다. 하지만 해양사회 집단의 활동은 왕조에 의해 진압되어, 중국 사회경제의 전환을 촉진하지 못하였다. 그들은 중화문명 창출의 해양요소를 철저히 차단하였다. 학술계 주류의 해양사회에 대한 인식 공유가 제대로 이뤄지지 않고, 전통 관념을 그대로 답습하는 방식이 여전히 환영을 받고 있는데, 이것은 해양의식을 기르는데 걸림돌이 될 가능성이 상당히 높다.

사실 이동, 운동, 항행은 해양사회의 기본 특징이며, 농목사회인 육상사회 조직원리를 해상 무리의 머리에다 덧붙여 육지화된 관리를 실현한다는 것은, 사회적 불평등이자 제도적 차별이다. 전통적 중국사회 구조에서 해양사회는 변방과 부속에 처해 있어 주류사회의 배척을 받았다. 그래서 해양 무리들은 일상생활 실천과 사회와의 상호 작용 속에서 육지 무리들과는 불평등하였다. 그들은 토지도 없고 삶의 기회조차도 박탈당했기에, 왕조의 호적관리에서 벗어나야만 발전할 수 있는 기회가 주어졌다. 하지만 이 또한 불법이자 사회 안정을 파괴하는 요인이어서 더욱 배척당했다. 해양의식을 키우는 것은 과거의 사유방식을 바꾸고, 이런 제도적 차별과 문화적 배척을 점차 해소하는 것이다.

해양문화는 살아있는 문화이고, 매 문명시대마다 다원적 역량과 다원적 가치의 경쟁으로 충만하였다. 21세기 아시아 해양의 해양문화는 다양한 특징을 드러내고 있다. 해상 실크로드를 진흥시키는 것은 일종의 문화적 선택으로, 해양 연방론과 경쟁하는 것은 현실적인 의미가 있다. 새로운 해양 시대에 사유 관념과 생산 방식의 변화를 실현시키고, 해상 실크로드의 새로운 내포를 부여하면, 동양과 중국의 해양고사를 풀어나갈 능력은 새로운 경계로 진입하여 또다른 공헌을 하게 될 것이다!

제2장

중화해양문명의 시대 구분

해양문명의 진전은 인류가 해양생존과 발전 공간을 넓힌 역사적인 과정으로, 지역 해양시대, 글로벌 해양시대, 입체 해양시대로 구분할 수 있다. 지역 해양시대는 상고시기에 싹 텄고, 고대시기에 성장하였다. 인류가 생존하고 발전한 공간은 주로 유라시아대륙이었으며, 그 가운데 대륙문명이 우세하였고 해양문명의 발전 공간은 지역적이었다. 글로벌 해양시대는 고대의 대항해에서 싹 트기 시작하여, 근대 초기의 '지리적 대 발견'이 시작되어 지금에 이르렀다. 이에 해양 발전은 서유럽의 공업화와 경제 글로벌화를 촉진하여 사회와 문명의 전환을 이루게 되었으므로, 해양문명의 발전 공간은 전 지구적인 것이다. 입체 해양시대는 현대 해양개발기술의 진전으로 싹 텄으며, 해양문명의 발전 공간은 해양 수면, 해상 상공, 해저로 구성된 입체적 공간으로 확장되어 미래 인류문명의 활로가 되었다. 그렇기 때문에 21세기는 글로벌 해양시대가 입체 해양시대로 향하는 과도기적 '해양 세기'인 것이다.

중국은 대륙국가이자 해양국가이다. 육지와 해양의 결합은 역사문화적으로 특별한 의미를 지니고 있다. 그러나 과거의 학술계에서는 중화해양문명사와 각종 해양 관련 주제사의 시대 구분에 대한 토론이 거의 없었다. 일반적으로 중국통사체제를 차용하여, 왕조의 흥망성쇠를 기준으로 그 시대의 대표적인 사건과 관건적인 시기를 구분하였는데, 이는 해양 발전의 내재적 논리를 구현하지 못한 것이다. 육지에서 바다를 바라보면, 왕조의 대륙적 사유로 제정하고 실시한 '화이華夷의 국제질서'와 '조공朝貢체계'가 해양문명사의 주요한 내용과 본질로 간주되어, 중화해양문명의 특성을 부각시킬 수 없었다. 이 때문에 왕조체제를 타파하고 해양문화 공동체를 확립하는 것은, 중화문명의 '다원 일체' 가운데 일원의 지위를 이루는 것이다. 그렇기 때문에 세계해양문명의 역사 발전에서 중화해양문명의 역사적 변천을 살펴보는 것은 매우 필요하다.

중화민족의 해양 발전은 인류해양문명의 큰 추세에 부합하는 것이다. 중화해양문명의 진전은 흥성・번영・좌절・부흥기의 네 단계로 구분되는데, 흥성기와 번영기는 지역해양시대에 속하며, 좌절기와 부흥기는 글로벌해양시대에 속한다.

1. 동이 · 백월시대—중화해양문명의 흥성

중화해양문명은 중원의 농업민족의 발명이 아니라, 중화민족 최초의 해양활동의 실천이며, 환중국해 지역 원시부족의 '양서류兩棲類식 생존'의 문화 창조이다.

지금으로부터 5,000~8,000년 전 북방 연해지역에 흩어져 있던 동이부족과 남방 연해지역의 백월 부족들은 배를 잘 이용하여 사나운 파도를 두려워하지 않았고, 풍부한 해양생물자원에 의존하여 중화해양문명의 맹아시대를 형성하였다. 그들은 생선과 조개들을 음식의 주요 공급 내원으로 연해 부락을 형성하였다. 신석기시대의 패총, 사구沙丘 유적과 독목주獨木舟, 유단석분有段石錛(마제석기의 일종), 유문토기印紋陶, 원시 각부刻符와 문자, 고상 가옥(남방 백월 부락의 건축양식), 토돈묘土墩墓 등 유물은 바로 이러한 문명 초기의 기록인 것이다.

중화해양문명의 형성은 원시해양문화에서 진일보한 성과이다. 사회역량의 탄생, 옥으로 만든 예기禮器 등의 사용은 연해 부락이 지역적인 국가 조직으로 발전할 수 있게 했으며 문명사회의 상징이 되었다.

초기 중화해양문명 시대는 동이와 백월 부족이 건립했던 '해양국가'(지방국가, 왕국)가 해양활동을 주체로 한 시대였다. 진시황秦始皇이 중국을 통일하기 전, 뛰어난 국가로는 제齊(기원전 893~221년, 진나라에 의해 멸망), 연燕(기원전 864~221년, 진나라에 의해 멸망), 내萊(기원전 567년에 제나라에 의해 멸망), 거莒(기원전 431년에 초나라에 의해 멸망), 오吳(기원전 585~472년, 월나라에 의해 멸망), 월越(기원전 334년에 초나라에 의해 멸망) 등이 있었다. 서한

西漢시기에 이르러, 지금의 절강浙江 남부, 복건福建, 광동廣東, 광서廣西에서 베트남 연해까지, 여전히 백월 부족이 다시 세운 동구국東甌國(기원전 192~138년)과 민월국閩越國(기원전 202~11년) 등이 있었다. 이들 국가는 해양적 성격이 두드러져 중앙 왕조의 통제를 받지 않았다. 그들은 해양과 적극적인 관계를 맺었고, 해양 또한 그들의 문화에 서로 깊은 영향을 끼쳤다. 주周나라 초에, 제나라 태공太公은 동이 지역에 봉해졌다. 그는 '풍속을 정돈하고 예절을 간략하게 하여, 공업과 상업을 열었고 어업과 소금업을 크게 발전시켰다'. 그 결과 춘추春秋시기에 제나라는 '해양 왕국'으로 불리며, '산과 바다에 힘을 기울여 나라를 부강시켜', 맹주가 되었다. 오나라 대부인 오자서伍子胥는, 중원의 각 나라는 '육지 사람이 육지에 거주하는 나라'이고, 오나라와 월나라는 '물에 익숙한 사람들이 물에 거주하는 나라'라고 칭하였는데, 이는 남방과 북방의 차이를 지적한 것이다. 그들이 창조해낸 '진주조개, 배와 노, 문신' 등은 특징적인 해양인문이 되었으며, 북방의 화하華夏 농경부족이 창조해낸 '금과 옥, 수레, 의관'을 특징으로 하는 대륙인문과 구분된다.

독일 철학자 헤겔은 『역사 철학』에서, 해안지역에 있어 "바다는 우리들에게 한없이 넓고 끝없이 무한한 관념을 가져다 주었다. 하지만 바다의 무한에서 그 자신의 유한함을 느꼈을 때, 인간은 용기를 불러일으키게 되어 그 유한적인 모든 것을 뛰어넘으려 한다. 바다는 인류에게 정복되고 해적식의 약탈에 종사하게끔 요청하지만, 동시에 인간에게 상업과 정당한 이익에 종사하도록 독려한다"고 했다. 바다를 통해 나라를 세운 제·오·월 등의 나라가 이와 유사한 사례이다. 오나라는 '하루도 빠짐없이 배와 노를 사용했고', 월나라는 '배를 수레로 여기고 노를 말로 여겨, 배를 타면 바람을 탄 것 같이 나아가, 가는 속도가 빨라 따라 갈 수 없었다'. 이처럼 그들은 해양생활에 적응하는 도구와 수단을 발전시켜, 육지에서 땅을 밟고 왕래하는 것과 마찬가지로 거센 파도를 자유자재로 왔다 갔다 하면서, 외부와 소통을 하였다. '월나라 사람들은 서로 공격하기 좋아하는 습속이 있다'(『漢書』「高帝紀」)고 하는데, 이는 해상 정복과 약탈이 일상적인 생존방식인 것이다. 공고한 육지에서 불안정한 바다로 옮겨가면서, 오나라와 월나라 그리고 제나라는 모두 강대한 선단과 해군을 구비하고 있었다. 이들 삼국은 '수군을 이끌어 예측할 수 없는 험준한 곳에 올라가, 아무런 준비가 되지 않는 사람들을 공격하였고 요충지를 급습하였다'.

기원전 485년, 오나라는 서승徐承에게 수군을 이끌고 해상으로 제나라를 공격하게끔 했는데, 도리어 패배를 당했다. 이것은 중국의 문헌 기록에 나타난 첫 번째 해전으로, 기원전 480년에 지중해 지역 페르시아와 그리스 간의 살라미스 해전Battle of Salamis과 비슷한 시기였다. 기원전 473년, '구천勾踐은 오나라를 토벌하여, 낭야琅琊부터 관대觀臺까지 이르는 관동 지역을 제패하였다. (…중략…) 이 때 8,000명이 전사하였고 군선은 300척이나 되었다'. '처음 낭야로 옮겨 왔을 때, 큰 군선의 병사 2,800명에게 소나무와 잣나무를 잘라 뗏목을 만들게 했다.' 월나라는 수도를 절강 회계會稽에서 북방 연해에 있는 이곳 '식민지' 땅인 낭야로 옮겼는데, 월왕 예翳 33년(기원전 379)에 이르러서야 물러나 오 지역으로 수도를 옮겼다. 진한秦漢시기에는 백월이 배반하여 떠나버리자, '물싸움에 익숙했던' 민월閩越과 동구東甌 그리고 남월南越 등의 국가가 서로 공격을 하며, 해상전투를 빈번히 하였다. 전투의 치열하고 참담한 정도는 지중해 해전과 거의 막상막하에 이를 정도였다.

동이와 백월의 해양부족은 상업에 뛰어났다. 그들은 항해하면서 중국에 필요한 해양생산물을 중원으로 운송하였다. 공헌으로 삼을 만한 자료들이 산발적으로 기록되어 있는데, 남해의 거북은 점복占卜으로, 패각貝殼은 화폐로 사용된 것이 두드러진 예이다. 그래서 은허殷墟 부호묘婦好墓에서는 다량의 바다조개에다 고래의 견갑골이 출토되었다. 월나라가 오나라를 멸한 이후에 범려范蠡가 가벼운 보물과 주옥珠玉을 지니고, 부하들과 함께 배를 타고 바다로 나아가 제나라로 들어갔다. 그는 바닷가에 은거하면서, 마침내 그 지역에서 가장 많은 재물을 가진 거상이 되었다. 그래서 지금까지 해역 주변 국가들로 운반된 상품의 실물이 그대로 남아 있고, 고고학적 발견이 계속 이루어지고 있다. 발해渤海 지역으로 향한 탐색은, 선산仙山 신화와 연나라와 제나라의 방사方士문화를 성행시켰다. '항해가들이 영주瀛州에 대해 이야기하는' 영향을 받아, 제나라 음양가陰陽家인 추연鄒衍은 '대구주 지리설[大九州說]'을 제시하였는데, 이는 해양적 관점의 지구관이다.

동이와 백월은 태평양으로 해양문명을 전송한 종족으로, 선민들은 각각 초기의 표류와 이후의 항해활동을 통해 섬을 따라 이동하였다. 이를 통해 해양문명을 한반도, 일본, 동남아와 남태평양 도서까지 확산시켰고, '아시아 지중해' 문화권과 '오스트로네시아 민족Austronesian family' 문화권의 초보적인 기초를 다졌다.

이와 같이 동이와 백월시대는 고대 그리스해양문명의 출발점과 비슷하여, 동일 문명 유형의 공통성을 구비하고 있음을 보여준다. 즉 중국의 해안 지역은 세계해양문명 발상지 가운데 하나인 것이다.

2. 전통해양시대–중화해양문명의 번영

동이와 백월시대는 제나라와 월나라로 대표되는 해양사회 역량이 서쪽을 지나 북상하면서, 중원 각국의 육상사회 역량과 치열하게 경쟁하며 패권을 다투었다. 제나라와 월나라가 아니라 진나라와 한나라가 중국을 통일시켰기 때문에, 중화해양문명은 대륙문명에 굴종하게 된 전통해양의 시대로 접어들게 되었다.

한 무제武帝가 남월을 평정한 것은, 동이와 백월의 시대가 끝나고 왕조 주도의 전통해양시대가 시작됨을 상징한다. 전통해양시대는 원정元鼎 6년(기원전 111)에 한 무제가 남월을 평정한 시기부터 선덕宣德 8년(1433)에 정화가 서양으로 항해함을 끝으로 계산하면 1544년을 이어오며, 이 기간은 중화 전통해양문명의 상승 단계에 해당한다. 건부乾符 5년(878), 황소黃巢가 광주 항구도시를 약탈하는 사건을 지표로, 전前 969년은 발전기였고 후後 575년은 번영기였다.

1) 대항해의 준비와 전통해양문명의 축적

진한 왕조가 세워진 후, 동이과 백월 지역은 차례로 판도 속으로 편입되어 중앙 왕조가 확장한 해양경계海疆로 되었다. 연해 왕권국가가 농업문명을 주체로 하는 왕조체제로 편입됨에 따라, 일파만파의 북방 한족이 남방 연해 지역으로 옮겨갔는데, 육상사회의 역량을 대표하는 농경문명이 육지와 해양문명의 통합에서 압도적 우위를 점하였다. 그러나 한당漢唐시기에 대외적으로 힘을 기울인 방향이 서북쪽에 있었기에, 해양문명은 조정 권력이 동쪽으로 모든 힘을 쏟을 틈이 없는 형국의 관대한 환경 아래 계승·축적·발전을 이루게 되었다. 해양부족은 점차 토착에서 한족으로 바뀌었고, 해안 지역으로 옮겨간 한인들은 토착 해양부족과의 충돌·통합 과정에서, 일부는 '폐쇄형' 농경문화의 성격을 유지하였고 일부는 '개방형' 해양문화를 이어받아 점차 새로운 사회 집단(한화漢化된 월 나라 사람과 월화越化된 한인을 포함)을 형성하였다. 그 결과 왕조체제하에서 중국전통사회의 해양시대를 열었고, 중화해양문명의 번영을 촉진하였다. 아울러 이로 인해 야기된 수많은 정치, 경제, 문화의 해양성 특징은 중화해양문명의 진보를 촉진시켰다.

조정을 행동 주체로 하는 해양활동은, 제왕의 해외 순시를 제외하고 주로 사절을 파견하는 것이었다. 한 무제 때 배를 이용하여 서문徐聞, 일남日南(현 중부 베트남, Quận Nhật Nam)으로부터 남해와 동인도양을 거쳐 인도반도 남부와 스리랑카에까지 사절단을 보냈다. 또 수행에는 현지 언어를 잘 구사하는 역장譯長(관직명)이 있었다. 이는 한 왕조가 남중국해에서 동인도양 해상항로의 상황과 왕래규칙을 장악하고 있었음을 말해 준다. 한나라 말부터 수나라가 통일되기 전까지, 중원 지역의 혼란함으로 난세로 들어갔지만, 그와 반대로 대륙 변두리에 위치한 연해왕국은 해양교류를 강화했다. 황무黃武 5년(226)에, 오나라 교주交州자사인 여대呂岱는 중랑장中郎將 강태康泰와 선화종사宣化從事 주응朱應을 동남반도의 여러 국가에 사신으로 파견했다. 그들은 임읍林邑(현 베트남 중남부), 부남扶南(현 캄보디아와 라오스 남부, 베트남 남부와 태국 동남부 일대) 등 지역에까지 갔다. 정시正始 원년(240), 위魏나라는 동쪽 일본으로 사신을 파견하여, 왜왕倭王을 봉하였다. 수隋나라가 통일된 후, 이러한 전통을 답습하여 대업大業 3년(607)에 수 양제煬帝는 둔전屯田 주사主事인 상준常駿과 여부虞部 주사인 왕군정王君政 등을 파견했는데, 그들은 남해군南海郡에서 배를 타고 임읍林邑, 낭아수狼牙脩, 계롱도鷄籠島를 거쳐 적토국赤土國(현 말라야 반도)에 사신으로 나아갔다. 조정에서 사절을 보내는 해양활동은 국위를 선양하고 뛰어난 덕으로 천하를 설복하게 한다는 육지 사유의 산물이자, 육지 조공체제의 해상 연장인 것이다.

그러나 간혹 환중국해 도서의 탐험활동도 있었다. 예를 들어, 황룡黃龍 2년(230)에, 손오孫吳는 장군 위온衛溫과 제갈식諸葛植을 파견하여, 만 명의 장병을 이끌고 바다를 건너가 이주夷州와 단주亶州를 찾도록 했다. 대업 3년(607)에, 수 양제는 주관朱寬을 보내 류큐琉球(현 오키나와)를 찾도록 했다. 대업 6년(610)에는 진릉陳棱과 장진주張鎮州를 파견하여 병사를 이끌어 류큐를 공격하였다. 이는 연해왕국과 수나라는 이미 해양으로 향하는 충동이 있었음을 말해 준다.

현존하는 중국 고대문헌에 민간행위를 주체로 해양활동을 하는 자들은 주로 구법求法과 홍법弘法의 불교 승려들로 기록되어 있다. 저명한 불교 승려인 동진東晉시기의 법현法顯은 인도와 스리랑카에서 해로를 이용하여 귀국했다. 당나라에 의정義淨은 바다를 지나 삼보자 왕국Samboja Kingdom과 인도에 가서 활동했으며, 감진鑑眞 스님은 바다를 건너 동쪽 일본으로 가서 활동하였다. 그들은 아시아 해역의 종교문명 교류에 큰 공헌을 하였다.

사절과 승려들이 바닷길을 이용할 때 이용하였던 것은 수송용 범선

이어서, 해상운송과 해양상업은 하나였다. 해양활동에 직접 관여하는 주요 사회 집단은 뱃사공, 선원, 해상海商, 어민들로 그들은 진정한 민간 해양활동의 행위 주체였다. 그들은 일 년 내내 위험한 파도 속에서 살아왔기 때문에, 이 시기의 항해 기술은 큰 발전을 이루었다. 주로 조선造船 기술의 중대한 진보와 나날이 풍부해진 항해지식으로 나타났다. 또한 수밀구획실watertight compartments, 노櫓, 타舵(방향키)가 광범위하게 응용되어 근해와 먼 바다의 범선이 점차 정형화되었다. 성상星象 항법 등 항해지식의 운용은 해상항해를 끝없이 망망한 것에서 명확한 방향으로 나아가게 하였다.

조정의 항해활동은 해양경제를 발전시키려는 의도가 없었지만, 한 왕조 사절들은 원래 남월국南越國과 남해의 여러 나라들 그리고 인도 상인들이 공동 개발한 무역항로를 이용하였고, 수행 '인원들은 해안 도시에서 진주, 청금석青金石(남색 보석), 기이한 돌이나 물품 등을 구매하고, 황금과 각종 견직물을 지니고서 돌아갔다'. 이는 연해 민중들에게 해양이익을 추구하는 상업문화의식을 자극하였다. 서문徐聞이 개항되자, 현지 상인들은 '여기에다 화물을 쌓아두고 원하는 것을 구비하여, 교역에 이익을 취하였다'. 여기서 '빈곤에서 벗어나고 싶다면 서문으로 가야된다'라는 속담이 나온 것이다. 이처럼 해양이익을 추구하는 것은 빈곤에서 벗어나 부자가 되는 비결이 되었다.

인도반도 남부와 스리랑카는 동서양무역의 중심으로, 한 왕조의 해상海商들이 이곳에서 많은 교역을 하였으며, 한 왕조의 상품은 이곳에서 페르시아만, 홍해紅海 등 서아시아 지역으로 옮겨갔다. 환중국해 주변과 인도양의 많은 국가들은 중국 상품과 기술을 얻길 갈망하여, 직접 중국 항구에 가서 무역을 하였다. 동한東漢 연희延熹 9년(166), 로마제국 사절단은 인도와 스리랑카 항로를 돌아 중국으로 왔다. 이 사실은 당시 세계의 양대 제국(동양의 한 왕조와 서양의 로마제국)이 직접적인 무역과 문명의 대화를 시작한 것을 말해 준다. 한나라와 진晉나라 사이에, 서복徐福이 장생불로약을 찾아 선산仙山이 있는 바다로 나아가서 돌아오지 않았다는 이야기는, 서복이 일본으로 가서 후대 자손을 계속 잇는 '행적'으로 바뀌어, 다국적인 문화적 감응을 불러일으켰다. 아울러 황해와 발해 연안 지역, 한국, 일본에서도 서복의 전설과 자취가 나타났다.

당 왕조의 부상으로 사회경제문화의 중심은 서북西北 쪽에 위치하였기에, 대륙문명이 절정에 이르렀다. 대외개방과 사회경제문화의 영향력은 동아시아, 중앙아시아, 동남아 대부분 지역에 두루 미쳤다. 주변 국가들은 이에 자발적으로 당 제국에 조공을 하거나 유학을 보내, '여러 국가에서 조공을 바치러 오는' 성대한 분위기가 연출되었다. 동아시아 해역에서는 당 초기에 한반도를 정벌하였다. 용삭龍朔 3년(663)에 백제를 평정했고, 백강구白江口 해전에서 일본군을 물리쳤다. 이에 중국 중심의 국제질서가 재건되었고, 일본에서는 당나라 제도와 문화를 능동적으로 학습하는 견당사遣唐使 열풍이 고조되었다. 당 초기 서남아시아 해역에 '광주통해이도廣州通海夷道'를 개척하였고, 원양 항로는 페르시아만과 아프리카 동해안까지 넓혔다. 당 함형咸亨 연간(670~673년)에는 말라카 해협Strait of Malacca과 순다 해협Sunda Strait을 통제해 온 동남아 해상제국 삼보자 왕국Samboja Kingdom이 사신을 보내 조공하기 시작했다. 천보天寶 9년(750), 아랍 아바스 왕조가 부상하면서, 아라비아 상인들은 페르시아만에서 인도양과 남해를 거쳐 중국에 이르는 직항무역을 실현하였다.

이에 당 왕조는 시박사市舶使를 두어, 외국 상선이 중국으로 들어와 무역하는 것을 관리하였다. 아울러 한반도(신라 시기에 해당), 베트남, 일본, 남해 제국 그리고 인도, 페르시아, 아랍의 '외국 상인'과 선원들을 받아들여, 그들을 중화 해상무역 네트워크 시스템으로 끌어들였다. 조정에서는 외국인 거주지를 설정하여 외국 상인들의 거주를 허락했고, 이 가운데 일부 외국 상인들은 정착하여 후손을 낳아 한족화되었는데, 이들은 중화의 해상海商 이익 집단이 되었다. 남방 한인의 상선들은 외국 상인이 제공한 정보를 이용하여, 끊임없이 남해 제국과 인도, 스리랑카 항구로 가서 무역을 했다. 당나라 시인 황도黃滔가 '큰 배는 깊은 이익이 있고, (…중략…) 이익이 깊음은 그 파도 또한 심하다'고 한 감탄은, 바다로 나간 해상 상인들의 이익과 위험을 토로한 것이다. 당 왕조, 삼보자 왕국, 아랍의 3대 해양문명은 아시아 해역에서 평화로운 조화를 이루어, 아시아 해양세계질서를 공동으로 만들어 내었다. 중화해양문명은 삼보자 왕국과 아랍해양문명에서 새로운 에너지와 활력을 얻었다.

그러나 중화 전통해양문명의 축적은 주류 정통문화에 의해 가로막혀졌다. 한당漢唐사회는 해양문명에 대한 관용과 수용에 있어 육지를 본위로 삼았던 것이다. 동이와 백월 시대의 바다 이야기와 전설은 한인漢人의 육지 사유적 해석을 거쳐, 화하華夏 전통문화의 담화체계로 받아들여지게 된 것이다. 예를 들면 다음과 같다. 동해 바다 신인 우괵禺虢은 황제의 아들로 설명되는데, 이는 황사를 밟고 있는 기괴한 형상의 인면조人面鳥가 정통적 지위를 획득하였음을 의미한다. 바닷물을 끓여 처음으로 소금을 만든 숙사宿沙는 황제의 신하가 되었다. 황제는 동해에서 7천리里 떨어진 유파산流波山에서 괴이한 금수인 '기夔'를 얻어서, '기'의 피부로 북을 만들고 뼈로 북을 쳤다. 이는 황제의 위세가 천하에 떨쳐짐을 드러낸 것이다. 이 외에도 남해 해신은 염제炎帝와 축융祝融으로 변하여 같이 겸하였고, 그 행궁은 무서撫胥에 있었다. 이로 인해 중화해양문명은 염황炎皇문화가 확대된 신화체계로 날조되어, '중국 고대해양문화의 본질은 해양농업문화'라는 이론의 원천이 되었다. 또한 '작은 새 정위가 동해 바다를 메우다[精衛塡海]'라는 신화도 있다. 염제의 작은 딸인 여왜女娃가 동해에서 노니다가 익사하였는데, 그 이후에 정위로 변하여 서산의 나뭇가지와 돌을 물어다 바다로 던져, 동해를 메우고자 간절히 원했다는 고사이다. 이것은 농업문명이 토지를 추구하는 본성을 반영하고 인간에 대한 해양의 적극적인 의미를 부정한 것으로, 후대 사람들이 바다를 메워 육지를 조성하려는 사고의 최초 근원이 되었다. 건부乾符 5년(878), 황소黃巢가 광주 항구도시를 약탈한 것은, 해양사회 역량에 대한 육지사회 역량의 배척을 일정 정도 의미한다. 광주 항구가 쇠락하자 아랍 상인들은 큰 타격을 입고 더 이상 오지 않았고, 이에 아시아의 해양무역 중심은 말레이반도로 옮겨갔다. 이러한 배경들은 해양문명이 중국역사로 진입하는 과정에서 이화異化와 부정적인 영향을 끼쳤다.

2) 해상 실크로드와 전통해양문명의 번영

10세기 전후로 나침반을 항해에 이용한 것은, 계량항해시대가 도래했음을 상징한다. 오대십국五代十國 시기에 광동 남한국南漢國, 복건 민국閩國, 절강 오월국吳越國, 강소 남당南唐國은 해양을 개방하여 해양무역으로 나라를 세웠고, 해외 상인들을 끌어들여 경제적 번영을 이루었다. 남한국은 남해무역을 재개하여 '소남강小南强'이라 불리었고, 민국은 남한국과의 경쟁을 피하기 위해 또 다른 경로인 필리핀을 관통하는 동양항로를 개발하였다. 오나라와 월나라는 주로 대일무역을 발전시켰다. 송대 이후 중국경제의 중심은 남쪽으로 옮겨갔고 동쪽으로도 기울어졌는데, 이에 북방은 남방보다 못하였고, 서부는 동부에 미치지 못하였다. 동남 연해 지역은 경제가 발전하고 상품경제가 활발하여 해양 발전의 내적 동력이 되었다. 조선 수준의 향상과 나침반 등 과학기술은 항해에 운용되어 해상 역량이 끊임없이 강화되었다. 해양경영은 남송과 원나라의 국책이 되었고, 조정은 개방하면서도 일정 정도 관리를 하였고, 관민들은 힘을 합쳐 바다로 향했다. 송 왕실은 남부 임안臨安(지금 항주)으로 이동한 후, 해양이익을 중시하여 해양을 개방하는 조치를 취하였다. 또한 해외 상인(주로 아랍 상인들)들을 불러들여 무역을 하면서, 중국 해상들의 해외무역을 장려하였다. 천주泉州는 동양의 가장 큰 항구이자 세계 종교문화박물관으로 되었다. 원나라가 남송을 멸망시킨 이후, 초원민족의 확장 의지로 막강한 수군으로 하여금 일본과 자바Java를 정벌하게끔 했지만, 강력한 태풍을 만나 실패하고 말았다. 왜구들의 우환으로 해금을 실시하기도 했지만, 해양은 기본적으로 개방되었다. 대덕大德 5년(1301)과 대덕 8년(1304)에 양추楊樞는 두 차례에 걸쳐 대서양으로 항해하여 호르무즈Hormuz까지 갔다. "중국 숙소에서 왔다갔다 하는 상인들은 동방이나 사방에서 온 사람들이었다." 태정泰定 4년(1327)과 지순至順 3년(1332)에 왕대연汪大淵은 천주泉州에서 두 차례에 걸쳐 원양상선을 타고 90여 곳의 동서양 지역을 돌아다녔다. 지정至正 6년(1346)에 튀니지 사람인 이븐 바투

타ibn Baţūţah는 중국을 두루 돌아다니면서 인도양에서부터 남중국해까지 왕래하고 있는 배가 모두 중국 선박임을 알았다. 풍부한 항해무역의 실천은 연해 사람들의 모험정신과 해양인문정신을 키웠고, 동서양 간의 연계와 교류 통로인 '해상 실크로드'의 번영을 이끌었다.

영락永樂 3년(1405)부터 시작된 '정화의 서양 진출'은, 명 성조成祖 주체朱棣의 창의에서 나온 대항해 활동이었고, 전통적인 왕조체제에서 중앙정권이 해양을 경략했던 것 중에서 가장 개방적인 것이었다. '정화의 서양 진출'에 인원과 선박이 많이 모였고 항해 범위가 넓었으며 운행 시간이 길었다는 것은, 중국이 당시 세계에서 가장 강력한 해상 역량을 가지고 있음을 증명한다.

11세기부터 14세기 초까지 300여 년간, 중국이 동남쪽을 의존하여 해양으로 나아간 것은, 육지국가이자 해양국가인 것을 말해 준다. 장기간 선진적인 해상기술의 우위를 바탕으로, 동아시아에서 서아시아까지 더 나아가 아프리카의 동해안까지 넓은 해역에 걸쳐, 중국 해상들이 주도하는 무역 네트워크가 형성되었다. 어민들은 항로를 이용하여, 황해, 동해, 남해 등의 해역에 어장을 형성하면서 일부 섬을 개발했다. 해수 양식업, 수출형 수공업, 상품 농업 역시 발전했다. 미주湄州 여성인 임묵林默은 사람에서 신神이 되었는데, 어민과 해상海商 등 항해자들의 수호신, 조정의 출사나 도적을 체포하는 해상공무활동의 수호신, 연해 백성들의 재난방지의 수호신로 발전되어, 여러 차례 조정에서 하사를 받았다. 북송 시기에는 순제묘順濟廟의 신神에서 남송南宋의 성비聖妃, 원명 시기의 천비天妃로 승격되면서, 국가적 제사가 되었다. 해양활동이 활발하게 되면서 마조媽祖 신앙은 중국인이 있는 해외 지역까지 전해져,

해양무역 네트워크와 중첩되는 마조문화 네트워크를 형성하였다.

송원宋元 시기 왕조의 '해양경영'은 한당漢唐 왕조보다 더욱 주동적이고 개방적이었다. 종실 관계가 해외국가로 확충됨에 따라, 경제적 이익을 더욱 중시하여 해양무역의 번창과 '상업혁명'을 촉진하였다. 아울러 왕조는 '국가 해양행위의 주체'로서의 무역 유도 기능을 발휘했는데, 이는 중화해양문명의 번영에 중요한 의미를 지닌다.

전통해양시대는 아시아 해양의 평화와 조화, 상생의 문명 모델을 만들었고, 중화해양문명의 개방・다원・조화・포용의 훌륭한 문화 전통을 형성하였다.

3. 해양국가의 각축시대 – 중화해양문명의 좌절

1433년에 서양 진출을 끝낸 것에서부터 1949년까지 신新중국을 수립하기까지 516년 기간은, 중화해양문명이 전통에서 현대로의 전환에 기복이 아주 심했던 하강 단계였다. 정성공이 대만을 수복한 1662년을 경계로, 이전 229년 동안은 중화해양문명이 근대적 전형으로 나아가는 발전 기회의 시기였다. 이 시기 동서양 해양문명이 서로 만나고 각축전을 벌이는 가운데, 새로운 해양문명요소와 해상사회역량이 생겨나 '아시아 지중해'의 안정을 유지했지만, 해양 발전은 왕조국가 역량의 억압으로 더 이상 앞으로 나아가지 않고 멈춰버려 침체 상태에 빠져버렸다.

이후 287년 동안 중화해양문명은 내부적으로 쇄국과 속박이 있었으며, 외부적으로는 열강 침입의 불리한 조건 아래 근대적 전환이 어려워, 우여곡절 끝에 또 한 차례의 좌절을 겪으며 침체 상태에 빠져버렸다.

1) 외국의 재등장과 중화해양문명 전환의 기회 상실

선덕宣德 8년(1433) 명 조정은 서양 진출을 끝내고, 국가 주체로 300여 년간 해양 개방의 역정을 중단했다. 내륙의 한족 농민을 주축으로 하는 대명大明제국의 강산은 육지를 중시하고 바다를 경시하는 관념이 저항할 수 없을 정도로 강하였다. 이에 황권의 비호 아래 대륙의 토지경제로부터 막대한 기득 이익을 착취했던 관료체제는, 배가 바다로 나가는 것을 허락하지 않은 주원장朱元璋의 유훈을 관철시켰고, 중국이 해양국가로 통하는 길을 압살하였다.

명나라 중엽에 중화해양문명은 왕조인 국가적 차원에서 단절되는 현상이 출현하였지만, 연해 지역과 민간 차원에서는 보존되어 내려왔다. 일부 해상海商들이 해금정책을 위반하고 외국으로 나갔는데, 이는 남방 연해 지역 사회의 발전에 활력을 불어 넣었다. 하지만 중국이 순전히 '전 지구 해양을 서방에게 모험적인 사업을 하도록 남겨두었다'고 말할 수 없다. 조공체제 아래 류큐琉球 쿠메무라久米村에 거주했던 복건閩 지역 36가구[閩人三十六姓]의 항해가들이 류큐 왕국의 대항해 시대를 만들어, 명나라의 탈퇴 공백을 메웠다. 모국의 지지를 잃은 화상華商들은 해외 이민사회를 건립하였고, 경제적으로 동남아의 개발을 촉진하였으며, 문화적으로 중국 전통해양문화를 계승하였다. 아울러 동아시아 이슬람문화의 중심을 중국에서 인도네시아로 옮겨 놓았다. 이에 동서양의 해양 질서가 출렁거렸고, 왜구를 대표로 한 주변 각국의 해적들과 무장한 해상海商 집단들이 해상의 평화를 혼란케 하였으며, 환중국해에서 대륙중국의 권위에 도전하였다.

16세기 중엽, 마카오는 포르투갈인들이 빌려 거주하면서, 중국과 서양의 경제문화교류의 창구가 되었다. 융경隆慶 연간, 명 왕조는 장주漳州 월항月港을 열어, 일본으로 나아가는 것을 제외한 동서양 각 지역에서 무역하는 것을 허가하였다. '시박은 당송시대부터 설치되었으며 많은 이방인들이 중국의 시장에 들어왔다. 중국에서는 이 이방인을 상대로 장사를 하였는데, 오늘날처럼 많지는 않았다.' 장천漳泉의 해상들은 합법적인 신분으로 동서양을 왕래하며 교역하였고, 쇠락하는 관방 조공무역을 대신하였다. 그들은 다른 국가의 각종 제도를 조정하고 이용하여 해양생존공간을 창조해 내었고, 동서양 해역에 항구도시를 연결고리로 하는 화인華人무역 네트워크를 형성하였다. 그래서 그들은 동쪽에서 온 포르투갈과 스페인 해양세력들과 더불어 '아시아 지중해'에서 조우하고 경쟁하였다. 이는 중화해양문명이 전통에서 근대적으로 변화하는 발전계기가 되었다.

17세기 전반기에는 정지용鄭芝龍이 해상세력을 통일하였다. 이후 그는 명 왕조의 권력체제로 들어가 동서양무역 네트워크를 발전시켜, 환중국해의 지배자가 되었다. 명청 왕조가 바뀌는 시기에 정성공鄭成功은 줄곧 청 왕조에 대항하여 해상정권을 세웠다. 그는 해상 맹주인 네덜란드 동인도회사와의 대결에서 해양제도를 새롭게 하여 해권의식을 발전시켰다. 아울러 동아시아 해역의 가장 강력한 해군을 만들어, 대만을 수복하고 남중국해의 주권을 유지하여 서방해양세력의 동진을 가로막았다.

2) 피동적인 대외개방과 전통해양문명의 쇠퇴

청 왕조는 대만을 통일한 후, 외향적인 해양체제에서 내향적인 해방海防체제로 물러나면서, 중국인들의 해외무역을 허락하지 않았다. 이에 해양을 이용한 문명 전환과 사회 전환이 실현되는 역사적 기회가 끊어지게 되면서 해양국가의 지위를 상실하였다.

청대 전반기에 대외 통상항구는 여러 곳에서 한 곳으로 축소되었고, 이에 광주는 중국과 서양의 해양교류의 초점이 되었다. 광동십삼행廣東十三行문화는 일정한 의미에 있어서 복건과 광동[閩粵]해양문화가 서양해양문화와의 외교활동에서 승리한 산물이다. 민남어閩南語 계통의 장漳, 천泉, 조潮 지역의 민간 상인들을 중심으로 작동되는 동서양무역 네트워크는 여전히 생기가 넘쳤고 왕성하게 발전하였다. 대청 제국의 지지를 받지 않은 민월閩粵 재외 상인과 이민자들은 항로상 중요 항구에 정착하여 중화해양문명을 계승하였고, 거주지역의 환경변화에 적응하여 새로운 생존 모델을 창조해서 근대적 전환을 이루었다. 그래서 그들은 네덜란드와 영국의 해양패권이 지배하는 동남아 식민지에서 자치적 지위를 부여받았다. 19세기 초에 민월 상인들은 동아시아 해역에서 주요한 해상 집단의 역할을 맡아 해양무역의 우위를 장악하고 있었다.

19세기 중엽부터 20세기 중엽까지는 중국해양이 서구세계체제로 편입된 시기이다. 산업혁명으로 영국은 해양패자로 부상하여, 아편전쟁에서 청 왕조를 패배시켰다. 이로 인해 해양정세는 근본적인 변화가 일어났고 조공체제가 붕괴되었다. 이를 대신한 서구 주도의 조약체제는 전통해양산업에 큰 충격을 가져다주었고, 중화해양문명 전통의 정체・왜곡・변태를 초래했다. 증기선의 시대가 도래하면서 중국 범선은 앞서왔던 우세를 잃어 쇠락으로 나아갔다. 서양의 계속적인 해상침입으로 중국인들의 해양 위기의식은 고조되었고, 불굴의 투쟁과 동시에 식견이 있는 인사들의 해양 탐구는 좌절과 오해가 충만한 시도 속에서 점점 해양의식의 각성을 불러일으켰다. 그래서 서구해양문명을 흡수하고 신식기업과 해군을 창설하여 해양 발전의 근대화를 시도하였다. 1894년 일본은 갑오전쟁甲午戰爭을 일으켜 북양수사北洋水師를 섬멸하였다. 1895년 청 왕조는 일본과 주권을 상실한 치욕스런 '시모노세키조약[馬關條約]'을 어쩔 수 없이 체결하여 대만을 할양하였다. 20세기 전반에 중국은 동아시아 해권海權을 만회하기 위해 해양경제와 과학기술을 발전시켰다. 그리고 해군을 재건하고 해양과학 연구기관을 세워 해양교육을 실시했다. 그러나 이러한 노력은 또 한 차례 일본의 중국 침략전쟁으로 중단되었다. 제2차 세계대전이 끝나자 중국은 대만과 남해 제도를 수복했고, 해양사업은 다시 시행되길 기다렸으나, 얼마 지나지 않아 내전으로 재차 좌절되었다.

해양국가들의 각축 시대에서, 중화해양문명은 전통에서 현대로의 전환이 순탄치 못해 번번이 좌절되었지만, 해양문명의 존재는 예상치 않았던 주변에서 드러났다. 왕조의 군신과 대륙문명 옹호자들에게 좋게 보이지 않았던 항해자(해상, 해적, 버려진 백성)들이 전통해양문명의 향불을 이어가, 중화해양문명과 서방해양문화를 접목한 문화 형식을 창조하였고, 해외화교의 해양문화를 발전시켰다. 아울러 현대화에 유리한 문명요인을 포함하여, 중화해양문명의 부흥에 기초를 다졌을 뿐만 아니라 앞뒤를 잇는 역할을 하였다.

4. 해양시대로의 복귀 – 중화해양문명의 부흥

1949년 신新중국이 수립되면서 중국의 해양사업은 새로운 기점에서 출발하였다. 이에 해양으로 복귀하는 실천 속에서 '육지를 중시하고 해양을 경시하는' 관념이 점차 바뀌었다. 우수한 해양문화전통을 계승하고 세계해양문화의 현대적 성과를 참고하고 받아들여, 혁신적인 발전모델을 창출함으로써, 중화해양문명이 부흥의 길로 나아가고 있다.

오랜 역사를 볼 때, 지난 60년은 중화해양문명 부흥의 초기 단계로, 사회주의 중국 특색의 해양문명의 탐색 단계였다. 1978년 개혁 개방을 표지로, 전반 30년간의 국가 발전은 육지에 중심을 두었다. 해양경제는 전통산업 위주로 하였고, 해양관리는 업종별로 분산관리 위주였다. 해양방어[海防]는 근해방어를 위주로 하였고, 해양 실력은 그 역량을 회복하고 축적하는 단계에 처해 있었다. 이후 30년의 국가 발전 무게중심은 해양으로 전이되었고, 해양시대로 나아가는 세계화시대를 향해 조정해 나갔다. 발전 관점은 육지를 중시하고 해양을 경시하는 것에서 육지와 해양이 종합적으로 발전하는 전면적 전환이 이루어졌다. 해양경제는 전통산업에서 점차 현대화된 신형산업으로 전환하였고, 해양관리는 업종별로 분산 관리에서 종합 관리 단계로 넘어갔다. 해양방어는 점차 해권海權을 발전시키는 방향으로 바뀌었고, 해군은 근해 방어형 해군[潢水海軍]에서 원해 작전형 해군[綠水海軍, 藍水海軍]으로 나아가, 해양 실력이 신속히 확대되어 해양대국의 지위를 회복하였다.

동부 연해 지역은 해양을 향해 외향형 경제를 발전시켜, 중국경제 현대화를 추진하는 견인차가 되었으며, 산업클러스터 수준은 현저히 높아졌다. 해양산업은 단순한 해양어업, 해양염업鹽業의 위주에서, 교통운수・연해관광・해양 오일과 가스・해양선박 등 전통산업이 주도하고 해양 전력・해수 이용・해양공학건축・생물의약・해양과학교육 서비스 등 신흥산업을 중요한 버팀목으로 하여, 뚜렷한 우세와 상대적으로 완정한 산업체계로 발전하였다. 항구 등 중요한 해양기초 시설 건설은 두드러진 진전을 이루었고, 해양산업의 국제적 지위와 영향력이 꾸준히 향상되었으며, 해양경제는 다년간 동일 시기 국민경제의 성장 속도보다 높은 성장률을 유지하여, 국민경제의 새로운 성장 동력이 되었다. 아울러 과학탐구 능력이 부단히 제고되고 국제 협력과 교류가 확장되어, 해양으로 진출하는 힘이 더해짐으로써 근해에서 심해深海, 극지, 대양으로 나아가 국제해양업무에 대한 발언권을 높였다. 국가 해양국의 기능과 지위가 점차 향상되었고, 해양종합관리 체계도 점차 개선되었으며, 국가의 해양권익을 지키기 위해 해상 경찰과 해군 조직이 조금씩 갖추어지게 되었다. 그렇지만 대륙국가에서 해양국가로의 화려한 전신을 실현하고, 현대적 해양문명을 이루어 세계해양문명의 선진 대열에 진입하려면, 아직 가야 할 길이 멀다.

2012년에는 해양 강국 건설이 국가 발전의 전략 목표가 되었고, 중화해양문명의 부흥은 새로운 역사의 단계로 들어갔다.

중국해양문명이 중국역사로 진입한 과정이 중화육지문명의 차단과 주변화로 인해 지방과 민간문화 차원에 머물러 있어 자체의 문화체계를 형성하지 못하였다. 아울러 자기 자신의 이론과 사상적 총괄이 아주 부족하여 발언 주도권을 잃었다. 남겨진 문헌은 대륙문명의 기준에 따라 선별했거나, 국외자(아웃사이더)가 육지적 사유와 언어 묘사를 끌어와 해설을 가한 것이다. 이는 본래의 모습이 아니라 심지어 해양문명에 대한 곡해・경멸・적의敵意로 가득 차, 중국에 해양문명이 있음을 부정하는 관념이 장기적으로 역사학계의 주류의식이 되었다. 이로 인해 현대학술계의 연구 또한 뚜렷하게 낙후되었다. 이런 상태에서 저자는 거시적인 담론을 제시하였지만 이는 마치 큰 파도 속에서 파도를 타는 것처럼, 주제넘는 일이었다. 그러나 중화해양문명의 근원과 뿌리를 탐구하고 과거의 중화해양역사를 체득하며 현재의 해양 발전을 정의하고 전통과 변혁의 연속성 속에서 민심과 사회행동을 응집하는 역량을 키우는 것이 시대의 소명이자 민족적 요구이다. 그래서 중국역사학자들은 이러한 점에 회피할 수 없는 사회적 책임을 안고 있다. 대담하게 진언하자면, 유능하고 지혜로운 사람의 가르침과 비판을 받을 수 있다면, 매우 영광스러울 것이다.

제3장

중국 고대의 해양경계와 해양역사권리*

현대해양경계의 개념은 대외적으로 국가가 관할하는 해역 범위(영해, 인접구역, 경제수역, 대륙붕)의 경계선을 가리키며, 대내적으로는 연해의 지방 행정부서와 군부대가 해역을 관할하는 경계선과 해양활동 집단 혹은 개인이 이용할 수 있는 해역 공간과 자원의 경계선을 가리킨다. 전자는 하나의 국가주권 혹은 주권권리를 상징하며, 후자는 지방, 민간, 개인이 해역을 개발하거나 이용할 수 있는 소유권의 상징이다. 현대해양경계는 고대의 해양경계에서 발전해 왔고, 해역 사용의 제도적 맹아와 발전에 따라 긴 변화 과정을 거쳐 왔다. 법학계는 서양 해양국가의 해양법과 그 실행적 측면에서 이러한 역사 과정을 논술하였지만, 중국과 기타 연안국가나 도서국가들의 역사적 실천 경험에 대해서는 전혀 언급하지 않았다. 역사학계에서도 이런 영역에 대한 탐색과 연구가 거

* 이 장은 「雲南師範大學學報(哲學社會科學版)」(2010), 제3기에 게재되었고, 저우쯔밍(周志明)과 공저한 것이다.

의 없었기에, 인식의 오류와 단편적 사고를 낳았다.

중국은 대륙국가이자 해양국가이기도 하다. 중국역사에서 해양경계에 관한 기술記述은 일찍이 있었고, 해양경계에 대한 중국인의 자주적인 인식이 여기에 담겨져 있다. 이것은 중국이 해양을 개발하고 이용하는 문명적 성과 중 하나이다. 이에 중국 고대해양경계의 관념과 이와 관련된 해양역사권리를 이해하는 것은, 중국 해강사海疆史를 연구하고 현재 영해문제를 분석하는 데에 모두 중차대한 이론적 의미와 현실적 의미를 지닌다.

1. 국경의 해양경계는 해안선과 다르다

고대 중국의 국경인 해양경계는 줄곧 역사가의 눈에서 벗어났다. 일반적으로 역대 왕조에서는 대륙과 도서의 해안선(해만海灣과 하구)을 자연적 경계선으로 여기기만 하고 해역까지 미치지 않는다고 여겼다. 그러나 이 주장은 사적 자료의 근거가 없기 때문에 타당하지 않다. 물론 역대 왕조에서 영해의 현대적 주권 개념은 없었지만, 국경의 해양경계가 해안선에만 그친다고 명확히 선포한 적도 없었다. 그러나 관할권이 점차 섬으로 확대되는 실천 과정 속에서 해역을 활용하고 통제하는 능력과 권리도 동시에 확장되었다.

선진 시기 연해 제후국들의 세력은 이미 해상까지 미쳐 있었다. 유향

劉向의 『설원說苑』에는 아래와 같이 기록되어 있다. "제齊 경공景公이 바닷가에서 노닐다가 너무 즐기던 나머지 여섯 달이 되도록 돌아갈 생각을 하지 않았다. 게다가 좌우 신하에게 '누구든지 먼저 돌아가자고 말하는 자가 있으면 내 이를 용서 없이 죽이리라'고 명을 내렸다."[1] 사마천司馬遷은 『사기史記』에서 "초楚나라 위왕威王은 군사를 일으켜 월越나라를 대패시키고, 월나라 왕 무강无疆을 죽였다. 절강浙江까지 이르는 옛날 오吳나라 영토를 모두 취하였으며, 북쪽으로 서주徐州에서 제나라를 격멸하였다. 월나라는 이로 인하여 뿔뿔이 흩어지게 되었다. 일족 형제들의 자손들이 서로 왕위를 쟁탈하게 되었다. 어떤 이는 왕이라 칭하고, 어떤 이는 군君이 되어, 강남江南 해상 일대에 흩어져 초나라에 조공을 바쳤다".[2] 여기서 말하는 '해상海上'은 바다에 있는 도서를 가리킬 뿐만 아니라 육지와 도서 사이를 연결하는 해역을 가리키기도 한다. 다시 말해 제나라와 월나라의 통치 범위이며, 바다 건너 땅에 있는 백성들이 생산하고 생활하는 해역을 포함하는 것이다. 진한 왕조가 연해 지역을 통일시킨 이후, 해역의 개발과 활용은 점차 환중국해 주변으로 확대되었지만, 상당히 긴 역사 기간 내에서 자연적 권리에 따라 진행되었을 뿐, 경계를 구획하는 권리의식은 없었다.

만당晩唐 이후, 남해南海는 외국과 교류하는 주요 통로가 되었다. 왕조는 남해 제도諸島에 대한 관할을 강화하고, 중국과 외국을 구분하는 해양 경계 관념을 점차 명확하게 하였다. 북송北宋 주거비周去非는 『영외대답嶺外代答』에 다음과 같이 기록하였다. "삼불제三佛齊, Samboja kingdom에서 오

1 劉向, 『說苑』 卷9 「正諫」, 『叢書集成初編』(0528), 中華書局, 1985, p.83.
2 司馬遷, 『史記』 卷41 「越王勾踐世家」, 文淵閣四庫全書(244), p.153.

려고 하면, 배를 북쪽으로 항해하여 상하축上下竺, 竺嶼, Pulau Aur과 교양交洋, 交趾洋, Beibu Gulf을 지나야만, 비로소 중국 경내에 이를 수 있다." "도파闍婆, java에서 오면, 약간 북서쪽으로 항해하여, 배가 십이자석 도서十二子石, KarimataIs를 지나면, 삼불제 해로와 축서竺嶼 아래에서 합쳐진다."[3] 남송 시기 조여적趙汝適은 『제번지서諸蕃志序』에 자신이 본 〈제번도諸蕃圖〉를 기록하였다. "소위 석상石床과 석당石塘 같은 도서島嶼는 제방을 쌓은 듯 위험하여, 교양交洋과 축서를 경계로 한다."[4] 즉 남해 서쪽에 있는 교지양交趾洋과 남쪽에 있는 축서竺嶼가 중국과 외국의 경계선임을 가리킨다. 명대 황충黃衷은 『해어海語』 하권 「분수分水」에서 "분수는 참파占城, Champa 부근의 외라外羅, 꾸 라오 레이, Culao Ray 해상에 있으며, 모래섬이 희미하게 보여, 문턱이 된다. (…중략…) 하늘과 땅이 요새가 되어 한족과 이민족華夷의 경계를 나뉜다"[5]고 하였다. 청나라 때 광동廣東 지리지에서는 모두 '장사해長沙海'와 '석당해石塘海'를 만주萬州 관할 내의 해역으로 기록하고 있다. 안사종顔斯綜의 『남양여측南洋蠡測』에서도 "남양(동남아 일대)에 만 리가량의 석당石塘이 있어, 속칭 만리장사萬里長沙라 부르기도 하는데, 줄곧 사람이 살지 않았다. 석당 남쪽은 외대양外大洋이고 동쪽은 민양閩洋이다. 외국 선박이 외대양에서 동쪽으로 향하고 대만산맥이 보이면 북쪽으로 돌려 월양粵洋으로 들어간다. 노만산老萬山을 경유하여 마카오澳門에서 호문虎門으로 들어간다. 그래서 모두 이 석당을 한족과 이민족 간의 경계선으로 삼는다"[6]고 기록하고 있다.

3 周去非, 『嶺外代答』 卷3 「航海外夷」, 文淵閣四庫全書(589), p.416.
4 趙汝适, 「諸蕃志序」.
5 黃衷, 『海語』 卷3 「分水」, 文淵閣四庫全書(594), pp.130~131.
6 顔斯綜, 『南洋蠡測』, 『小方壺輿地叢抄』, 再補編第十帙.

이러한 국경인 해양경계는 주변 국가와 항해하여 동으로 온 서방국가의 인정을 받았다. 예컨대 건륭乾隆 46년(1781), 태국Sayam(태국의 옛 명칭) 돈부리 왕조Thonburi Kingdom의 사절단이 중국으로 향했는데, 사절단 성원인 프라야 마하 누브합Phraya Maha Nubhab이 「광동기행시廣東紀行詩」에서 다음과 같이 말하였다. "앞으로 이틀 동안 계속 더 나아가서야 비로소 외라양外羅洋에 도착할 것이다. 여기서부터 광동으로 가는 길과 통하는데, 저 멀리 있는 성城이 아득하여 분별하지 못하겠네."[7] 서방의 항해자들은 남해를 '남중국해South China Sea'라고 불렀다.

황해黃海에는 북송 시기 고려와 관련된 해양경계에 관한 기록이 있다. 서긍徐兢은 『선화봉사고려도경宣和奉使高麗圖經』에서 고려로 향하는 사절단의 항로에 대해 상세하게 기술하고 있다. 선화宣和 4년(1122) 6월 2일, "남서풍이 불어, 얼마 지나지 않아 날이 개고 맑아졌다. 정동쪽으로 향해 바라보니 산이 병풍과 같았는데, 이것이 바로 협계산夾界山(지금의 소흑산도)이다. 고려는 이를 경계선으로 삼았다".[8]

동해東海에 있는 류큐琉球는 "복건福建과 인접하여 그 땅이 길게 이어져 하나의 선으로 이어졌는데, 아주 자연스럽게 바다의 경계를 나누었다".[9] 명나라 초기에 류큐 왕국과 조공 관계를 맺은 후, 양국 간에 왕래하는 해로는 흑수구黑水溝(현 南西諸島 海溝 Nansei-Shoto Trench)를 기점으로 하여 중국과 외국 간의 분계선으로 삼았다. 가정嘉靖 13년(1534)에 책봉사冊封使 진간陳侃은 "적서赤嶼, 赤尾嶼를 지나 (…중략…) 쿠미산姑米山이 보이는데,

---

7 姚楠·許鈺, 『古代南洋史地叢考』, 商務印書館, 1985, pp.89~90.
8 徐兢, 『宣和奉使高麗圖經』 卷35, 文淵閣四庫全書(593), p.896.
9 『歷代宝案』 1集 卷20, 校訂本 1冊, 沖繩縣教育委員會刊, 1992, p.678.

이 산은 류큐에 속한다"[10]고 하였고, 가정嘉靖 40년(1561)에 책봉사 곽여림郭汝霖과 이제춘李際春은 "적서는 류큐와 경계를 짓는 지역에 있는 산이다"[11]라고 하였다. 강희康熙 2년(1663)에 책봉사 장학례張學禮는 5월 초아래에 "뱃사공이 분수양分水洋을 지났으니, 이 날이 중국과 외국을 나누는 것이라 하였다"[12]고 적고 있다. 강희 22년(1683) 6월 25일, 책봉사 왕읍汪揖은 책봉선인 봉주封舟를 타고 적서赤嶼를 지날 때, "저녁 무렵 해구海溝를 지남에 바람과 파도가 세차게 일었다. 이에 산돼지와 양을 한 마리씩 던지고, 5말의 쌀죽을 뿌리며, 종이배를 태우고 북을 치고 징을 울렸다". "해구가 어떤 의미를 가지느냐 묻길래, 중국과 외국 간의 경계라고 답하였다. 그렇다면 경계선은 어떻게 분별하였는가? 그저 어림짐작하는 것이라고 답하였다. 그렇지만 방금 그곳이 제사의식을 거행한 곳이기에 그냥 억측하는 것은 아니었다"[13]고 기록하였다. 강희 58년(1719)에 책봉사 서보광徐葆光은 쿠미산에 대해 "류큐의 남서 분계선에 있는 산이다", "민중閩中(복건)에서 이 나라로 가려면 반드시 이 산을 기준으로 해야 한다"[14]고 말하였다. 또 『유구삼십육도도가琉球三十六島圖歌』를 편찬하면서 다음과 같이 말하였다. "류큐에 속한 섬이 36개가 있고, 흑수구로 선을 그어 마치 경계를 나누는 것과 같다. (…중략…) 류큐의 이 조그만 땅은 복건 바다[閩海]로 이어져 있어, 이를 얻어 동남쪽의 황량함을 메우리."[15] 건륭 21년(1756)에 책봉사 주황周煌은 다음과 같이 주석을 달았다. 류큐

---

10 陳侃, 「使琉球錄」, 『續修四庫全書』(742), p.506.
11 郭汝霖·李際春, 『琉球奉使錄』.
12 張學禮, 『使琉球記』, 『小方壺輿地叢抄』(第十帙), p.301.
13 汪揖, 『使琉球雜錄』(日本京都大學文學部藏本).
14 徐葆光, 『中山傳信錄』 卷4, 『續修四庫全書』(745), p.504.
15 徐葆光, 「琉球三十六島圖歌」, 『琉球入學見聞錄』 卷4, 清 乾隆 刻本.

는 "섬을 둘러싼 것이 모두 바다이다. 바다 서쪽에 흑수구는 복건 바다閩海와 경계를 이룬다. 복건에서 해양으로 나가 류큐로 가려면 반드시 창수滄水를 경유하고 흑수黑水를 건너야 한다. (…중략…) 바다는 물론 이수里數로 계산할 수 없지만, 구양球陽(류큐)의 바다에서는 실제로 형체를 볼 수 없는 구역 경계가 존재한다."[16] 또 「해상즉사海上卽事 4수四首」에서 "배가 흑수구를 지날 때 제물을 던져 재를 올렸는데, 이곳이 중국과 외국의 경계라고 전해진다"[17]라고 주를 달고 있다.

이로써 고대 중국의 국경 해양경계는 해안선이 아니라는 것은 틀림없는 사실임을 알 수 있다. 게다가 중국은 송대부터 중국과 외국 간 해역 경계를 나눈 해양주권의식을 형성하였으며, 사실상 경계구역에서 순항 등의 주권권리를 행사하였다.

2. 중국해안의 해양경계

고대 왕조는 지방 관아와 수군이 '연해' 해역에 대한 관할권과 통제권을 행사하였다. 그리고 행정구역과 군사구역의 해수면을 해역의 경계로 삼았다. 예컨대 북송 장얼张嵲(1049~1148)은 『자휘집紫徽集』에서 "광동 조주潮州의 해역 경계에서 도둑을 일삼는 해적선이 있었다"고 기록하였

16 周煌, 『琉球國志略』 卷5, 『續修四庫全書』(745), p652.
17 周煌, 『海山存稿』 卷11, 『四庫未收書籍刊』 九輯, 二十九冊.

다.[18] 남송 진덕수眞德秀(1178~1235)는 『서산문집西山文集』에서 다음과 같이 기록하였다. "내구內丘에 동仝 씨 성을 가진 사람이 있었는데, 일을 하는데 다른 군인들에 비해 매우 뛰어났다. 병선兵船을 인솔하고 장주漳州 해양경계인 사도주沙濤洲에 가서 직접 강도 서십일徐十一 등 15명을 생포하였다. 금년 3월, 장주 해양경계인 사주양蛇州洋에 가서 직접 강도 진십오陳十五 등 14명을 생포하여 본 주州로 압송하였고, 이들을 감옥에다 수감시켜 철저히 수사하였다."[19] 그러나 해양의 경계에 대한 구획은 이보다 훨씬 더 일찍 시작되었다. 남송 소흥紹興 8년(1138) 윤3월 13일, 지건강부知建康府 범성대范成大는 "해로에 대해 조사가 되어 있지 않고 그 경계가 분명하지 않아, 종종 도적들이 와서 강도짓을 하는데도, 이를 책임지는 자가 없습니다. 신臣이 어제 명주明州 관할의 각 군영에다 해양경계를 조사하게끔 하였는데, 이를 그림 책자로 만들자고 합니다"[20]라고 하였다.

명나라 때, 해양경계에 관련된 명확한 기록들은 많이 남아 있다. 유대유兪大猷는 『정기당집正氣堂集』 16권에서, 가정嘉靖 37년(1558) 11월에 "도적들이 예측하는 대로 이곳에서 도주하려고 하였습니다. (…중략…) 신은 그때 계속 끝까지 쫓아 잡으려 했지만, 신이 절직총병浙直總兵의 관직을 맡아 관할 지역의 중요한 책임을 지고 있음을 고려하였습니다. 심가문沈家門은 동남쪽으로 이어져 있는데, 이는 복건의 해양경계에 속하기 때문에, 군의 호령이 없는 이상 감히 함부로 이탈할 수 없었습니다"[21]라

18 張嵲, 『紫微集』 卷13, 文淵閣四庫全書(1131), p451.
19 眞德秀, 『西山文集』 卷8 「泉州申樞密院乞推海盜賞狀」, 四部叢刊景明正德刊本.
20 徐松, 『宋會要輯稿』 兵一三.
21 兪大猷, 『正气堂集』, 福建人民出版社, 2007, p.404.

고 하였다. 만력萬曆 연간에 도독첨사都督僉事 만방부萬邦孚는 "참장參將으로 승진되어 온처溫處를 지켰다. 복건의 도적들이 장사꾼으로 사칭하여 절강浙江으로 들어가 살육하고 약탈한 뒤에 배를 타고 그냥 떠나가 버렸지만, 문책할 수가 없었다. 이에 방부邦孚는 명을 내려 복건과 절강의 해양경계를 구획하여, 상선이 이 경계선을 넘지 못하게 하였다. 복건 상인이 절강에 들어가면 절강의 배를 타고, 절강 상인이 복건에 들어가도 마찬가지였다. 그리하여 마침내 훈령으로 세웠다".[22] 그밖에 광동의 총병摠兵 관마진官麻鎭이 밝힌 보고에 의하면, "복건 도적인 원진호袁進號와 원팔로袁八老 등이 천여 명의 사람을 모아 수십 척의 배를 이끌고, 갑자기 복건 동산銅山에서 혜조惠潮의 해양경계구역에 들어가, 순풍을 타고 서쪽으로 갈석碣石까지 내려갔다"[23]고 했다.

청나라 때 북에서 남쪽까지 해양경계에 관한 기록들이 모두 남아 있다. 흑룡강黑龍江 지역에 있어서는, 청 순치順治 10년(1653)에 영고탑寧古塔 부도총副督統 위에 영고탑 앙방장경昂邦章京을 설치하여 요새를 지켰다. 강희康熙 원년(1662)에 영고탑 등 지역을 지키는 장군으로 진급시키고, 강희 5년(1666)에 지금의 영안현寧安縣으로 주둔지를 옮겼다. 그것의 관할 지역은 동쪽으로 일본해, 동남쪽으로 시카타산希咯塔山(시호테알린 산맥)해양경계, 동북쪽에는 니브크飛牙喀, Nivkh 해양경계 구역(오호츠크 해), 사할린에 이르는 광대한 지역까지 포함되었다.[24] 산동 해면으로는 수군[水師]이 관할 범위를 명확히 하였는데, "수군은 해면에서 교주膠州 남

22 嵇曾筠, 『浙江通志』 卷172 「万邦孚」, 文淵閣四庫全書(523), p523.
23 許弘綱, 「題報海寇歸扶疏」, 『群玉山房疏草』 卷下, 清康熙百城樓刻本.
24 黑龍江文物考古工作隊, 『黑龍江古代官印集』, 黑龍江人民出版社, 1981, p.136.

쪽 방어지역南汛으로 1,680리里를 관할하였고, 성산成山 동쪽 방어지역東汛으로 390리를 관할하였으며, 등주登州 북쪽 방어지역北汛으로 1,770리를 관할하였다."[25] 강소와 절강 해역에 관해 『중구일작中衢一勺』에는 강소와 절강의 바다 경계선을 기록하고 있다. "소양산小洋山이 강소와 절강의 바다 경계 부분이고, 대양산大洋山은 소양산의 동남쪽에 있으며, 절강 바다 경계로 들어간다. 마적산馬跡山은 숭명崇明 남쪽에 있고, 그 위에 도사영都司營이 설치되어 있다. 응유문鷹游門이 해주海州와 산동의 바다 경계구역이다."[26] 복건과 대만 지역에 관해서 위에서 언급된 복건과 절강 등의 해양경계구역 외에, 명 말기 팽호澎湖에 유동작전병력을 설치할 때, 채헌신蔡獻臣은 "팽호澎湖는 민남閩南의 경계석이며, 오주浯州, 가화嘉禾, 천남泉南의 방어문"[27]이라고 명확하게 설명하였다. 건륭 『중수대만현지重修台湾縣志』에서도 다음과 같이 기록하고 있다. "흑수구는 두 개가 있다. 하나는 팽호의 서쪽에 있는데, 그 넓이는 80여 리가 되어 팽호와 하문厦門의 분계구역이다. 여기 물은 먹물과 같이 검고, 그 이름은 대양大洋이다. 팽호 동쪽에 있는 하나 또한 80여 리의 넓이를 가지고 있으며, 대만과 팽호의 분계구역이 되고 소양小洋이라 부른다."[28] 건륭 『중수대만부지重修台湾府志』에서도 "대만 해협은 서쪽으로는 장주와 경계를 나누고, 남쪽으로는 광동과 인접하여, 북쪽으로 민안閩安과 대치하고 있다"라고 기재되어 있다.[29] 광동 해역에 관해 『낙회현지樂會縣

25 福趾, 『戶部漕運全書』 卷91 「海運事宜」, 淸光緖刻本.
26 包世臣, 『中衢一勺』 卷1, 淸光緖安吳四种本.
27 蔡獻臣, 「浯洲建料羅城及二銃議」, 『廈門志』 卷9, 『藝文略』, p.203.
28 乾隆, 『重修臺灣縣志』 卷1.
29 乾隆, 『重修臺灣縣志』 卷1, 「封域」.

誌』에서 "박오항博鰲港에서 남쪽으로 1리 정도 거리에 성석聖石이 있고, 20리 거리에는 오석烏石이 있으며, 30리의 거리에는 신담항新潭港이 있다. 또 다시 30리 더 가면 동오항東澳港에 이르는데, 만현萬縣의 바다와 서로 연결되어 있다. 『부지府志』에서 상세하게 기록하였으니 해양경계가 매우 분명한 것이다"라고 기재되어 있다.[30] 도광道光 『조경부지肇慶府志』에서 건륭 9년(1744)에 "양강陽江의 해양경계를 측량하여 확정지었다" 라고 기록되어 있다.[31]

명대 연해의 해양경계에 대한 구획은 당시 해양사회 환경과 밀접한 관계가 있다. 왜구의 침략과 해적의 활동 등 안전을 위협하는 것에 대처하기 위해, 연해 도서에다 각 수군병영[水寨]을 설치하고 유동작전병력을 배치하여 바다를 순찰하였다. 각 수군병영에는 주둔지와 관할 지역이 있었다. 예컨대 "삼아三亞 병영에는 크고 작은 병선兵船 37척, 관병 774명이 있었고, 문창文昌, 청란清瀾, 회동會同, 낙회樂會, 징매澄邁, 임고臨高, 담주儋州, 창화昌化, 능수陵水, 만주萬州, 감은感恩, 어린주魚鱗洲 등 바다는 모두 삼아 병영의 관할 지역이었다. 동쪽으로는 백합白鴿과 접하고 서쪽으로는 위주潿洲의 각 해양경계구역과 접하였다".[32] 수군 병영이 순찰한 구역이 바로 해양경계인 것이다.

순찰에는 두 성省을 걸쳐 순찰하는 것과 성 내의 순찰 두 가지가 있다. 두 성을 걸쳐 순찰하는 것은, 두 성이 서로 인접한 수군병영 간에 왕복하며 순찰하는 것이다. 예컨대 절강진浙江鎮 하문下門 수군병영은 남으

30 林子蘭 纂修, 『樂會縣志三种』, p.424.
31 江藩, 『肇慶府志』 卷22, 清光緒重刻本.
32 王鳴鶴, 『登壇必究』 卷10, 清刻本.

로 복건의 봉화문烽火門과 유강流江과 만나고, 복건의 봉화문 수군병영은 북쪽으로 절강의 송구松口와 만나게 된다. 복건과 광동의 접경인 남오南澳에 관아를 세우고 진鎮을 건설하였다. 복건의 동산銅山 수군병영과 광동의 자림柘林 수군병영에 방어구역을 하나로 합쳤다. 성 내의 순찰은 한 성 안에 인접된 수군병영 사이를 왕복하여 순찰하는 것으로, 『복양오채회초론福洋五寨會哨論』에 나오는 복양福洋 지역 순찰을 예로 든다. "봉화문 수군병영은 복녕주福寧州 지역에 설치하였고, 관할 지역인 관정官井, 사정沙埕, 나부羅孚를 남북중南北中 3개 초소를 설치하였다. 그 후에 관정官井 연해에 수군병영을 설치하여 또다시 나강羅江, 고진古鎮에 2개의 초소를 두었다. 그래서 봉화烽火와 관정官井 수군병영에는 5곳의 초소가 있는 것이다. 소정小埕 수군병영은 복주부福州府 연강현連江縣 지역에 설치되었다. 그 관할 지역은 민안진閩安鎮, 북교北茭, 초산焦山 등 7개 순사巡司를 남북중 3개 초소로 하였다. 그래서 소정 수군병영에는 3곳의 초소가 있는 것이다. 남일南日 수군병영은 흥화현興化府 보전현莆田縣 지역에 설치되어, 그 관할구역인 충심冲心, 보희莆禧, 숭무崇武 등 소사所司를 3개 초소로 하였다. 그러나 문오항文澳港의 수군병영은 평해平海에다 증설하는 것으로, 남일 병영에 초소는 4곳이었다. 오서浯嶼 수군병영은 천주부泉州府 동안현同安縣 지역에 설치하였다. 위로 위두圍頭부터 남일까지, 아래로 정미井尾부터 동산銅山까지, 대략 2곳의 초소가 담당하였다. 동산銅山 수군병영은 장주부漳州府 장포현漳浦縣 지역에 설치하였으며, 북으로는 금산金山에서 오서로 이어졌고, 남으로는 매령梅嶺부터 광동까지 대략 2곳의 초소가 담당하였다. 남쪽에서 북쪽으로 순찰하면, 동산에서 출발하면 오서까지, 오서에서 출발하면 남일까지, 남일에서 출발하면 소정小埕까지, 소정에서 출발하면 봉화烽火에서 만난다. 이처럼 북에서 순찰해 내려오는 것이 모두 갖추어지게 되었다. 북쪽에서 남쪽으로 순찰하면, 봉화烽火에서 출발하여 소정까지, 소정에서 남일南日까지, 남일에서 오서浯嶼까지, 오서에서 출발하면 동산銅山에서 만난다. 그래서 남에서 순찰해 가는 것이 모두 갖추어지게 되었다. 초소 사이의 길은 서로 연결되었는데, 그것은 상산常山의 형세처럼 순찰과 체포가 합치되었고, 어려魚麗의 진법처럼 방어법이 이보다 더이상 뛰어넘을 수 없었다."[33]

이처럼 순찰 해역들은 단지 하나의 도서에서 다른 도서로 가는 것이 아니라, 도서 간의 해수면 위의 해역이라는 점이 가장 중요하다. 명청 교체기에 정성공이 해상에서 궐기하여 동남 연해의 제해권을 장악하였고, 이에 청 정부는 엄격한 천해령遷海令을 시행하였다. 삼번三藩을 진압한 뒤에야 비로소 통치구역을 다시 해역으로 확장하였고, 명나라의 옛 제도를 답습하여 해양을 순시하는 순찰제도를 실행하였다. 즉 수군이 방어하는 위치와 역량에 따라, 일정한 해역을 나누어 그것의 순찰 범위를 정하고, 경계구역 표지를 설정하였다. 관병들이 순찰하지 않는 폐단 등을 방지하기 위해, 인접하는 두 개의 순양함대가 정해진 기한 내에 만나서 영전令箭(화살모양의 수기手旗)을 교환하도록 규정하였다. 그래서 이후의 해도海圖에는 각 병영의 순찰구역에 관한 그림이 있었는데, 도광道光 20년(1840)의 〈복건전성양도福建全省洋圖〉[34]와 같은 것이다(〈그림 1〉 참조).

동시에 청 조정에서는 수사水師는 해역(해양수면)을 순찰・경계하는

33 鄭若曾, 『籌海圖編』, 中華書局, 2007, pp.776~777.

34 北京大圖書館, 『皇輿遐覽－北京大學圖書館藏清代彩繪地圖』, 中國人民出版社, 2008, p.260.

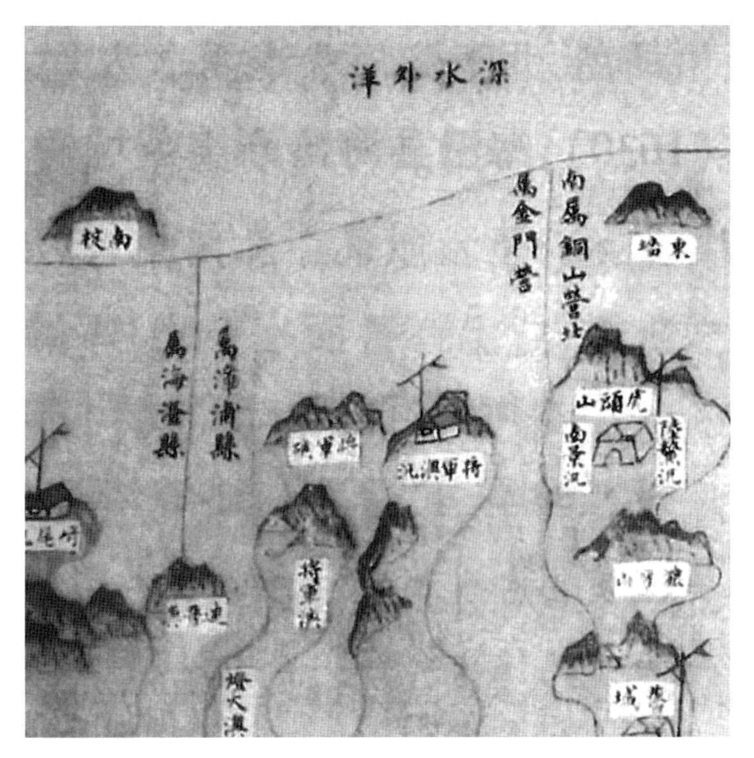

〈그림 1〉 〈복건전성양도(福建全省洋圖)〉

것에 대해 안전보장의 책임이 있고, 조사가 지연되면 처벌을 받는다고 규정하였다. 「병부처분칙례兵部處分則例」에서는 "바다에서 의외의 사고가 일어나면, 피해자가 이 지역의 협력 순찰 등을 관장하는 관리에게 알린다. 관련 부서에서는 사고가 일어난 해역으로 달려가 강탈당한 상황을 조사하여, 실제로 자신의 해양 관할 구역에 속하면, 바로 신속히 총순관總巡官에게 보고하고, 장군에게 상세히 전달하여야 한다. 한편으로 각 포구마다 세금장부와 뇌물장부를 상세하게 대조 조사하여 상부에 교부하고, 한편으로는 수사水師의 각 병영에다 기한 내에 수배하도록 엄하게 명령을 내린다. (…중략…) 만약 순찰 조사하는 관원이 수사를 지연하여 일이 발생하였다면, 이 무관에게 한 직급 내리는 처벌을 하는데, 이는 개인의 사사로운 죄인 것이다. 총순관總巡官이 직무명과 장군 등을 상주하면서 이들을 모두 한 직급을 내릴 것을 건의하는데, 이것은 직무상 저지른 죄[公罪]"라고 하였다.[35]

연해사회에서 해양 어업 자원은 백성들에게 중요한 생활물질의 공급처이어서, 기층사회의 해양경계 관념은 해양포획과 갯벌 양식과 많은 관련이 있다.

해역공간에 있어 근해 어업권과 양식권의 해역경계는 늦어도 명대에 출현하였다. 깊고 넓은 바다의 어장은, 이전부터 각지의 어선들이 자유롭게 진입할 수 있는 해역이었다. 명 왕조의 해금海禁 때문에 바다를 생업으로 하는 연해 백성들의 공간을 근해 해역과 해안 지대의 갯벌로 압축시켰다. 이로 말미암아 민간에서는 해양자원과 공간에 대한 쟁탈전이 촉발되었다. 최초에는 민간의 자발적인 행위로, '힘으로 경계를 지키는 것'이었다. 이는 사유 혹은 종족 공유의 산업으로 계승하거나 매매할 수 있었다. 예컨대, 복건 장포현漳浦縣 얕은 바다의 '그물망[網]'과 간석지의 '늪[泊]'에서, "어민들은 조수가 차고 빠져나감으로 하여 그물을 쳐 고기잡이의 범위로 여겼는데, 그 경계가 명확하였다. 이전 연해 백성들은 고기잡이 능력의 차이를 가지고 자신의 고기잡이 범위를 형성하였다. 지금처럼 반드시 자금을 투자하여 교역을 하는 것이지, 두 손의 노동만으로 얻을 수는 없는 것이다".[36] 가정嘉靖 갑신년(1593) 「고뢰

35 伯麟, 『兵部處分則例』 卷36 「八旗」·「巡洋」, 淸道光刻本.
36 顧炎武, 『天下郡國利病書』 卷94, 福建 4.

해오비古雷海滬碑」에는 왕공묘王公廟의 관할 해양경계구역이 "동쪽으로 홍서紅嶼에 이르고, 서쪽으로 석두石頭와 오서五嶼에 이르며, 남쪽으로는 감길도柑桔島에 이르고, (왕공묘王公廟가 관할하는 해역은) 북쪽으로 유자강溜仔巷 반호半湖촌 수구용水溝龍까지 이른다. 간석지에서 고기를 잡은 경제적 이익은 이 묘 소유가 된다"고 기록되어 있다.[37] 숭정崇禎 3년(1630), 해징현海澄縣 해창海滄구 점미漸美촌 노갱蘆坑의 사謝 씨가 세운 세향당업산비世饗堂業産碑에는 바닷가 얕은 호수를 종중 재산으로 간주하였다.

> 본 관아에는 바닷가 얕은 호수가 한 곳 있다. (…중략…) 동쪽으로는 서자(嶼仔)에 이르고, 서쪽으로는 해안에 이르며, 남쪽으로는 계관석호정항(鷄冊石壕釘港)에 이르고, 북쪽으로는 태자(埭仔) 아래까지를 경계로 한다. 앞으로 자손들은 공적인 일을 없애고 사리사욕을 채우며, 불법 전매 등 부정행위를 하면 안 된다. 만약 어긋남이 있으면 반드시 진상을 추구하여 밝힐 것이다.[38]

그러나 민간에서의 해양경계구획에는 항상 분쟁이 있다. 즉 소위 "바다와 인접한 지역은 바다를 그어 경계로 하는데, 자신의 경계구역이 아닌 곳은 경계를 넘어 간섭할 수 없다. 굴곡진 해변을 넘어 고기잡이를 함으로써 다툼이 시작된다".[39] 종중의 해양자원 또한 겸병으로 인하여 흉기를 들고 싸우는데, 이에 지방 관청에서 판단하여 경계를 정했다. 예를 들어, 만력 신사辛巳년(1581)에, 천주泉州 진태陳埭 정丁 씨가 해당海塘

37 「古雷海滬碑」.

38 비석은 세향당(世饗堂) 정원에 세워져 있음.

39 林焜熿, 『金門志』, 臺北大通書局, 1984, p.394.

(연해 지역에 썰물일 때 드러나는 토지)을 종종 재산으로 나누어 받았다. 나중에 구원瞿園 황黃 씨가 점거하여 소송이 일어났는데, 이에 천주 부주府主 양청梁淸은 "원래의 해양경계를 따르도록 결정한다"고 지시를 내렸고, 고高 부정사布政司는 "각각 원래의 경계를 준수하도록 명령한다. 동아문東衙門 시랑施琅, 복건 도독都督 요계성姚啓聖과 마을 어른에게 비석을 세워 경계를 정하도록 한다"고 지시를 내렸다. 청 강희 44년(1705), 이李 씨 성을 가진 이가 관부가 정하는 경계석을 마음대로 부수고, 어린 맛조개 모종을 채취한 일이 있었고, 그 후 다시 안두岸兜촌의 임 씨와 장 씨 등 5인이 해변가에 썰물로 인해 생긴 토지인 해당海塘을 약탈하는 일이 있었다. 이에 천주泉州 지부知府인 손조양孫朝讓이 심문하면서 다음과 같이 말하였다.

> 심문해보니 다음 사실을 알 수 있다. 연해 백성들은 모두 바다를 논으로 삼는데, 만약 조수가 밀려와 연어를 잡으면 어업세를 납부한다. 만약 썰물이 되어 토지가 드러나면 맛조개 모종을 재배하여 채취하는데, 그러한 즉 탕미(蕩米, 畝에 따라 징수하는 토지세)를 거둘 수 있어, 그 경계가 원래부터 분명하였다. (…중략…) 지금 각각 원래 자신이 소유하는 것을 가지고 판정을 내린다. 정 씨에 있어서는 해당(海塘)에서 양식을 얻는 것을 업으로 삼기에, 이를 넘어 고기잡이에 종사할 수 없다. 임 씨와 장 씨 등 5인은 각자 고기잡이를 업으로 삼아, 노를 저어 바다로 나간다. 그물망이 쳐진 곳에 이르러서는, 조금이라도 정 씨의 해당(海塘) 작업 지역으로 들어가서는 안 된다.[40]

40 『陳埭丁氏回族宗譜』, 香港綠叶教育出版社, 1996, p305~306.

또 장서사長嶼社는 삼면이 바다로 둘러싸여 있고, 서남쪽에서 동쪽으로 돌면 주위가 모두 바다와 포구이다. "그 경계는 대태大埭에서 입구까지 이르며, 남쪽으로는 진궁서陳宮嶼에 이르고, 서쪽으로는 오사항烏斯港까지이며, 숭서嵩嶼, 오초烏礁, 백서白嶼, 사갱주斯坑洲, 상서象嶼 등의 지역을 지난다." 여기는 모두 장민長民 가柯 씨가 그물을 내려 고기와 새우를 잡는 지역에 속한다. 만력萬曆 연간 "호족들에게 빼앗겨 (…중략…) 해도海道와 도피陶批를 관장하는 분부分府에서, 원래 관장하는 사람에게 되돌려주라는 판정을 내렸다". 건륭 12～13년(1748～1749)에 다시 석당사石塘社 사謝 씨에게 빼앗긴 것에 대해, "그 바닷가 얕은 호수는 원래의 판정에 따라 가 씨에게 귀속하여 관리한다"고 하였다. 그래서 14년(1750)에 그 사안을 돌에 새겼다.[41]

민간에서 바다를 그어 경계로 삼아 자신의 업으로 여긴 것은, 민대閩臺 이외의 남북 연해지역에 모두 존재하였다. 예를 들어 『고금도서집성古今圖書集成』의 기록에 의하면, 산동은 "문등文登현의 청해靖海 지역은 해상 수면에 각각의 생업이 있는데, 이는 마치 밭에 두렁이 있는 것과 같다".[42] 『낙회현지樂會縣志』의 기록에 의하면, 선통宣統 연간에 광동廣東은 "박오항博敖港 북쪽 20리에 적석赤石이 있으며, 30리에 담문항潭門港이 있다. 낙樂 지역과 회會 지역 사람들은 매년 해양이익을 제어하였다. 광서 30년(1904)에 회동현會同縣 지사인 임진광林振光의 판정을 거쳐, 담문항潭門港 중류를 기준으로 남쪽이 낙회현의 해양경계가 된다. 해문海門 이남의 바다 이익은 낙회현에서 거둔다. 또 배항排港은 온통 모래밭이다. 상

---

41 비석은 동서(東嶼) 가(柯)씨의 향덕당(享德堂) 밖에 보존되어 있음.

42 『古今圖書集成』, 『職方典』 卷278 「登州府部」.

류로부터 두 물줄기가 흘러내리는데, 한 줄기는 회동會同에서 또 한 줄기는 낙 지역으로 흘러 내려와, 한 줄기로 합해져 바다로 들어간다. 이 두 현縣의 해선海船은 모두 이곳에 정박하며, 계강溪港 중류지역을 경계로 하여 나뉘어진다".[43] 마찬가지로 경계를 넘는 분쟁도 있었다. 예를 들어, "명말부터 청 왕조까지, 만민萬民과 낙민樂民들은 여러 차례 경계를 넘어 고기를 잡아 소송이 멈추질 않았다. 두 왕조를 거친 이 사안은 수십 년 동안 얽혔고, 건륭 연간에 상위법에 의해 오석烏石을 경계로 하는 것으로 상위법에 따라 오석을 경계로 하는 판정을 내렸다. 그 이후 함풍咸豐, 동치同治, 광서光緒 연간에 다시 경계를 넘어 고기를 잡으며 통제권 쟁탈이 시작되었다. 이 소송 사건은 상급기관인 찰현札縣에서 처리하였다. 현령縣令 소문휘蕭文煇가 고지하면서 다음과 같이 말했다. '박오博敖의 향신과 백성 그리고 병신秉信과 남강南港 두 지역의 사람들에게 알린다. 너희들은 모두 예전과 같이 각자 관리하는 어항에서 생업에 종사하면 된다. 야만스럽게 침범해서도 안 되고, 자신의 머리를 믿고 수로를 막아 일을 저지르면 안 된다. 만약 앞으로 경계를 넘어 고기를 잡고 수로를 막으면, 이 마을 당사자 등의 이름을 보고하기를 허하노라. 이에 근거하여 주모자와 공모자를 구별하여 상세한 상황에 따라 규명하고 처벌하겠다.'"[44]

민간 해양경계의 일종인 해적들의 해양경계는 원래 해적들 사이에 있어 세력 범위를 구분짓는 개념으로, 자신들이 통제하는 해역에서 약탈하거나 또는 지나가는 선박에 대해 '보수保水(보호비)를 징수하는 것이

43 乾隆,『重修台湾縣志』卷1「封域」.
44 위의 글.

다. 이것은 법에서 벗어나 폭력으로 취득한 해양권리인 것이다. 명대와 청대에는 이러한 사례가 아주 많았기에, 여기서 더 이상 반복해서 서술하지는 않는다.

이상과 같이 각종 해양경계에 관한 자료는, 해역 물권物權에 대한 관념이 중국의 민간에서 형성되어 지금까지 수백 년 동안 지속되어 왔다는 것을 설명하고 있다. 다시 말해 해역 사용의 제도를 설립하는 데에 있어, 중국은 다른 해양국가에 비해 훨씬 앞서 있고, 자신의 정의와 특색을 지니고 있다.

3. 해양경계 관념과 해양권리

중국 고대의 해양경계관념은 중국의 해양권리역사와 일정한 관계가 있다.

송宋대에 해상에서의 중국과 외국 간의 분계分界는 다음과 같은 과정을 거치면서 형성된 것이다. 고대부터 민간이 자발적으로 해양공간과 자원을 이용・개발하였고, 도서島嶼와 해역 그리고 어장을 발견하고 이름을 지었으며, 동서양 항로를 개척하였다. 아울러 이를 대대로 반복적으로 이용하였으며, 경계 내에서 어업활동과 항행할 수 있는 권리를 먼저 차지함으로써, 관부의 승인과 보호를 얻은 필연적인 결과이다. 국경으로써 해양경계 관념의 확립은, 왕조가 해역에서의 주권을 행사할 수 있는 효과적인 근거를 제공한다. 송대 이후 수군은 남해를 순시하였고, 명대 수군은 민해閩海와 류큐琉球 대양大洋을 순시하였는데, 이 구역은 모두 국경의 해양경계 범위 안에 있었다.

해외로 출병하거나 사신으로 나갈 때 국경의 해양경계를 넘었다는 기록이 있다. 예를 들어, 지원至元 29년 12월(1293.1), 사필史弼은 오천 명을 가지고 여러 군사들과 합쳐서, 천주를 출발하여 자바Java를 토벌하였다. "칠주양七洲洋와 만리석당萬里石塘(현 남사군도南沙群島)을 지났고, 교지交趾와 참파占城, Champa의 경계를 거쳤다."[45] 정통正統 6년(1441)에, 오혜吳惠가 참파에 사신으로 갔다. "12월 23일에 동완현東莞縣에서 출발하여 (…중략…) 25일에 칠주양七洲洋를 지나니 멀리 동고산銅鼓山이 보였다. 26일에 독저산獨猪山에 이르니 멀리 대주산大周山이 보였다. 27일에 교지의 경계에 이르렀다."[46] 또 명청시기 책봉사冊封使들은 흑수구를 지난 후 류큐 해양으로 들어갔고, "5년 6월 19일에 배가 류큐 경계 내의 쿠미산姑米山 근해에 도착하였다".[47] 이처럼 중국과 외국 간의 분계 관념을 명확히 제기하고 있는데, 이는 해역 주권의식의 의사표시인 것이다.

연해 지방 행정 단위(省, 府, 縣)의 해양경계와 군사 단위의 해양경계는, 지방 관부와 수군의 관할 해역의 경계이다. 그래서 해양경계를 관할하는 범위 내에서, 해상 안전과 해사 분쟁을 처리할 권리가 있다. 이것이 해역 주권에서 파생된 공권력이다. 명대 후반에 해양에 대한 통제력을 잃자, 관방은 관할 해역 안에서 권력을 완전히 행사할 수 없었고

---

45 宋濂, 『元史』 卷162 「史弼傳」.

46 愼懋賞, 『海國广記』 「占城國」, 玄覽堂叢書續集 第14冊.

47 中國第一歷史檔案館藏宮中朱批奏折, 轉引自吳天穎, 『甲午戰前釣魚列嶼歸屬考』, 社會科學文獻出版社, 1994, p.60.

어선의 조업을 근해 해역으로 제한하였다. 만력 19년(1591), 「어선금약漁船禁約」에 아래와 같이 규정하였다.

> 지금의 각 선박들은 모두 주현(州縣)의 명을 따라 조사를 받고 그 소속을 관아에 등록해야 한다. 평상시대로 포획하면서 생활하지만, 바다에서 비위 행위를 해서는 안 된다. (…중략…) 물이 많이 불면, 각 배들은 내지에서만 운행을 허가한다. 예를 들어, 봉화(烽火)의 대산(臺山), 상산(礵山)과 소정(小埕)의 동용(東涌), 오서(浯嶼)의 팽호(澎湖)와 요라(料羅), 남일(南日)의 동호(東滬)와 오구(烏坵), 동산(銅山)의 사주(沙洲)와 같은 중요한 바다들은 모두 외딴섬 밖에 위치하고 있어, 오랑캐들이 반드시 들락날락해야 하는 곳이 된다. 그래서 한 척의 배이건 한 조각의 그물도 그곳에서 왔다 갔다하여 보초서기 어렵게 하여서는 안 된다."[48]

이것이 바로 공권력의 표현이다. 이 외에도 지방해양경계 내의 어장은 외지 어선이 들어가 조업하는 것을 금지하고 있지 않지만, 그것이 관해官海에 속하는 것이기에 현에다 보고한 뒤에 작업을 할 수 있다. 예를 들어, 건륭 40년(1775)에, "복건福建 어선은 매년 봄 어기에 고기를 잡고 겨울 어기에 갈치를 낚는다. 정해定海, 진해鎭海, 상산象山의 3현의 현지 관아에 가서 패牌를 납부하고 징표[單]로 바꿔, 정해 놓은 해역에 단체로 가서 그물로 어획작업을 한다".[49] 이런 방식은 어획진입허가제도의 시초로 볼 수 있다.

48 『倭志』 上冊, 玄覽堂叢書續集 第16冊.
49 『福建省例』, 臺灣文獻叢刊 第199种.

연해지역 민간이 바다를 점유하여 형성된 해양경계는, 개인이나 종족이 일정 범위의 해역을 사용하는 어획권, 양식권을 점유하고 있음을 나타낸다. 이는 사용하고 있는 해역에 대해 소유권을 주장하고, 사용권과 수익권 그리고 처분권을 향유하는 것이다. 이것은 늦어도 명 말기에 이르러 연해 지방의 관습법으로 되었고, 아울러 지방 관부의 승인을 받아 관리하는 것이다. 다만 어민들이 자유롭게 조업하는 해역은 바로 공적인 이익으로, 관해에 속하는 것이어서 개인의 업으로 점유하는 것을 허락하지 않았다. 만력 32년(1604) 복건 동안현同安縣의 금지 조서 비석에는 다음과 같은 기록이 있다.

본 현(縣) 석심오(石潯澳)의 어민 왕응(王應)이 상고한 것으로 (…중략…) 동안(同安) 해역에 두 가지 징수세가 있었다. 밀물이 되면 해수가 되고 썰물이면 간석지로 된다. 이 간석지에서 조개류를 재배하여 채집하는 사람은 당미(塘米)세를 납부해야 한다. 간석지의 수심이 깊은 곳에는 고기와 새우가 출몰하였다. 어민들이 자유롭게 그물로 펼쳐 고기를 잡는데, 당(塘)과 탕(蕩)을 구분하지 않고 그물을 쳐 고기를 잡으면 과미(課米)세를 납부해야 한다. 이처럼 끝없이 펼쳐진 바다에 민간 선박만 고기잡이를 금지시킨 것이 아니라, 관부 배들도 마찬가지로 깊은 바다에서 고기잡이를 할 수 없었다. 지금 동체양(東滯洋) 일대의 수면 수익권을 이차렴(李次廉)에게 판매하였는데, 이차렴이 다시 가진(柯進)에게 전매하였다. 무릇 이 바다 수면에서 고기잡이를 하여도 필히 비용을 납부해야 했다. 어민들은 이에 불만을 가져, 관부에다 상고를 하였다. 소군항(蘇君恒)의 계약서를 자세히 조사하고 난 후, 이 해면(海面)은 동산양(東散洋) 등 지역이라고만 기록되어 있을 뿐,

구체적인 지역 경계가 없고, 다만 상풍리(翔風里)를 가리킬 뿐이다. (…중략…) 관부 책자인 황책(黃册)에서는 세수를 기재하지 않았는데, 이는 명백하게 공공의 바다[官海]여서, 백성들이 여기서 자유롭게 고기잡이를 해도 되는 것이다. (…중략…) 이러한 이유로 소군항이 원래 가격대로 가진에게 돌려주도록 판결하였고, 이 바다에서 모든 어민들이 원래대로 고기를 잡을 수 있도록 비석에 비명을 새기도록 하였다. 이로써 해수면을 사적으로 점유하여 매매하는 것을 금지시켰다. (…중략…) 흥천도(興泉道) 우참정(右参政) 또한 '소군항이 공공 해수면을 사적으로 매매한 것은 엄중한 범법행위이다. 마땅히 공공에게 돌려 준 후, 증거를 삼고자 비석에 새겨 후환을 막고자 한다'라고 지시를 내렸다.[50]

그래서 강희 29년(1690)에, 장포현漳浦縣에서는 "백성들이 고기나 새우를 잡는" 바다 간석지나 공공 해수면은 "자연적으로 공공의 이익"으로, "지방의 악덕 인사나 명문거족이 자기의 업으로 차지하고, 백성들이 그들에게 세금을 납부하는 것"을 허용하지 않았다. 민절閩浙 부원部院(순무巡撫의 별칭)의 지시에 따라, 영원히 금지하도록 비석에 새겼다.[51] 이와 같은 사건들은 대만에서도 많이 나타났다. 건륭 25년(1760) 제라현諸羅縣에서는 간석지[海坪]를 강점하는 것을 금한다는 공지 내용을 비석에 기록하고 있다.

방봉(方鳳) 등이 간석지를 강점한 것에 대해 제라현(諸羅縣) 백성 채화인

50 비석은 석순촌(石洵村) 소혜궁(昭惠宮)에 보존되어 있음.

51 「北江海灘禁示碑」. 비석은 장포(漳浦) 하미진(霞美鎭) 북강촌(北江村) 사당(祠堂)에 보존되어 있음.

(蔡華仁) 등이 고소한 사건. 이전에 백성들은 제라현 안정리(安定里) 일대의 간석지에서 자유롭게 고기잡이를 하였는데, 싸움의 발단이 하나도 없었다. 이후 건륭 12년(1747)에 진굉덕(陳閎德)이 관부에다 토지재산권을 신청하여 세수를 챙겼다. 보고 내용에는 방봉 등이 이곳에 오두막을 짓고 살면서 맛조개 양식장 30여 곳을 만들었고, 또 다시 60여 곳으로 나누었다. 그래서 이곳을 진굉덕의 재산이라 억지로 갖다 붙이고서는, 표지를 세워 경계를 정하였다. 채화인은 이 일을 지부(知府)에다 상소를 올렸다. 이에 지부에서 이 사안을 조사한 후, 진굉덕에게 원래의 문건를 반납 폐기하라고 하였고, 전임 현령 서덕준(徐德峻)에게 이 사건을 기록하여 상급에다 보고하라고 지시를 내렸다. 그러나 전임 종수거(鐘守據)가 심사하여 비준한 것을 조사하여 상부에 보고하였으나, 전임 도대(道臺, 道憲德)의 지시로 기각되었다. 그래서 소송이 지연되어, 이 사건이 여전히 해결되지 못하였다. 뒤이어 채화인(蔡華仁) 등이 이것에 불복하여 도대에게 반복하여 고소하였다. 이에 도대는 지부에서 이 안을 직접 조사하도록 지시하였다. 아울러 당사자를 압송하여 심문하도록 하였는데, 대만 현령에게 진술내용을 상부에다 보고하게끔 하였다. 그런 이후 제라현 이(李) 현령이 방봉 등을 지부 아문(衙門)으로 압송시켰고, 대만현 하(夏) 현령이 관련 당사자들을 심문하였다. 지부에서 실사한 결과는 다음과 같다. 채화인 등이 끊임없이 방봉 등을 고소한 것은, 방봉 등이 해면의 간석지를 점용했기 때문이다. 이 해면 간석지는 자연적으로 형성되어, 그 지역 사람들이 자유롭게 어로활동을 하였고, 지금까지 국가에다 세금을 납부한 적이 없었다. 하 지부 현령은 심문한 후 그 원인을 확인하여, 이 해수면 간석지는 마땅히 공공소유로 되어야 한다고 하였다. 쌍방 당사자들은 이에 대해 승인하였고, 방봉 등이 점용한 해

수면 간석지를 일률적으로 공공의 것으로 돌려, 그 지역 주민들이 공동으로 어로 활동을 하는 것에 동의하였다. 이로써 사적인 점용을 근절시켜, 소송의 근원을 완전히 없앴다. 앞으로 분쟁을 일으키면 엄정하게 처벌하여 관용을 베풀지 않을 것이다.[52]

또 건륭 53년(1788) 가의읍嘉义邑 법령法令을 받아 금령禁令을 공포하는 비석에 아래와 같이 글을 새겼다.

가의읍(嘉義邑) 향충리(向忠里) 지역의 신사(紳士) 오적선(吳積善) 등이 이전 일에 대한 설명에 근거하여 보고합니다. 우리들이 거주하는 해안에는, 동서로 두 보(保)와 22개의 마을이 있습니다. 토지에서 생산되는 것이 아주 적어 생계를 도모하기가 어렵습니다. 다행히 이 일대에 해수면 간석지가 있어, 주민들은 여기에서 어로 생활을 하고 있습니다. 이곳은 자연이 우리에게 가져다 준 생존기회인 것입니다. 건륭 12년(1747)에 지방 건달인 방봉(方鳳)과 진굉덕(陳宏德) 등이 이곳을 사적으로 점유하고, 관부에다 주민들이 세금을 내게끔 청하였습니다. 이에 향신(鄕紳)인 채화인(蔡華仁), 채유인(菜維仁) 등이 친히 고발을 하였습니다. 전임 양도대(楊道臺)가 지부(知府)에다 직접 심리하라고 지시를 하였고, 아울러 공문을 보내어 대만현하(夏) 지현(知縣)에게 구체적으로 심사라고 하였습니다. 그래서 최종적으로 각 마을이 공동으로 어로활동을 하도록 판정하였습니다. (…중략…) 하지만 이러한 분쟁이 막 평정되었을 무렵, 구(邱) 씨와 방(方) 씨 양대 성 씨

52 비석은 대남현(臺南縣) 서항향(西港鄕) 팔분촌(八份村)의 공원에 보존되어 있음.

가족인 구조원(邱朝遠), 구체(邱體), 구천(邱天), 구철(邱轍), 방련(方連), 방재원(方財源), 방체(方體), 방원명(方元明) 등이, 감료(蚶寮) 마을의 거족(巨族) 집안인 황불(黃佛), 황우(黃禹), 황세(黃世), 황세(黃歲), 황향(黃鄕) 등의 정당(正堂) 등과 공모하여, 연해 간석지에다 경계 표지를 달고, 이 지역 건달들을 규합하여 오두막을 짓게 하고선, 이 지역 마을 주민들이 자유롭게 어로활동을 하는 것을 제지시키고 어획물을 탈취하였습니다. (…중략…) 대만현(臺灣縣) 지현(知縣)인 하호(夏瑚)가 명확하게 조사하였습니다. 이곳 해수면 간석지는 전례로 세금을 납부한 적이 없었고, 연해 주민들이 자유롭게 어로활동을 하게 함으로써 그들에게 편리함을 가져다 주었으니, 사실 은혜를 베풀고도 아무런 행정적 비용이 들지 않는 것을 알게 되었습니다. 그러나 시간이 오래 지남에 따라, 그중에 탐욕스럽고 악랄한 무리가 기회를 틈타 점유하여, 주민들이 하려는 바를 할 수 없게 하였는데, 이는 이후 사람들의 이익을 전혀 고려하지 않은 것입니다. 하호 지현이 조사 심리를 마친 후, 해수면 간석지를 전부 공공의 소유로 돌려놓았고, 각 지역 주민이 자유롭게 어로활동을 하도록 판결하였습니다. (…중략…) 그런 까닭에, 향충리(向忠里)의 동서 두 보의 향민에게 아래와 같이 알린다. 너희들은 헌령(憲令)에 따라, 이 연해 일대의 해수면 간석지를 개방하여 모든 주민이 자유롭게 어로활동을 하도록 하라. 지금 세워둔 오두막은 하나도 남김없이 모두 철거하여, 분쟁의 씨앗을 근절하도록 하라. 만약 법을 어기고 감히 계속 해수면의 간석지를 점유하고 오두막을 짓거나 오두막을 즉시 철거하지 않고 각 지역 향민들이 어로활동을 자유롭게 하지 못하게 하는 불순분자가 있다면, 너희 향민들이 관부에다 고발하여 엄중한 처벌을 받도록 할 것이다. 만약 이 고장의 향보(鄕保)가 방임하여 보고하지 않으면, 실제

조사나 고발을 통해 일률적으로 엄중히 처벌할 것이다.[53]

중국이 해역을 이용한 역사는 유구하며, 이로 형성된 해양의 역사적 권리에 관한 내용은 매우 풍부하다. 그렇기에 기간별, 해역별의 실증연구가 필요하다. 해양을 본위로 하는 사고를 수립하여 해강사海疆史를 해양사로 넓히고, 국가의 해양권익을 수호하고 해양문명 건설을 위한 봉사를 강화하는 것은 새로운 세기의 사명이다. 대륙과 도서의 해안선 그리고 그 사이의 해양을 전체로 보고, 고대 해양경계 자료를 전면적으로 정리하고 분석하는 것은, 그 가운데 하나의 시각에 불과할 뿐이다. 비록 중국 고대에는 "바다를 건너는 사람은 많았지만, 책을 쓴 사람은 적었다. 배에 올라 구토를 하지 않고, 매일 장대將臺에 앉아 직접 그 본 바를 적은 사람은 특히나 적"지만[54] 남아 있는 관청과 민간의 문헌, 기록물, 해도海圖 가운데 적지 않게 산견해 있는 바다 관련 자료를 발굴・이용하여, 좀 더 깊이 연구할 필요가 있다.

53 비석은 台南縣 佳里鎮 建南里 金唐殿에 보존되어 있음.
54 李鼎元, 『使琉球記』, 10월 6일.

제4장

명초 류큐 대양 해전海戰과 후대의 사회적 반향

명나라 건국 공신 중에는 해상에서 공을 세운 두 명의 영웅이 있다. 정해후靖海侯 오정吳禎과 항해후航海侯 장혁張赫이다. 이들은 명을 받들어 수군 함대를 거느리고 바다를 순찰하며 왜구를 쫓아 류큐 대양까지 추격하여 해전의 승리를 거두어, 일본인 선박 몇 척을 포획하였다. 이로써 중국 수군의 강력한 해상 작전 능력을 드러내었고 주원장朱元璋의 포상을 받았다. 오정과 장혁은 생전에는 명성이 자자하였고, 죽은 후에는 해국공海國公과 은국공恩國公으로 추서되었다. 하지만 얼마 지나지 않아 '호람지옥胡藍之獄'에 연루되어, 소리 없이 종적을 감추었다. 명청대 류큐 대양 해전의 서사는 잊혀지고 제기되고 다시 잊혀지는 과정을 거쳤는데, 이 이면에는 어떠한 역사적 함의가 숨어 있을까? 또 우리에게 어떠한 현실적 시사점을 주고 있는가?

1. 일본을 정벌하지 않은 것과 류큐와의 대양 해전 사적의 잊혀짐

오정吳禎(1328~1379)은 국보國寶라 불리어지다가, 후세에 '정禎'이라 이름이 붙여졌으며, 자字는 간신干臣이고, 안휘安徽성 봉양鳳陽 정원定远현 사람이다. 오정과 형 오량吳良은 태조가 호량濠梁에서 병사를 일으킴에 따라 여러 차례 전공을 세웠고, 명 건국 이전에 장전도선봉帳前都先鋒에서 오왕좌상吳王左相 겸 첨대도독부僉大都督府로 올랐다. 명조가 건립된 후 "홍무洪武 원년 무신戊申일에 병사를 이끌어 연평延平을 공격하여 진우정陳友定을 붙잡고, 복건 연해 일대를 평정시켰다. 공이(오정) 돌아와 창국昌國에다 군대를 주둔시켰다. 이때 해적인 섭葉씨와 진陳씨 두 명이 난수산蘭秀山을 약탈하였는데, 공이 병사를 돌려 이들을 토벌하였다. 홍무 3년 경술년에, 조정에서는 논공행상을 하여 개국보운추성선력무신開國輔運推誠宣力武臣, 영록대부榮祿大夫, 주국柱國, 오상부좌상吳相府左相, 청해후靖海侯에 봉해졌고, 봉록 1,500석을 받았다. 아울러 단서철권丹書鐵券(免死牌)을 하사받아 자자손손 세습할 수 있었다. 홍무 5년 임자년에, 천자의 명을 받아 대규모 군대를 일으켜 요동을 평정하였고, 수군 수만을 통솔하도록 명받았으며, 등주登州로부터 군량미를 보급받았다. 바닷길이 험하고 멀어서 사람 쓰기가 곤란하였지만 공의 지휘가 적절하여 병사들의 식량이 남을 만큼 충족하였고, 바람과 파도도 쉽게 이겨내었다. 하지만 얼마 지나지 않아 홍무 7년 갑인년, 해상에 왜구 경보가 있어, 공은 다시 연해의 각 위병들을 이끌고 추포하러 갔다. 류큐 대양에까지 쫓아가 왜구와 적선 몇 척을 포획하여 경사로 압송하니, 황상께서 그를 칭찬하였고 의지하였다."[1] 이때부터 바다를 자주 왕래하며 군무를 총괄하였고, 홍무 11년(1378) 오정은 칙령을 받들어 요동遼東으로 출정하였다가, 가을에 얻은 병이 나아지지 않아 남경으로 돌아오니, 주원장이 친히 집으로 찾아와 노고를 치하하였다. 홍무 12년(1379) 5월 21일에 사망하였는데, 향년 52세였다. 부고를 들은 주원장은 크게 애도하며 이틀 동안 조정을 폐하였고, 특별히 광록대부주국光祿大夫柱國의 벼슬을 내리고, 해국공海國公에 추봉하였다. 시호는 양의襄毅로, 폅종산乭鍾山 북쪽의 땅을 하사하였다. 윤5월 14일에 안장하였는데, 주원장이 친히 참석하여 부의를 하였다. 홍무 13년 주원장은 그 노고를 추모하며, 예부시랑禮部侍郎 류숭劉崧에게 칙명을 내려 「해국양의오공신도비海國襄毅吳公神道碑」를 만들도록 하였고, 류숭은 "관부 문서를 참고하여 차례로 그것을 기록하였다".[2] 1983년 9월 남경시 박물관에서 태평문太平門 밖 강자촌崗子村에 매장되어 있는 오정의 묘를 발굴하였는데 안에 이 묘지문이 있었다. 묘지문 하단 부분의 100여자만 남아 있었는데, 왜구를 류큐 바다에서 격퇴시킨 문장이 있는 것이 아닌지 애석하게도 분별할 수가 없다.

장혁張赫(1323~1390)은 안휘安徽성 봉양鳳陽 임회臨淮 사람으로, 명나라 개국공신 가운데 한 명이다. 남경시 박물관에서 2007년 4월에 남쪽 외곽의 우화대구雨花台區 류가촌劉家村에서 발굴·출토한 항해후航海侯 장혁 묘지명에 기재된 것에 따르면, "개국보운추성선력무신開國輔運推誠宣力武臣, 주국柱國 항해후航海侯 장공張公으로, 존함은 혁赫이고, 봉양鳳陽 임

1 徐紘, 「海國襄毅吳公神道碑」, 『皇明名臣琬琰录』 前集 卷五, 文海出版社, 1870, p.142.
2 「海國襄毅吳公神道碑」, 위의 책, p.139.

회 사람이다. 갑진년에 무창武昌을 정복하고 소주蘇州와 호주湖州 등을 평정하여, 복주위지휘부사福州衛指揮副使를 받았고 명위장군明威將軍으로 올랐다. 경술년에 지휘동지指揮同知로 승격되었고, 회원장군懷遠將軍으로 올랐다. 바다를 순찰하며 왜구를 죽이고 체포하였는데, 그 수가 아주 많았다. 무오년에 남경으로 가 대도독첨사大部督僉事로 승격되었다. 기미년에 요동지역 조운漕運을 감독하도록 명받았고, 그 공으로 후작侯爵을 하사받았다. 녹봉 2,000석을 받았고, 자손대대로 세습되었다. 경오년 8월 초5일에 질병으로 생을 마쳤고, 은국공恩國公으로 봉해졌으며, 시호는 장간莊簡으로 향년 67세였다".[3] 묘지명 중에는 "바다를 순찰하다 왜구를 체포하였는데, 죽이고 체포한 수가 아주 많았다"라고만 기록되어 있을 뿐, 장혁이 왜구들을 류큐 대양까지 추격하였는지에 대해선 명확하게 밝히지 않았다. 다만 『명태조실록明太祖實錄』에 장혁이 사망한 조목에 그의 생평과 전기가 명확하게 기록되어 있다. "홍무 원년에 복주위지휘사福州衛指揮使를 하사받았고, 2년에 병사를 통솔하여 해상에서 왜구의 침입에 대비하였으며, 3년에 복건도사도지휘동지福建都司都指揮同知로 승격되었다. 6년에 수군을 통솔하여 해상을 순회하다 왜구를 만나, 류큐 대양까지 추격하여 많은 왜구들을 살육하였고, 아울러 활과 칼을 획득하여 돌아왔다. 9년에 흥화위興化衛로 파견되었고, 11년에 대도독첨사大都督府僉事에 승격되고, 요동지역 해운을 총감독하였다. 20년 9월에 항해후로 봉해졌고, 개국보운추성선력무신開國輔運推誠宣力武臣을 하사받아 영록대부훈주국榮祿大夫勳柱國으로 올랐다. 21년에 다시 요동

3 引自岳涌,「中國歷代涉海碑刻學術研討會論文」,『南京出土明初海運官員航海侯張赫墓志』, 南京大學中國南海研究協作創新中心, 2014.

지역 해운을 감독하였다."[4]

명 왕조 건립 초기에 왜구의 침입에 따른 위협이 나타났다. 홍무 2년 정월에, 왜인들이 산동 빈군현濱郡縣을 침입하여 남녀 백성들을 노략질해 갔다. 주원장은 국경 밖에서 적을 방비하기로 결정하여, 수군에게 해상에서 적을 향해 진공 작전을 펼치도록 하였고, 심지어 바다를 건너서까지 정벌하도록 명하였다. 2월에 일본에게 조서를 내렸다. " (…상략…) 그 사이에 산동에서 상소가 올라왔는데, 왜병이 해안을 수차례 노략질하여 가족을 생이별시키고, 재물과 목숨을 상하게 한다고 하였다. 그래서 편지를 내려 정통의 일을 특별히 알리고, 겸하여 왜병이 바다를 건너온 연유를 알린다. 조서가 일본에 도착할 것이니, 만약 신하로 복속할 것이면 봉표를 들고 입조하고, 신하로 복속하지 못하면, 우리는 병기를 정비하여 공고히 하고 강역을 영원히 안정되게 하여, 하늘이 주신 복록을 보우할 것이다. 만약 꼭 도적 노릇을 하겠다면, 짐은 수군들에게 제도諸島까지 배를 띄워 그 무리들을 추포하여 멸절시키고 그 왕을 사로잡도록 명할 것이다. 이것이 어찌 하늘을 대신하여 어질지 못한 자를 치는 일이 아니랴! 왕이라면 반드시 도모해야 할 일이로다."[5] 이것은 비록 천조의 실없는 소리로 가득 찼지만 사실 현실적인 군사력이 된다는 것을 뒷받침하는 것이다. 4월에 왜구가 소주蘇州와 숭명도崇明島 일대에 출몰하여 침탈할 때, 태창위지휘첨사太倉衛指揮僉事 옹덕翁德이 "관군을 인솔하여 그들을 체포하러 바다로 나가, 그 무리들을 패배시키고 왜구 92명을 체포하였고, 그들의 무기와 배를 획득하였다."[6] 주원장은 곧바로 조서를 내려

---

4 『明太祖實錄』卷203, 洪武二十三年 七月 甲子.

5 『明太祖實錄』卷39, 洪武二年 二月 辛未.

옹덕을 태창위지휘부사太倉衛指揮副使로 승격시켰다. 동시에 사자를 보내어 동해신東海神에 제사를 지내게 하였다. "오늘 수군을 통솔하는 장군에게 해도海島에서 돛을 올려 기회를 잡아 토벌하고 섬멸하여, 변경지대의 백성을 안정시키길 명한다. 이에 특별히 희생을 준비하여 신에게 알린다."[7] 홍무 3년(1370) 3월에, 주원장은 내주부동지萊州府同知 조질趙秩을 사신으로 하여 조서를 지니고서 일본 국왕 카네나가良懷에게 나아가, 일본이 왜구를 단속하지 않으면 명 왕조는 출병하여 일본을 정복하는 일도 마다하지 않을 것임을 재차 알렸다. "하찮은 왜인 오랑캐가 바닷가에 출몰하여 도적질을 하므로, 이에 사람을 보내 탐문하였는데도 오랜 시간이 지나도록 대답이 없으니, 짐은 그대의 사신이 우리 백성들을 고의로 괴롭히는 것이 아닌지 의심이 든다. 지금 중국은 이미 안정이 되어 맹장들이 무력을 떨칠 곳이 없고, 책사가 지모를 펼칠 데가 없다. 20년 동안 격전을 벌인 정예병들이 배불리 먹고 온종일 석전石戰 놀이나 도약 훈련[超距]을 하는데, 이제 큰 배들을 정비하여 너희 나라를 벌하고자 한다. 얼마 전 왜구에게 노략질 당해 끌려갔다 돌아온 자에게 들어서 전에 있었던 왜구의 일은 그대의 본뜻이 아니었음을 알아, 유사有司에게 명하여 배를 만드는 일을 잠시 중단하라고 하였다. 오호라 (…중략…) 정벌하려는 군사가 활을 당기며 기다리고 있다. 잘못을 고쳐 천명에 순응하면 다 같이 태평을 지킬 수 있으니, 이 어찌 아름답지 않겠는가?"[8] 6월에 왜구가 복건 연해의 군과 현에 출몰하니, "복주위福州衛에서 군대를 출동시켜 그들

---

6 『明太祖實錄』 卷4, 洪武二年 四月 戊子.
7 『明太祖實錄』 卷4, 洪武二年 四月 戊子.
8 『明太祖實錄』 卷50, 洪武三年 三月 是月條.

을 체포하고, 왜선 13척을 포획하였고, 3백 여 명을 생포하였다".[9] 7월에 명나라는 수군 등을 비롯한 24 군영을 설치하였는데, 각 군영에는 배 50척과 군사 350명이 있었다. 4년(1371) 6월에 왜인 오랑캐는 교주膠州를, 5년(1372) 5월에 해염海鹽의 감포澉浦를, 6월에 복주福州의 영덕현寧德縣을 침탈하였다. 우림위지휘사羽林衛指揮使 모양毛驤은 "온주溫州 아래 호산湖山에서 왜구들을 물리쳤고, 석당石塘 큰 바다까지 쫓아가 왜선 12척과 130여 명을 포획하였으며, 왜구의 활 등의 기물을 경사로 보냈다".[10] 8월에 절강과 복건 연해의 군영에다 배 660척을 만들어 왜구를 저지하도록 조서를 내렸다. 11월에는 절강과 복건의 연해에 인접해 있는 모든 군영에다 많은 노와 빠른 배를 개조하여 왜구를 대비하도록 조서를 내렸다. 6년(1373) 정월, 왜구에 비추어 보면 "그들이 침범해 오는 것이 마치 이리가 날뛰는 것 같고, 돌아가는 것이 새가 놀래는 것 같았다. 침범해 와도 알지 못하였고, 돌아가도 쉽게 잡을 수 없었다."[11] 이에 주원장은 덕경후德慶侯 요영충廖永忠의 진언을 받아들였다. 그는 "광양廣洋, 강음江陰, 황해橫海, 수군水軍 네 군영에다 더 많은 노와 빠른 배를 만들어, 그것을 장군이 이끌도록 명하시길 청합니다. 아무 일이 없으면 연해를 순찰하여 예상하지 못한 일에 대비하고, 만약 왜구가 침범해 온다면 큰 배로 그것에 접근시키고 빠른 배로 그들을 추격하도록 합니다. 그러면 상대가 싸우고자 해도 저항할 수 없고, 물러나려 해도 물러날 수 없으니, 토벌하여 붙잡을 수 있을 것입니다"[12]라고 하였다. 그래서 전선戰船을 많이 만들고, 중앙 직

---

9 『明太祖實錄』卷53, 洪武三年 六月 乙酉.
10 『明太祖實錄』卷74, 洪武五年 六月 癸卯.
11 『明太祖實錄』卷78, 洪武六年 正月 庚戌.
12 『明太祖實錄』卷78, 洪武六年 正月 庚戌.

속의 순양군함대를 조직하여, 왜구와 해상에서 승패를 결정지었다. 3월에 광양위지휘사广洋衛指揮使 우현于顯을 총병관摠兵官으로, 횡해위지휘사橫海衛指揮使 주수朱壽를 부총병副摠兵으로 임명하여, 바다에 나가 왜구들을 순찰하였다.[13] 5월에 "대주위臺州衛 병사들이 바다로 나가 왜구를 잡았는데, 왜인 오랑캐 74명에다 배 두 척을 포획하였고, 쫓아가 잡혀간 남녀 4명을 데리고 왔다."[14]

이처럼 해상에서 주동적으로 왜구를 공격하는 방침 아래, 홍무 7년(1374) 정월 초팔일에 주원장은 정해후 오정을 총병관으로 도독첨사都督僉事 우현을 부총병으로 임명하여, "강음, 광양, 황해, 수군 4 군영의 수군을 이끌어 바다를 순찰하면서 해적들을 체포하였다. 이들은 경사의 각 군영위에서 총괄하였고, 태창太倉, 항주杭州, 온溫, 대臺, 명明, 복福, 천泉, 조주潮州 연해의 모든 군영 관병은 통제에 따르게 했다".[15] 9월 "경자년에 정해후 오정 총병은 바다를 순시하고 조정으로 돌아왔다."[16] 홍무 8년 9월 또 "기묘일에 정해후 오정과 도독첨사 우현이 왜구의 수군들을 잘 방어하고 바닷길로 하여 경사로 돌아왔다"[17]고 기록하고 있다. 「해국양의오공신도비海國襄毅吳公神道碑」에 기록된 "7년 갑인년에 해상에서 위급한 소식이 들려와, 공이 다시 연해 각 위병들을 통솔하여 체포하러 나갔다. 류큐 대양까지 나아가 왜구와 선박 약간을 포획하여 북경으로 압송하였는데, 황제가 그를 더욱 칭찬하며 의지하였다".[18] 이것이 바로

13 『明太祖實錄』 卷80, 洪武六年 三月 甲子.
14 『明太祖實錄』 卷83, 洪武六年 五月 丙寅.
15 『明太祖實錄』 卷87, 洪武七年 正月 甲戌.
16 『明太祖實錄』 卷87, 洪武七年 九月 庚子.
17 『明太祖實錄』 卷93, 洪武八年 九月 巳卯.
18 徐紘, 『皇明名臣琬琰錄』 前集 卷五 「海國襄毅吳公神道碑」, p.142.

이번에 바다로 나아가 순찰하며 포획한 전과이다.

오정과 장혁이 왜구를 공격하러 류큐 해양으로 나아간 것이 동일한 사건인지 아닌지는, 명나라 실록과 해방사海防史에 관련된 지금의 연구에서는 아직 별다른 해석이 없다. 우텐잉吳天穎 선생은 장혁이 왜구를 공격하려 류큐 대양으로 나아간 노선에 대해, "우산양牛山洋 동쪽에서 작은 류큐(대만)의 북쪽에 이르기까지는, 흑조黑潮의 지류에 따르다가 화병서花甁嶼, 팽가산彭佳山, 조어서釣魚嶼, 황미서黃尾嶼, 적미서赤尾棲를 거친 후, 흑조 주류를 가로지르면 비로소 '류큐 대양'에 도달할 수가 있다"고 하였다. 그는 "이것은 『실록』의 장혁 전기 가운데 홍무 6년에서 9년 사이에 결부되는 것이어서, 홍무 7년 오정이 왜구를 쫓아 공격한 것은 동일한 사건이"[19]라고 여겼다. 그러나 실록에 기록된 것이 잘못된 것이 아니라면 두 사건이 된다. 뤄롱방羅榮邦, Jung-pangLo은 "1373년과 1374년에 중국 전선戰船이 일본 해적을 두 차례 추격하여 류큐 군도에까지 이르렀다"[20]고 하였다. 만명萬明은 그녀의 조어도에 관한 문장에서, 장혁과 오정이 왜구를 공격하려 류큐 대양으로 나아간 것을 홍무 6년과 7년의 다른 두 사건으로 보아야 한다고 언급하였다.[21]

오정이 죽은 후 11년인 홍무 23년(1390)에, 주원장은 호유용胡惟庸 당안黨案을 추론하면서, 오정을 호당胡黨으로 분류하여 관직을 박탈했다. 장혁이 죽은 후 3년인 홍무 26년(1393)에 그를 남당藍黨으로 추론하여 그 관직을 박탈했다.[22] 오정과 장혁에 관련된 공문서 기록, 관사官私의 문

---

19 吳天穎, 『甲午戰前釣魚列嶼歸屬考』, 社會科學文獻出版社, 1994, pp.70~71.

20 羅榮邦, 「明初海軍的衰落」, 『南洋資料譯叢』, 1990, p.3.

21 万明, 「明人筆下的釣魚島－東海海上疆域形成的歷史軌迹」, 『北京聯合大學學報』(人文社會科學版), 北京聯合大學, 2013.2.

헌은 신비하게도 소실되었다. 전겸익錢謙益은 "홍무11년 정해후 오정이 죽었다"는 것을 고증하면서 다음과 같은 감탄을 자아내었다. "정해靖海의 공은 강음江陰의 가치에 뒤지지 않는다. 그 죽음 또한 예우가 극에 달하였다. 그리고 실록에 전기를 수록하지 않고, 다만 부록에 몇 차례 강음江陰 뒤에다 몇마디 기록되어 있을 뿐이다. 지금 경오년의 조서를 고증해보면, 정해가 죽은 뒤에 호당에 연루되었으니, 국사國史가 잘못 전해지는 것이 어찌 이와 같을 수 있겠는가?"[23]

오정과 장혁이 어찌하여 호람당안胡藍黨案에 휘말렸는지에 대해서는, 현존하는 사료가 결여되어 있고 지금까지 연구하는 자들이 극히 드물었기에, 그 수수께끼가 잘 풀리지 않았다. 그러나 홍무 후기의 오정과 장혁 고사가 망실된 것은, 분명 주원장의 일본에 대한 태도의 전변과 직접 관련이 있다. 상술한 바와 같이 명나라 초 왜구의 우환을 겨누어보면, 주원장은 왜구의 침입에 대해 적극적으로 준비를 하여 해상에서 주동적으로 추격하여 체포하는 한편, 다른 방면으론 여러 차례 일본에 조서를 보내 외교 방식으로 해결하여 시도한 것이다.[24] 오정이 죽은 후 1년인 홍무 13년(1380) 12월에, 주원장은 일본 국왕에게 사자를 보내 조서를 내렸다.

우둔한 동이(東夷)는 군신 간의 도가 없고, 사방으로 이웃나라를 어지럽힌

22 王世貞, 「航海侯張赫」, 『弇山堂別集』 卷37, 中華書局, 1985, p.668.
23 錢謙益, 「太祖實錄辯証三」, 『牧齋初學集』 卷103, 上海古籍出版社, 1985, p.2125.
24 홍무 연간 대일 외교문서를 꼼꼼히 살펴보면, 대체적으로 홍무 14년 이전에 집중되어 있다. 모두 8건인데, 홍무 2년(1369)에 1건, 홍무 3년에 1건, 홍무 5년에 1건, 홍무 7년에 1건 홍무 9년에 1건, 홍무 13년에 1권, 홍무 14년에 2건이다.

다. 작년에 터무니없는 말로 분쟁을 야기하더니, 올해는 사람이 와도 성실하지 못하다. 그 연유를 물으니 역시 승부를 겨루고자 하는구나. 아! 저 아득한 바다에 살면서 황제가 하사한 것도 모르고, 오만불손하게 백성들을 제멋대로 내버려두어 나쁜 짓을 하게 하니, 필경 스스로 재앙을 맞이할 것이다![25]

홍무 14년(1381) 7월, 일본 국왕 카네나가良懷가 파견한 승려 여요如瑤가 내조를 하였을 때, 주원장은 그 조공을 받지 않고 예부이서禮部移書에게 일본 국왕과 막부 장군을 각각 문책하도록 명하였다. 「예부에게 일본 국왕을 문책하도록 함設禮部問日本國王」에 다음과 같이 기록되어 있다.

대명 예부상서가 일본 국왕에게 안부 올립니다. 왕께서는 큰 바다에서 오랫동안 백성들을 통치하여 왔는데, 작금에 상제의 명을 받들지 않고 자기의 분수를 지키지 않으셨습니다. 단지 귀국이 바다에 둘러싸인 요해처이고, 산이 가로막아 든든한 방어가 된다는 것만 알고서, 망령되이 자만하고, 마음대로 이웃 나라를 모욕되게 하였습니다. 이처럼 백성이 도둑이 되도록 방치한다면, 상제께서 다른 사람을 손을 빌어 처리하고자 함에, 그 화가 일본에 미치도록 할 것입니다. (…중략…) 만약 배반과 복종을 반복하여 중국과 불화를 조성한다면, 일찍이 오(吳) 대제(孫權), 진(晉) 모용외(慕容廆), 원(元) 세조 등이 모두 군사를 보내 정벌하여 남녀를 포로로 잡아 돌아왔던 것처럼, 반드시 화를 입을 것입니다. 왕께서는 천 수백 년 간의 지난 일을 거울삼아 살피시기 바랍니다!"[26]

25 『明太祖實錄』卷134, 洪武十三年 十二月 內戌.
26 『明太祖實錄』卷138, 洪武十四年 七月甲申.

「예부에게 일본장군을 문책하도록 함设禮部問日本國將軍」에 다음과 같이 기록되어 있다.

"일본은 천하의 자연 조건을 가져 높은 산과 넓은 바다로 막혀 있다. (…중략…) 여러 신하들이 또 상주하여, '오늘날 일본의 임금과 신하들은 큰 바다의 소국에서 간교하고 진실 되지 못하여, 백성들이 도적이 되도록 내버려 두고, 왜구들이 사방으로 이웃나라를 침범하여 양민이 해를 입으니, 하늘이 장차 그 임금과 신하를 바꾸어 그 환란을 멈추도록 하지 않겠습니까?' 라고 하였다. 우리 지존께서는 또 윤허하지 않으시며, '인간사는 비록 드러나지만 천도(天道)는 깊고도 유원하니, 어찌 감히 마음대로 할 수 있겠는가? 수천 척의 배를 저 바다에 머물게 하면 저들을 창졸 간에 응전하게 만들고, 사방으로 고립시키면 틀림없이 멸절시킬 수 있을 것이다. 하지만 살아있는 백성들은 무슨 죄인가?'라고 하셨다. 너희 일본은 아득히 먼 바다에 살아, 땅을 얻어도 중국만큼 너른 강역을 이루지 못하고 사람을 얻어도 큰 인물로 쓸 수 없다. 이에 이익을 조금 잃어도 싸우지 않고, 천명을 두려워해 병화(兵禍)를 없애는 것으로 일본의 양민을 보존하려 한다. 지금에 있어서도 원 왕조를 패배시킨 것으로 계속 승리할 것이라고 여기고, 자그마한 강역을 크다고 여긴다. 내가 그것을 보건데, 바다에 있는 배는 장점으로 단점을 보완하고 있지만, 이리저리 다녀도 만 리가 안 된다. (일본 땅은 원 왕조 영토의 일부분이지만) 수레바퀴로 먼 거리를 신속하게 진군하는 것을 가지고 비교하자면, 나는 누가 크고 누가 작은지 알 수 없다. 오늘날 일본은 근년 들어 스스로 강하다고 자랑하며 백성을 도둑이 되도록 방치하여, 그 도적이 이웃 나라를 침해하고 있다. 만약 반드시 승부를 겨루고 싶거든, 옳고 그릅을 보고, 강함과 약함을 따져보아라. 이것은 아마도 장군에게 이익이 되지 않을 것이니, 장군은 살펴보길 바란다.[27]

이 세 가지 외교문서를 홍무 2년(1369)과 홍무 3년(1370)에 일본 국왕에게 보낸 조서와 비교해 보면, 그 어투에 많은 함축이 있다. 하지만 여전히 무력적이고 위협적인 어투가 많이 들어있어, 일본이 왜구들을 단속해주길 바라고 있다. 그렇지 않으면 반드시 스스로 화를 당할 것이라 하였다. 더욱이 「예부에서 일본장군을 문책하도록 함」에서 원 왕조가 일본 정벌에 실패하게 된 것을 표명하고 있다. 이는 일본을 멸하는데 원대 병력이 부족하다는 것을 대신하지 않으며, 원元이 일본을 멸할 수 없는 것이 명왕조가 일본을 멸하는데 무능력하다는 것을 대신하지 않는다. 비록 이러한 언사들이 외교적 필요에 의한 것이었을 뿐으로, 주원장 역시 병사를 보내 토벌하려는 준비를 하지 않았지만, 적어도 홍무왕조 전기에서 홍무 14년(1379)까지 주원장은 대일 외교와 군사 전략에서 결코 '정벌하지 않음'으로 다지진 않았다. 실제 행동에 있어, 홍무 14년 이전에도 주원장이 주동적으로 공세를 취한 해상군사행동을 더 이상 실시하지 않는다고 표명한 흔적은 없었다. 이 시기에 요동 해도의 원활함을 보장하는 실제상황을 고려해 볼 때, 어쩌면 해상에서의 주동적인 군사적 공세가 필요했을 것이다.

홍무 14년 이후 주원장의 해양 전략에 변화가 일어났다. 첫째, 외교적 절차를 통해 왜구의 우환 문제를 해결하려 하지 않는다는 것이었다.

---

27 『明太祖實錄』 卷38, 洪武十四年 七月甲申; 「設禮部問日本國將軍」, 『明太祖御制文集』 卷十八, 台北學生書局, 1965, p.541.

홍무 14년 이후부터 일본과 정식적인 외교왕래를 기본적으로 단절하였고, 일본에 대해 무력적 위협이 가미된 문서를 더 이상 반포하지도 않았다. 둘째, 왜구에 대처하는 구상이 바다를 방어하는 것에서 해안을 방어하는 것으로, 해전海戰을 모색하는 것에서 해안 방어를 모색하는 것으로 방향을 전환하였다. 아울러 연해에다 해안 보호를 중심으로 한 방어체계를 구축하였고, 왜구들이 여전히 노략질을 그치질 않았기에, "연해 백성들이 해외 나라들과 몰래 교통하는 것"을 금지하는 명을 내렸다.[28] 이전의 배 만드는 것과 수군 훈련을 고무하고, 주동적으로 해상에 출정하여 왜구를 격퇴하는 전략을 바꾸어 버린 것이다. 홍무 15년(1382) 1월, "산동도지휘사사山東都指揮使司가 '매년 봄에 수군이 바다로 나가 왜인들을 순시하는데, 올해에도 마땅히 제때에 파견해야 한다'고 하였다. 이에 황제께서 '바닷길이 험하니 출병하지 말고, 모든 군영의 군사들에게 엄중히 방어하라'고 말씀하셨다."[29] 11월에 "복주의 좌・우・중 세 군영에서 전함 건조를 주청하였는데, 황제께서 '지금 천하에 아무런 일이 없거늘 전함을 만들어 장차 어디에 쓸 것인가?' 하시면서 듣지 않으셨다."[30] 홍무 17년(1384) 신국공信國公 탕화湯和에게 명하여 절강과 복건의 군사 요충지를 시찰하도록 하였고, 20년(1387)에는 강하후江夏侯 주덕흥周德興을 복건으로 보내 군사 요충지에 성을 쌓고 연해 방어 군영을 증설하도록 하였다.[31] 해상의 장성長城이 그 웅장한 모습을 드러내었음에

28 『明太祖實錄』 卷139, 洪武十四年 十月 己巳.

29 『明太祖實錄』 卷141, 洪武十五年 正月 辛丑.

30 『明太祖實錄』 卷150, 洪武十五年 十一月 癸酉.

31 홍무 기간에 왜인 순시를 하지 않고 해상군사방어선을 축소시킨 것에 관해서는 양궈전 교수의 논문 3편이 참고가 될 만하다. 「東亞海域漳州時代的發端－明代倭亂前的海上閩商与葡萄牙(1368～1549)」, 『RC文化雜志』 中文版第42期, 2002.春.

도, 해상에서 주동적으로 왜구를 추격해 격퇴하는 것도 초기 때처럼 적극적으로 장려되지 않았고 해양 방어 전략도 주동적인 추격에서 피동적인 방어를 위주로 한 '해양 방어'로 전환되어, 수군은 백성들이 연안 바다에서 해양 밀무역을 금지하고 조사하는 집사대緝私隊(밀무역 조사대)로 전락해 버렸다. 홍무 28년(1395)에 주원장은 정식으로 천하에 조서를 내려 "사방의 여러 이민족들이 모두 산과 바다로 격리되어 편벽한 한 구석에 있으니, 땅이 부족하면 그들에게 공급해주고, 백성이 부족하면 보내길 허락한다. 만약 그들이 자기 주제를 모르고 와서 우리 변경을 어지럽힌다면, 그들에게 상서롭지 못한 일이 될 것이다. 저들은 더 이상 중국의 우환이 되지도 않는데, 우리가 군사를 일으켜 경거망동하여 그들을 치는 것도 상서롭지 못하다. 짐은 후세 자손들이 중국의 부강함에만 기대어 일시의 전공戰功을 탐하고자, 이유 없이 군사를 일으켜 인명을 상하게 할까 걱정이 된다. 불가함을 반드시 기억하라"고 하였고, 일본, 조선, 대소 류큐, 안남 등을 "15개 불정벌 국가"로 넣었다.[32] 주원장은 이 교지를 "『황명조훈皇明祖訓』의 첫 번째 장에 넣고 간행하여 세상에 반포하였다". 이때부터 '불정벌'의 기조가 정식으로 확정되었다. 만명萬明의 연구에 근거하면,[33] '불정벌'을 가법家法에 써 넣은 것은 홍무 6년(1373)때까지 거슬러 올라갈 수 있다. 일찍이 『조훈록祖訓錄』이 완성되었을 때 이미 유사한 논조가 있었다.[34] 심지어 이보다 더 이른 '불정벌'의

32 『皇明祖訓』 首章, 『四庫全書存目叢書』 史部第264冊, p.167.

33 万明主要通過洪武朝對周邊國家的外交詔令文書來探討明初外交格局, 認爲"不征"政策的最終奠定是在洪武十九年(1386)至洪武三十一年(1398). 參考氏, 『明代中外關系史論稿』, 中國社會科學出版社, 2011, pp.12・71・141~145.

34 『祖訓錄』 首章 「箴戒」, 洪武六年 五月; 『明朝開國文獻』 第三冊, 台湾書局, 1966.

견해도 있었는데, 『명태조실록明太祖實錄』에 따르면, 홍무 4년(1371)에 주원장은 "산과 바다로 막힌 여러 이민족 소국은 모두 편벽한 곳에 있다. 그들이 중국의 우환이 되기 전에는 짐은 결코 그들을 정벌하지 않을 것이다"라는 말을 이미 하였다.[35] 이 세 가지 '불정벌' 관련 자료 가운데 일본 관련 내용과 비교해 보면, 홍무 6년에 정벌하지 않는 해외 국가들의 명단에 일본이 들어있지 않았다가, 홍무 28년에 일본을 '불정벌' 국가의 명단에 명확하게 넣었다. 이는 '주동적으로 추격'하는 전략에서 '피동적으로 방어하는' 전략으로 전환되었고, 일본에 대한 불정벌 전략이 홍무 14년부터 28년(1395) 기간 사이에 확정된 것임을 설명하고 있다. 홍무 20년(1397)에 요동지역 해운을 금지하는 조서를 내렸다. 이듬해 해운이 폐지됨에 따라, 이에 상응하여 주동적으로 왜구를 격퇴하는 것도 더욱 해이해졌다.

홍무 후기에 '불정벌', 해양 방어'의 확립은, 중국의 해양 전략에서 재앙적 전기轉機의 시작이었다. 선조가 만든 법이 후대에 큰 영향을 끼치게 되어, 오정과 장혁이 주동적으로 출격하여 류큐 대양까지 왜구를 쫓아 체포하는 고사도 점차 잊혀지게 되었다.

35 『明太祖實錄』 卷68, 洪武四年 九月 辛未.

2. 가정 왜란과 류큐 대양 해전 서사의 재언급

성화成化, 홍치弘治 연간에 오정吳禎이 류큐 대양에까지 왜구를 쫓아갔던 서사는, 정민정程敏政의 『황명문형皇明文衡』[36]과, 서굉徐紘의 『황명명신완염록皇明名臣琬琰錄』[37]의 편찬으로 인해 유숭劉崧의 『해양상예오공신도비海國襄毅吳公神道碑』에 수록되어 세상에 남겨질 수 있었다. 장혁이 왜구를 쫓아 류큐 대양에까지 갔던 서사는 『명태조실록明太祖實錄』에 장혁의 전기가 전해져 내려왔기 때문이었다.

가정 연간에 왜란이 끊이지 않았고, 동남부 지역은 여러 차례 유린당하였다. 당시 왜구에 대항했던 관원들은, 왜구가 창궐하게 된 것이 '해양 방어'를 포기한 나쁜 결과라는 것을 이미 인지하였다. 당순지唐順之는 "왜구를 방어하는 상책은 그들을 바다에서 방어하는 것이라고 하지 않는 사람이 없으면서도, 그들을 바다에서 방어할 수 있는 자가 드문 것은 무엇 때문인가? 바다에 나가본 문신文臣이 없는 즉, 군관들은 조수의 위험을 두려워하고 회피하여 바다로 나가길 꺼려한다. 장수가 바다로 나가길 꺼려하면서, 소교小校(하급 장교)나 수졸들이 가까운 포구에 숨어 멀리 정찰을 나가려 하지 않는다고 책망하니, 이런 고로 적이 안 오면 몰라도 오면 해안에 올라 그 지역을 파괴하게 된다"[38]고 하였다. 병부상서 양박楊博은 "왜구를 평정하는 원대한 책략은 해상海上에서 격전하려

36 程敏政, 『皇明文衡』 卷72 「神道碑」, 『四部叢刊初編』, 上海書店, 1989.
37 徐紘, 「海國襄毅吳公神道碑」, 『皇明名臣琬琰錄』 前集卷五 , p.142.
38 唐順之, 「條陳海防經略事疏」, 『明經世文編』 卷260, 中華書局, 1962, p.2745.

하지 않고 끌어들여 물리치는 것이다. 북적北狄을 통제하는 것에 비유하면, 최전선의 변방지역을 방어하고 이선二線지역의 변방을 지키지 않는 것과 상황이 같으니, 확실하게 먼저 기선을 제압하자는 뜻이다. 건국 초에 번갈아 바다로 나갔던 것이 가장 최선책이다. 배를 항구에 열세워놓고 있는 것은, 문호門戶를 버리고 당실堂室을 지키는 것과 같아 점차 처음의 뜻을 잃는 것이니, 마땅히 해양으로 나가는 조상들의 구제도를 회복해야 한다"[39]고 하였다. 귀유광歸有光은 "국가의 선조들이 만든의 제도는, 연해인 산동, 회淮, 절浙, 민閩, 광廣지역에 군영을 설치하여, 도사都司와 비왜도지휘사備倭都指揮使가 왜적이 오기를 기다렸다가 바다에서 그들을 차단하여 죽인다. 적이 바다에 있을 때에는 배의 화기가 아군을 당할 수 없고 많이 굶주리고 곤궁하게 된다. 그러나 육지에 오르기만 하면 막을 수 없게 된다. 외해外海에서 그들을 막지 못하면 내해內海에서 막아야 하고, 바다 중간에서 그들을 막지 못하면 바다 입구에서 그들을 막아야 한다. 바다 입구에서 막지 못하면 육지에서 막아야 한다. 육지에서 막지 못하면 성을 굳게 지킬 수밖에 없다. 이렇게 내놓는 방책이 점점 더 못해지는 형국이다. 마땅히 선조들의 구제도를 받들어 되돌리고, 장군들에게 책임을 맡기고 법령과 조문條文을 엄격하게 세워, 외해에서 적을 막는 것이 바로 최고의 공적이다."[40] 유대헌兪大猷은 다음과 같이 생각했다. 왜구들이 육전陸戰에 뛰어남으로 해서, "육상 병력을 징집하는 것은 이미 천하를 다 잃는 선택이며, 끝내 실효를 거둘 수 없을 것이니, 바다에서 방비하는 것만큼 훌륭한 방책이 없다. 근래 식견 있

39 鄭若曾, 李致忠点校, 「御海洋」, 『籌海圖編』 卷12上, 中華書局, 2007, p.764.
40 위의 글, p.764.

는 인사들이 해운을 복원하면 전선戰船이 많아질 것이고, 전선이 많아지면 왜구에 대한 우환도 멈춰질 것"이라고 했다.[41] "왜적은 필경 바다로 올 것이니, 해선들이 바다에서 그들을 막는 것이 그 첫 번째 임무"[42]라고 하였다. 또 "왜구를 막는 데는 병선兵船이 제일 시급하고", "왜적은 용맹하지만 그들을 바다에서 공격하는 것이 아군의 상책"이므로, "병선 십대지十大枝를 합용合用하여 각각 마적馬蹟, 구산瞿山, 양산陽山, 석우항石牛港, 심가문沈家門, 해갑문海閘門, 구산九山, 담두潭頭, 옥환玉環, 남록南鹿 등의 섬에 매복시킨 후, 처음 도달했을 때를 틈타 그들을 격퇴하여, 서로 합세하여 창궐하지 못하게 한다"고 하였다.[43] 유대헌의 주장은 가정 시기 관원들이 왜구 제압의 최상책을 총괄한 것이라 할 수 있으며, 충분히 강대한 선대를 건립하고 번갈아 순찰하여, "왜노倭奴가 노략질하러 쳐들어오면 그들을 바다에서 공격하고, 퇴각하면 바다로 쫓아 나간다. 몇 번이든 오면 공격하고 퇴각하면 쫓아가길 반복하여, 시간이 지날수록 스스로 두려워하여 감히 다시 오지 못하도록"[44] 희망한 것이다. 다시 말하면 해상에서 주동적으로 공격하여 제해권을 획득하자는 것이다.

이러한 상황에서 오정이 왜구를 격퇴하러 류큐 대양까지 간 사안은 왜구와의 해전에서 성공적인 예로 되어 재차 언급되었다. 유대헌이 호종헌胡宗憲의 「전선을 더 파견해 줄 것을 청함請多調戰船」을 추켜세워 올리면서 이렇게 말하였다.

---

41 兪大猷, 「与湯武河書」, 『正气堂全集』, 福建人民出版社, 2007, p.203.
42 「議水陸戰備事宜」, 위의 책, p.197.
43 「條議防倭事宜」, 위의 책, pp.182~183.
44 「論海勢宜知海防宜密」, 위의 책, p.195.

왜적은 비록 용맹하나 해상에서 힘써 싸우면 평정을 기대할 수 있습니다. 국초에 정해후(靖海侯) 오정이 왜구를 쫓아가 류큐 대양에서 포획한 후로 감히 다시 오지 못하였습니다. 당시의 우환이 오늘날과 다름없음을 생각하면, 그가 후(侯)의 작위에 봉해질 만큼의 공적을 세울 수 있었던 것이, 많은 병선의 힘 덕분이 아니었겠습니까?[45]

그 외에도 호종헌의 뜻에 따라 그의 막료 정약증鄭若曾이 편찬한 『주해도편籌海圖編』이 가정 40년(1561)에 완성되었고, 그 다음 해에 판각되었는데, 그중 「절강왜변기浙江倭變紀」에서도 홍무 7년의 오정의 고사를 회고하였다. "홍무 7년 정해후 오정이 류큐 대양에서 왜구를 격퇴하였다. 왜구가 해안을 어지럽히니, 오정이 수군들을 보내 그들을 쫓게 하였는데, 류큐 대양에 도달하여 많은 왜적을 참수하고 모두 경사로 압송하였다."[46] 정약증은 그의 또 다른 저서인 『강남경략江南經略』에서도 마찬가지로 언급하였다. "홍무 7년 갑인 8월에 왜구가 해안가에서 노략질을 하니, 정해후 오정에게 연해 각 위병들을 이끌고 류큐 대양까지 잡으러 가기를 명하여, 왜인과 배를 포획하여 경사로 압송하였다."[47]

그러나 애석하게도 유대헌 등이 주동적으로 바다로 나가 왜구를 격퇴해야 한다는 열정적인 주장은 명 조정의 인가를 받지 못하였다. '불정벌'의 조훈祖訓이 정책의 기조였던 상황에서, 해전에 반대하거나 회의적인 태도를 가진 관원들이 많았던 관계로, 유대헌의 주장은 국가 전략으

45 「請多調戰船」, 위의 책, pp.214~215.
46 鄭若曾, 「浙江倭變紀」, 『籌海圖編』 卷5, p.320.
47 鄭若曾, 『江南經略』(影印文淵閣四庫全書本) 卷3下第728冊, 台湾商務印書館, 1986, p.213.

로 올라가지 못해 지속적으로 추진되지 못하였다. 숭정제 시대에 들어 진조수陳祖壽가 해운의 이로움이 해상에서 왜적을 격퇴하는 데에 도움이 된다고 주장하며, "해상에서 오정이나 장혁 같은 사람들이 수군을 통솔하면, 동남지역에서 풍파를 일으키는 왜구를 단절시킬 수 있다"[48]고 직언하였지만, 이 역시 호응을 얻지 못하였다.

명 말기 조야에서 바다의 혼란, 해양 방어, 해전을 논의하는 분위기에서, 오정이 류큐 대해에까지 가서 왜구를 격퇴한 사적은 문인 학사들의 관심을 끌었다. 새로 판각된 도서와 문헌의 기록 중 가운데 우리가 찾아낸 것은 20종이 있다. 그중에는 가정 연간에 완성된 작자 미상의 『비각원구정요秘閣元龜政要』,[49] 정효鄭曉의 『오학편吾學編』,[50] 진건陳建의 『황명통기집요皇明通紀集要』,[51] 뇌례雷禮의 『황명대정기皇明大政記』[52]와 『강음현지江陰縣志』,[53] 만력 연간 정여벽鄭汝璧의 『황명공신봉작고皇明功臣封爵考』,[54] 엄종간嚴從簡의 『수역주자록殊域周咨錄』,[55] 초참焦站의 『국조헌정록國朝獻征錄』[56]과 『온주부지溫州府志』[57]와 『응천부지應天府志』,[58] 사걸謝傑의 『건태왜찬虔台倭纂』,[59] 종미鍾薇의 『왜노유사倭奴遺事』,[60] 천계天啓 연간 과정

48 陳祖授, 「皇明職方地圖」, 『玄覽堂叢書』 第15冊, 广陵書社, 2010, p.30b.
49 『秘閣元龜政要』 卷9, p.513.
50 鄭曉, 『异姓諸侯傳』 卷上 「吾學編」 卷18, p.380.
51 陳建, 蔣旭奇 補, 『皇明通紀集要』, 文海出版社, 1988, p.344.
52 雷礼, 「皇明大政記」 卷3, 『四庫全書存目叢書』 史部第16冊, p.382.
53 張袞 外, 嘉靖 『江陰縣志』 卷16, 天一閣藏明代方志選刊.
54 鄭汝璧, 『皇明功臣封爵考』 卷6 「靖海侯吳禎」, 『四庫全書存目叢書』 史部第258冊, p.565.
55 嚴從簡, 余思黎 点校, 『殊域周咨彔』 卷2 「東夷」, 中華書局, 1993, p.52.
56 焦竑, 『獻征彔』 卷8 「靖海侯謚襄毅吳禎神道碑」, 上海書店, 1986, p.266.
57 湯日昭 外, 万歷, 『溫州府志』 卷6 『四庫全書存目叢書』 史部第210冊, p.579.
58 程嗣功 外, 万歷, 『應天府志』 卷22, 『四庫全書存目叢書』 史部第203冊, p.579.
59 謝杰, 「虔台倭纂 · 倭變」, 『玄覽堂叢書』 第六冊, p.4429.
60 鐘薇, 「倭奴遺事」, 위의 책, p.4559.

훈過庭訓의 『본조문생인물고本朝分省人物考』,[61] 하교원何喬遠의 『명산장名山藏』,[62] 숭정崇禎 연간 방공조方孔照의 『전변약기全邊略記』,[63] 서창치徐昌治의 『소대방모昭代芳摹』,[64] 장훤張萱의 『서원문견록西園聞見錄』[65] 등이다.

이 문헌들의 내용은 대체적으로 비슷하다. 『전변약기全邊略記』에서 오정이 왜구를 격퇴한 사안을 홍무 6년 7월이라고 기록한 것 외에, 나머지 문헌들은 대체적으로 홍무 7년 혹은 홍무 7년 8월이라고 명확히 밝히고 있다. 이 사료의 진술은 「해국양의오공신도비海國襄毅吳公神道碑」와 『명태조실록』의 기록과는 차이가 조금 있다. 예를 들어, '해상의 긴급한 소식[海上警聞]'을 어떤 곳에는 '왜구가 해안을 어지럽힌 일'과 '왜적이 해안을 노략질한 일'을 가리킨다고 하고, 어떤 곳에는 '왜구가 아국의 교주를 노략질한 일'을 가리킨다고 하였다. 또 '류큐 대양에까지 나아가 잡아온 일'에 대해, 어떤 문헌에서는 '류큐 대양에까지 추격하여 섬멸하였다'고 하기도 하고, 어떤 문헌에서는 '류큐 대양에서 해적들과 마주쳤다'고 하기도 하였다. '아국의 교주를 노략질하다'와 '류큐 대양에서 해적과 마주쳤다'는 새로운 논조인데, 작가의 주관적인 추측인지 아니면 또 다른 사료의 내원이 있는지는 알지 못하겠다.

장혁이 류큐 대양에서 왜구를 격퇴한 사적은, 가정 연간에 완성된 『비각원구정요秘閣元龜政要』,[66] 『오학편吾學編』,[67] 『황명공신봉작고皇明功

61 過庭訓, 『本朝分省人物考』 卷15 「吳禎」, 『續修四庫全書』 史部第536冊, p.322.
62 何喬遠, 『名山藏』 卷57 「吳良吳禎合傳」, 福建人民出版社, 2010, p.3070.
63 方孔照, 『全邊略記』 卷9 「海略」, 『續修四庫全書』 第738冊, p.491.
64 徐昌治, 『昭代芳摹』 卷10, 『四庫禁毁書叢刊』 史部第43冊, 北京出版社, 1998, p.149.
65 張萱, 『西園聞見彔』 卷56 「防倭」, 文海出版社, 1940, p.4391.
66 『秘閣元龜政要』 卷5, p.544.
67 鄭曉, 『吾學編』 卷18 「异姓諸侯傳」 卷上, p.309.

臣封爵考』[68] 등에만 언급되어 있다. 『비각원구정요秘閣元龜政要』의 기록에 의하면, 장혁이 복건도지휘사사福建都指揮使司를 맡고 있던 기간은 홍무 8년 6월로, "장혁이 군을 독려하여 순초선이 우서牛嶼 해양에 들어섰을 때 왜구와 맞닥뜨려 류큐 대양에까지 쫓아갔다. 친히 병졸들과 함께 적과 교전하여 적의 우두머리급 18명을 생포하였고, 수십 급을 참수하였으며, 왜선 수 척, 요도腰刀와 병기 등을 획득하였다. 이 일이 알려지자 그 공으로 관인官印을 하사하고 더 많은 권한을 내려주었다."[69] 정여벽鄭汝璧의 『황명공신봉작고皇明功臣封爵考』와 정효鄭曉의 『오학편吾學編』의 장혁 약전略傳에도 유사한 기록이 있다. "(…중략…) 왜구를 추포한 공으로 동지서도사사同知署都司事로 승급하였으나, 왜구를 잡는 공을 세우지 못하자 봉록을 박탈당하였다. 초병들을 이끌고 바다로 나가 우산양牛山洋에서 왜구와 맞닥뜨렸으며, 류큐 대양에까지 쫓아가 왜구의 수괴를 붙잡았다. 그래서 흥화위興化衛로 자리를 옮겨 갔고, 봉록을 돌려받았다."[70] 즉 해단도海壇島(지금의 복주시 평담현) 동쪽에 있는 우산양 해역에서 왜구의 침략을 받았는데, 앞장서서 출격하여 류큐 대양까지 추격하였던 것이다. 『명태조실록』의 장혁 전기와 대조하면, 장혁이 순시한 시간과 원인이 상이하기는 하지만, 왜구를 맞닥뜨린 지점, 출격 노선, 사살하거나 포로로 잡은 적의 수 등과 같은 구체적이고 세부적인 기록은, 해전의 형상을 더욱 풍부하게 하였다.

이러한 문헌들을 통해, 오정과 장혁이 왜구를 류큐 대양에서 격퇴한

68 鄭汝璧, 『皇明功臣封爵考』 卷7 「海運・航海侯張赫」, p.602.
69 『秘閣元龜政要』 卷5, p.544.
70 鄭汝璧, 『皇明功臣封爵考』 卷7, 「海運・航海侯張赫」, p.602; 鄭曉, 『吾學編』 卷18, 「异姓諸侯傳」 卷上, p.309.

사적은 다시 읽히고 토론되었으며, 지금까지 보존되어 전해 내려왔다.

3. 일본의 류큐 병탄과 류큐 대양 해전 고사의 재언급

'바다로 나가는 것을 엄격히 막는' 청 왕조의 해양 전략 아래, 강희, 옹정, 건륭의 삼 대를 거치며, 해안과 도서에 근거하여 수륙이 서로 연결된 '육상 기반 해양 방어체제'[71]를 형성하였다. 중일 간 해상무역이 빈번하였고, 청나라의 범선이 주도적인 지위를 차지하고 있었기 때문에, 일찍이 일본의 위협을 받아본 적이 없었다. 그러나 수군의 방어 병력 배치는 다소 산만하였고, 강대한 외국 함대의 도전을 받아본 적이 없었기에, 수군의 전쟁 준비 전략은 해이하였고 부패가 만연하였다. 해양이 평화로운 상황에서 '해양 방어만 있을 뿐 해전은 없다'는 생각이 지배적이었기에, 장수들도 해전의 일을 논하지 않았고 해전에 임하는 법을 훈련하지 않았다. 그래서 명대 초기에 류큐 대양까지 왜구를 쫓아가 격퇴하였던 기억들은 점점 잊혀졌다.

청 왕조 때 오정이 류큐 대양에서 왜구를 격퇴한 일을 언급한 문헌은 그리 많지 않다. 우리가 발견한 것은 10종류에 불과하다. 순치 연간에 완성된 부유린傅維鱗의 『명서明書』,[72] 강희 연간 고염무顧炎武의 『천하군

71 王宏斌, 『清代前期海防－思想与制度』, 社會科學文獻出版社, 2002, p.60～72.

72 傅維鱗, 『明書』 卷95, p.1919.

국리병서天下郡國利病書』,[73] 옹정 연간 임계운任啓運의 『사요史要』,[74] 건륭 연간의 『명사明史』,[75] 『통감강목삼편通鑒綱目三編』,[76] 『통람집람通鑒輯覽』,[77] 가경嘉慶 연간의 『직예창주지直隸倉州志』,[78] 도광 연간의 『강음현지江陰縣志』,[79] 광서 연간 왕선겸王先謙의 『일본원류고日本源流考』,[80] 주극경朱克敬의 『변사휘초邊事彙抄』,[81] 『중수안휘통지重修安徽通志』[82] 등이 있다. 그러나 이러한 서적들은 대부분 문헌상의 답습일 뿐, 『신도비神道碑』나 『명실록明實錄』의 내용을 뛰어넘지 못하였다. 『명사』의 기재 내용인 "7년에, 해상에서 긴급한 소식이 전해오자, 다시 총병관을 맡아, 도독첨사인 우현와 더불어 강음江陰의 네 군령의 수군을 이끌고 왜구를 토벌하러 출정하였다. 류큐 대양에 도달해 그들의 병선을 빼앗고 포로를 잡아 경사로 압송하였다"[83]와 대부분 비슷하였다. 시간은 홍무 7년임이 분명한데, '왜구를 추포하러 출정하여 류큐 대양에 이르렀다'는 부분의 상세한 사항이 여전히 모호하여, 도대체 어디에서 왜구를 맞닥뜨렸는지, 류큐 대양까지 쫓아가서 섬멸하였는지 류큐 대양에서 왜구를 맞닥뜨려 섬멸한 것인지는 알 수가 없다. 예외적인 점은 고염무가 쓴 『천하군국리병서天下郡國利病書』에서 "7년에 외적이 근해까지 들어오자 정해

73 顧炎武, 「九邊四夷備彔・日本」, 『天下郡國利病書』, 上海古籍出版社, 2012, p.3906.
74 任啓運, 『史要』 卷7, 『四庫未收書輯刊』 三輯16冊, p.496.
75 張廷玉, 『明史』 卷131 「吳禎傳」, p.3841.
76 張廷玉, 『御定資治通鑑綱目三編』 卷2, 『影印本文淵閣四庫全書本』 第340冊, p.40.
77 傅恒, 『通鑒輯覽』 卷100, 影印文淵閣四庫全書本 第697冊, p.203.
78 王昶等, 嘉慶 『直隶滄州志』 卷24, 『兵防』, 續修四庫全書, p.85.
79 陳廷恩 外, 道光 『江陰縣志』 卷15, 『无錫文庫』 1, 鳳凰出版社, 2011, p.379.
80 王先謙, 『日本源流考』 卷14, 『四庫未收書輯刊』 八輯第4冊, p.339.
81 朱克敬, 『邊事匯抄』 卷12, 『四庫未收書輯刊』 三輯第15冊, p.697.
82 何紹基, 『光緒重修安徽通志』 卷232, 『中國地方志集成』 省志輯, 鳳凰出版社, 2011, p.86.
83 張廷玉, 『明史』 卷131, 「吳禎傳」, p.3841.

후 오정이 수군을 이끌고 류큐 대양까지 쫓아가 섬멸하였는데, 수많은 적을 참하고 많은 전리품을 포획하였으며, 포로를 경사로 압송하였다"[84]고 하였고, 왕선겸은 『일본원류고日本源流考』에서 "홍무 7년 8월, 왜구가 소주 해안을 침범해 와 정해후 오정에게 연해 각 군영의 병사를 이끌고 류큐 대양까지 쫓아가 추포하도록 하였고, 왜인과 배를 전리품으로 얻어 경사로 압송하였다"[85]고 한 것이다. 하지만 장혁이 류큐 대양까지 가서 왜구를 격퇴한 일을 기재한 문헌은 더더욱 적다. 『명기明紀』, 『명서明書』, 『명사明史』 등의 서적에서만 보일 뿐이다. 『명기』에 기재된 내용은 홍무 5년으로 되어 있으며, "왜구가 복녕福寧을 노략질하여 명주위지휘첨사明州衛指揮僉事 장억張億이 이를 토벌하였는데, 날아오는 화살을 맞고 전사하였다. 복주위지회동지福州衛指揮同知 장혁張赫이 왜구를 쫓아 류큐 대양까지 가 교전을 하여 그 우두머리 18인을 사로잡았고, 수십 급을 참수하였으며, 왜선 십여 척을 전리품으로 획득하였고, 활, 칼 등의 무기를 셀 수 없이 거두어 들였다"[86]고 되어 있다. 『명서』는 『비각원구정요』를 따라, 장혁은 "우산양에서 왜구를 맞닥뜨렸는데, 류큐 대양에까지 쫓아가 왜인 우두머리를 생포하고, 여러 왜구를 포획하였다"[87]로 되어 있어, 그 시간이 분명하지 않다. 『명사』에는 "장혁이 해상에 오래 있으면서, 포획한 왜구는 셀 수가 없다. 마지막으로 류큐 대양까지 왜구를 쫓아 교전하여 우두머리급 18인을 사로잡았고, 수 십급을 참수하였으며, 왜선 십여 척을 전리품으로 획득하였고, 활, 칼 등의 무

84 顧炎武, 「九邊四夷備彔・日本」, 『天下郡國利病書』, 上海古籍出版社, 2012, p.3906.
85 王先謙, 『日本源流考』 卷14, p.339.
86 陳鶴, 『明紀』 卷3, 『四庫未收書輯刊』 六輯第7冊, p.59.
87 傅維麟, 「張赫傳」, 『明書』 卷95, 中華書局, 2012, p.1927.

기를 셀 수 없이 거두었다. 황제는 장혁의 공이 걸출하다고 여겨, 도지휘都指揮의 관인을 관장하라고 명하였다"[88]고 기록하고 있는데, 이 역시 그 시간이 분명하지 않다. 이러한 문헌 중에서 고염무와 왕선겸과 같은 몇몇 인사 외에는, 명 가정과 만력 시대처럼 주동적이고 자각적으로 사고한 사람이 거의 없었으며, 명초의 사안을 일본을 방어하는 전략과 연계하려는 생각은 더더욱 하지 않았다. 청 도광 이전에 관방에서는 일본의 국정에 관심이 적었고, 그 인식 또한 이전 시대의 역사 기록에 머물러 있어, 일본을 해상에서의 위협이라고 생각하지도 않았다. 동치 광서 이후 일본의 중국 주위 해역에 대한 침탈 의도가 점점 더 명확해지자, 일본에 관한 전문서가 나오기 시작하였다.

선박 업무를 기획하고 처리했던 초기에, 이홍장은 일본을 '걱정 없이 굴복시킬 수 있는' 이웃나라로 여겼다. 그래서 그는 "일본의 옛 왜국은 동양 제도諸島 중에서 이전부터 강대하였고, 강소, 절강, 복건의 경계와 며칠 거리밖에 되지 않는다. 원 세조 이후 중국에게 조공하지 않았고, 결국 명대에 들어 왜인의 우환이 극심하여 동남지역 각 성은 여러 차례 유린을 당하였다. 역사에서 왜인의 성격이 교활하고 흉악하다고 여겨져, 처음으로 중국 영토에서 호시互市를 철저히 금지당하였다. 명 세종 때에 절중시박제거사浙中市舶提擧司를 완전히 철폐하고 4년 동안 순무를 배치하지 않아, 연해의 간사한 무리가 이때를 틈타 도적과 결탁하여 끌어들이는 바람에 왜구의 노략질이 극심해지기 시작하였다. 국초에 조선이 내복來服한 후부터 위세가 천하를 떨치자, 왜인들이 감히 조선을

88 위의 글, p.3831.

넘어 북쪽 변방을 침범하지 못하였고, 국내의 간사한 무리들과 결탁하여 동남지역을 침탈하지도 못하였다. 이는 실로 적절하게 통제한 까닭이었으며, 이에 그들은 오래도록 두려움을 품었다. 순치에서 가도 연간에 이르기까지 정기적으로 통상을 하였고, 강절江浙에 관상을 설치하여 배 수를 제한하였으며, 매년 일본으로 가 구리 수백만 근을 구입하였다. 함풍 이후 태평천국의 난으로 나라가 시끄러워지자 이 일은 마침내 폐지되었다. 그렇지만 강소, 절강, 복건 상인들은 일본 나가사키 섬으로 가서 무역을 하였거나 아예 옮겨가 거주하는 자가 끊임없이 이어졌으며, 일본 상인들 중에 중국을 유람한 자도 역시 많았다. 경신년과 신유년 이후부터 강소와 절강은 극도로 부패하였고, 서양인의 위협이 더해졌다. 이때 일본은 이 기회를 틈타 침입을 하면서도, 이 혼란을 틈타 협약을 요구하지 않으니, 순복順服하려 하였음을 알 수 있다"라고 하였다.[89] 동치 13년(1874)에 일본이 대만을 침입하여 동해로 확장하려는 야심을 드러낸 후, 조야에는 '해양 방어가 긴요한' 위기감으로 가득했고, 이 문제에 대해 경각심을 가지기 시작하였다. 이홍장은 서구 서적 『방해신론防海新論』을 통해, 해군을 건설하여 주동적으로 공격하고 제해권을 장악해야 할 중요성을 알게 되었다. 그리고 "본국 해안을 방어하는 상책"은 바로 "본국의 모든 병선으로 하여금 적국의 각 해구로 나아가 지켜 그들의 배를 봉쇄하는 것"이다. 그 다음이 스스로를 지키는 것으로, "정예병을 모아 긴요한 몇 군데만 보호하면 공고히 지킬 수 있다". 그러나 그는 "각국이 모두 섬 오랑캐라 물을 집으로 삼고 있어, 배와 화

89 李鴻章, 『奏稿』 卷17 「遵義日本通商事宜片」, 吳汝綸 編, 『李文忠公(鴻章)全集』, 文海出版社, 1984, p.600.

포에 정통하고 숙련된 지 이미 오래되었으니, 중국 수군이 일거에 따라잡을 수 없는 것이다". "중국 병선 수가 너무 적으니, 어찌 적의 해구로 나아가 다 막는단 말인가? 이에 상책은 행할 수 없고, 스스로 방어하고자 해도 쉽지가 않다"고 여겼다. 그는 "중국은 육지가 물보다 많으니, 아무래도 육군을 입국의 근본으로 삼아야 할 것이다. 만일 육군을 잘 훈련하여 효과가 있다면, 적병이 상륙한 후에도 격전할 수 있다. 포대 배치를 정확하게 하면 적선이 해안으로 들어올 때 막아 낼 수 있을 것"[90] 이라 주장하였다. 그는 외양外洋의 수군과 철갑선의 중요성도 강조하여, 전술상 '움직이지 않고 포대를 사수하는 전법'과 '수뢰 등을 설치하여 적의 상륙을 막는 전법'을 실행하고, 수륙水陸을 결합하여 포대와 육군으로 항구에 방어진을 구축하며, 게다가 해안에 재빨리 유격하는 철갑수군을 배치하였다. 그러나 그의 전략 중에는 주동적으로 출격하여 힘을 모아 외해에서 적을 섬멸하려는 의사는 전혀 들어있지 않았고, 단지 해안 방어의 보조적인 역할을 할 뿐 공격형의 해군은 아니었다. 그의 사유는 여전히 육지의 관점에서 바다를 보고, 육지로 바다를 제압하는 것에 머물러 있었다.

광서 원년(1875) 이홍장은 명을 받고 북양 해안 방어 업무를 감독하며, 북양 해군을 조직하는 일에 착수하였다. 비록 해군 조직의 제일 목표가 '일본을 제어하는 것'이었지만, 이홍장은 여전히 경기京畿지역(지금의 천진)을 지키는 것을 고수하였고, 주동적으로 출격하여 외해에서 적을 섬멸하려 하지 않았다.

---

90 李鴻章, 『奏稿』 卷24, 「籌議海防折」, pp.829~830.

광서 5년 윤3월 초3일(1879.5.12), 일본 내무대신 마츠다 미치유키松田道之가 관원 수십 명과 병사 수백 명을 이끌고 류큐로 가서, 왕성을 포위하고 류큐의 '처분處分'(류큐를 합병하는 정책과 과정을 개괄하는 용어)을 선포하였다. 그 내용은 류큐 왕국을 폐하고 오키나와 현으로 개칭하여 편입하였으며, 류큐가 청나라를 상대로 조공을 바치고 청나라의 책봉을 받는 것을 금지하고, 국왕 쇼 타이尙泰가 도쿄로 와서 '은혜에 감사를 표하는' 등 아홉 가지 항목을 발표하였다. 류큐 국왕은 병이 깊어 일어나지 못하였고, 세자 쇼 텐尙典이 왕을 대신하여 도쿄로 가서 인질로 억류되었다. 4월 17일 복주에 체류하고 있던 류큐 진정사陳情使 자건대부紫巾大夫 향덕굉向德宏이, 류큐 왕세자가 도쿄에서 민상閩商을 통해 보내온 밀서를 받고, 그것을 숨겨 북상하여, "피를 내어 천자께 호소하니 잠시도 지체할 수 없습니다"[91]라며 청 조정에 도움을 청하였다. 향덕굉이 밀서를 받은 후 먼저 복건성 관원에게 알리고 떠났다가는, 헛되이 시간을 보내고 또 이런 시급한 일에 늑장을 부려서는 안되기 때문에, 머리를 자르고 상인으로 변장하여, 마미馬尾에서 증기선을 타고 민남에서 북상하여 상해를 지나 천진에 도착하였다. 5월 14일(7월 3일) 향덕굉은 북양대신 이홍장에게 통곡하며 도움을 청하며, "실정에 근거를 둔 비밀 상주문[密奏]이오니 속히 구원 대책을 내려주시고, 죄를 물어 군대를 일으켜주기를 청원하는"[92] '구국청원서'를 올렸다. 이홍장은 여러 차례 위로하며 복건으로 돌아가 회신을 기다리라고 하였으나, 향덕굉은 서둘러 돌아가려 하지 않았다. 천진에 머무는 동안 그는 미국 영사관에서 서양 신

91 李鴻章, 『譯署函稿』 卷9, 「琉球國紫巾官向德宏初次禀稿」, p.3066.
92 위의 글, p.3067.

문을 통해 국왕 상태가 이미 도쿄로 끌려가 왕호를 빼앗겼다는 사실을 알았다. 6월 초닷새(7월 23일) 다시 이홍장에게 보고하며, 명 정해후 오정이 류큐 대양에서 왜구를 격퇴한 고사를 인용하면서, 출병해 류큐의 망국 위기를 구해주기를 간청하였다.

> 만일 죄를 물어 군사를 일으킨다면, 이는 우리나라를 길잡이로 삼는 것입니다. 저는 선봉이 되어 일본이 그 흉악하고 어리석은 짓을 감히 다시는 하지 못하도록 할 것입니다. 저 굉은 일본 지도, 언어, 문자 등에 대단히 잘 알고 있으니, 기꺼이 군대의 선봉에 서서 힘을 다해 불구대천의 원한을 풀고 싶습니다. 병력을 보내 일본을 막는 것은, 전 왕조인 명 홍무제 7년에 신하 오정에게 명하여 연해의 병력을 이끌고 류큐에까지 가서 지켜낸 고사와 같으니, 일본으로 하여금 더 이상 감히 기회를 노리려는 생각도 싹트지 못하게 할 것입니다.[93]

이에 대해 이홍장은 직접적으로 대답하지는 않았지만, 2년 전에 향덕굉이 복건에 도착하여 일본이 조공을 막으려 한다고 도움을 요청하였을 때부터, "류큐는 편벽한 곳에 있어 있어도 그만 없어도 그만인 곳"이고, "설령 지금부터 조공을 하지 않고 책봉을 하지 않아도 국가의 경중에는 상관없으며, 원래부터 너그럽게 그들을 포용할 수 있었다"라 여겼다. 류큐의 지리 위치는 바다에 홀로 올라와 있고, 중국과 육지로 맞붙어 있는 조선이나 안남安南(현 베트남)과는 다르다. 이는 "춘추시기에

93 위의 글, p.3068.

위衛나라가 형邢나라를 멸망시키고, 거莒나라가 증鄫나라를 멸망시켰다. 제齊나라와 진晉나라의 강대함으로도 따져 묻지 않은 것은 아마도 비록 이웃 나라를 긍휼이 여기고 환난에서 구하려 해도, 지세가 그것을 저지하기에 충분하였기 때문이었던 것"과 같다. 그래서 주일 공사 하여장何如璋이 제시한 "상중하의 세 책략으로 병선을 파견하여, 일본을 문책하고 류큐 사람들에게 반드시 구해주겠다고 약속한 것은, 하찮은 문제를 크게 만들고 장황하게 만든 듯하다"고 비판하였다.[94] 향덕굉의 보고서를 받기 얼마 전 이홍장은 중국을 참관하러 온 미국의 전 대통령 그랜트Grant를 접대하며 류큐 문제를 중재해 주기를 부탁하였으니, 당연히 군사를 일으켜 죄를 묻자는 향덕굉의 건의를 받아들일 수 없었다.

7월 그랜트 전 대통령이 류큐의 분도分島 방안을 내 놓은 후로, 중국과 일본은 류큐의 귀속 문제로 담판을 벌이기 시작하였고 조정 고관들은 자기의 주장을 계속 제기하였다. 그들은 기본적으로 군사행동을 할 때는 아니라고 생각했으며, 일본이 제시한 분도 방안은 실행할 수 없으므로 서명을 미루어야 한다는 주장이 많았다. 출병하여 일본을 토벌하는 것도 한 가지 방안으로 제기되기는 하였다. 우서자右庶子 진보침陳寶琛이 광서 6년(1880) 9월 26일에 올린 상소문에서 "비록 지금 철함충선鐵艦沖船의 구입이 아직 다 이루어지지 않았고, 수군도 미완성이고 항로도 숙지되지 않아, 아직 천자의 육군을 자랑하여 류큐를 회복시키고 위업을 얻어 패권을 안정시킬 수 있는 거사를 할 수 없습니다. 우리가 왜구를 치러 가지 못해도 저 쪽도 감히 오지 못할 것이니, 잠시 견제와 지연

94 李鴻章, 『譯署函稿』 卷8, 「密議日本爭琉球事」, p.3031~3033.

정책을 쓰는 것이 제일 좋습니다. (…중략…) 만일 응하지 않으면 관문을 닫고 시장을 철폐하여 그들을 궁지로 몰아넣고. (…중략…) 이렇게 하는 데도 응하지 않으면, 정의를 받들어 그들을 물리쳐 손상을 입혀 놓습니다. 3~5년 후 우리 군대가 더욱 정예화되고 무기가 더욱 구비되면, 류큐 부활을 명분으로 중외 연해의 각 진鎭에다 이를 선포하여, 여러 갈래에서 나누어 같이 진공進攻하여 약점을 공략하면, 수군을 몇 번만 파견해도 왜를 틀림없이 정벌할 수 있을 것"[95]이라고 하였다. 또 광서 7년(1881) 2월 30일에 한림원翰林院 편수編修 육정불陸廷黻이, 일본을 정벌하여 국위를 떨치고 적의 침입에 대한 우환을 없애자고 주청하며, 정벌하지 않을 수 없는 다섯 항목과 정벌을 할 수 있는 세 항목의 이유를 제시하였다.[96] 그러나 이것은 조정 대신들의 소수 주장일 뿐 구체적인 정벌 방안은 없었고, 전대의 왜구 격퇴 전략에 대해서도 깊이 있는 사고나 총결을 하지 않았다. 오정의 고사와 그의 주동적인 출격으로 해역을 통제하자는 전략도 의식적이든 무의식적이든 회피되었다. 기타 사람들은 대부분 정벌하자는 것에 찬성하지 않았다. 유곤劉坤은 "진보침의 말처럼 중국이 죄를 성토하며 토벌하러 바다 건너 동정東征을 한다면, 지금의 정련된 수군으로 적을 전부 궤멸시키겠다는 원元대 초기의 두려움을 결코 줄 수 없을 것입니다. 그러한 까닭에 2,000여 년의 역사를 가진 일본이라는 나라를 이러한 군사 행동으로 철저히 궤멸할 수 있는 것도 아니며, 오히려 매복을 심어 끌어들인 우리 군을 쓸모없게 만듭니다. 상

95 陳宝琛, 「日講起居注官右春坊右庶子陳宝琛奏爲倭案不宜遽結倭約不宜輕許事折」, 『清代中琉關係檔案七編』, 中國第一歷史檔案館, 2009, pp.421~422.
96 陸廷黻, 「翰林院編修陸廷黻奏爲陳請征日本以張國威等管見事折」, 위의 책, pp.509~512.

대는 익숙한 곳인 반면 우리한테는 낯선 곳이고, 상대는 주인인데 우리는 객인 상황에서, 우리 군이 깊이 들어가는 것은 크게 우려되는 바입니다. 일본이 우리 군의 위력을 두려워 한 번의 싸움으로 패배하여, 강화를 맺길 청하고 류큐를 다시 회복시켜준다고 하더라도, 류큐는 일본과 침상 곁처럼 가까이 붙어 있는데, 우리가 군대를 주둔시켜 지켜낼 수 있을 지도 불확실합니다. 우리 군이 돌아가고 난 뒤에 일본이 다시 빼앗아도, 어찌 다시 험난한 바다를 건너 병력을 보낼 수 있겠습니까?"라고 하였다.[97] 출명에 반대하는 주장이 보편적인 상황에서 이홍장 등은 향덕굉이 제기한 오정이 연해의 병력을 이끌고 류큐까지 가서 지켜낸 고사에 대해 망각하는 길을 선택하였다.

명대 초기에 류큐 대양에까지 나가 왜구를 격퇴했던 일은, 사실 조정에서 고의로 잊으려했던 사건이었다. 그러나 그 후 520년 동안 동해에서 일이 생길 때마다, 이 역사에 대한 기억이 살아나 사회의 반향을 일으켜 다시 언급되고 논의되었던 것이다. 이는 중국해양의 위기가 나날이 높아지는 상황과 해양의식의 각성을 반영하고 있다. 그리고 명청 시대 통치자가 이 서사에 대해 망각하고 또 망각한 것은, 명청 왕조의 해양 전략이 진취적인 성향에서 위축되는 성향으로, 해전海戰에서 해양 방어로 방향을 전환했음을 반영하고 있으며, 대륙의 해양관 그리고 대륙을 중시하고 해양을 경시하는 사유 방식과 행위 방식이 얼마나 강했는지를 구현해 주고 있다. 이러한 역사적 교훈은 깊이 사고하고 반성해 볼 만한 가치가 있다.

---

97 劉坤一, 「兩江總督劉坤一奏爲密陳球案宜妥速議結倭約宜愼重圖維外杜紛紜內嚴防范事折」, 위의 책, pp.4520~4523.

제5장

중국의 해양전통으로 본 정화의 원정*

1405년에 시작된 정화의 원정은 고대해양세계사에서 빛나는 한 장면이지만, 그 기초와 함의는 복잡하게 얽혀 있는 역사의 수수께끼이다. 저자는 해양사학의 각도에서 관찰하고 사고하고자 한다. 여기에서 논술하는 것은 단지 사고의 방향일 뿐이니 여러 전문가들의 지도를 구하는 바이다.

* 본 장은『鄭和遠航與世界文明一紀念鄭和下西洋六白周年論文集』(北京大 出版社, 2005)에 실려 있다.

1. 이론적 성찰

인류문명사에서 해양의 발전은 인류의 생존 방식이자 문명의 역사 발전 과정이었다. 그러나 인류문명사에서 해양의 자리매김은 아직도 미해결로 남아있는 문제이다.

오랫동안 세계역사의 체제와 구조는 육지를 중심으로 하였다. 해양의 역사는 각 대륙의 육지문명 사이에서 해양을 통해 진행된 충격과 충돌 그리고 교류로 해독되어 왔다. 고대세계는 농경과 유목이라는 두 세계로 나뉘었고, 고대세계사는 농경세계와 유목세계 사이에서 원시와 고립 그리고 분산에서 일체화一體化로 나아가는 역사적 발전 과정이었다. 근대세계사는 공업세계가 농경과 유목세계를 정복해 나가는 과정이었다. 그들은 대해大海가 세계문명에 영향을 끼쳤음을 인정하였다. 예컨대 지중해세계는 고대 그리스, 고대 로마의 고전문명에 필요한 지리적 무대를 제공하였고, 노예제 경제의 상품화에 조건을 제공해 주었다. '대항해시대'는 전 지구적 상업 대혁명과 해외 식민지의 확산을 불러일으켰고, 세계시장 형성의 시원始原과 자본주의의 도래를 이끌어내었다. 이는 해양이 각 대륙문명 간의 주요 통로가 되어, 각 대륙문명의 일체화 발전 과정을 촉진하였기 때문이다.

중국은 유구한 역사를 가진 동양의 문명국가로, 찬란한 농경문명으로 세상에 드러나 오랫동안 대륙국가로 인식되어 왔으며, 전통문화는 '황토지 문화'로 형상화되어 일컬어졌다. 당대 연구의 진전으로 중국은 대륙국가이자 해양국가임이 인정되었다. 그러나 중국의 역사 문헌과 교과서에서는 여전히 중국 고대사회를 농경세계와 유목세계의 이원적 구조로 묘사되어 있다. 그들도 해양에 대해 관심을 가지면서, 고대 중국에도 발달된 항해기술이 있었음을 기록하고 있다. '해상 실크로드'와 정화의 대원정과 같은 휘황찬란한 사실史實이 있었지만, 그것은 중국 농경세계와 해외와의 정치, 경제, 문화의 교류였던 것이다.

인류는 육지에 사는 동물이며, 육지는 인류문명의 주요 매개체이다. 대륙문명의 발전 과정이 세계역사의 주류인 것은 틀림없는 사실이다. 농경세계와 유목세계의 대립과 통일 관계가 인류문명의 주제인 것도 역시 틀림없다. 문제는 인류가 육지에서 해양으로 나아간 후로, 해양은 대륙문명들 간에 교류하던 통로에 불과한 것인가, 아니면 인류가 생존 발전하는 또 하나의 공간인가라는 것이다. 또 농경세계와 유목세계 외에 해양세계라는 것이 존재하는 것인가라는 점이다.

고고학과 인류학 연구의 새로운 진전에 따르면, 인류의 해양활동은 육지활동과 마찬가지로 오래되었으며, 해양문명은 독특한 기원과 발전의 과정이 있다는 것을 알려주고 있다. 역사학자들은 지중해 주변 지역의 역사는 지중해를 항해하는 배와 선원의 역사와 같이 발전해 온 것만이 아니라, 고대 아시아와 아메리카에도 '지중해'가 있었고 이 역시 해양민족의 요람이었다는 사실을 발견하였다. '대항해시대' 이전의 해상문명에도 일찍이 대륙 간의 전파가 있었다. 해양은 서로 다른 육지문명이 경계를 넘어 교류하는 통로로서, 각종 해상문명이 앞서 접촉하고 상호 작용을 일으킨 결과이다. 만일 이러한 역사적 사실을 인정한다면, 우리는 해양세계를 인류가 생존하고 발전하는 또 하나의 인류군과 지역으로 간주해야 할 것이다. 그래서 저자는 해양세계에는 다층적 의미를 지닌다고 여기고 있다.

첫째, 해양은 인류의 해양성 실천활동과 문화 창조의 공간이다. 해양성 실천활동은 해양을 직간접적으로 개발하고 이용하는 활동을 포함하며, 배는 그것의 주요 매개체가 된다. 배는 항행하는 모든 기점과 종점인 육지의 해안지역(바다 가운데의 육지인 도서를 포함)을 연결시켜 해안지역의 사회적 네트워크를 형성하므로, 해양세계의 공간적 구조는 대륙의 해안지역 · 도서 · 해역으로 조합되어 이루어진다. 우리는 지금까지 바다 건너 신대륙에서 생존 및 발전의 공간을 개척한 것만 생각했지, 바다 자체가 하나의 생존 및 발전의 공간이라는 것을 놓쳐왔다. 사실 해상에서의 생존 능력 없이는 해상력은 물론 해양을 뛰어넘는다는 것도 말이 안 된다. 바다 공간은 구체적인 경계가 없으므로, 개인과 집단의 입장에서 보면 항해 능력이 해상 공간의 크기를 좌우한다. 지역이나 국가의 입장에서 보면 해상 공간의 크기는 민간과 관방의 종합적 해상력에 달려있다.

둘째, 해양세계란 해양인문세계를 지칭한다. 해양문화는 해안지역과 해역에서 바다와 관련된 군체의 해양자연에 대한 '인격화'이다. 각종 해양활동 집단으로 조합된 어민사회, 해상사회, 해적사회와 같은 '선상사회'는 자신만의 조직 제도, 행위 방식을 가지고 있으며, 육지사회와는 현저한 차이점을 가진다. 해안지역에서 간접적으로 해양성 실천활동을 하는 집단은 '선상사회'를 지지하고 후원하는 힘이며, '선상사회'와 연동된 시스템을 구축한다. 그들은 해양과 적극적인 관계를 이루며, 해양적 요소가 그들의 물질적 · 정신적 생활 속에 스며들어 생명의 한 부분을 이룬다. 사람들이 거주하기에 적합하지 않고 항해가 발전한 해안

지역과 도서 그리고 해역은, 해양활동이 없었다면 해양인문세계도 자연적으로 없었을 것이다.

셋째, 해양세계는 인류사회의 큰 체제 아래의 작은 체제로써, 농경세계나 유목세계와 마찬가지로 원시·고립·분산에서 일체화로 나아가는 역사적 발전 과정이 있었다. 해양에 대한 인류의 인식이 끊임없이 심화되었고, 해양을 개발하고 이용하는 능력이 끊임없이 진보하였기에, 해양세계도 점차 조악한 형태에서 고차원적인 형태로 진전하였고, 지역성 해양에서 전 지구적 해양으로 발전하였으며, 표층적 해양에서 입체적 해양으로 깊이 나아갔다, 옛 부터 지금까지 해양활동은 큰 바다처럼 만조일 때도 있었고 간조일 때도 있었다. 그러나 이러한 진전은 한 번도 끊어진 적 없이 늘 지속적으로 이어져 내려 왔다. 해양세계 본연의 발전과 변천은 대체적으로 지역적 해양(고대)과 글로벌 해양(근대) 그리고 입체적 해양(당대)이라는 세 개의 큰 단계로 나눌 수 있다.

만일 이러한 이해가 성립된다면, 해양은 세계역사(중국역사까지 포함)의 체제와 구조에서 단순히 육지문명 간에 서로 교류하고 연계되는 장소로만 여겨져서는 안 되며, 오히려 농경세계나 유목세계와 대화하고 교류하며 상호 작용하는 대상으로 보아야 할 것이다. 이는 역사학자로 하여금 해양의 역사를 다시금 발견하고 해양 본연의 발전과 변천을 관찰해야 할 필요성과 가능성을 가지게 할 것이다.

2. 중국의 해양전통

앞서 기술한 내용에 따라 중국의 해양전통이란 중국 고대해양활동 집단의 전통, 해양지역의 문화전통을 가리켜야 할 것이다. 중국의 고대 해양활동 집단의 근거지가 되는 해양지역은 오늘날의 북한, 한국, 일본과 아세안 국가의 해안지역까지 포함한 환중국해를 포괄하며, 동시에 인도양과 동태평양에까지 뻗어나간다. 해상에서 접촉하는 대상은 동아시아와 서아시아 각 민족의 해양활동 집단을 포괄한다.

해양활동 집단의 탄생은 국가의 형성보다 더 이르다. 해양활동 집단 간의 상호 접촉은 나라와 나라 간에 일어난 해양 연계보다 더 일찍이 나타났다. 문자 기록이 있기 전인 선사시대에 환중국해 주변 부족들은 이미 뗏목을 타고 바다를 표류하는 해양 탐험활동을 통해 지속적으로 접촉하고 교류하여, 서로 영향을 주고받은 문화와 언어권을 형성하였다. 상고上古시대에는 현재 중국에 속하는 대륙 변경지역의 동이와 백월이 서태평양 도서지역의 부족과 친연관계를 맺기도 하였다. 따라서 환중국해는 '아시아의 지중해'로 해양문화의 발원지 중 하나로 인식되고 있다.[1] 중국은 국가 형성 과정에서 농업민족 공동체로만 이루어진 것이 아니라, 유목민족과 해양민족의 요소를 포함한 다원일체적인 면모를 지니고 있다. 기원전 2세기 이후 해안지역으로 이주해 온 한족이 이인夷人과 월인越人과 융화하여, 일부는 해양민족의 성격(예를 들어 단민疍民)을

1 凌純聲, 「中國邊疆民族与环太平洋文化」, 『中國古代海洋文化与亞洲地中海』, 台北聯經出版公司, 1979, pp.335~344.

견지했고, 일부는 바다와 육지를 겸하는 것(예를 들어 어민 · 해상 · 해적)으로 변화되었다. 이들은 배를 아주 잘 다루었는데, 이는 해안지역 문화의 전통인 것이다.

과거에는 중국의 전통해양문화를 토론할 때, 육지를 본위本位로 하고 농업 문화를 좌표로 하여 서양과 비교하였다. 예컨대 헤겔은 중국을 대륙 중국, 고대 중국인을 농경민족과 동일시하는 것을 이론적 기초로 내세웠다. 현재에는 그 누구도 고대 중국에 해양문화가 있었다는 점을 공개적으로 부인하지는 않지만, 무엇이 해양문화인지에 대해서는 의견이 일치되지 않는다. 이 때문에 적지 않은 사람들이 중국 고대의 해양문화는 해양농업문화였으며, 그것을 농경세계의 범주로 넣는 데에 찬성하고 있어, 아직 헤겔의 영향을 벗어나지 못하고 있다. 사실 '고대 중국인은 바다와 적극적인 관계를 발생시키지 않았다'고 한 헤겔의 말은, 대륙 중국이 농업을 근본으로 하는 한족이 바다와 적극적인 관계를 발생시키지 않았음을 가리킨 것이며, 항해가 '그들의 문화에 영향을 끼치지 않았다'고 한 것은 한 민족 문화의 핵심과 정화精華에 깊은 영향을 끼치지 않았음을 가리킨다. 이러한 이해를 바탕으로 볼 때, 헤겔이 중국에 해양문화가 있음을 부인했다고 간단하게 단정 지을 수는 없지만, 최소한 헤겔의 이러한 개괄이 편파적이었음은 짚어내지 않을 수 없다. 왜냐하면 고대 중국인의 해양관념이 농경민족에 속한다고 말하는 것이, 중국의 해양활동 집단의 해양관념 또한 농경 문화적 성격을 가진다고 하는 것과 동일시할 수 없기 때문이다. 해양이 중국문화에 심층적인 영향을 끼치지 않았다는 것이, 해양이 해안지역의 문화에 이러한 영향을 끼치지 않았다는 것은 아니다.

먼저 중국해양활동 집단은 기타 해역, 국가의 해양활동과 본질적인 차이가 없으며, 동일하게 해양인문유형에 속한다. 바다를 생계수단으로 하는 그들은 선상사회의 조직과 운용의 유동성과 사회적 가치의 이익추구에서 모두 동일하거나 유사한 것이다. 8세기 이후 유라시아 대초원 교통로가 쇠퇴하였고, 아라비아와 페르시아 상인들이 동방으로 항해한 것에 대한 자극이 있었으며, 원양 항해선의 제조와 나침반 제조 등 항해기술이 진보하였다. 이에 중국의 해양상업활동 집단이 이익을 좇아 서양으로 나아가기 시작했다. 그래서 송대에 이미 동서 대양을 왕복하는 항해 네트워크가 형성되었다. 그들의 해상생존 능력과 모험정신은 늘 과소평가 되었고, 그들이 해온 비농업성의 해외 개척은 해외 기담奇談으로 간주되어 주류 사회 정영精英으로부터 배척받았으니, 왕조 통치자의 사유에 영향을 끼친다는 것은 더더욱 말이 되지 않았다. 그러나 중국해양활동 집단들 사이에서나 해양사회체제 내부에서는 이러한 모험과 개척정신이 널리 전파되었을 뿐만 아니라 모방과 계승이 이루어지기까지 하였다. 예를 들어, 송대 고적에 나타난 오스트레일리아濠洲의 지명을 고증한 당대當代의 한 학자는, 오스트레일리아로 가는 항로를 최초로 발견한 사람은 송대 때의 중국 항해자라고 주장하였다. 이는 최근에 난 어떤 기사와도 맞물리는 점이 있다. 영국 칼텍스Caltex 석유회사를 퇴직한 해사 엔지니어인 베일은 개인적 흥미에서 출발하여, 전자 스캐너 같은 현대 과학기술 장비를 이용하여 해일에 의해 해안 절벽까지 떠밀려온 난파선 잔해 유물을 포함한 오늘날 뉴질랜드 남섬의 역사 유적지에 대해 조사를 하였다. 그 결과 일찍이 1,000년 전에 뉴질랜드 남섬 크리스트처치Christ church 식물원 일대에 '차이나 타운'이 존재했고,

약 4,000여 명에 달하는 주민이 거주했음을 밝혀내었다. 만일 이러한 고고 유적이 증명된다면 우리는 분명 중국인의 해양세계에 대해 다시 인식해야 하며, 전통적인 중국해양활동 집단에 대해서도 다시 평가를 내려야 한다. 사실 이윤 추구를 목표로 한 해상 경영 방식과 선상 노동조합에 대해서는 송대에 이미 단편적이나마 기록이 있고, 중국해양활동 집단과 만난 적이 있는 외국의 항해가, 여행가들도 생동감 있는 기록을 다소 남기고 있다. 해양활동 집단이 바다 풍랑의 불규칙한 변화에 적응하는 생존 능력이나 외국과의 교역 규칙 혹은 습관에 대한 초국가적 지식을 이해하지 못했다면, 생존과 발전의 공간을 확보한다는 것은 상상도 할 수 없었을 것이다.

다음으로, 해양은 중국 해안지역의 정치 구조와 생활양식에 영향을 미치는 요소이다. 과거의 연구에서는 중앙 왕조 정치가 혼란스러운 시기에 해안지역에 세워진 할거割據 정권과 해양의 관계를 밝히는 데에 편중하였다. 그러나 사실 중앙 왕조 정치가 안정적이었을 때에도 해양을 통해 외국과 상호 작용하는 일이 빈번히 일어났다. 동아시아 한漢문화권은 바로 성당盛唐 시기에 형성되었다. 중앙 왕조는 '덕으로 사해를 덮는다德被四海'는 기치 아래 해상 주변 국가의 사신을 받아들였으며, 외국과의 민간 해양무역 왕래에도 개방적인 태도를 유지하였다. 요동반도, 산동반도, 한반도로 둘러싸인 황발해黃渤海 지역은, 산동에서 해류를 타고 섬을 끼는 연안 항행을 통해 요동반도와 조선 반도에 이를 수 있었고, 일본 열도까지 더 뻗어갈 수 있었다. 이는 진한秦漢 시대 때 항해무역과 이민의 중요한 통로였다. 수당隋唐 대에는 황해를 가로질러 건넜는데, 산동과 백제에 마련된 무역항은 중국과 일본의 사절과 상인이 자주 다니는 항로였다. 동해 해안지역에 있어서는 당대唐代에 광주를 연결하여 인도양으로 나아가는 항로와 강남에서 일본 큐슈 서안의 무역항까지 이어지는 항로가 개통되었으며, 양주揚州와 영파寧波 복주福州는 대외 개방 항구였다. 남해 해안지역은 해외의 여러 나라와 밀접하게 교왕하고 있었다. 한漢 대에는 서문徐聞, 합포合浦 항로가 있었고, 당대에는 광주통해이도廣州通海夷道가 있었는데, 광주는 가장 중요한 국제적 항구였다. 해안지역 사람들은 해양 교역의 영향으로 상업을 중시하는 심리를 가지게 되었으며, 비록 초기 해양활동 집단이 기록을 남기지는 못했지만, 연해의 관원들이 남긴 단편적인 기록만으로도 해상에서의 중외문화 접촉이 상술한 해안지역 사회의 풍습에 끼친 영향을 느낄 수 있다.

이처럼 중국 해안지역에는 줄곧 해양이익이 작동된 해양활동 집단과 항해의 전통이 존재하였으므로, 조선과 항해기술상에서 큰 진전을 거둘 수 있는 가능성이 생겼으며, 그중 나침반은 중국이 세계 최초로 발명한 사대 발명품 중 하나가 되었다. 11~14세기가 되었어야, 조정에서 해양을 개방하고 민간 참여의 해상 통상이 성황을 이루었다. 이때 광주와 천주泉州를 주축으로 하는 동해안 지역은 동아시아와 서아시아 해양세계가 상호 작용하는 국제적인 상품 집산지로 되었다.

3. 정화의 원정에 관하여

14세기 후반기 명 태조가 명나라를 건국한 후, 사방으로 사신을 보내 중국을 천하의 군주로 하는 조공체제를 회복하려 하였으나, 해상에 기반을 둔 반명 잔존세력의 존재와 왜구의 침입 때문에 해양에서 후퇴하는 정책을 취하였다. 그래서 동남쪽 일대의 반역세력이 응집할 수 있는 도서지역을 다 비웠고, 여섯 차례에 걸쳐 금해령을 내려 해변에 사는 백성이 마음대로 바다로 나갈 수 없도록 하여, 전통적인 조공체제에서 허락되었던 중외 민간무역 루트를 막아 버렸다. 이에 중국 연해지역은 생존과 발전 공간이 위축되었다. 해양활동 집단은 분열・와해되어, 일부는 육지로 강제 이주당해 농민이 되었고, 일부는 강제로 연해 위소衛所로 재배치되었으며, 일부는 외딴 섬이나 해외로 도피하였다. 원元 대 해외무역을 주도하였던 아라비아계 해상 집단은 자바와 수마트라 등지에서 철수하였고, 바다에 나갔다가 돌아오지 않은 민오閩奧 사람들은 투반Tuban, 신촌新村, 수라바야Surabaya, 팔렘방Palembang 등지에서 화교 이민 커뮤니티를 건설하였다. 15세기 초 명 성조가 즉위한 후, 그는 명 태조의 조공체제를 위배하지 않는다는 전제하에 적극적이고 진취적인 해양정책을 펴 정화 대원정이라는 놀라운 역사적 사건을 일으켰다.

명 성조의 주관적인 동기가 무엇이든지 간에 그의 적극적이고 진취적인 해양정책은 전통적인 왕조체제 하의 중앙정권이 해양을 경략經略한 것 가운데 가장 개방적인 것이었다. 사절을 파견하여 제왕의 권위를 널리 알려 해외 번국蕃國을 입조케 하고, 신복臣服으로 조공을 바치게 한 후 답례로 하사품을 내리는 것, 이것이 역대의 의례 순서이다. 명 성조는 대형 선단으로 사신을 호위하여 먼 바다까지 나가 천자의 조서를 전달하고, 인장과 관복, 예물을 하사하였고, 해상 각국의 군주 혹은 사신의 조공 행렬을 맞이하고 보내는 역발상적 형식은 전대미문의 것이었다. 이는 관방이 독점하고 있는 조공무역을 최고치까지 발휘한 것으로, 중국의 위세를 멀리 서아시아와 동아프리카에까지 떨쳤으며, 명 왕조의 안전에 유리한 국제적 환경을 조성하였다. 이후 명청 시기 제왕들은 명 성조처럼 그러한 포부와 식견에 도달하기 힘들었다.

정화의 원정은 조공체제 중 수행 상단무역의 전통을 절묘하게 운용하였다. 배가 정박한 사이에 직접 현지 상인과 교역하거나 배를 나누어 다른 항구로 가서 교역하여, 노정에 필요한 담수淡水와 식량을 보급하였고, 귀항하면서 귀한 물건과 화물 등을 구입하였다. 이처럼 국가의 해상력을 펼쳐 보일 뿐, 식민지로 삼아 약탈을 하지는 않아 정박한 무역항의 번성을 촉진하여, 동서양 해상 교역의 새로운 국면을 열었다. 말라카는 정화 선단의 경유지이자 보급기지로써, 남해와 인도양 간 무역의 중추로 흥기하였다. 홍해와 인도양 무역 역시 정화의 예하 선단으로 더욱 활기를 띠었다. 정화의 선단이 거쳐 간 남해와 인도양의 해안지역에 남겨진 유적과 전설은 28년에 걸친 평화의 여정을 드러내고 있으며, 아시아와 아프리카가 다 같이 번영을 누리는 국제해양질서의 확립에 불멸의 공헌을 남겼다. 이는 또한 오늘날 국제해양 신질서 구축을 위해 거울로 삼고 학습해 볼만한 가장 가치 있는 선례라고 할 수 있다.

정화의 원정은 세계 항해사에 있어 최초의 대규모 국제원양 항해이다. 소집된 배와 인원의 규모나 항행 범위의 광범위함, 지속된 시간의 장구함 등은 중국이 당시 세계에서 가장 강한 해상력을 가진 나라였다는 것을 증명한다. 그러나 눈여겨봐야 할 것은 정화가 탔던 보선寶船은 송원 대 원양 선박의 개량형으로, 정밀한 나침반에다 풍부한 항해지식은 모두 송원 시대 때의 뱃사공들이 축적한 것이다. 중앙집권체제를 운용하여 소집된 위소의 관병들은 대부분 바다에 나간 경력이 있다. 그들의 아버지와 형제 중 많은 사람들이 민간해양활동 집단의 구성원이었고, 명나라 초기에는 군인 신분으로 편입되어 복역한 사람들이다. 복건 해안지역은, 송원 대에는 원양 항해선을 제조하고 바다에 정통한 인재를 배출해 내던 지역이었다. 정화가 출정 기지로 복건성 장락長樂을 선택한 것은, 아마도 선박의 수리와 건조, 화장火長(선박 항해를 지휘하는 사람)과 선원, 통역 모집 등 종합적인 요소를 고려한 결과이었다. 발달된 해양 생산력을 기초로 하고 항해 기술 인재를 비축해 놓지 않았다면, 단기간 내에 2만여 명으로 구성된 원양 수군을 조직하는 일은 해낼 수 없었을 것이다. 장락 기지의 존재는 억압당한 민간의 해상력을 자유롭게 하여, 본업을 잃은 바다 사람들이 국가의 징집으로 다시 바다로 돌아갈 수 있게 했다는 점에서는 긍정적인 효과를 발휘하였다. 안타까운 것은 서양으로의 대원정에 깔린 기본적인 함의가 국가 정치 행위의 일종이었다는 점이며, 국가 해상력의 확장은 민간 해양 발전 공간을 억제한 대가로 얻어졌다는 것이다. 결국 정화의 대원정은 '폐정弊政'으로 간주되어 버려졌고, 원양 항해선의 건조 역시 중지되었으며, 원양 선단도 해산되었다. 항해 기록 또한 소각되어 버렸다. 정화의 대원정은 중국해양 발전의 신기원이 되기는커녕, 중국의 휘황찬란했던 전통해양시대가 저물기 전 가장 찬란하게 빛을 발하고 스러지는 순간이 되었다. 이것이 바로 정말로 받아들일 만한 역사적 교훈이다.

정화의 대원정에서 주력 선단의 활동 범위는 송원 시대 뱃사람들이 이미 아는 동서 해양세계의 범위를 벗어나지 않았다. 그러나 그의 예하 선단이 새로운 무역지를 개척하여 인도양 연안, 특히 동아프리카 해안에 대한 인식을 확대하였다. 이것은 현존하는 사료를 통해서 증명할 수 있다. 희망봉을 돌아 아프리카 서남단을 발견하거나 대서양을 건너 아메리카 대륙을 발견하였을 가능성에 대해서는 실증할 수 있는 근거가 없기는 하지만, 해양이익을 쫓아 각축을 벌이는 것은 해양활동 집단의 본성이기에, 중국 항해자의 지혜를 과소평가하여 전면 부정하는 것은 적절하지 않다. 우리가 현재 확보한 실증적인 증거가 예하 선단의 직접적인 기록이 아니기 때문이다. 기록이 전해 내려오지 않는다고 하여 역사적으로 일어나지 않았다고 말할 수는 없다. 그러나 1421년 정화의 예하 선단이 아메리카 대륙을 발견하였다손 치더라도, 당시의 명 성조가 이미 막북漠北 지역 정벌에 정력을 집중하느라 해양을 경략하고자 하는 열정이 없었다, 그래서 각 대륙의 문명이 서로 교류할 수 있는 거대한 통로를 개통하는 역사적 기회를 잡을 수도 있었던 좋은 기회를 놓치고 말았다는 것 또한 우리는 똑똑히 보았다. 그래서 민간해양활동 집단이 출항하여 다른 나라와 왕래하는 행위는 불법으로 되었으며, 설령 해금령을 피해 바다로 나갔다 해도, 정화의 예하 선단이 갔던 항해 거리를 다시 한 번 갔다 올 수 있는 능력은 없었다.

제6장

해양사회권력을 통한 청나라 중엽의 해적과 수군 해독*

해양사회는 국가와 사회의 각종 해상력의 매개체이다. 해양사회권력, 즉 해상력은 해양을 이용하고 통제하는 권력이다. 광의의 해상력은 해양 공간과 자원을 개발·이용·관리·통제하는 경제 역량, 정치 역량, 군사 역량, 문화 역량을 포괄하는 것으로, 해양의 종합적 국력이라 할 수 있다. 협의의 해상력은 국가(관방)와 민간의 해상 군사 역량을 가리킬 뿐이다.

중국은 서태평양에 인접하고 환중국해를 마주하고 있어, 해양으로의 발전에 우월한 조건을 가지고 있다. 그러나 오랜 역사 세월 속에서 중화민족의 생존과 발전의 중심은 황하 유역과 장강 유역이었고, 생존 공간 개척의 주요 방향은 유라시아 대초원이었으며, 해양으로의 발전

* 본 장은『海港·海難·海盜 : 海洋文化論集』(臺北里仁書局, 2012)에 실려 있음.

은 억압을 받아 연해지역과 민간 단계에 정체되어 있었다. 전통적인 해양 시대인 송원 왕조가 외부 세계를 향해 힘을 발휘하여 해양으로 기울었던 적이 한 번 있었지만, 일시적인 임시변통의 계책으로 보일 뿐 근본적인 선택은 아니었다. 대항해 시대에 중국의 해양사회는 전략적 발전의 호기를 맞았다. 명말 해양사회권력이 민간 지방 관부의 해상정권으로 통합된 것은, 중국 연해사회가 대륙에서 해양으로 전향하게 되었음을 뜻하지만,[1] 정 씨의 해상세력이 쇠락함에 따라 결국 일거에 멈추고 말았다.

청나라가 대만을 평정하고 금해령을 해제하자, 해양사회는 육지가 해양을 통제하는 해양방어체제로 조정되었다. 민간 해상력을 대표하는 것은 어민사회, 선원사회, 해상海商사회와 같은 집단이었다. 어민사회는 연해지역 어촌에 거주하는 육지 거주 어민과 선상생활을 하는 수상 거주 어민으로 구성된다. 육지 거주 어민은 어항 오갑澳甲(청대 연해 어민을 관리하는 호구 편제) 혹은 어촌 보갑保甲이라는 호적제도에 속하였다. 일부는 농업과 겸업하다 전향한 전업 어민이었고, 일부는 수상 거주 어민이었다가 관부 통치체제로 편입되어 육지에 거주하면서도 여전히 원래의 생계방식을 유지하였다. 수상 거주 어민은 대대로 배를 집으로 삼는 단민疍民을 가리킨다. 또한 일부분은 연해에서 토지를 잃은 농민이 바다로 나가 생계를 꾸리기도 하였고, 법을 어기거나 흉기를 휘둘러 육지에 발을 붙일 수 없어 바다로 도망쳐 고기잡이를 하게 된 사람도 있다. 선원사회는 일반적으로 해상운수업에 종사하는 사람들의 조합으

1 楊國楨,「鄭成功與明末海洋社會權力的整合」,『中國近代文化的解構與重建(鄭成功, 劉銘傳－第五屆中國近代文化問題學術研討會文集』, 臺北 : 政治大學文學院, 2003.4.

로, 외국과 교역하는 배마다 선주가 한 명 있는데, 통상적으로 배를 건조하고 화물을 싣는 물주(출자자 혹은 동업자)이거나 물주가 천거한 대리인으로, 화물의 국외 판매와 선박 관련 업무를 관장한다. 그 외 화물과 금품을 관장하는 재부財副 1인과, 사건을 나누어 처리하는 총관 1인, 경루更漏와 항로 방향[針路]을 담당하는 정正 화장火長 및 부副 화장 각 1인, 아반亚班, Abang과 조타수 정正·부副 각 1명, 배의 각종 밧줄을 담당하는 대료大繚와 이료二繚 각 1명, 정박 업무를 담당하는 두정頭碇과 이정二碇 각 1명, 돛대 밧줄을 담당하는 일천一仟, 이천二仟, 삼천三仟 각 1명, 삼판杉板과 두료頭繚을 담당하는 삼판선 정·부 각 1명, 배의 각종 기물의 수리를 담당하는 압공押工 1명, 선창 정리 업무를 맡은 택고擇庫 1인, 조석으로 향을 살라 신께 안전을 기원하는 향공香工 1인, 조리를 담당하는 총포總鋪 1인, 십여 명의 수부水夫 들이 있다. 남북 통상선에는 각 선박마다 출해出海(선주) 1명, 키잡이 1명, 아반 1명, 대료 1명, 두정 1명, 사삼판선 1명, 총포 1명, 수부 10~20여 명으로 이루어진다. 그중 키舵, 밧줄繚, 두斗, 정椗 등은 항해 기술자에 속한다. 해상사회는 해상무역에 종사하는 상인들의 조합이다. 광의의 해상사회는 육지에서 출자하여 배를 건조하는 선주와 화물을 싣는 화주(보통 거족 명문가 혹은 부호들이 공동출자하여 세운 '공사'), 해선으로 수입한 화물의 위탁 판매를 하는 상인들까지 포함한다. 협의의 해상사회는 바다를 누비는 선주, 즉 선장을 가리키며, 출해出海라고 부르기도 한다. 일반적으로 배에 실은 화물의 공동 소유주 중 하나이거나 위탁 대리인인데, 해상 운항과 무역의 운영을 책임진다. 동행 탑승한 객상客商은 선창을 빌려 화물을 싣고 배를 따라 바다로 나선 화주들이다. 그들은 관방이 해양업무, 인구, 항만, 어촌, 도서, 선박 시설, 화물의 수출입 등에 대해 통제하고 관리한다는 전제하에서, 제한적인 발전의 여지를 얻을 수 있었다.

어민사회, 선원사회, 해상사회의 활동 공간은 연해 지대와 해상을 포괄한다. 해상활동의 유동성에 있어, 만약 관방에서 육지 행정구획에 따라 실시・관리한다면, 이것으로는 장악하기가 쉽지 않게 된다. '바다에는 국법이 없고, 배에는 군왕郡王이 없다.' 선상에서 스스로 정한 규칙과 전통적 관습이 해양사회의 활동을 유지하도록 하였는데, 이것이 민간의 해양사회권력이 된 것이다. 일반적으로 태평한 해양경제환경 아래, 다시 말해 고기잡이, 항운, 무역 등이 순조롭게 진행될 때, 관방과 민간의 해양사회권력은 서로 충돌하지 않고 병행되어 상대적으로 균형 잡히고 조화로운 상태를 유지한다. 그러나 그 반대의 경우라면 격렬한 동요가 일어나 해양사회의 분열을 야기한다.

청대 중엽 해적과 수군이 목숨을 걸고 싸웠던 역사는, 해양사회의 모순이 마침내 폭발하여 일어난 결과이다. 해상의 어민사회, 선민사회, 해상海商사회는 바다를 생존과 발전의 공간으로 보았고, 바다를 떠돌아다니는 것을 생명의 근본으로 삼았다. 하지만 청 왕조는 이를 사회를 어지럽히고 농업사회에 위해를 입히는 환부患部이자 근원으로 보았으니, 관념과 이익상에서 엄청난 차이점이 존재하고 있었다. 관방은 해양활동에 대해 여러 가지 제약을 하였다. 한편으로는 해양활동을 하는 일부 집단을 억지로 육지로 돌려보내, 연해지역의 자원과 공간 이용을 육지화할 것인지 해양화할 것인지 하는 발전 노선의 다툼이 더욱 가열화되었다. 또 한편으로는 해양 어업, 해양 항운업, 해양 상업의 활력과 해양의 변란에 대처하는 능력을 약화시켜, 생존위기의 곤경에 빠뜨리곤

하였다. 이로써 민간 해상력과 관방 해상력의 대립이 조화될 수 없는 형식으로 전개되어 나가갔다.

청대 중엽 해적에 관한 연구는 이미 뛰어난 성과가 있었다. 광동, 복건, 절강에서 해적이 굴기한 원인, 해적 집단활동의 성질, 해적 구성원의 신분과 조직구조, 광동 해적과 안남安南(월남) 서산西山 정권과의 관계, 채견蔡牽, 주분朱濆의 대만 공격 등 여러 분야에 걸쳐 연구가 전개되었다. 더 나아가 해양세계의 생태, 경제와 문화, 단민疍民, 어부와 상인 등 해양 집단과 해적의 관계, 청 조정과 지방 관부, 연해 향신鄕紳들의 대응, 수군과 해안 방위 등의 문제로까지 확대되어 각기 다른 견해를 드러내 훌륭한 글들이 속출하였다.[2] 그러나 사료에 대한 해석이 각기 달라 적지 않은 이견이 있으므로 연구를 심화시킬 가치가 있다. 이 글은 해양사회권력의 각도에서 청 중엽 해적과 수군 문제를 분석하고자 하니 여러 전문가들의 고견을 바란다.

2 예를 들어 張中訓, 「淸嘉慶年間閩浙海盜組織硏究」(『中國海洋發展史論文集』 2, 臺北 : 中央硏究員三民主義硏究所, 1986), 陳孔立, 「蔡牽起義及其性質」(收入氏, 『淸代臺灣移民社會硏究』(廈門大學出版社, 1990), 秦寶琦 「蔡牽領導的漁民, 船民起義」(喩松靑 · 張小林 主編, 『淸代全史』 第六卷第四章(遼寧人民出版社, 1993), 劉平, 「淸中葉廣東海盜問題探索」(『淸史硏究』 1, 1998), Dian Murray, 『華南海盜, 1790～1810』(Pirates of the South China Coast, 1790～1810, Stanford University), Roberf J.Antony 『浮漚着手 : 中華帝國晚期南方的海盜與水手世界』(Like Froth Floating on the Sea : The World of Pirates and Seafarers in Late Lmperial South China Sea).

1. 해적의 민간 해양사회권력

해적은 해양사회에서 분화되어 나온 민간의 해양군사력이다. 이들은 어민사회, 선민사회, 해상사회와 민간 해양사회권력을 함께 누리면서, 관부官府에 도전을 한 해양사회권력이다. “해적은 특별히 종류가 있는 것이 아니라, 상인과 어부였다. 상인과 어부는 도적은 아니지만 그 속에 도적이 섞여 있다. 내가 방비하면 해적이 되려는 자들도 어쩔 수 없이 상업과 어업에 힘쓸 것이고, 방비하지 않으면 상업과 어업에 힘쓰려는 자들도 어쩔 수 없이 표면적으로는 상업과 어업에 종사하면서도 실제로는 몰래 해적 짓거리를 하게 될 것이다. 이런 일이 오래되면 점차 암암리에 늘어나게 되고, 무리를 불러 모으는 일도 빈번해져 도당[幇]을 조직하고 관군에 대항하게 될 것이니, 상인과 어민과는 확실하게 구별된다.”[3]

해적의 주요 내원은 어민, 단민疍民, 수부들이며, 청 왕조 때의 해적 소탕 당안檔案으로 증명된다. 다이앤 머레이穆黛安, Dian Murray은 1794년부터 1803년까지 자원해서 해적이 된 93인의 직업 배경이 “절반 이상이 어민이거나 수부였다”고 분석하였다.[4] 로버트 J. 안토니Robert J. Antony는 1795년부터 1810년까지 광동 해적 관련 당안에 대해 연구를 하여, “붙잡힌 피해자와 핵심 해적의 배경은 사실 거의 동일하며, 대부분 단민, 어부, 선원들이었다”. “해적 건에 연루된 대부분의 사람들은 사실 진짜 해적은 아니었다.” “협박당해 해적활동에 참여한 사람들은 모두 피해자

3 嘉慶『雷州府志』卷13,『海防志』上.
4 穆黛安, 劉平 譯,『華南海盜』, 中國社會科學出版社, 1997, p.6.

이지 범죄자는 아니었다. 심지어 대다수의 핵심적인 해적들도 처음에는 피해자였지 주동자는 아니었다"고 주장하였다.[5] 장중쉰張中訓은 1785년부터 1810년까지의 복건과 절강에서 활동했던 해적의 이전 직업을 분석하였는데, 고찰 가능한 109명 중 88명이 어민이었다.[6]

해적의 도당 조직은 상선과 어선을 '연종連綜하여 보호하는' 제도에서 변형되어 나왔다. 장중쉰의 연구에 따르면, 관방 문서에 기재된 '본선도수本船盜首'와 '관선도수管船盜首'는 바로 상인과 어민 조직의 선주(선장)이며, 해적 내부에서는 그들을 '주인' 혹은 '두령'이라고 불렀다. 소두령小盜首이나 두령盜首은 연종連綜(통상적으로 12척을 넘기지는 않음)으로 묶인 조직의 분방주分幇主로, 해적 내에서는 '모 형님某大哥'으로 불리었다. '수역首逆', '총두령[总盜首]', '두령[盜首]', '두목[盜酋, 贼酋]'은 방주로, 해적 내부에서는 별명이나 직위로 불렸다. 예컨대 채견蔡牽은 대출해大出海, '큰 주인[大老板]'으로 불렸고, 주분朱濆은 '큰 형님[老大哥]'으로 불렸다.[7] 주분은 채견을 보고 '대출해'라고 불렀으며, 채견은 주분을 '수령'이라고 불렀다.[8] 광동 해적의 각 대방주 역시 스스로를 '각 지파의 큰 주인'이라고 불렀다.[9]

해적의 도당 조직은 연종으로 서로 보호하는 제도의 상선과 어선 조직이 수군의 관리 감독에서 탈피한 결과인 것이다. '바다 위에 병선이

---

5 安樂博, 「罪犯或受害者ー試析1795年至1810年广東省海盜集團之成因及其成員的社會背景」, 『中國海洋發展史論文集』 第7輯下冊, 台北"中研院"中山人文社會科學研究所, 1999.3, p.448.

6 張中訓, 「淸嘉慶年間閩浙海盜組織硏究」, 『中國海洋發展史論文集』 2, 台北"中研院"三民主義研究所, 1986.12, p.186.

7 위의 글, pp.189・170

8 玉德, 嘉慶年四月十一月奏, 『剿平蔡牽奏稿』(全國圖書館文獻縮微复制中心, 2004.7) 第2冊, p.753.

9 中國第一歷史檔案館, 「嘉慶十年广東海上武裝公立約單」, 『歷史檔案』 4, 1989.

없으면 온통 해적선이었다.' 해적 도당들이 흥기한 이후, 평소에는 계획 없이 임의로 이루어졌던 약탈이 조직적으로 변하였다. 상업세 징수, 어업 규약, 배상금을 주요 경제적 내원으로 삼던 해양 집단이, 폭력을 수단으로 하여 관부가 제정한 해상경제 질서를 억지로 변화시켰고, 자신들이 통제하는 해역에서 직권을 행사하며 상인과 어부의 해양사회권력을 보호하였다. 채견(1762~1809)은 스스로를 '진해왕鎭海王'이라 자처하였고, 주분(1749~1809)은 '남해왕南海王'이라 자처하였는데, 이는 스스로를 해역 질서의 통제자 및 보호자로 자리매김한 것이다. 이것은 그들의 행위와 '해적 규칙'으로 실증할 수 있다. "해적 채견은 사사로이 증표를 발행해 바다로 나가는 상선과 어선에다 팔았다. 이 무리의 해적을 만났을 때 증표가 있으면 약탈을 당하지 않았다. 증표를 받아나갔다 온 후 물건을 싣고 돌아올 때는 반드시 배의 크기를 구분하고 화물의 크기를 분명하게 밝혀, 은銀으로 이윤을 나누어가졌다." "바다에 나가는 상선은 채견이 발행한 증표를 구입하였는데, 그 비적들의 인장이 찍혀 있었다. 항해할 때 지니고 있다가 도적을 만났을 때 보여주면 약탈을 당하지 않았으므로, 이를 타단打单이라 하였다."[10] "바다 입구에서 각 상선들이 바다로 나갈 때는 은화 400원을 지불해야 했으며, 내지로 돌아올 때는 그 배를 내야 했다." "주면 아무 일 없지만 주지 않으면 재물이고 목숨이고 부지할 수 없었다."[11] 돈을 받고 항행 안전을 보장해주기는 했지만, 해적 내부에도 규율과 제약은 있었다. 광동 해적의 공식 계약 규정은 아래와 같다.

10 軍彔, 嘉慶八年三月三十日閩浙總督王德折.

11 嘉慶八年二月上諭.

"쾌속정이 준례에 따르지 않고 증표가 있는 배를 막거나, 심지어 화물을 망가뜨리거나 팔고, 은이나 의상을 약탈하면, 훔친 장물만큼 배상하고, 선박과 화포는 일률적으로 몰수한 다음, 행동 강령에 따라 죄의 경중을 판단한 후 처벌한다."

"어느 쾌속정이든 증표가 있는 배를 노략하려 할 경우, 목격자 중 나서서 잡아오는 사람에게는 은(銀) 일백 원을 상으로 하사한다. 격투를 벌이다 다친 자에게는, 다친 곳을 치료해 준 후 따로 공론을 거쳐 배상 방안을 마련한다. 목격하고서도 나서지 않은 자는 동조한 것으로 간주하여 죄를 묻는다."

"만일 몰래 사사로이 각 항구의 바다로 나가서, 정해진 구역에서 장사하는 작은 배와 돈을 가지고 와 증서를 받은 상인들을 약탈하다 각 지파 순시선에 의해 체포되면, 배를 불태우고 화포와 무기는 모든 사람들에게 나눠 주며, 배의 주인은 죽임을 당한다."

"바다 객상(客商)이든 육지 객상이든 상관없이, 그 가운데 평소에 크게 원한을 가졌거나 혹은 범죄를 저질러 도망 다니는 사람들이 대담하게 바다로 나가 장사를 한다. 이에 설령 다툼이 생기더라도 아주 빨리 화해를 해야 하며, 자신의 세력에 기대어 고의로 모함해서도 또 동향이나 친속과의 연대 관계를 빌려와 위협하고 강탈해서도 안 된다. 만약 규정을 위반하면, 실제 정황을 조사하여 그들에게 무고죄를 내린다."[12]

12 中國第一歷史檔案館, 「嘉慶十年广東海上武裝公立約單」, 『歷史檔案』 4, 1989.

고기잡이와 항해가 바쁜 계절에는 해적선 도방에게도 '풍년'의 계절이다. 해상 약탈이 크게 줄어드는 비밀에 대해, 어떤 학자는 해적이 상업과 어업으로 전향했기 때문이라고 보았다. 즉 해적은 '약탈과 어업', '약탈과 상업'을 겸하고 있었던 것이다. 그러나 이러한 견해는 조직이 없는 겸업 해적이거나 보잘것없는 영세한 해적에나 적용할 수 있지, 해적 도방들에게는 해당되지 않는다. 왜냐하면 해적 도방은 직업적인 해적으로 이미 상업이나 어업과는 분리되어, 바다를 통한 생산이 더 이상 그들의 생계 수단이 아니었기 때문이다. 해적 도방의 약탈 행위가 감소한 이유는, 상업세, 어업 규약, 배상금 등에서 나오는 수입이 충분했기 때문이다. 예컨대 채견은 관부에서 꼽은 가장 부유한 해적 집단이었으며, "상선을 협박하여 화물을 많이 실은 배는 외국 은화 8천 원을 내야 했으며, 적게 실은 배는 5천 원을 내야 했고, 규정에 따라 배상금을 거두었다." 대만을 공격하면서 "망명자들을 모으는데 외국 은화 100여 만냥을 사용했다". 대만 현지 인사들도 이렇게 여겼다. 예컨대 정겸재鄭兼才의 시 「채건이 녹이문을 나왔다는 소식을 들은 후의 감상蔡騫逸出鹿耳門聞信感作」에 '백만 금을 헛되이 날린 것을 후회하지 않는다.'라는 구절이 있다. 광동 남기방藍旗幇 방주 오석이烏石二(원명 맥유금麥有金)는 "매년 타단打單으로 은 5~6만 냥 정도를 거두었다"고 자백하였다.[13]

관부와 수군의 보호를 받을 수 없는 상황에서 상업세, 어업 규약과 배상금을 지불함으로써 약탈을 피할 수 있게 되었기에, 객관적으로 정상적인 상업과 어업활동에 유리하였다. 따라서 "어리석은 백성이 잇따라

13 『明淸史料』 庚編上冊, p.48.

이익을 꾀하고 해를 피하니, 계속해서 업종을 바꾸어 소매를 하게 되었다". "연해에서 상업과 어업에 종사하는 이들은 채견에게 뇌물을 상납하고 그 기를 받아 꽂아 자신을 지켰다."[14] 관부 문서 중에 해적의 진술 또한 기록이 드문드문 남아있다. 예컨대 "상선과 어선이 있으면 모두 재물을 보내어 약탈을 면하는 증서를 구매하는데, 채삼래蔡三来가 운영하였고, 여기에는 인장이 찍혀 있다." 가정 6년 9월 사이에 동안현同安縣 사람 황기黃奇가 진강현晋江縣의 장신구 상인 왕빈王賓에게 채견의 증표 5매를 대리판매를 위탁하였는데, 왕빈이 이를 왕해王海에게 대리판매하도록 했다. "마침 이름도 모르는 선주 세 사람이 왕해의 상점으로 와 장신구를 맞추면서 바다에 나가기가 쉽지 않다고 하기에, 왕해는 곧바로 황기를 대신해 증표를 이들 선주에게 팔아 외국 은화 270원을 벌었다. 황기는 왕해에게 사례로 은 15원을 왕빈에게는 4원을 주었다." 가정 7년(1802) 10월 사이에 왕해는 밑천이 없어 사업을 접고 해적의 타단을 받아 팔아서 부정한 이익을 취하려 하였는데, 왕호王湖의 도움을 받아 채견의 배에 가서 "증표 20장을 받았는데, 증표에는 일 년을 기한으로 한다고 명시되어 있었으며, 배의 크기와 화물의 크기 등을 구분하여 한 장에 외국 은화 1~2백 원부터 2~3십 원 정도로 일정하지 않았다. 왕해는 이를 이름 모르는 상선에 소매하여 외국 은화 1,500원을 벌었고, 그중 100원을 떼어놓고 나머지는 모두 왕호를 통해 채견에게 냈다." 가경 8년(1803) 9월에 "왕해 스스로 채견의 배에 와서 증표 100장을 받았는데, 연이어 24장을 팔아 외국 은화 1,600원을 벌었으며, 100원을 떼어놓고

14 『澎湖廳志』 卷11, 『旧事・紀兵』.

나머지 은은 물론 남은 증표까지 모두 채견의 배로 돌려보냈다". 9년(1804) 3월에는 "왕해가 또다시 채견으로부터 증표 50장을 받아갔으며, 44장을 팔고 외국 은화 700원을 벌었으며 남은 6장을 구마화邱麻花에게 대리판매를 넘겼으며, 외국 은화 100원을 벌었다. 왕해는 이를 모두 채견에게 보냈고, 채견은 왕해에게 70원을 나누어 주었으며, 왕해는 구마화에게 10원을 전했다." 가경 8년(1803) 11월에 "선주 이등월李燈月이 해적에게 붙잡힐까 두려워하였는데, 구마화는 채견의 증표를 대리판매하는 동안현 사람 여편로呂偏老와 잘 아는 사이라는 것을 알고, 구마화에게 여편로와 같이 채견의 배로 가서 외국 은화 30원으로 증표 한 장을 구해달라고 부탁하였다. 구마화는 또 이등월의 같은 도방의 선주인 진뢰陳雷과 임공林孔 등을 대신해, 외국 은화 270원으로 채견의 증표 3장을 구해주었으며, 채견은 구마화에게 외국 은화 40원을 나누어 주었고 본선 증표 한 장도 주었다." 어부 이효귀李孝貴, 이효작李孝灼, 임필폭林必幅이 "약탈을 피하고자 하였는데, 장가응庄可應에게 아직 팔지 않은 채견의 증표가 있다는 것을 알고", 허성許成을 통해 "장가응에게서 한 장씩 샀다".[15] 왕원초王元超는 "해적의 증표를 샀으며",[16] 황순黃順은 "방량方兩을 위해 해적의 증표 한 번 대리 구매를 하였다."[17] 진아강陳亞講은 어부 포가흥鮑加興을 대신해 "약탈 면제표 8장을 샀다."[18] 소안蘇雁과 진후자陳猴仔는 "채견을 대리해 어선으로부터 외국 은화를 받아내고 어부로부터 사례금까지 받아 나누어 썼다."[19] 복건과 대만의 민간에는 채견이 기를

15 嘉慶九年十一月刑部奏, 中國歷史第一檔案館藏軍机處录副奏折3-41, 2188-8, 縮微2646-2647.
16 『剿平蔡牽奏稿』 第2冊, p.646.
17 위의 책, pp.644~645.
18 『明清史料』 戊編上冊, p.1033.

증정하여 보호한 배는 아무런 문제없이 항행하였다는 전설이 있다. 가경 8년(1803)에 복건포정사福建布政使 구행간裘行簡이 상소를 올리면서, "채견이 사사로이 상업세를 거두고 마음대로 돈을 물 쓰듯 하여, 연해 거주민과 오래도록 융화되었다"고 하였다. 절강 수사 제독 이장경李長庚(1751~1808)은 "많은 백성이 품행이 좋지 못하다"고 여겼으며, "가엾은 연해 여러 촌락들이 모두 범법을 저질러 법가의 그물에 걸렸다"고 한탄하였다.[20] 그렇지만 관부와 관계가 밀접한 부유한 해상과 어민들은 해적에게 보호비를 내고 싶어 하지 않았고 억지로 강탈당하고 싶지도 않았으니, 상술한 '어리석은 백성'의 태도와는 상반된다.

가정 연간, 바다에는 해적들로 들끓었는데, 그중 반은 어민이었다. 해적과 맞붙어 그 예봉을 꺾은 자들도 어민 밖에 없었다. 어민들은 핍박을 당해 해적이 되었다. 그들은 풍랑 속에서 생계를 도모하였는데, 여기서 얻은 이익이 순병汛兵이나 순찰병에게 뜯기는 돈도 마련하지 못할 정도여서, 생계가 더욱 곤란해졌다. 이에 조금 힘있는 사람은 분노하며 해적이 되었다. 해적과 대항하는 사람은 대부분 자산이 풍부한 사람들이었다. 그들은 자신을 보호하기 위해, 관부에다 어민 조직을 해적 소탕을 하는 군대로 해달라고 청하였다.[21]

매년 4월과 5월에는 남풍이 불기 시작하고, 설탕을 실은 배들이 북쪽으로 운행하였다. 이에 항구 주위에 온통 붉은 돛을 단 배들이 출현하여 뒤덮고

19 『淸宮宮中檔奏折台湾史料』 第11冊, p.488.
20 李長庚, 「舟中偶成」, 『李忠毅公遺詩』, 『台湾文獻匯刊』 第4輯 第7冊, pp.27~28.
21 『香山縣志』.

(해적들의 배에는 대부분 붉은 돛으로 표지를 삼음), 선상에서 발사한 화포 소리가 귀가 멀 정도로 내와 산을 진동시켰다.(해적선의 화포 중 큰 것은 3,000근이고, 작은 것은 5~6백 근 나간다) 이러한 해적선은 조수와 풍향에 따라 조용히 다가갔다. 이 시기는 그들이 상선에다 협박하여 재물을 강탈하던 시기였다. 큰 배는 7,000원, 중간 배는 5,000원, 작은 배는 3,000원이니, 7일 동안 재물을 강요하면서 뒤지는데, 아주 만족하며 떠났다. 만약 그러한 행위에 복종하지 않으면 배를 불태워버렸다. 따라서 해적이 출몰하는 때가 되면, 무지한 소무역상이 희색을 띠는데, 이는 자신한테 이익이 될 것으로 여기기 때문이다. 그렇지만 국가를 부유하게 하는 대상인들은 해적들이 자신에게 해를 입힐까 두려워하였다.[22]

그리하여 해적 도당들은 그들에게 화물이나 인질을 붙잡고 재물을 강탈하는 방법을 썼다. "조금이라도 뜻에 따르지 않으면 불을 질러 태워버리고, 배가 견고하면 멋대로 점유하여, 돛이니 장대니 마음대로 골라 썼다."[23] 배상금을 내라는 말을 듣지 않는 사람에게는 극단적이고 잔인한 수단을 사용하였는데, 심지어 그 화가 무고한 사람에게까지 미치기도 하였다. 보통 전자만으로도 목적을 달성할 수 있었기에 후자는 그저 보조적인 것에 불과하였다. 왜냐하면 해상과 어민은 그들의 주요 생활 터전이기에, 일률적으로 멸절의 수단을 사용하면 자신들의 경제적 내원을 끊어버리는 것이나 마찬가지였기 때문이다. 이는 해적 정흥소丁興所가 자백한 사실과 일치한다. 해적 도당은 양곡선, 설탕 수송선, 어

22 翟灝, 『台陽筆記』, pp.27~28.
23 嘉慶十一年六月初九日溫承惠奏, 『剿平蔡牽奏稿』 第2冊, p.516.

선, 면화 수송선, 목선 등 객상의 선박을 억류한 후, 겁박하여 배상금을 받아내고 풀어준 후 나누어 가졌다.[24] 정봉鄭鳳은 정정鄭正의 새 어선을 빌렸다가 약탈당하였는데, “배상금 대신 화약, 칼, 화포를 대신 구해주는 걸로 하였고, 약속을 어기면 살해하는 것으로 정하였다”.[25] 청 왕조의 지방 관원들은 자신들의 부패, 직무상 과오 등에 대한 책임을 피하거나 해적을 잡아 공을 세우기 위해, 해적들이 시도 때도 없이 온갖 악행을 다 저지른다고 과장해서 보고서를 올렸으며, 특히 배상금을 내지 않은 해상과 어민을 잔인하게 살인한 일면을 두드러지게 하였다. 문인들도 그 말을 믿고 자기의 저서에 기록하였는데, 사실 이 이야기를 온전히 믿을 수는 없다. 공문서에 첨부된 해적의 자백을 대조해보면 다음과 같은 사실을 확인할 수 있다. 대다수 사람들이 약탈에 참가한 횟수는 한두 번뿐이었고, 어떤 이는 ‘해적선’에서 잡무만 했지 약탈 행위에는 가담하지 않았는데도 일률적으로 중벌을 받았다. 지방 관원들은 실책을 가리기 위해, 채견의 “해적선에 필요한 식량은 내륙에서 구입하여 운송해 올 필요 없이, 대만 상인의 배를 한번만 약탈해도 실컷 쓸 수 있었다”고 보고하였다.[26] 심지어 가경嘉慶 황제도 이 말을 믿어 의심치 않으며 조서에도 이 말을 인용하였다. 당시 사람들도 채견이 큰 배를 건조하여 “마음대로 바다를 건널 수 있기 때문에, 대만의 쌀 수천 석과 해양을 가로지르는 대만 선박을 약탈하였다”고 말하였다.[27] 그러나 이러한 견해는 신빙성이 없다. 가경 15년(1810) 정월 민절閩浙 총독 방유전方維甸과 복

24 嘉慶三年二月二十八日玉德奏.
25 『明淸史料』 戊編上冊, p.1033.
26 嘉慶十四年正月初十日上諭.
27 焦循, 『雕菰集』 卷19 「神風蕩寇后記」.

건 순무 장사성張師誠(1762~1830)의 보고에 따르면, "건륭 16년부터 가경 14년 10월까지 해상에서 식량을 실은 상선이 약탈된 사건이 146건이었는데, 쌀은 모두 3천여 석, 곡물은 17,000여 석이었다."[28] 59년 동안 약탈당한 쌀이 도합 3,000여 석이었다. 채견이 대만의 쌀 수천 석을 약탈했다는 말 자체가 지나친 과장이 아닐 수 없다. 이 시기에 대만에서 복건성으로 운송되는 미곡은, 단지 병사와 그 식솔에게 지급하는 미곡만 해도 매년 85,000여 석 정도며, 관운官運과 사운私運을 모두 합하면 매년 80만에서 100만 석 정도가 된다. 가경 원년(1796) 10월 13일 민절 총독 괴륜魁倫과 호복건순무護福建巡撫 요분姚棻이 상소를 올려, "올해 9개월 동안 대만에서 운송된 쌀은 이미 42만 5000여 석"이라고 하였다.[29] 가경 11년(1806) 채견의 선대가 대만에서 철수한 후, 3월 12일에 민절 총독 옥덕玉德이 "올해 입춘 이래 각 상인이 감강蚶江과 하문廈門 두 항구로 들여온 대만 쌀이 모두 8만여 석이다"라고 상소하였다.[30] 이렇게 볼 때 약탈당한 수량이 아주 미미한 비율을 차지하고 있음을 알 수 있다.

해적이 필요한 쌀, 물, 화약 기계, 배 등의 물자는 주로 연해 육지와 도서지역의 백성들로부터 공급받았다. 광동에서는 "연해지역의 각 촌락에는 해적과 결탁하여 물자를 공급하는 자가 많이 있었는데, 그중에는 이익만 밝히는 어리석은 백성도 있어, 도적들이 값을 높이 쳐주니 사사로이 작은 배로 곡식을 파는 자가 나왔다".[31] 복건과 절강에는 "채견 등이 높은 값으로 연해 백성들에게서 사사로이 쌀을 사들이니, 간사한

28 方維甸, 張師誠折, 嘉慶十五年正月二十八日, 中國第一歷史檔案館藏軍机處彔副奏折.
29 『淸宮宮中檔奏折台湾史料』 第11冊(台北"故宮博物院", 2005), p.389.
30 『剿平蔡牽奏稿』 第2冊, p.626.
31 那彦成, 嘉慶十年二月二十一日奏, 『那文毅公兩广總督奏議』 卷110.

백성들이 떼를 지어 모여들었다".[32] "왕왕 간사한 백성이 담수를 길어 해적선에 파는 일도 있었으니, 모두 이익을 쫓아서 생긴 일이다. 몇 번이나 엄하게 조사하고 금지시켰으나, 일 년 동안 체포하여 심리한 건수가 적지 않았다. 현재 (…중략…) 인적이 드물고 외진 지역에서 백성들이 옳지 않은 이익을 보려 떼를 지어 모여드니, 이러한 일을 막을 수 없었다."[33] 가경 8년(1803) "어산漁山전투에서 채견이 몇 차례 잡힐 뻔 한 후 정선霆船(화포를 장착한 큰 배)을 두려워하게 되었다. 이에 민상閩商에게 막대한 뇌물을 주어 정선霆船보다 더 큰 배를 건조하게 하였다. 아울러 상인에게 화물을 싣고 바다로 나가 채견에게 물자를 공급한 후 약탈당했다고 거짓으로 관에 보고하도록 하였다."[34] 가경 11년(1806) 3월에는 어사 진란주陳蘭疇가 상주하여 "역도 채가의 배는 이름이 횡양橫洋이며, 높이가 대략 수 장丈이 되고, 2~3백 명을 태울 수 있습니다. 관병과 쌀을 싣는 배는 기껏해야 70~80명 그리고 사선梭船(마상이)은 40~50명을 태울 수 있고, 배 길이도 짧아 아래에서 위로 공격이 가능할 지경이라, 그 기세가 다소 떨어집니다"라고 하였다. 가경 11년(1806) 5월 19일 황제의 조서에서 "홍교紅教 등이 진술한 바에 따르면, 앞서 대만에 있었을 때 채견은 각 배에다 화약 1~2백 근씩 나누어 주었고, 대만에서 빠져 나온 후에는 모든 배에 화약 3~4십 근을 나누어 주었다. (…중략…) 생각해 보건데 해적선에 이렇게 많은 화약을 싣고 있는데, 어찌 바다 위에서 급히 처리할 수 있는 것인가? (…중략…) 아마도 내지의 간사한 백성이 사

32 嘉慶十一年五月十二日上諭.

33 嘉慶十一年二月二十五日玉德片, 『剿平蔡牽奏稿』 第1冊, pp.184~185.

34 焦循, 『雕菰集』 卷19 「神風蕩寇后記」.

사로이 운반해 공급한 것이니, 바로 둔영의 불초한 병사들이 이익을 노려 몰래 판 것이 틀림없다" 하였다. 5월에 이장경李長庚이 상소를 올리면서, "역도 채견이 이번에 녹이문鹿耳門을 빠져나갈 때는 돛이며 밧줄이 다 해졌고 화약도 모자랐다. 한차례 내지로 돌아가더니, 수오水澳와 대금大金에서는 돛이 깨끗이 씻겨 있었다. 지금 해적들은 새 돛을 달지 않은 배가 없고, 화약이 충분하지 않은 배가 없다"고 하였다. 8월 16일, 이장경은 어산漁山 앞바다에서 채견을 추격하였는데, "채견이 탄 배가 너무 커서 쫓아가 역도 채견의 배를 제압하려 해도, 5~6척 정도 낮은 바람에 배에 올라 체포할 수가 없었다"고 하였으며, "소신이 역도 채가의 배와 두 차례 격전을 벌여 해적 수백을 부상 입히거나 죽였고, 신 역시 여섯 군데 상처를 입었사오나, 같이 출정한 진장鎭將들이 이 기회에 해적 수괴를 잡지 못했습니다. 이러한 기회를 놓치자 대군이 크게 아쉬워했습니다"라고 하였다.[35] 9월, 청의 군대가 간당산竿塘山 속 근각芹角 지역에 있던 채견의 창고를 때려 부수고 숨겨둔 화약과 양식 등을 찾아내었다. "간당산은 본래 먼 바다에 있는 출입이 금지된 산으로 인적이 드물었다. 역도 채견이 수하 대목금大目金을 근각芹角 지역에 보내 오두막을 지어 놓고, 각지를 다니면서 초석과 유황을 구입하였으며, 비밀리에 운반하여 화약을 합성 제조하도록 하였다. 또한 미곡을 조금씩 사서 사재기를 하였고, 돛과 밧줄을 제작하였다."[36]

이를 통해 청 중엽의 해적 도당들은 광동, 복건, 절강의 해상에서 군사력을 형성하였으며, 한 때 제해권을 장악하여 해양어업과 수운무역

35 『李忠毅公遺詩』, 『台湾文獻匯刊』 第4輯 第7冊, p.37.
36 嘉慶十一十二月二十五日年刑部移會, 『明清史料』 戊編第6本, pp.525~526.

의 질서를 뒤바꾸었음을 알 수 있다. 어민사회와 선민사회, 해상사회로서는 이러한 불법적이고 폭력적인 수단으로 형성된 해양사회권력이 빈곤한 어민과 단민 계층에 뿌리를 내렸다. 아울러 그들에게 많은 취업기회를 창출하였는데. 이는 일부의 해상海商들에게 받아들여져 새로운 무역체계를 개척하게 되었고, 해양이익을 재분배하자는 요구가 구현되었다는 점에서 일정한 사회적 합리성을 지니고 있다. 이와 같은 관부의 통제를 벗어난 '그림자 경제shadow economy' 행위는 당시의 해양경제생활에서 대단히 중요한 지위를 차지하고 있었다. 그렇지 않았다면 청 왕조가 육지에서는 엄격한 봉쇄정책을 펴고 해상에서는 강력하게 추격하는 상황 아래, 해적 도방들이 여전히 완강한 생존 능력과 재생 능력을 가지고 있었던 점을 해석해내기 어렵게 된다. 어떤 학자는 관부 사료史料의 묘사를 쉽게 믿은 나머지 이러한 행위를 농업사회에서 남의 재물을 약탈하고 무고한 사람을 학살하는 도적들과 동일시하면서, '사회를 증오하여 복수하며 동란을 일으킨 것'으로 간주하여 부정적인 판단을 내렸는데, 이는 해양사회의 실제 상황과 부합하지 않는 것이다. 아울러 그들이 '어민 봉기'라 말하는 것도 지나치게 단순화시킨 것이다.

2. 수군의 관방 해양사회권력

수군은 청 왕조가 해양사회를 통제하는 주요 군사력이며, 관방의 해양사회권력을 구현하는 것이다. 정성공의 수군이 항해무역을 기반으로 생존한 것과는 정반대로 청 왕조의 수군 건립은 해금을 집행하기 위한 수단으로 시작되었기에, 해양경제와 해양사회의 발전과 대척점에서 있었다. 대만을 평정하고 해금을 해제한 후, 청 왕조는 민간의 선박 건조와 해상과 어민의 해양활동 능력과 범위를 제한하였고, 이를 기반으로 해안 방어를 위주로 하는 해방海防체제를 정비하였다. 수군은 해상 경찰 기능을 수행하며, 방어 병력의 배치 위치에 따라 규정된 해역 범위 안에서 순양회초巡洋會哨 제도를 실시하여, 합법적인 상선과 어선의 안전을 보호하였고, 밀무역과 밀항, 약탈 등의 범죄 행위를 금지시켰다. 네덜란드 해양세력이 중국 해역에서 물러난 후, 장기간 외국세력으로부터의 해상 위협이 더 이상 나타나지 않자, 청 왕조 통치자는 "해안 방어만하면 해전은 일어나지 않는다"[37]는 관념을 지니게 되었다. 이에 수군의 해상 제어 능력도 계속적으로 약화되어 기마병이 말도 탈 줄 모른다는 우스갯소리처럼 이름만 수군이지 실제로 해상 업무도 모르는 경우도 나타났다.

청 중엽은 안남安南(월남)에서 온 해적[艇匪]의 지원을 받아 흥기한 해적활동이 절정기로 들었고, 수군의 약점이 낱낱이 드러났다. 이에 해양이 다시 청나라 최고 통치자의 시야에 들어왔고 해권을 발전시킬 수 있는 또 한번의 계기가 나타났다.

37 『宮中檔嘉慶朝奏折』 23, p.492, 第013513号, 嘉慶十四年三月初五日, 暫署兩广總督广東巡撫韓對奏.

1) 조선造船과 화포 제작

연해 각 성의 수군은 원래 해적을 체포하고 밀수범을 검거하기 위해 설치되었다. 주력 전선戰船의 규모는 청 초기 수군의 병선보다도 작아, 내해에서나 운용할 수 있었지 외해에서는 적합하지 않았다. 게다가 각 성마다 각기 바다를 순양하였고 배의 형식도 다 달라서, 관할 성의 뭍과 가까운 바다에서나 운항할 수 있었지 다른 성의 해역을 운항하기에는 적합하지 않았다. 그래서 안남 선박과의 교전 중에 열세에 몰린 후 방침을 바꿀 생각을 하지 않을 수 없었다.

건륭 58년(1793) 광동 포정사布政使 오준吳俊은 「미정 제조를 청하는 글請造米艇狀」을 올리면서, 양광 총독 장린長麟의 허가를 거쳐 광동 수군의 주력 전선인 간증선赶繒船을 미정米艇으로 개조할 것을 상주上奏하였다. 건륭 60년(1795)에 민절 총독과 복건 순무는 재건조하고 수조修造해야 할 간증선을 모두 동안同安 상선 형태에 따라 일률적으로 작게 개조해야 한다고 주청하였다. 가경 5년(1800) 정월 절강 제독提督 창보蒼保는 따로 대동안사선大同安梭船 60척을 건조해야 한다고 주청하였으며, 광동 안찰사 오준과 같이 북경으로 가서 황제를 알현하면서, 광동에서 미정을 건조하여 운용하면서 큰 효과를 보았음을 보고하였다. 30일 가경 황제(1796~1810 재위)는 조서를 내려 복건과 절강 두 성에 광동 미정의 예에 따라 10분의 3~4 정도로 건조하라고 명령하였다. 이에 두 성은 황제의 뜻에 따라 미정 30척을 건조하였고 2~3천 근 짜리 대포도 증설하였다. 신임 절강 순무 완원阮元(1764~1849)은 따로 자금을 모아 대정大艇을 건조하려고 하였고, 전함 수조修造에 있어 문관이 맡는 방식을 개혁하였으며, 대

정선大艇船을 건조하는 막대한 은을 전부 당시 정해진定海鎭 총병인 이장경에게 맡기며, "배는 병사와 장수가 목숨을 맡기는 것이다. 문관은 기술을 잘 모르니 공이 알아서 배를 건조하시오"라고 하였다. 이장경은 수비守備 황비붕黃飛鵬과 그의 가족에게 은銀을 주어 복건으로 가서 배를 건조하도록 명하였다. 6년(1801)에 새로운 배가 완성되었고, 이를 '정선霆船'이라 명명하였다.[38] 각 배마다 병사 80인을 태울 수 있었고, 각각 홍의紅衣, 세본洗笨 등의 화포를 실었는데, 이것은 절강 해적선을 추포하는 데 중요한 역할을 하였다. '정선'은 이장경의 고향인 민남閩南 동안同安에서 건조되었다. 그러나 민절 총독 옥덕玉德은 그렇게 생각하지 않았다. 그는 가경 5년 가을에 완성된 미정米艇이 바다로 나간 것을 빌미로, '수사 진장鎭將의 보고에 따르면 미정은 배 몸체가 크며 속도가 빨라 바다로 나가 추포를 하는데 동안사선同安梭船보다 더 효율적'[39]이라고 하면서, '정선' 건조에 제재를 가하였다. 이로써 복건 수군의 병선은 이 배의 형식에 따라 건조되거나 개조되지 않았다.

가경 8년(1803) "어산 전투에서 채견이 거의 붙잡힐 뻔 한 후, 정선을 두려워하였다. 그는 민상閩商에게 거액의 뇌물을 주어 정선보다 더 큰 배를 건조하게 하였다. 아울러 상인들에게 화물을 싣고 바다로 나가 채견에게 물자를 공급하고 약탈당했다고 거짓 보고하라고 하였다. 채견은 이에 넓은 바다를 건널 수 있게 되었으며, 대만 쌀 수천 석과 대횡양大橫洋 대만선박을 약탈하였다".[40] 이장경은 옥덕에게 편지를 써 "채견

---

38 阮元, 「壯烈伯李忠毅公傳」.

39 据嘉慶十一年九月二十二日刑部奏附王德供, 『嘉慶道光兩朝上諭檔』 第11冊.

40 焦循, 「神風蕩寇后記」, 『雕菰樓集』 卷19.

이 현재 대상선大商船을 약탈하였는데, 우리 병선보다 더 크니 어떻게 제압하여 승리를 거둘 수 있겠습니까? 반드시 큰 바다를 건널 수 있는 대상선을 따로 건조해야 해적을 소탕하여 추포할 수 있습니다. 민절의 각 진들과 함께 돈을 대어 큰 배 30척을 건조하길 원합니다"라고 건의하였다. 그러나 옥덕은 미적거리며 반대하여 실현하지 못하였다.[41]

가경 9년(1804) 양광 총독 왜십포倭什布는 건륭 말기에 개조한 광동 전선 미정米艇 20여 척이 썩고 낡아, 미정 30척을 건조할 것을 상소하였으며, 이에 헌 배까지 합하면 쓸 수 있는 배가 87척이었다. 10년(1805) 2월, 나언성那彦成이 양광지역 총독으로 부임한지 얼마 되지 않아 다시 급히 33척을 더 건조해야 한다고 주청하였다. 그 규모가 120척에 달하였고, 아울러 가정제의 비준을 얻어내었다. 14년(1809)에는 정함장程含章이 백령百齡(1748~1816)에게 미정을 좀 더 건조해야 한다고 건의하였는데 그 규모가 180척에 이르렀다.[42]

가경 11년(1806) 3월 초나흘 민절 총독 옥덕은 "각 배마다 1,000근의 대포 4문과 100근 중벽산포 4문씩을 장착한 전선 40척을 더 건조"할 것을 주청하였다.[43] 18일에 가경제가 광동성 미정이 해적 소탕에 유용했음을 들어 옥덕에게 "반드시 미정의 양식에 따라 건조할 것을 지시하였다". 1월 16일 옥덕은 "허송년许松年 등이 앞서 논의하였던 각 배마다 장착하려 한 대포 4문을 2,000근짜리 2문, 1,500근짜리 2문으로 바꾸어 줄 것을 건의하였습니다"라고 다시 주청하였다.[44] 5월 초아흐레에 복건 순

41 据嘉慶十一年九月二十二日刑部奏附玉德供, 『嘉慶道光兩朝上諭檔』 第11冊.
42 程含章, 「上百制軍籌辦海匪書」, 『岭南集 · 江右集』 卷5.
43 『剿平蔡牽奏稿』 第2冊, p.588.
44 위의 책, p.777.

무 온승혜温承惠가 다음과 같이 주청하였다. "미정은 복건성 앞바다에서 운항하기에 적당치 않습니다. 채견이 '처음에는 작은 배만 강탈할 수 있었는데 후에는 나날이 오만방자해져 대호동안사선大号同安梭船까지 약탈하여 이를 밑천으로 항거하니, 병선이 적선보다 작아 힘을 쓰지 못하게 되었습니다.'[45] 그래서 필히 대동안사선大同安梭船을 건조해야 유용하게 활용할 수 있습니다." 온승혜가 하문에서 이장경을 만났는데, 이장경은 "지금 동안사선을 만들려면 들보가 2장 6척은 되어야 적선을 제압하고 승리를 거둘 수 있는데, 상인의 선박 같이 재료를 골라 만들지 않으면 소용이 없다"고 하였다.[46] 또 "대동안사선大同安梭船은 사실 바람을 가르고 파도를 헤치는 힘이 강해 배가 가는 곳마다 힘이 될 것이지만, 반드시 60척을 한 무리로 해야만 약하지 않게 된다".[47] 상인들에게 물으니 이렇게 배를 만들면 4,000냥은 들어야 한다고 하였다.[48] 교지를 받들어 정선霆船을 건조하였는데, 한 척당 은 2,600여 냥이 들었고, 대동안선을 개조하는 데에는 1,300여 냥이 채 들지 않았다.[49] 5월 23일에 가경제는 대동안선 60척의 건조를 비준하였는데, 들보는 2장 6척을 기준으로 정하였고, 경비는 먼저 사고司庫로부터 빌려 사용하도록 하였다. 26일에 다시 조서를 내려 "1~2천 근 짜리 홍의포紅衣炮와 벽산포劈山炮를 더 제조하고, 화공선火攻船 열 척을 더 보충해주도록 하며, 그 배는 대호동안사선大号同安梭船에 따라 짓도록 하여 주청한 바대로 처리하도록 하였

45 위의 책, p.481.

46 위의 책, pp.482~483.

47 「台湾道任內剿辦逆匪蔡牽督撫奏稿(二)」, 『台湾文獻匯刊』(九州島出版社, 厦門大學出版社2004)第6輯 第3冊, p.556.

48 『剿平蔡牽奏稿』 第2冊, p.484.

49 위의 책, p.487.

다".[50] 6월 18일에 겸서兼署 총독 온승혜는 "이장경이 이전에 자신과 의논할 때에 모든 배는 반드시 2,400근의 홍의포 2문, 2천 근의 홍의포 2문, 1,500근의 홍의포 4문, 140근의 벽산포 16문을 주조해야 한다고 하였음"을 상주하였다.[51] 7월 초삼일에 가경제는 절강성에서는 바다를 가로지르는 전쟁의 위험이 없음을 들어 대동안사선을 더 건조할 필요가 없다고 하면서, 온승혜로 하여금 복건에서 30척을 건조하도록 하였고, 전에 의논된 바에 따라 하되 40호를 더 보충하도록 하였다. 배의 건조 시간이 부족하면 "해당 지역의 상선 중 이와 같이 튼튼하고 넓은 것들이 적지 않았으므로, (…중략…) 상인을 고용하거나 대가를 지불해 관에 귀속시켜 몇 척을 먼저 마련한 후, 이장경에게 보내어 사용하게 하였다." 필요한 화포는 이장경과 의논한 무게, 수량에 따라 주조하게 하였다. 온승혜는 복건성의 대동안선이 40호 정도로는 건조되어야만 제대로 활용할 수 있다는 것을 밝혀내었고, 가경제는 9월 25일에 온승혜에게 창원廠員들을 독려하여 정해진 양식대로 빨리 대동안선 40호를 건조할 것을 분명히 하며, 강제로 완성 기한을 정하도록 하였다. 즉 대호大號 상선 40척을 고용하고 연내에 대선 20척을 건조하도록 하였다. 10월 초이레에 조서를 내려 "고용한 상선 40척 중에 크고 견고한 배를 선택하여 값을 쳐주어 20척을 구입하고 계속 건조할 20척과 합쳐 수를 채우도록 하라"고 하였다. 아울러 자금을 동원해 분포笨炮 60문을 건조하는 것을 비준하여, 이장경(40문)과 허송년(20문)의 병선에 사용하도록 하였고, 여기에 연환철자連環鐵子, 철질려鐵蒺藜 등과 같은 무기도 갖추어 주었다. 고

50 위의 책, p.564.
51 위의 책, pp.568~569.

용된 상선은 부장副將 왕득록王得祿이 검수한 결과 다섯 척은 형태가 너무 둔중하여 병선으로 사용하기에 적합하지 않았다.[52] 12월에 새로 건조된 대선 20척이 이장경의 검사를 거쳐 바다로 나갔으며, 미정米艇과 동안사선 20척을 따로 고르고 상선 35척을 고용하여 왕득록과 허송년에게 맡겨 통할하도록 함으로써, 수군의 전선戰船 열세가 이로써 역전되었다.

이 시기에 배를 건조하고 화포를 제작하는 데 몇 번 좌절을 겪기는 하였지만, 가경제의 지원 아래 초보적인 성과를 거두었다. 가경제는 "병선이 바다로 나가 해적을 추포할 때 마땅히 적선보다는 크거나 비슷하기라도 해야 목적을 달성할 수 있다. 설령 채견이 조만간 잡힌다고 해도, 수군의 군영에도 응당 이처럼 수시로 순시하고 해적을 체포할 수 있는 큰 병선이 있어야 한다"고 생각하였다.[53] 또 "화포는 반드시 양식대로 주조되어야 하며 결코 임의로 몰래 무게를 줄여서는 안 된다. 이는 수군이 오랫동안 사용할 것이니, 역도 채견이 언젠가 잡힌다 해도 해양에서 죄인을 체포하는 일은 늘 있을 것이므로, 현재에만 국한되는 설계가 아닌 것이다."[54] 이것은 아주 정확한 것이다. 비록 전선과 화포 위치의 규격은 해적을 추포하기 위해 설계되었지만, 대만 해협을 건너거나 외양外洋에서의 작전에 필요한 조건을 제시하였기 때문에, 해전 발전의 방향에도 맞아 떨어졌다.

52 嘉慶十一月二十四日上諭.
53 嘉慶十一年九月初一日上諭.
54 嘉慶十一年七月初三日上諭.

2) 이장경의 민절閩浙 수군 총괄

이장경이 민절 수군을 총괄한 것은, 수군의 분순제도分巡制度를 극복하고 성의 경계를 넘어 수군의 병력을 통합하기 위한 하나의 시도였다. 이장경의 최초 구상은 "복건과 절강 두 성은 반드시 각각 큰 함대를 이루어 이를 양 제독에 귀속시킨 뒤, 해역을 나누지 않고 서로 호응하도록 하는 것"이었다.[55] 즉 복건 절강 두 성에 각각 하나씩 해전 대비 대함대를 조직하고, 이를 두 성의 수군 제독의 직속으로 두어 협력하여 전투를 하는 것이었다. 절강 순무 완원阮元과 복건 총독 옥덕玉德이 모여 의논한 후, 이장경을 총괄로 하여 일제양진一提兩鎮의 편제로 복건과 절강을 구분하지 말고, 채견 토벌에 역량을 집중할 수 있도록 해 줄 것을 주청하였다. 일제一提란 절강 수군 제독 이장경이고, 양진兩鎮은 절강 온주진溫州鎮 총병 호진성胡振聲과 복건 해단진海壇鎮 총병 손대강孫大剛으로 하여, 각기 병선 20척을 이끌어 하나의 함대로 통합하도록 하는 것이다. 가경 9년(1804) 6월 27일에 가경제는 "모든 해적 추포 수군은 즉시 제독 이장경에게 파견하여 그의 총괄을 받도록 한다"는 책략을 결정하였다. 민절 수군에서 선발하여 편성된 함대는 상당히 뛰어난 기동력을 가지고 있었으며, 해역을 나누지 않고 해상에서 추격하여 해전을 전개할 수 있었다.

'총통'의 권한은 가경 10년(1805) 2월 12일 조서에서 "제독 이장경은 본디 수군의 해상 요격을 감독 통솔함에, 즉시 수군 총통으로 파견하니 각 진장鎮將들은 그의 지시를 따르도록 하고", "각 수군의 진장 중 지시에

55 焦循, 『雕菰樓集』 卷19 「神風蕩寇后記」.

복종하지 않는 자는, 이장경에게 사실에 근거하여 중벌에 처함을 허락한다"고 하였다. 각 진장들은 민절 두 성 수군을 포괄하였지만, 실제로는 여전히 각각 주둔지를 지키고 있다가 일이 있을 때마다 지시에 따라 호응하여 행동하였다. 이장경은 절강 수군 제독으로서 절강성 각 진에 군사를 배치하는 것은 문제가 없었지만, 복건의 수사 제독과 협조하는 방안과 복건 수군을 각 진에 배치하는 데에는 명확한 지시가 없었다. 3월 12일 가경제는 복건 수군 제독 예정倪定이 풍담風痰에 걸리자 이장경에게 복건 수사 제독의 업무를 대리하도록 하였다. 4월 17일 이장경이 예정의 대리로 복건 수군 제독으로 오자 "진장鎭將들이 모두 그의 통할에 들어갔으며 재빨리 호응하였다". 그러나 윤 6월 초팔일에, 가경제는 이장경을 다시 절강 수사 제독으로 보냈다. "이장경은 복건에 남아 신속히 바다를 안정시켜 채견을 추포하는 일을 완전히 해결하고서 절강의 본래 임무로 돌아갔다." 해전 범위의 확대에 따라 가경제는 11년(1806) 3월 26일에 다시 그에게 권한을 부여하며, "채견, 주분朱濆 두 역적은 관병이 강력히 소탕하였지만, 일부 무리는 여전히 살아남아 대군臺郡 일대까지 달아났으니 이장경은 진실로 급히 쫓아감이 마땅하다. 설령 광동 동부나 강소 절강 인근 성의 바다에까지 달아나더라도 해역을 나누지 않고 군사를 이끌고 직진해야 할 것이다"라고 하였다.

민절 수군 지휘의 통일 여부는 여전히 해결되지 못하였지만, 이장경은 민절 수군에서 자신이 가지고 있는 권위와 개인적 인맥을 바탕으로 가경제가 부여한 권한을 충분히 운용하였고, 정벌 함대로서의 해상 기동력을 발휘하여, "해상 병력은 바람이 없으면 싸우지 않고, 바람이 거세면 싸우지 않으며, 비가 많이 와도 싸우지 않고, 역풍이나 역조에도 싸우지 않으며, 구름 끼고 안개가 끼면 싸우지 않고, 날이 저물고 밤이 되면 싸우지 않으며, 태풍 철이 곧 오려할 때, 사로沙路에 익숙하지 않을 때, 적과 수에서 상대가 되지 못할 때, 앞에 정박지가 없을 때 싸우지 않는다"[56]는 갖가지 싸우지 않는 금기를 타파하였고, 먼 거리를 추격하고 대만 해협을 건너며, 북으로는 강소성 마적양馬跡洋, 남으로는 광동의 경주양瓊州洋까지 나가는 등 먼 바다에서의 해전 경험을 쌓았다.

가경 12년 12월 25일(1808.1.22)에 이장경이 남오南澳 흑수양黑水洋 해전에서 전사한 이후 가경제는 더 이상 수군 총통을 설치하지 않았지만, 민절 수군은 이장경을 따라 먼 바다에서의 해전에서 쌓은 경험을 바탕으로, 마침내 가경 14년(1809) 8월 18일에 채견을 섬멸하였다.

이장경이 민절 수군을 총괄한 것은 역사의 한 순간에 불과하지만, 그가 관방 해양군사력을 다시 재정비하고 동남 해역의 통제권을 쟁취하기 위한 노력은 청 왕조 관방의 해양사회권력을 끌어 올려놓았다. 채견을 정벌한 것은, 청 왕조 수군이 대만의 정 씨를 평정한 후의 한 차례 실제 해전이었다.

56 安泰奏, 引自(淸)魏源『圣武記』卷5「嘉慶東南靖海匪記」.

3. 해양사회 분열의 역사적인 악과惡果

청 왕조 중엽 해양사회권력을 차지하기 위한 해적과 수군의 쟁탈전은 마침내 수군의 승리로 종결되었다. 해권海權 발전의 각도에서 보면, 이것은 민간과 관방 해상력의 내적 소모로, 중국해양 발전의 방향을 왜곡시켜 놓았다.

정상적인 해양사회에서 관방 해상력(국가 해상력)은 해양경제 발전을 보호하고 해양질서와 해양이익의 중추적 역량을 유지하며, 민간 해상력(국민 해상력)인 민간의 자체 방위력은 관방 해상력을 보충해주는 것으로, 이 둘은 상호 의존적으로 전체적인 해상력을 구성한다. 청나라 때의 중국은 왕조 통치의 기반이 대륙에 있었고, 농업사회체제의 안정을 유지하는 것이 국가의 가장 큰 이익이었다. 그래서 유동적인 해양사회를 통제하기가 어려웠기 때문에, 왕조는 이를 반체제의 이단자적인 역량이라고 보았다. 대만과 연해 도서의 개발로 인해 통치 강역疆域이 해양에까지 확대되어 관방 해상력을 수립하기는 하였지만, 그 목적은 해양사회를 통제하기 위해서이지 해양경제의 발전을 보호하기 위해서가 아니었다. 해양경제는 비록 연해지역의 민생과 관련되어 있지만 국가재정에서 그다지 중요하지 않았다. 일단 해상에서 일이 생기면 바로 해금령을 실시하여, 해양경제와 바다를 통해 생계를 유지하는 백성들의 이익을 희생시키고 육지사회의 안정을 보호하였으므로, 수군은 해금령을 실행하는 도구가 되었다. 이에 관방 해상력과 민간 해상력은 이익의 모순에 있어서 대립과 충돌로 나아갔다. 수군과 해적의 교전은 해양사회의 내적 소모를 심화시켰고 해양을 향해 발전할 수 있는 능력을 없애 버렸다.

청대 중엽 해적 도당들의 굴기는 일정한 의미에서는 관방이 해양경제의 발전을 억제하고 해양사회를 변방화하는 바람에 불거져 나온 것으로, 청 왕조의 육지체제에 대한 반란이었다. 하지만 그들은 법 테두리 밖의 폭력적인 형식으로 권력을 쟁취한 것이자 해양사회의 분열을 대가로 한 것이었기 때문에, 해양어업과 항해무역 경제의 정상적인 발전에 유리하지 않았고, 그들이 해양권력을 쟁취할 수 있었던 합리성도 해양사회의 합법성으로 변화시키지 못하였다. 그래서 이것은 가난한 어민이나 단민 등과 같은 약체 집단의 경제적 지위나 정치적 지위를 개선하는 데 아무런 도움이 되지 못했다. 해적 도방들이 끌어 모은 어민, 단민, 뱃사공, 선원들은 모두 항해기술을 가진 인재임에도 불구하고, 반역죄로 엄중히 다스려져 사형당하거나 투항한 후에 내지로 쫓겨나게 되었다. 이로 인해 민간 해양력이 약화되었을 뿐 아니라, 내륙 민중의 공감을 얻어 해상활동을 지지하는 사상을 배양할 도리가 없었다. 해상활동이 사회 혼란의 근원이라는 사회 심리만 깊어지게 되었고, 이에 청 왕조의 해양정책은 더욱 위축되었다. 민간 해선海船의 규격이나 성능과 같은 것은, 청나라 초기 해금령을 해제한 이후 조금 관대해져 큰 배를 건조하는 것이 허락되어 원양무역에 활용되었다. 이 때 채견의 약탈을 방비하기 위해, 가경제는 11년(1806) 5월 23일에 조서를 내려 "이후 새로 건조하거나 해체하여 다시 조합하는 상선은, 그 들보 크기를 모두 1장 8척으로 하고, 큰 배를 건조하는 것은 금지한다"고 하였다. 해선 제조와 항해 기술의 발전을 제한한 것은, 해양경제의 발전에 영향을 끼칠 뿐만 아니라 전선의 성능과 수군의 항해기술의 제고에도 이롭지 못한 것이었다. 상선에 화포를 장치하여 바다에 나가는 것을 엄격히 금지한 문제는, 건륭 말기에 들어 조금 관대해졌고, 가경 4년(1799)에는 유식劉栻의 상주로 복건성 상선은 바다로 나갈 때 화포를 장착할 수 있도록 허락하였다. 예를 들어 가경 6년(1801) 사월 초나흘, 동안현同安縣 상인이자 선주인 서삼관徐三貫은 무역을 위해 광동, 천진으로 출발할 때, "해상에 해적이 출몰하였기에, 하문廈門에서 관의 허락 아래 대철포大鐵炮 2문, 중철포 1문, 조총 6자루, 병기 10묶음, 화약총 등을 실었다."[57] 가경 9년(1804) 7월 16일에는 구행간裘行簡이 옛 전례를 금지해 달라고 주청을 올렸다. 가경제는 민절 총독 옥덕과 복건 순무 이전도李殿圖에게 "모든 출양 선박 가운데 반드시 화포와 무기를 휴대해야 하는 곳이 어디인지를 살펴 규정에 따라 엄격히 제한하고, 일반적인 상선이 화포와 무기를 휴대하면 응당 운항 허가를 취소하도록 해야 한다"[58]고 하였다. 이는 바다로 나가는 민간 선박의 자체 방어 능력을 제한한 것이며, 더 나아가 연해 백성들의 해양으로 발전해 나갈 활력을 약화시켰다. 그래서 해상에서 일이 생겼을 때 수군은 민간 선박을 곧바로 징집하여 전투에 투입하기가 어렵게 되었다.

이러한 사실은 청 왕조가 공권력을 행사하면서 민간의 개인권리를 박탈한 결과이자, 해적사회가 어민사회와 해상사회로부터 떨어져 나와 해양사회를 분열하게 만든 역사적 악과惡果이다.

해적이 동남 해역을 종횡무진 휩쓸었던 일은 동남 해양 방어에 굉장

57 『歷代宝案』校訂本第八冊(沖繩縣教育委員會, 1999.3)第二集卷94, p.308, 卷95, p.336.
58 『嘉慶道光兩朝上諭檔』第9冊.

한 부담을 안겨주었고, 연해지역의 방위를 맡은 강신疆臣들은 "무릇 배라는 것은 관병으로 치면 성곽, 보루, 거마와 같다. 배를 효과적으로 사용하면 싸울 때는 용맹하게 싸울 수 있고, 지킬 때는 견고하게 지킬 수 있으며, 쫓을 때는 신속하고, 부딪혀도 견고하게 버틸 수 있다"[59]고 여겨, 이에 수군의 전선과 화포 무기 개조를 추진하였다. 이 시기에 새로 건조한 전선을 해적 도방들의 배와 비교하면, 배의 규모와 무기 장비 등은 대체로 백중세여서 기본적으로 먼 바다의 작전 조건에 부합하였다. 이는 내해內海만 지키고 외해外海는 제외하였던 국면을 전환한 일종의 역사적 진보였다. 이장경이 복건에서 "정선霆船"과 대동안사선大同安梭船을 건조한 일 외에, 그의 뒤를 이어서 광동에서도 미정米艇보다 더 크고 튼튼한 전선을 건조하자고 주장한 사람이 나타났다. 가경 12년(1807) 양광 총독 오웅광吳熊光은, '해외 대양을 관통하여 다니는' 등화선登花船을 본떠 20여 척의 전선을 건조하여 원양 작전 함대를 조직하고, 미선은 전부 내해 방어에 투입할 것을 주청하여, 가경제의 비준을 받았다. 오웅광의 등화선대 조직 계획은 단지 해적을 무찌르기 위한 계획이었기에, 해양을 통제하는 심원한 계획이 없었고 이국의 침략이나 압박을 제어하려는 의식도 없었지만, 건조에 성공하였더라면 중국 해상 군사력의 발전에 유익하였을 것이다. 아쉽게도 등화선의 타간舵幹, 돛대, 닻에 쓰이는 돌 등의 재료가 되는 목재를 반드시 외국에서 구입해야 했다. 가경 14년(1809)이 되도록 모두 준비가 되지 않자 신임 양광 총독 백령百齡은 "자재의 구입과 건조만 힘든 것이 아니라 건조를 완성해도 유익할 것

59 安泰奏, 引自(清)魏源『圣武記』卷5「嘉慶東南靖海匪記」.

이 없다"고 했다. 그 이유는 첫째, "조금만 손실되고 부서져도 자재가 없어 일시에 교체나 수리가 안 되어 활용할 수가 없고", 둘째, "광동의 선원이나 키잡이들도 다 배 조종에 어둡고", 셋째, "복건과 광동 두 성의 해적 추포 작전은 오직 20척 등화선의 힘에만 기대니, 만일 해적을 쫓아 복건으로 들어가면, 광동 동쪽 지역의 먼 바다에 해적이 나타나도 대응할 수 있는 배가 없어지는 형국이니, 이쪽을 지키면 저쪽을 잃게 되기 때문에", 이에 극력 반대하였고, 건조 계획도 이로 인해 폐기되었다.[60] 건조 계획의 폐기는 청 조정과 연해 강신疆臣들이 육지로 바다를 통제하려는 해양방어 사고체계를 바꿀 생각이 없었음을 반영한 것이다. 이로 인해 해양의 우환이 평정된 이후, 전함 건조와 화포 제작이 답보 상태에 머물었고 아무것도 이룬 것이 없는 결과가 되었다.

가경제가 이장경을 민절 수군 총통으로 임명한 것은 임기응변적인 조치일 뿐 전략적인 고려가 아니었다. 그는 이장경의 해전 수완을 빌려 채견을 토벌하고, 민절 연해 각 진의 수군을 그의 명에 따라 배치되도록 함으로써, 해역을 분할하여 방어하는 국면을 타파하여 수군활동의 기동성을 제고하였다. 그러나 그는 육지적 사고로 바다를 통제하고 문으로 무를 제어하려는 사유를 뛰어넘지 못하였다. 그래서 민절 수군은 여전히 민절 총독이 전적으로 관리하였고, 이장경에게는 전속 지휘권이 없었다. 따라서 연해 각 진의 수군은 원래 정해진 해역 내에서 순라하고 방어하다가, 일이 있을 때에만 이장경의 명령에 따라 배치되었기에 임시적인 성격을 지니고 있었다. 이로 인해 이들 간에는 서로 잘 어울

60 『广東海防匯覽』 卷13 『船政』(二), p.14.

리지 못한다는 고질적인 문제점을 해결할 방법이 없었다. 게다가 해역을 통제하는 총체적 관념이 없었기 때문에, 대만진臺灣鎮 수군은 총괄의 범위 안에 들어가지 않았다. 이에 봉쇄에 구멍이 생기면, 이장경이 홀로 고군분투하여 해상에서 분주히 돌아다녔기에, 두루 다 돌볼 수 없었다. 이장경이 말한 것처럼 "민절 두 해역은 3,000여 리이고 각 처의 병력은 모두 개별적이어서 이장경이 홀로 왕래하며 추포하느라 어떤 때는 복건에서 어떤 때는 절강에서, 이쪽을 지키다가 저쪽을 잃곤 하였다. 반면 적군은 쉬면서 힘을 아꼈다가 상대하니 (…중략…) 오늘날의 화근은 사실 여기에 있다."[61] 이장경이 민절 수군을 총괄하는 것은, '수군의 일은 본래 총독의 전관'이라는 것과 모순이 존재한다. 이는 이장경이 총괄하는 함대가 독립된 지휘체계를 가지지 못하게 하였다. 이것이 근대 해군과의 본질적인 차이점이다. 해양 정보의 출처와 처리를 맡은 부분이 여럿이었기에, 해양에 밝지 않은 전 후임 민절 총독 옥덕玉德과 아림보阿林保는 보고를 받자마자 급히 이장경에게 상의를 하였다. 이 때문에 함대의 배치를 혼란스럽게 하여, 이장경으로 하여금 늘상 전투의 호기회를 잃게 하거나 까닭 없이 질책해 군심을 동요시켜, 해상 전투력을 약화시키게 만들었다. 이장경 사후 가경제는 수군의 공격 전략에 대한 득실을 검토하고 제도적으로 총통의 기제를 확립하여 수군을 독립적으로 지휘할 수 있는 체제로 발전시키지 않았다. 아울러 그는 이 일에 대해 더 이상 언급하지 않아 해권을 발전시킬 수 있는 좋은 기회를 놓쳐 버렸다. 이에 따라 그간 이장경으로 하여금 수군을 총괄하게 하며 시도했던

61 焦循, 『雕菰樓集』 卷19 「神風蕩寇后記」.

일들이 모두 수포로 돌아갔고, 아울러 그러한 전통이 끊어지게 되었다. 이에 이장경의 해전 경험은 그 누구도 언급하지 않았고, 그가 지은 『수전약기水戰紀略』는 이미 실전되었다. 듣건대 "출입을 할 때 반드시 가지고 다녔는데, 공이 전사하시면서 책 또한 물에 잠겨 버렸다"[62]고 한다. 30년 후의 아편전쟁에서 영국군 '전함의 견고함과 화포의 예리함'은 조야를 발칵 뒤집었고, 이에 비로소 이 시기 역사에 대한 반성이 일어났다. 임칙서林則徐(1785~1850)는 '방어하는 것으로 전쟁을 치루는' 전략의 실책을 반성한 후, 전함을 건조하고 화포를 제조하여 신식 수군을 건립하려는 구상을 발표하였다.[63] 도광道光 22년(1842) 3월 임칙서는 소정옥蘇廷玉에게 보내는 편지에서 이렇게 말하였다.

> 배와 화포가 있고 수군이 이를 주재하니, 해상을 왔다 갔다 하며 패주하는 적을 추격하고, 상대가 갈 수 있는 곳은 아군도 갈 수 있으므로, 해안가의 군은 열에 아홉은 철수하게 할 수 있다. (…중략…) 만약 큰 배 100척, 중소선 50척, 크고 작은 화포 1천 문, 수군 5천 명, 키잡이와 선원 1천 명이 있다면, 남북의 해양 어디든 가지 못하는 곳이 없을 것이다. 역도가 배를 근거지로 삼아 종횡하는데, 대규모 수군이 큰 강까지 추격하니, 적이 배를 버리고 대담하게 육로를 어지럽히며 성벽을 점거한다고 하나, 나는 믿지 않는다. 수군 총통은 심히 어려운 일이다. 이장렬(李壯烈)과 양충무(楊忠武)에게는 다시 맡길 수 없고, 진제군(陳提軍)은 매우 충성스럽고 용맹하여 병졸

---

62 「李忠毅公遺詩附錄」, 李璋跋, 『台湾文獻匯刊』 第四輯第七冊, p.71.

63 詳細論述, 請參見楊國楨, 第十三章「曲折的赴戍途程」, 『林則徐大傳』, 中國人民大學出版社, 2010, pp.468~481.

들과 동고동락을 같이 하므로, 절반의 임무는 맡을 수 있을 만하지만, 아직은 주도면밀하고 책략에 능한 장수의 지휘와 관리 배치가 필요하다. 그러한 즉 무반 중에 이러한 사람이 없을 뿐 아니라, 중앙과 지방의 문직 대관에 있어서도 그 누가 가장 용기가 있는 지를 알 수가 없다.[64]

이러한 구상은 분명히 이장경이 민절 수군을 통괄하였던 역사적 경험의 교훈을 바탕으로 다시 이루어진 개혁 방안인 것인데, 그 요지는 지역적인 횡적 관리체제로 분할되어 있었던 각 성 수군의 고유한 편제를 타파하고, 통일된 지휘 아래 각 성의 해역 경계를 넘어선 기동 작전이 가능한 해상력을 조직하는 것이었다. 그러나 청 왕조의 중심부에서는 이를 받아들이지 않아, 해권을 발전시킬 수 있는 기회를 또 다시 놓치고 말았다.

해양사회권력의 각도에서 보면 청 중엽의 해적 도당들이 해양을 강력하게 통제하고 이용하는 의식과 항해 작전 기술을 가지고 해적활동의 황금시대를 열었는데, 이는 청 왕조의 수군 건군정책을 강화하게 하여 해권을 발전시킬 수 있는 또 하나의 계기가 되도록 하였다. 그러나 청 왕조는 이장경이 민절 수군을 총괄하여 실제 수행하였던 해전을 통해 유익한 경험과 교훈을 흡수하지 못하였고, 관방 해양사회권력을 강화할 수 있는 기회를 포기하였을 뿐만 아니라, 정확한 대책을 세워 해양사회의 분열을 막아 해상력을 강화시키지 못하였다. 아울러 해적활동의 재발을 철저히 막지도 못하였고, 더욱이 외부 해양세력의 침입도 막아내지 못함으로 인해, 낙후되고 두들겨 맞는 지경으로 빠지게 되었다.

---

64 楊國楨 編, 『林則徐書簡』(增訂本), 福建人民出版社, 1985, p.186.

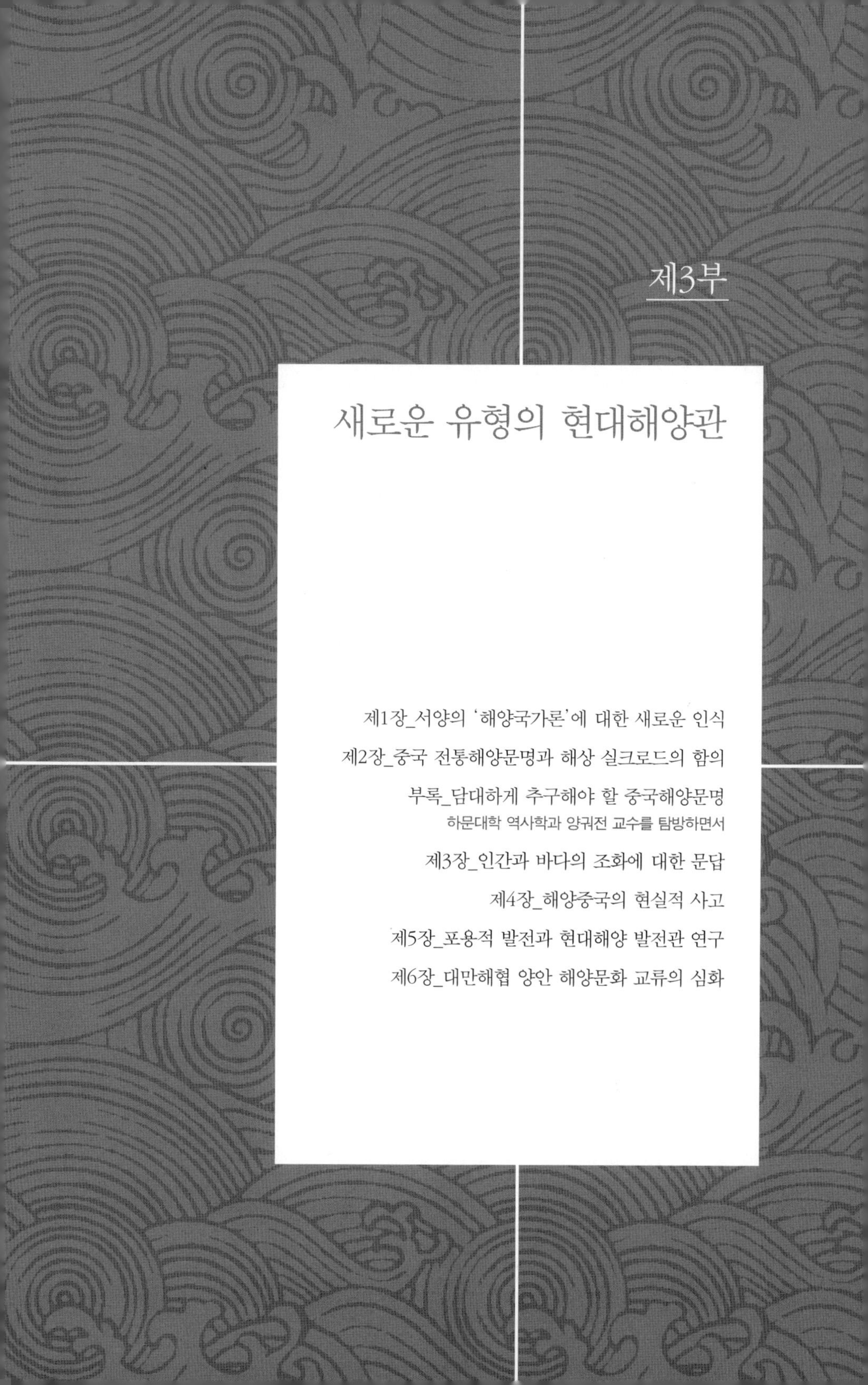

제3부

새로운 유형의 현대해양관

제1장

서양의 '해양국가론'에 대한 새로운 인식*

국제학술계나 국제사회가 공인한 것처럼 21세기는 해양의 세기임에도 불구하고, 중국해양문명사에 대한 연구는 여전히 취약하다고 볼 수 있다. 그래서 해양 발전의 내재적 요구는 우리들이 합리적이고 체계적인 이론을 제시하여 해양을 대하고 해양으로 나아가는 과정을 촉진함으로써, 해양을 홀시하는 사회심리에 기초적인 작용을 있길 기다리고 있다. 이것은 일종의 도전이자 기회이다. 우리는 현재 해양 발전의 중요성과 심원한 의의에서 출발하여, 역사라는 긴 시간 속에서 중국해양문명의 변화와 발전을 고찰하고 다소 혼란한 개념들을 정리함으로써, 사람들의 사상 관념 속에 존재하는 해양 경시 경향을 바로잡기를 희망한다. 여기서 반드시 지적해야 할 것은, 국내 학계의 '해양국가'에 대한 인식은 오랫동안 서양의 이론과 담론의 영향을 받아 일정 정도 잘못된 부분이

* 본 장은 『社會科學戰線』(2012년 제2기)에 실려 있다.

존재하고 있어, 해양으로 복귀하려는 중국의 전략적인 사고를 속박하고 있다는 것이다. 따라서 기존 담론체계에 대한 성찰을 통해 서구 담론의 패권을 해체하여 창의적인 해석을 제시하는 일이 절실히 필요하다.

'해양국가' 개념은 서양에 기원을 둔 것으로, 서양의 해양 강국들이 그들의 해상 권력을 주동적으로 모색하고 유지하기 위한 표현이다. 그러나 이러한 개념의 형성과 발전은 오래된 과정으로, 자신의 인식 경로와 역사적 배경이 담겨 있다. 그것은 최초로 해외 식민지, 원양무역, 군사적 해권海權을 강조하는 것에서부터 시작하여, '해양국가'의 이데올로기화를 서구 '민주'의 상징부호로까지 발전시켰다. 본문에서는 역사적 배경과 인식 경로로부터 서양의 해양을 고찰하는데 중점을 둔다. 다시 말해 대륙국가체계 담론의 기원과 성격으로 서양의 '해양국가론'을 새로이 인식하는 것이다.

1. 서양의 '해양국가론'을 분석하기 위한 이론 입론

미셸 푸코는 『지식의 고고학Archeology of Knowledge』에서 "일정한 담론 분포 중에서의 존재 조건"이 "대상, 진술행위 방식, 개념, 주제의 선택"을 결정하기에, "이러한 담화에서 언급된 것을 연구대상으로 삼아", "서로 다른 서술 과정의 모든 규율과 그것들의 연원을 찾아내어", "잠재된 연역구조 가운데 (…중략…) 출현하고 유동流動하는 진술 범위의 조직"

에서 개념을 묘사하고, 아울러 책략策略 사이에 "모종의 규율성을 찾아내고 그것이 형성하는 공동의 순서를 규정해야"[1] 한다고 하였다.

모두가 잘 알다시피 푸코의 담론 이론은 계발성이 강하지만 대단히 난해하기 때문에, 직접적으로 본 연구와 결합하기에는 무리가 있다. 또한 본문의 주제인 '해양국가'라는 것은, 푸코가 정신병리학의 예로 상세하게 해설한 엄밀한 과학 용어 영역이 결코 아니며,[2] '사건 군체'[3]의 일원으로 간주되어야 한다. '해양국가'라는 비교적 구체적이면서 실제적인 문제는, 푸코가 관심을 가졌던 "목적론과 총체화를 새로이 제시한 것"과 "인류, 의식, 기원과 주체 문제의 출현"[4] 등과는 거리가 아주 멀다. 따라서 더 많은 이해와 개조改造[5]를 거쳐야만, 푸코의 이론을 우리 연구의 분석 전개에 효율적으로 활용할 수 있을 것이다.

1) '서양중심주의'의 사회과학

본문에서 다루고 있는 '해양국가'는 소소한 담론일 뿐이지만, 더 큰

1 Michel Foucault, 謝强·馬月 譯, 『知識考古學』, 生活·讀書·新知三聯書店, 1998, pp.41·53·54·60·69. 그는 '책략'을 다음과 같이 정의하고 있다. "담화는 어떤 개념의 조직, 대상의 취합, 진술유형의 출현을 야기한다. 그것들은 또한 자신의 일치성, 엄밀성, 안정성의 정도에 따라 주제와 이론을 구성한다", "이러한 주제나 이론형식의 수준이 어떠하건, 우리는 관례에 따라 '책략'이라 칭한다." 『知識考古學』, pp.68~69.

2 예를 들어, 그는 "경제학, 의학, 어법, 생물과학 등의 담화"를 제시하였다. Michel Foucault, 『知識考古學』, p.69.

3 Foucault는 "우리가 탐구해 야 할 원시 자료는 담화 공간 속의 사건 군체인 것이다"라고 여겼다. Michel Foucault, 『知識考古學』, p.27.

4 Michel Foucault, 『知識考古學』, p.17.

5 Foucault의 견해는 "연구의 필요에 의해 이러한 방법을 개조한 것"이다. Michel Foucault, 『知識考古學』, p.17.

담론체계 속에 포함되어 있다. 이러한 체제들이 바로 총체적 담론의 역사적 배경이 된다. 중국의 필요에서부터 출발한 만큼, 우리의 관심사가 되는 거시적 담론은 바로 '서양 중심주의'이다. 한편 '해양국가'라는 담론이 폭넓은 의미에서 사회과학에 속하면서 동시에 국제정치 실천의 중요한 사상적 도구라는 점을 감안한다면, 사회과학 자체와 그 연구대상이라는 두 가지 입장에서 출발하여, 서양 '해양국가' 담론의 대상, 서술방식, 개념 그리고 서사책략의 변천 과정을 필히 고찰해야 한다.

'서양 중심주의'의 학술 담론체계는 서양에서 발원하여 현대 세계정세를 주도하는 '세계체제'의 기초 위에 세워졌다. "현대 세계체제의 수립은 유럽인과 세계 기타 민족의 접촉과 관련되고 대부분의 상황에서 이러한 민족들에 대한 정복을 수반하고 있다." "19세기 유럽과 미국에서 만들었던 사회과학은 유럽 중심주의였다. 당시의 유럽세계는 스스로 문화적으로 개선식의 승리감에 취해 있었고 기타 여러 방면에서도 확실히 그러했다. 정치적으로나 경제적인 것 할 것 없이 유럽은 세계를 정복한 것이었다." 20세기 중엽에 이르러서 서양의 식민지체제는 와해되었고, 신흥국가가 굴기하였다. "세계의 권력 분배 구도에 변화가 일어난 배경하에, 역사 발전에 따라 형성된 사회과학이 문화상의 편협에서 벗어나 두드러지기 시작하였다." 그러나 "유럽과 북미가 주도적 지위에 있는 사회과학 관념은 서양 이외의 지역에서도 마찬가지로 주도적 지위를 차지하였다". 서양 사회과학은 "사회과학의 전범이라는 태도로 경제적인 우위와 정신적인 탁월함에 의거해 자신의 관점을 전파하였고, (…중략…) 세계 기타 지역의 사회과학자들에게 상당한 흡인력을 발휘하였다. 그들은 이러한 관점을 받아들이고 실천하는 것이 보편적인 학술 공동체에 가입하는 통로로 여겼다."[6] 이러한 발전 과정은 무의식적이었기에, 아주 다양한 국부적인 이익 요구가 전혀 뒤섞이지 않았으며, 반영된 것이라고는 대부분이 서양의 문화적 주도 상황이었을 뿐이었다.

한편 서양의 강권強權이익을 옹호하는 "사회권력의 조종자는 자연스러운 경향이 있었는데, 그것은 바로 현재의 정세가 보편성을 띠고 있다고 여긴 것이다. 왜냐하면 이렇게 하는 것이 그들에게 유리하기 때문이다". 이것이 바로 우리가 반대하는 '서양 담론의 패권'이다. 우리가 찬동하는 관점은, "서로 다른 많은 해석들이 동시에 병존하는 것을 인정하며, (…중략…) 다원화된 보편주의를 통해 (…중략…) 현재와 과거 동안 줄곧 그 안에서 생활해 온 우리들의 풍부한 사회현실을 파악하는 것이다."[7]

'해양국가'는 상술한 서양의 학술 담론체계에 속하며, 서양 강세라는 무의식의 구현이자 '서양 담론 패권'의 일부분이다. 그래서 우리는 역사적 고찰을 통하여 그것의 보편적 가치와 특수한 의의를 조속히 구분해야 한다.

2) 국가—사회과학 분석의 기본 패러다임

우리는 정치적 실천 관계와 밀접한 '해양국가'가 전형적인 '국가를 분석하는 기본 패러다임'이라는 것을 분명히 알아야 한다.[8] 민족국가체제는 유럽에서 탄생하였고, 그 표지가 1648년에 체결된 「베스트팔렌 조약

6 Immanuel Wallerstein 外, 劉鋒 譯, 『開放社會科學－重建社會科學報告書』, 生活・讀書・新知三聯書店, 1997, pp.22・55~57.

7 위의 책, pp.61・64.

8 위의 책, p.87.

Peace of Westfalen」이다. 프랑스대혁명 이후 수많은 사람들은 '사회 일체성의 중건'에 힘썼고, "그들은 기존의 민족 역사를 더욱 상세하게 서술하여, 이를 계기로 신흥 혹은 잠재된 주권국가를 위한 탄탄한 기초를 마련해 줄 수 있기를 희망하였다". 그 후 "'민족'이라는 단어는 많든 적든 한 국가의 지리적 경계의 기준이 되었으며, 이미 존재하는 혹은 지금 확립되고 있는 (민족)국가의 변경이 현재 점거하고 있는 공간적 범위 또한 실제적 이행에 있어서는 과거로 거슬러 올라갔다". 사회과학자들은 보편적으로 "정치, 사회, 경제의 과정 사이에는 기본적인 공간 일치성이 존재한다. 이러한 의미에서 사회과학은 설령 국가가 만들어낸 것이 아니라 해도, 최소한 상당 부분 국가가 손수 육성한 것이나 진배없는 것이어서, 사회과학은 (민족)국가의 경계를 가장 중요한 사회적 용기容器로 삼아야 한다"고 여겼다. 유럽이 "세계 기타 지역에 대한 주재主宰적 지위를 확립함"에 따라, "왜 세계에서 이 작디작은 한 구석이 모든 상대를 다 이기고 자기의 의지를 아메리카, 아프리카, 아시아에 강제할 수 있었던가?"라는 명확한 문제를 끌어내게 된다. 이러한 문제에 대한 관심은 공교롭게도 다원주의와 동시에 발생하였으므로, 그 답안도 아주 명확하다. 그것은 "끊임없는 진보가 최종적으로 현대사회로 하여금 당연한 우월성을 획득하게 하였다"[9]는 점이다. 이에 따라 '해양국가'의 속성도 순리에 맞게 이러한 진보의 중요한 초석으로 되었다. 국가 간의 경쟁이 치열해지자 '해양국가'의 대척점인 '대륙국가'도 수면 위로 떠올랐다. 제2차 세계대전 이후 냉전 정세 속에서, '해양국가'와 '대륙국가'의 대립

9 위의 책, pp.10・17~18・28・30~31.

은 더욱 이데올로기적 성격을 띠게 되었다.

1950년대 이후 식민지체제의 종결로 신흥국가가 국제 무대에 등장하게 되었고, 경제의 글로벌화 추세가 발전함에 따라 서양학술 가운데 "국가가 사회 행동의 자연적 심지어 가장 중요한 경계를 구성하였다"는 가정과 "국가 경계에 따라 정의된 단위로 사회 지식을 조직하는 방법"[10]은 모두 각 방면에서 의혹을 받았다. 역사 연구에서도, 민족국가를 연구 단위로 하는 지역사, 전체사Total history, 지구사Global History를 뛰어넘는 연구가 추세로 되었다. 예를 들어 페르낭 브로델Fernand Braudel의 『펠리페 2세 시대의 지중해와 지중해 세계』는 16세기 후반기의 지중해와 그 주변 세계를 대상으로 하여 사람과 역사를 긴밀히 결합시킨 지중해 전체를 고찰하였다.[11] L. S. 스타브리아노스Leften Stavros Stavrianos의 『지구통사全球通史』는 우리가 살고 있는 지구에 대해 전체적으로 고찰하였다.[12] 이 책에는 비록 많은 결함이 존재하고 있지만, 오늘날까지 매력적인 연구방법으로, 우리들의 연구 방향을 이끌어 줄 수 있다.

이해와 개조를 거친 푸코 이론에 따라, 서양 해양국가의 "담론의 대상이 형성될 때, (…중략…) 어떤 담론의 실천적 특징의 관계 구축"을 측정하고, 주체가 "어떤 담론을 사용할 때, (…중략…) 점거하거나 받아들이는 입장"을 찾아내는 데 역점을 두어야 한다. "책략은 구체적인 분석을 진행하는 데 상당히 곤란하기에",[13] 본문에서는 이와 관련된 탐구

10 위의 책, p.91.

11 Fernand Braudel, 唐家龍・曾培耿 等譯, 『菲利普二世時代的地中海和地中海世界』 第1・2卷, 吳模信校, 商務印書館, 1996.

12 Leften Stavros Stavrianos, 吳象嬰・梁赤民 等譯, 『全球通史』, 上海社會科學院出版社, 1988.

13 Michel Foucault, 『知識考古學』, pp.52・59・68~69. 푸코가 여기에서 이야기하는 "담화 실천"이란 계통적 지식의 구축이거나 인지라 볼 수 있다.

는 전개하지 않을 것이다.

2. '해권론海權論' 담론 책략 속의 개념—'해양국가'와 '대륙국가'

19세기와 20세기가 교체하는 시기에 나타난 '해권론'은 해권과 근대 유럽국가의 흥망성쇠와의 관계를 가리킨 것으로, 국가전략의 각도에서 '해양국가'를 정의하고 지연地緣정치이론의 탄생을 촉진하였으며, 더 나아가 심오한 영향을 일으켰다. 그래서 '해양국가'는 실질적으로 '해권론' 담론 책략의 한 개념인 것이다.

1) 머핸Alfred Thayer Mahan—해권이 강대한 '해양국가'

프랑스대혁명 이후 유럽전쟁의 성격에 엄청난 변화가 생겼다. 민족국가 간에 일어난 전쟁은 전체적으로 볼 때 "더 이상 봉건계급의 일이나 조그만 직업군인 집단의 일이 아니었고, 국민 전체의 일이었다".[14] 그 어떤 중대한 군사적 전략도 반드시 이 국가의 정치, 경제, 사회 등의 형

14 Michael Howard, 褚律元 譯, 『歐洲歷史上的戰爭』, 遼宁教育出版社, 1998, p.114.

세를 고려하여, 나아가 '큰 전략'을 형성해야 한다. 설령 전쟁이 여전히 "기타 수단을 사용한 정책(정치)의 연장"[15]이라 하더라도, 군사전략과 호응하는 각종 정책은 오히려 현대 민족국가의 각 방면에 심각하게 영향을 가져다 주었다.

산업혁명 이후 영국은 최고의 승자가 되었다. 다른 서양 강대국은 영국의 패자 지위를 제지하거나 도전하면서, 세계 강권을 놓고 쟁탈하는 것에서 출발하여 그 역사적 경험을 총결하였다. 이로부터 그들은 자신들의 국가 발전을 이끌어 나갈 수 있는 이론적 사유에 대한 내재적 요구를 강력히 드러내었다.

19세기 말 미국은 공업화가 거의 완성되어, '변방 시대'를 끝내고 세계 제일의 생산력을 보유하게 되었다. 세력 확장을 통하여 세계 패권을 찾자는 주장이 전통적인 '고립주의'에 도전장을 내밀었다. 이러한 역사적 배경 아래 머핸의 '해권론'이 탄생했다. 1890년 머핸의 『해양력이 역사에 미치는 영향－1660～1783』이 출판되었는데, 그는 영국의 성공적 경험과 기타 국가의 교훈을 총결하고, 근대 서양국가의 흥망성쇠와 해양권력 간의 밀접한 관련성을 밝혔다. 아울러 "해군 전략을 연구한다는 것은 자유국가의 국민 전체에 있어 유의미하고 가치 있는 일이다. 특히 국가 외교와 군사를 책임지는 사람에게 있어 더욱 그러하다"고 하였다.[16] 그의 저서는 전 세계를 풍미하였고, 전 세계적으로 해군을 확장하는 풍조가 일어났다.

---

15 Carl Von Clausewitz, 『戰爭論』, 轉引自鈕先鐘『西方戰略思想史』, 廣西師範大學出版社, 2003, p.249.

16 Alfred Thayer Mahan, 安常容・成忠勤 譯, 張志云・卜允德 校, 『海權對歷史的影響: 1660～1783』, 解放軍出版社, 2006, p.30.

머핸이 살았던 시대는, 민족국가를 기본 분석의 틀로 보는 정치사와 군사사가 역사학의 중심이었다. 그의 시각에서 "해권의 역사는 전부다 그런 것은 아니지만 대부분이 국가와 국가 간의 투쟁을 기술한 것이었다". 용어의 구사면에서 머핸은 항상 '해상 강국'이나 '해양국가'라는 말을 사용하였다. 비록 "하나의 해양국가로서 그 공고한 기초는 해상무역 위에서 세워진 것"이라고 주장하였지만, 이 주장은 "해권 발전에 가장 필요하고 가장 중요한 민족적 특징은 무역을 좋아하는 것이다"라는 주제에 예속되는 것이다.[17] 이후 머핸은 1911년에 출판한 『해군전략』에서 이를 수정하여, 해권이 반드시 무역을 기초로 하는 것은 아니라고 하였다. 다시 말해 머핸에게 있어서 '해양국가'는 실질적으로 강대한 해군을 보유한 '해상강국'과 같은 것이었다. 그러므로 그의 담론은 왕왕 해양 패권을 쟁탈하는 정치적 실천을 야기하곤 하였다. 머핸 본인이 중앙아메리카 운하의 건설과 스페인과의 전쟁을 얼마나 고취하였는지는 말하지 않더라도, 일본의 머핸에 대한 존경심, 심지어 이를 넘어 태평양 패권을 맹목적으로 추구했던 광분한 행위가 이를 반증하고 있다.

2) 매킨더Halford John Mackinder – '해양국가'와 '대륙국가'의 대립

해양패권의 수탈을 강조했던 머핸과는 달리 매킨더는 처음부터 영국 스스로가 가진 기득권을 옹호하려는 생각에서부터 출발하였기 때문

17 위의 책, pp.1・68.

에, 그 이론 구조의 기조가 기본적으로 방어적이었다. 그는 국가의 역사적 변화 발전과 발전 전략에 대한 지리 조건의 영향을 탐구하는 데 중점을 두었다.

매킨더는 유럽의 민족국가의 확장이 극에 달한 후, "소유권 표명을 확인할 필요가 있는 토지를 하나도 남기지 않았다. (…중략…) 우리는 부득이 폐쇄적인 정치제도와 다시 한번 접촉해야만 했다"고 지적하였다. 그리고 여기에서 말하는 '폐쇄'는 "중세 기독교 사회가 좁은 지역에 갇혀 외부 야만 세계의 위협을 받는 것"[18]을 가리킨다. 우선 중세기를 차치하고 누가 '외부 야만 세계'에 더 근접하는가? 매킨더는 국제 정치 질서의 근본적인 변화인 지리적 한계가 나타난 이후 지리적 확장이 은폐되어버린 상황에서, 그 파워와 기득既得 간의 불균형이 필연적으로 격렬한 반응을 일으킬 것이라는 점을 아주 예리하게 지적하였다.

매킨더는 영국의 전통적인 세력 균형의 이념을 계승하여, 불균형한 현상 위에 세워진 상호 제어를 통한 균형 유지 매커니즘을 탐구하는 데 힘썼다. "역사상 대규모의 전쟁은 각국의 불균형적인 발전의 직간접적인 결과이다. 이러한 불균형적인 발전은 전적으로 어느 국가가 다른 국가보다 더 위대한 천재를 보유했다거나 더 많은 에너지를 가졌기 때문에 생겨난 것이 아니다. 이는 대부분 지구 표면상의 부의 원천과 전략적 기회 분배가 균등하지 못해 생긴 결과이다. (…중략…) 미래의 전쟁을 충분히 제지할 수 있는 국제 연맹을 건립하려면, 우리는 이러한 지리상의 현실 상황을 반드시 인정하고, 아울러 필요한 절차를 마련하여 그

18 Halford John Mackinder, 林爾薇・陳江 譯, 『歷史的地理樞紐』, 商務印書館, 1985, p.49.

들의 영향을 제지해야만 한다.[19]

매킨더의 원칙은 영국의 기득권을 최대한 보존한다는 전제하에 세워진 것이다. 가상의 적에 대적하는 동맹을 건립하기 위해, 그는 먼저 "국가의 각종 관념이 보통 공통적인 고난의 압력과 외래의 힘에 저항하려는 공동의 수요 아래에서야 받아들여지는 것으로", 초원 민족의 압력은 "그들을 부정하는" "모든 위대한 민족"을 만들어 내었다고 공언하였다.[20] 이어서 그는 잠재적 동맹국에게 '육상강국'의 '해상강국'에 대한 압박은 곧 새로운 위협이 될 것이라고 경고하였다.[21] 제1차 세계대전 이후 매킨더는 동유럽 '심장지대'의 중요성을 더욱 부르짖으면서, "서양인과 섬나라의 사람들은 이 쌍두 독수리인 육상 강국(독일과 러시아를 말함)에 반드시 저항해야 한다"고 하면서, 동유럽 영토를 다시 새롭게 나누어 완충지대를 만들어 균형을 유지하면서 러시아와 독일을 견제하자고 고취하였다. 그는 테미스토클레스Themistocles의 "그 누구든 바다를 통제하면 모든 것을 통제하는 것이다"라는 명언을 고쳐, "동유럽을 통치하는 자가 곧 '심장지대'를 통제하고, '심장지대'를 통치하는 자가 '세계의 도서'를 통제하게 될 것이며, '세계의 도서'를 통치하는 자가 '세계'를 통제하게 될 것"이라고 하였다.[22]

매킨더의 정치 계획의 이론적 기초는, 역사에 대한 재해석과 떼려야 뗄 수 없는 관계를 가지고 있다. 바다와 육지의 이분법 그리고 민주民主와 전제專制의 이분법적 조합을 통해, 그는 민주적 '해양국가'가 전제적

---

19 Halford John Mackinder, 武原 譯, 『民主的理想与現實』, 商務印書館, 1965, pp.13~14.
20 Halford John Mackinder, 林爾薇・陳江 譯, 『歷史的地理樞紐』, pp.51・56~57.
21 위의 책, pp.65~69.
22 麥金德, 武原 譯, 『民主的理想与現實』, pp.134・177.

'대륙국가'에 대항하는 이상적인 역사적 경관을 구축하였다. 새로운 담론 대상을 발굴함으로써, 매킨더는 바다와 육지가 대치하는 서술 방식을 구성하여, 대항적 성격의 개념인 '해양국가'와 '대륙국가'를 만들어 내었다.

제2차 세계대전 이후 이데올로기적 투쟁이 확대됨에 따라, 매킨더의 대항적 담론은 미국 진영에 의해 더욱 발전되었다. 그들의 지칭 속에서 '해양국가'는 철저히 기호화되어 서양 진영의 '1인칭 대명사'가 되었고, '대륙국가'는 소련과 기타 동맹국의 대명사가 되었다. 이러한 담론은 각종 방식을 통해 다른 나라로 전파되어, 현지의 사상계와 학술계의 표준적 담론으로 되었고, 이후 나날이 '경전화'되어 점차 더욱 심각한 편견을 낳게 되었다. 이러한 의미에서 '해양국가'라는 상징적 자원은 담론의 전파를 통해 서양 중심의 지위를 유지하는 역할을 하게 되었다.

3. 대상과 서술 – 역사상의 해양국가

서양 '해양국가론'의 중요한 기초는 역사에 대한 회고이다. 크로체 Benedetto Croce가 말한 것처럼, "생활의 발전에 그것들이 필요할 때 죽은 역사가 부활할 수 있게 되는데, 이로써 과거사는 다시 현재로 변하게 된다".[23] 모든 연대마다 역사에 대한 회고는 '해양국가' 개념의 변동과 대상의 재건을 의미한다.

1) 그리스 도시국가 시대와 로마

해양문화는 바다에 의지해 생존하는 문명 유형이다. 농업문명과 유목문명이 주도적인 지위를 차지했던 고대에 이것은, 각 대륙의 '지중해' 연해지역과 도서지역 사람들 생활의 또 다른 선택이었다. 연해문명의 고도古都는 모두 해양과 일정한 관계가 있다. 유럽해양문명의 기원은 크레타섬이다. 크레타의 미케네문명을 중심으로 한 에게해문명과 그 뒤를 이은 그리스 아테네문명은 상공업이 주가 되었고 농업이 보조적인 역할을 하였기에, 해양적 요소가 국가 형성에 중요한 작용을 하였다.

플라톤과 아리스토텔레스가 말한 바대로 바다는 초기 그리스시대에서 변혁을 촉발하는 유리한 요소 중 하나였다. 기원전 734년부터 580년까지 그리스의 각 도시국가는 식민지를 확장하여 "도시생활을 지중해 연안의 절대 다수 지역"까지 전파하였으며, 그리스 본토에도 "수많은 도시를 건설하거나 중건하였다".[24] 모자母子 관계의 도시국가들은 대내외적인 해상 연계를 더욱 강화하였으며, 항해와 해양상업은 그들에게 거대한 부를 가져다 주었다. 이 점이 바로 "도시국가의 위치는 (…중략…) 양호한 해로와 육로의 통로가 있는 곳에 세워야 한다"고 아리스토텔레스가 강조했던 것이다.[25]

그리스와 페르시아의 대립부터 펠레폰네소스전쟁 중 아테네와 스파르타의 도시국가 투쟁까지 모두 해상전쟁과 연관이 있다. 그러나 이것

23 Benedetto Croce・Douglas Ainslie, 傅任敢 譯, 『歷史學的理論和實際』, 商務印書館, 1982, p.12.
24 Oswyn Murray, 晏紹祥 譯, 『早期希腊』, 上海人民出版社, 2008, p.94.
25 Aristotle, 顔一・秦典華 譯, 『政治學』, 中國人民大學出版社, 2003, p.238.

은 당시와 그 이후 오랫동안 "도시국가의 독립을 지키고 동방의 전제주의에 대항한 투쟁"[26]이라고 여겼지 해양과 대륙의 대립이라고는 비춰지지 않았다. 만일 헤로도투스Herodotus의 『그리스 페르시아 전쟁사』[27]에 항상 보이는 '이방인'이라는 단어와 자주나 자유에 대한 추앙에 주목했다면, 그리스 민주제와 페르시아 제국제의 충돌이 훗날 역사가들이 쓴 소위 '민주와 전제의 충돌'과는 전혀 다르다는 것을 알아차릴 수 있을 것이다.

의심할 여지없이 아테네는 도시국가 시대의 전형적인 해양국가이다. 그렇다 해도 아테네를 해양국가로 여기는 20세기의 영국 학자들은, 아테네의 '해양국가'적인 속성을 바라보는 관점에 있어서 조금 차이가 있다. 『투키디데스-신화와 역사 사이Thucydides Mythistoricus』의 저자 컨포드F. M.Cornford는 "나날이 증가하는 상업, 수공업, 항해 인구는 (…중략…) 아테네 정치의 새로운 힘이 되었다. (…중략…) 그들에게 있어 제국은 제해권, 즉 주요한 상업 노선을 통제하는 것을 의미했다. 이러한 계층은 아테네 해군을 그리스 해상무역을 통제하는 하나의 도구로 보았다"고 여겼다.[28] 『초기 그리스』의 저자인 오스윈 머레이Oswyn Murray는 솔론의 정치 개혁에서 "귀족 출신은 버림을 받았고, 만약 정치권력을 향유하려면 그 유일한 표준이 바로 재력이었다". 이는 "아테네를 사회 정의로 내딛도록 촉진하였음"[29]을 강조한 것이다. 이러한 논점의 차이는 두 학자

26 Oswyn Murray, 晏紹祥 譯, 앞의 책, p.279. 주의할 점은, 냉전 기운이 농후한 "동방전제주의"는 그리스 시대의 용어가 아니다(머레이의 이 저서는 1980년에 제1판이 출간되었고, 1993년에 제2판이 출간되었는데, 내용상 큰 변화가 있는 것은 아니다).

27 Herodotus, 王以鑄 譯, 『希羅多德歷史－希腊波斯戰爭史』, 商務印書館, 1959.

28 Francis Macdonald Cornford, 孫艷萍 譯, 『修昔底德—神話与歷史之間』, 上海三聯書店, 2006, pp.19~20.

의 관심의 초점이 다르다는 것에서 연유한다. 『투키디데스-신화와 역사 사이』가 출판된 것은 1907년으로, 이 때가 바로 해권론이 가장 발전하여 전성기에 이르렀고 영국과 독일 간의 해상 군비경쟁이 나날이 격렬해 질 무렵이었다. 『초기 그리스』는 냉전 말기(1980)에 출판되었고, 당시 서양 국가들은 이미 '소프트 파워'를 더욱 중시하였고 '민주와 전제의 대립'을 강조하였던 것이다.

로마 공화국은 서지중해의 해양국가인 카르타고와의 포에니전쟁을 통해, 고대 바다와 육지를 겸비했던 대륙 간 제국을 형성하였다. 머핸 이전에는 "세계역사에서 대단히 주목을 받기도 하고 중요하기도 했던 시기 동안에도, 사람들은 여전히 해권海權이 전략상에서 차지하는 중요성과 영향력을 인식하지 못하였다". 머핸이 2차 포에니전쟁(기원전 218~201년)에서 로마의 우세한 해권이 결정적 작용을 했다는 사실을 해독함으로 인해, 로마의 흥기와 우세한 해양력을 바탕으로 한 서지중해 지역 주도권 획득과의 상관 관계가 밝혀졌다.[30] 이때부터 로마도 '해양국가' 담론의 새로운 대상(강대한 해권으로 이익을 얻는 국가) 중 하나가 되었다.

2) 대항해와 세계체제의 전개

신항로가 대항해 시대를 개척한 후부터 해외 식민지와 무역 그리고 유럽 내 무역의 흥성은, 유럽 경제의 중심이 점점 북해北海 주변 지역으

29 Oswyn Murray, 『早期希腊』, pp.185・190.
30 Alfred Thayer Mahan, 『海權對歷史的影響 : 1660~1783』, pp.17~28.

로 이동하게끔 하였다. 이에 유럽은 핵심(서유럽)–주변(동유럽)의 구도로 급속하게 분화되어, 양자 간의 사회구조와 정치제도 그리고 문화적 특성의 차이가 나날이 심화되었다. 신대륙 등지에서는 종주국이 "가져다준 제도와 소유권이 식민지화된 지역의 발전을 조성하였고, 무역과 생산요소(노동력과 자본)의 유동 패턴은 대서양 각국 자체의 발전 패턴을 형성하는 데 도움을 주었다".[31] 동시에 대서양 무역(자료에 의하면 그 한도가 당시 서유럽 국내 총생산의 4%에도 미치지 못하였다)은 제도 개혁에 찬성하는 종주국 상인 집단에게 거액의 이윤을 안겨주었으며, 이러한 이윤은 정치 균형점이 국왕으로부터 멀어지도록 하여 정치제도의 중대한 변혁을 촉진하였고, 더 나아가 재산권을 보장하도록 하였다. 아울러 더욱 많은 경제제도의 창조에 길을 닦아줌으로써 경제 성장을 크게 자극하였다.[32] 그 이후 서양의 전 지구적 패권은 이 역사 시기 내에 이룩한 확장성 해권의 우세와 불가분의 관계가 있으며, 그러한 결과로 "지금 서양과 그 예속국들은 대부분 해양을 둘러싸고 함께 모여 있게 되었다."[33]

이 시기 역사에 대해 가장 경전적인 해독을 한 사람은 헤겔이다. 그의 목적론적 역사철학은 독일이 신흥 민족국가로 성립하는 데 사기를 돋우어줌과 동시에, 그간 축적되어 온 수많은 역사적 '경험'을 총결하기 위해서였다. 그는 고대 그리스의 '정신'을 이렇게 묘사하고 있다. "이 일군의 도서와 해양적 특성이 두드러지는 대륙을 (…중략…) 수많은 작은

31 Douglass C. North, 厲以平 譯, 『經濟史上的結构和變革』, 商務印書館, 1992, p.143.

32 Daron Acemoglu, Simon Johnson & James Robinson, "The Rise of Europe : Atlantic Trade, Institutional Change, and Economic Growth," The American Economic Review, Vol.95, No.3, June2005, pp.547~579.

33 Fernand Braudel, 肖昶・馮棠・張文英・王明毅 譯, 『文明史綱』, 广西師范大學出版社, 2003, p.30.

지역으로 나누고, 동시에 각 지역 간의 관계와 연계는 대해를 바탕으로 하여", "도처로 사분오열된 그리스의 특성"과 "분립된 성격"을 소통하게끔 하였다. 그래서 "그리스 민족의 생활 속에 활약하는 두 번째 요소가 바로 바다인 것이다".[34] 민족국가 상부구조의 지리적 토대를 탐구할 때, 헤겔은 특히 해안지역이 고지대나 평원유역보다 '민족정신'에 더 유리하며, "토지의 한계를 뛰어넘고 바다를 건너는 활동은 아시아 각국에는 없었던 것이다. 설령 그들이 장엄하고 아름다운 정치적 건축을 많이 가지고 있고, 그들 스스로 바다를 경계로 하고 있었다 하더라도(예를 들면 중국 같은), 이러한 활동은 없었던 것이다. 그들의 입장에서 바다는 육지가 끊어진 곳이자 육지의 끝이어서, 그들은 바다와 적극적인 관계를 이루지 않았다"고 지적하였다.[35] 이것이 아시아 특히 중국을 역사상 해양국가에서 배제한 이유이다.

우리는 민족국가의 출현과 서양 식민지의 확장이 기본적으로 함께 이루어졌으며, 유럽세계체제의 확산과 민족국가체제가 국제 질서를 주도적으로 확립한 것 또한 서로 도움을 주고받아 이루어진 것이라는 점을 알고 있다. 헤겔은 그러한 민족국가의 전형적 원형原型 '정신' 가운데 해양성을 부각시켜 강조하였으며, '해양국가'의 대상과 개념을 객관세계에서 주관적인 추상 세계로까지 확장하여, 해양이 서양, 현대, 선진, 개방을 의미하고, 대륙이 동양, 전통, 낙후, 보수를 의미한다는 문화패권론의 토대를 닦았다.

34 Georg Wilhelm Friedrich Hegel, 王造時 譯, 『歷史哲學』, 上海辭書出版社, 1999, pp.232・233.
35 위의 책, pp.94~97.

3) '대양국大洋國, Oceania'—영국

영국은 대항해 시대와 세계체제 확산의 최대 수혜자이다. 16세기 이전까지 영국인들은 잉글랜드, 스코틀랜드, 웨일즈를 먼 바다에 고립된 대륙으로 보았고, 16세기 이후에는 이 지역이 해양의 한 부분으로 되어, "한 척의 배 형상인데 좀 더 명확하게 말하면 한 마리 물고기 형상으로 되었다"고 하였다. 영국이 해양을 향해 나아가는 모습을 묘사한 것 중에 카를 슈미트Carl Schmitt의 『육지와 해양』에서 묘사한 말이 가장 경전적이다. 그는 "해양이 어떠한 새로운 에너지에 의해 풀려나와 사람들의 시야에 나타날 때, 역사에 존재하는 각종 공간 역시 이에 호응하여 자신의 모습을 바꾼다. 이것이 정치와 역사의 행동 가운데 새로운 척도, 새로운 차원, 새로운 질서를 형성하고, 아울러 민족을 새롭게 하거나 민족을 재생하는 새로운 생명을 형성한다"고 하였다.[36]

여기에서는 영국이 프랑스와 네덜란드를 어떻게 이기고 세계해양강권을 차지했는지는 회고하지 않고, 제임스 해링턴James Harrington이 1656년에 발표한 정치소설 『대양국Oceana』[37]에 대해 고찰하고자 한다. 해링턴은 공화주의의 대표 인물로[38] 재산의 세력 균형을 기초로 하는 공화정을 주장하였다. 이 책은 해링턴이 당시 영국에서 일어난 실제상황을 겨냥하여 제시한 정체政體 방안으로, 이는 그동안 정치철학의 범주로 귀납되었기 때문에 소수의 사람만이 담론의 각도에서 이에 대한 연구를 진

36 Carl Schmitt, 林國基・周敏 譯, 『陸地与海洋－古今之"法"變』, 華東師范大學出版社, 2006, p.32.
37 James Harrington, 何新 譯, 『大洋國』, 商務印書館, 1981.
38 Jonathan Scott, Commonwealth Principles, 轉引自談火生「在霍布斯和馬基雅維之間－哈林頓共和主義的思想底色」, 『學海』 4, 2006.

행하였다. 위키피디아 백과[39]에 따르면, 이 책의 풀 네임은 '오시아나 공화국The Commonwealth of Oceana'이며, '오시아나'는 약칭이다. '대양국(오시아나)'이라는 번역명은 아명雅名이고, 직역하면 '해양연방'[40] 혹은 '해양국가'가 된다. 해링턴은 머리말에서 대양국의 "이 지역들은 모두 바다 섬에 있었는데, 마치 하느님이 한 공화국을 위해 특별히 계획한 것 같았다. 베니스의 정황으로 살펴보면, 이러한 지형이 이와 유사한 정부에게 얼마나 유리한지를 알 수 있다. 그러나 베니스는 방어할 만한 요새와 정식 군대가 없었기 때문에, 자력으로 보호하는 공화국이 될 수밖에 없었다. 그러나 이러한 지형은 이와 유사한 우리 정부에게 진취적인 공화국이 되도록 하였다"고 하였다. 또 "해양은 베니스의 성장에 법을 제정하게 하였고, 대해양의 성장은 해양에다 법을 제정해 주었다"고 했다.[41] 이 책의 다른 곳에서는 더 이상 해양을 언급하지 않았지만, 해상 제국 식민지론을 주장한 베이컨이 쓴 『신 아틀란티스The New Atlantis』[42]와 연계시켜 보면, 해링턴은 '대해양', 즉 '해양국가'로 영국 자신의 공화정을 은유한 것으로 볼 수 있다.

여기에서 다시 담론의 각도에서 해링턴의 『대양국』과 매킨더의 『민주주의 이상과 현실』을 비교해 보도록 한다. 비록 표제에는 아무런 관련이 없지만, 두 사람의 '해양국가'의 구체적인 대상은 모두 영국이 주도하는 국가 연합체를 가리키고 있다. 언어환경의 차이로 두 사람 간의 관심사는 사뭇 달랐다. 해링턴이 살았던 잉글랜드와 스코틀랜드는 모

39 Wikipedia, http : //en.wikipedia.Org/wiki/The－Commonwealth-of-Oceana.
40 British Commonwealth的標准譯名爲"英聯邦".
41 James Harrington, 何新 譯, 『大洋國』, 商務印書館, 1981, p.5.
42 Francis Bacon, 何新 譯, 『新大西島』, 商務印書館, 1979.

두 독립국가였고, 아일랜드 역시 상당한 독립성을 가졌던 시기여서 국가제도 구축에 전력하였으며, 균형 잡힌 헌정제도를 '해양국가'가 응당 추구해야 할 특성으로 여겼다. 한편 매킨더는 글로벌화와 시장화의 바람이 가장 거셀 때 생존하였다. 그래서 그는 해양으로 나아가는 데 따른 엄중한 대항을 목도하였으므로, '해양국가' 내지 '해양'이 민주국가의 상징부호로 변화되었다.

이상의 서양 '해양국가' 담론에 대한 초보적 분석을 통해, '해양국가' 담론이 '편향적으로 이동'하였고, 논술 가운데 역사상의 해양국가를 선택적으로 대상화하는 방법이 전형적인 담론활동이었다는 것을 알 수 있다. 그리하여 '해양국가'의 역사는 세계해양사의 지식체계를 구성하였고, 이에 우리가 자연스럽게 받아들인 역사적 진술은 사실상 서양 학술계의 '누적된 역사'일 뿐, 세계역사의 모든 해양국가 발전의 사실과 실천과 완전히 부합하는 것은 아니다.

1990년대에 소비에트 연방이 와해되고, 세계가 다원화된 정세로 돌입한 후, 「해양법에 관한 국제 연합 협약」이 효력을 발휘하여 세계해양질서를 다시 규범화하였으며, '해양국가' 담론의 대상이 신흥국가와 개발도상국으로까지 확대되었다. 서양'해양국가론'의 속박을 벗어나 자국의 해양 역사문화자원을 발굴하여, 문명의 각도에서부터 복잡한 국가 역사에 대해 재해석하여 새로운 논점을 제시하고, 해양역사의 새로운 체계를 재구성하며, 각기 다른 유형의 '해양국가' 의 이미지를 형성하는 것, 이것이 인문사회과학이 가지는 전면적, 전략적, 전향적인 과제이다. 아울러 이것은 서양의 '해양국가론'을 재인식하는 현실적 의의인 것이다.

제2장

중국 전통해양문명과 해상 실크로드의 함의

1. 중화 민족의 부흥과 현대화 과정에서 피동적으로 도출된 역사적 과제

2003년 『해양중국과 세계 총서』 서문에서 "중국이 전면적인 소강사회를 건설하는 과정에서 글로벌 경제 일체화의 조류에 순응하여 해양과 세계로 나아가는 것은 역사적 대추세이다"라 하였다. 이에 중국이 발전의 기회를 잡아 해양강국을 건설하고 해양세계와 긍정적 상호 작용을 일으켜 인류사회의 발전에 더욱 큰 공헌을 할 수 있을 것인가? 또한 중국이 서양 해양패권의 도전을 견뎌내어 그러한 억제와 대항을 풀어내고, 해양 경쟁에서 자신의 생존지역을 차지함으로써 역사적 비극의 재연을 피할 수 있을까? 이것은 세인들의 관심과 토론을 폭넓게 불러일으켰다. 이전의 경험과 교훈을 깊이 새겨 훗날의 귀감으로 삼게 된다. 중국해양역사문화 연구는 21세기 이론 혁신과 학술 혁신에 진지하게 마주해야 할 중대한 과제인 것이다.[1] 이러한 판단은 결코 시대에 뒤쳐진 것이 아니며, 그것의 현실적 의의는 지금 나날이 명확해지고 있다.

중국해양문명사의 제시는 중화민족의 부흥과 현대화 발전 과정에서 피동적으로 도출된 역사 연구과제이다. 백 년 전 '신사학新史學'의 발단은 해양과 중국역사의 관계는 깊이 사고하게끔 했다. 근대 중국은 해양 방면에서 좌절을 맛보았고, 이는 장기간 내우외환의 빌미가 되었으며, 더 나아가 문화적 자신감을 잃게 만들었다. 이로 인해 사상구축자(대다수가 철학자)들은 중국과 서양의 대비를 통해 자신의 정체성을 강화하여 출로를 찾는 쪽으로 기울었다. 그들은 역사학자가 중국해양 발전사를 재평가하길 기다려 줄 여유가 없었으며, 직접 중국과 서양의 차이와 해양과 대륙의 대립을 조합하여, 해양－서양과 육지－중국이라는 이원 대립 구도로 중국의 서사를 전개하였다. 펑유란馮友蘭이 1947년 미국 펜실베니아 대학 중국 철학사 강의에서 서술한 것이 그 전형적인 예이다.

> 중국은 대륙국가이다. 고대 중국인은 그들의 국토가 바로 세계라고 생각하였다. 중국어에서 두 개의 단어가 '세계'로 번역되는데, 하나는 '천하'이고 또 하나는 '사해의 안(四海之內)'이다. 그리스 사람과 같은 해양국가의 사람들은, 이 두 단어가 동의어라는 것을 이해할 수 없을 것이다.[2]

이러한 서술은 서양의 논의와 중국의 전통 담론이 결합된 산물이다.

1 楊國楨 主編, 『海洋中國与世界叢書』, 江西高校出版社, 2003, 總序, pp.1~2.
2 馮友蘭, 涂又光 譯, 『中國哲學簡史』, 北京大學出版社, 1985, p.21.

이는 헤겔, 머핸, 매킨더 등 서양 사상가들이 묘사한 해양과 육지의 대립적 세계관을 완전히 인정한 것이다. 아울러 이는 중국의 고전적 관념을 이러한 구조에 편입시켜, "중국은 대륙국가이지 해양국가가 아니다. 중국은 해양활동은 있었지만 해양문명은 없다"는 현대의 주류 담론을 구축하였다.

중국의 현대화 건설 사업이 끊임없이 심화되고 경제 발전의 성취가 현저하여 처음으로 현대사회의 추형을 갖춘 지금, 현대 중국과 중국 고전 전통과의 소원함 그리고 서양의 수 백 년 사상과 학술이 누적되어 형성된 위압은 중국인의 문화적 자신감을 여전히 침식하고 있다. 이로 말미암아 기존의 서양주류 담론 혹은 중국 정통 담론에 담긴 사유경로를 답습하는 것이 여전히 학자들의 가장 합리적이고 편리한 선택으로 되었다. 정치와 문화 등 여러 영역의 학술 연구 경로에서도 학자들은 주로 '중국은 대륙국가'라는 등의 기존 역사 서사를 자기 논술의 전제로 삼고 있다. 어떤 지정학자는 이를 근거로 중국은 스스로를 육권陸權국가로 정위될 수밖에 없다고 논증하며, "중국은 비록 연해국가이지만 한 번도 해양국가였던 적이 없으며 해권국가는 더더욱 아니었다. 해양은 중국의 역사 발전에서 일정한 역할을 하기는 하였지만 중요한 역할을 한 적이 한 번도 없다. 중국의 역사는 주로 황하 유역과 장강 그리고 기타 큰 강을 중심으로 한 문화에서 탄생하고 발전하였고, 중화민족은 비록 항해를 한 경험이 있고 한 때 상당한 성취를 이룩한 적이 있기는 하였지만, 기본적으로 해양민족이 아닌 것이다"[3]라 하였다. 어떤 사람은

3 叶自成・慕新海, 「中國對海權發展戰略的幾點思考」, 『國際政治硏究』 3, 2005, pp.13~14.

이에 근거하여 "육권의 굴기는 중화민족 대부흥의 역사적 숙명"이라고 여겨, '육권 재건'과 '반제反制 해권'의 주장을 제기하여, "해양 전략을 통해 육권 굴기를 위한 시간과 공간을 벌어야" 한다고 호소하였다. 고속철도의 흥기와 대규모 육상 운수 기술의 비약적 발전은 국내 경제의 해운 의존도를 약화시킬 것이라고 예측하며, "역사는 고속철도가 대운하와 실크로드를 뛰어넘어, 해권 국가의 최후의 악몽으로 될 것임을 증명할 수 있을 것"이라고 하였다[4]. 사실상 '해권' 등의 개념은 결코 자연 지리적 특성이 아니라 담론 구조의 산물인 것이다.[5] '해권'과 상대되는 '육권' 개념은 서양 제국주의 식민지 확산이 고조에 달하던 때 매킨더가 대륙을 향한 서양의 확장 추세에 근거하여 제시한 것[6]이다. 이것은 천성적으로 확장의 속성을 가지고 있기에, 중화문명이 일관적으로 평화를 추구하는 기질과는 전혀 부합하지 않는다. 따라서 중국을 서양 표준의 '육권' 국가로 정위하는 것은 매우 타당하지 못하며, 게다가 중국의 평화적 발전적 이념을 드러내는데 아무런 도움이 되지 못한다.

어떤 문화론자는 "해상중국의 굴기야 말로 중화민족 위대한 부흥의 최종적인 검증"이라고 하였다. 그러나 그 또한 "해양으로 나아가는 일에 있어서 중화문명은 후발주자이며", "중화문명에 해양적 요인이 적지 않지만, 다만 대륙적 요인에 장기간 억제되었을 뿐이"라고 여겼다. 그래서 중국적 문명 전환은 전통적인 내륙문명에서 해양문명으로 방향을 바꾸어야 한다.[7] 21세기의 문명 전환은 경제와 사회의 현대화 전환 및

4 趙燕青, 「陸權回歸－從烏克蘭戰局看海西戰略」, 『北京規划建筑』 5, 2014, pp.156・152.
5 牟文富, 「海洋元叙事－海權對海洋法律秩序的塑造」, 『世界經濟与政治』 7, 2014, p.65.
6 Halford John Mackinder, 林爾薇・陳江 譯, 『歷史的地理樞紐』, 商務印書館, 1985, p.65.
7 王義桅, 『海殤－歐洲文明啓示录』, 上海人民出版社, 2013, pp.181・185・257.

그것이 촉진한 문화 전환을 가리킨다. 해양문명은 모든 연해국가와 도서국가들이 해양을 개발하고 이용하는 과정 중에 일어난 문화 창조의 산물이다. 각기 다른 민족, 각기 다른 해역의 해양문화는 모두 각자의 특색을 가지고 있으며 각기 다른 발전 단계에 처해 있다. 그래서 그것의 문화 전환에는 국제환경, 시대적 발전 조류 혹은 외래 해양문화의 촉진 등이 물론 있기는 하지만 안에서부터 생긴 동력도 적지 않았다. 여기에는 해양자원, 해양공간조건, 사회경제 발전의 수요 그리고 해양인문역사를 계승한 잠재력 등이 포함된다. 중국 자체 해양문명의 존재를 무심코 홀시하거나 비켜 가버린 심층적인 원인은, 육지를 중시하고 바다를 경시한 사회심리에 근본적인 변화가 없었다는 것이다.

중국이 '실크로드 경제 벨트'와 '21세기 해상 실크로드'의 건설을 추진하여 전방위적인 대외 개방의 신국면을 형성한 오늘날, 육지 중국이라는 주류 담론의 한계성이 확연하게 드러났다. 그 결과 오랜 기간과 전체 역사의 시각에서 끊임없이 이어진 중국해양 발전의 역정을 어떻게 다루어야 할지 그리고 국가 발전에 유리한 담론의 서술을 구축하는 것이, 중국해양문명사 연구의 핵심적인 문제의식으로 되었다.

2. 육지와 해양의 관계와 중국 전통해양문명

우리들은 중국해양문명이 '바다-육지'라는 일체의 구조 속에 존재한다고 여긴다. 중국은 대륙국가이면서 해양국가이고, 중화문명은 육지와 해양의 이중적인 성격을 가진다. 중화문명은 농업문명을 주체로 하지만, 동시에 유목문명과 해양문명을 포용하여 다원일체의 문명 공동체를 형성한다.

중화민족은 유구하고 휘황찬란한 해양문화와 과감하게 탐색하고 화합을 숭상하는 해양정신을 지니고 있다. 만일 고대 중국에 해양문명이 없었다 해도, 근대 해권이 다른 나라의 손에 들어갔다는 말이 성립되지 않는다. 본래부터 없었는데 다른 나라에 넘어갈 수가 없지 않은가? 만일 고대해양문명이 없었다면 당대 해권의 부흥도 없는 것이다. 원래부터 없었는데 부흥할 필요가 무엇인가? 중국이 근대 시기에 낙오되고 짓밟히고 억압받았다고 해서, 일찍이 전통적인 해양문명의 휘황찬란함이 있었음을 부인할 수는 없다.

중화문명의 하위체계로서 중국해양문명의 주체는 일련의 변화를 겪었다. 초기에는 동이東夷와 백월百越 문화체계이다. 선진과 진한 시대는 중원의 화하華夏가 동이와 백월과 문화적 상호 작용 속에서 계속 공생하는 문화체계였고, 한당漢唐 시대는 한족 이민과 이월夷越의 후예가 융화되는 문화체계이며, 송원宋元 이후는 한족과 이민족 해상海商들이 서로 접촉하여 연결되는 문화체계였다. 그래서 중국의 해상 특징은 단순히 해양에 기댄 다른 국가의 해양문명과 달리, 내부 육지와 해양의 관계를 타당하게 처리해야 할 필요가 있다. 그것의 이상적인 상태는 '육지와 해양의 균형'과 '육지와 해양의 총괄'이지만, 역사적으로 육지가 주이고 해양은 보조였고 육지를 중시하고 해양을 경시하였기에, 육지로 해양을 통제하려는 관점과 정책이 우위를 점하였다. 이러한 모순이 뒤엉키어 중국이 해양으로 나아가려는 역사적 선택을 곤혹스럽게 하였다. 대륙과 해양이 상호 작용하고 융화되는 동안 왕조와 지방 그리고 민간의 관계에 급격한 변화가 생겨나, 각 해역, 각 사회계층, 각 지방정권마다 각자의 발전 노정路程이 있게 되었다. 비록 총체적인 발전 추세는 일치했지만, 이러한 노정은 도리어 끊어지고 튀어 올라, 그것들 사이에 합쳐지기도 하고 나누어지기도 하였기에, 중국문명의 원줄기와 결합하는 방식에 있어 아주 다양하게 드러나 고정된 양식이 없었다. 이는 체질 인류학의 연구에서 발견한 것과 서로 부합된다. "중국과 동아시아는 지역이 광대하고 생태가 다양하여, 고인류군은 몇몇의 지역적 집단으로 분화되었을 가능성이 있으며, 부분적인 멸절과 지역 간의 이동 교류가 때때로 발생하여 수로망 형태의 진화구조를 드러냄으로써, 지역 내 큰 집단 내부의 다양한 발전을 이끌어 내었다."[8] 중국해양문명은 중화문명 내부구조의 이러한 복잡성 때문에, 바로 이것이 다른 문명(특히 서양문화)의 중요한 '개성화' 특성과 구별된다.

중화문명의 해륙海陸 이중성은 이전 세대 역사가들이 이미 몸소 체득하였다. 1933년 천인커陳寅恪 선생은 『중앙연구원역사언어연구소집간』 제3집 제4호에 「천사도와 연해지역의 관계」를 발표하면서, 연해maritime 지역에서 생성된 문화는 중국문명의 독특한 성분을 만들어냈다는 사실을 밝혔다. 그는 방사方士의 오행지설五行之說 등이 '연해지역'과 관련이 있다고 여겼다.

8 高星・張曉凌・楊東亞・沈辰・吳新智, 「現代中國人起源与人類演化的區域性多樣化模式」, 『中國科學－地球科學』 第40卷 第9期, 2010, p.1289.

전국시대 추연(鄒衍)의 '아홉 대륙 설'에서부터 진시황과 한무제 시대 방사들의 신령스럽고 괴이한 논리는, 태사공 책의 기록에 따르면 모두 연(燕)과 제(齊) 지역에서 나왔다고 한다. 아마도 연해지역은 일찍부터 해상 교통이 발달하여 외래의 영향을 받았기 때문일 것이다. 그러나 그것을 증명하기 쉽지 않으므로 여기에서는 논술하지 않겠다. 그러나 신선학설의 기원과 그 도술의 전수는 틀림없이 이러한 연해지역과 연관되어 있음은 의심할 여지가 없다.[9]

동진東晉의 손은孫恩와 노순盧循으로 대표되는 것은, 항상 배와 섬에서 생활하는 해양 군중과 그 종교이다.

손은과 노순은 무력(武力)으로 수군을 거느리며 생업을 영위하였는데, 그가 이끄는 도당들은 의심할 여지없이 배에 익숙한 해안 거주민이었다. 그는 물에 몸을 던져 '선당(仙堂)'에 오르고 스스로 물에 뛰어들어 "'수선(水仙)'이 되었는데, 이는 모두 해안지역 종교의 특징이다. (…중략…) 손은과 노순이 해상 도서에서 요사스러운 도적이 된 것은, 아마도 환경의 훈도와 가문 내력의 유전 때문이지 절대로 하루아침에 우연히 일어난 일은 아닌 것이다.[10]

동서진東西晉 남북조의 천사도天師道는 중국의 정치구조(신비주의 궁정 정치)와 예술장르(서예)에도 큰 영향을 끼쳤다.

9 陳寅恪, 「天師道与濱海地域之關系」, 『金明館叢稿初編』, 三聯書店, 2001, p.1~2.
10 위의 책, p.7.

만약 삼백여 년 전후의 역사적 사실을 통시적으로 기술한다면, 후한 순제(順帝) 때부터 북위 태무제(太武帝)와 남조 송문제(宋文帝)에 이르기까지 모두 정치사회와 관련 있는 천사도 일들이었다. 예를 들어 한나라 말기의 황건적과 오두미교(五斗米教)의 기원, 서진 조왕륜(趙王倫)의 폐위, 동진 손은의 난, 북위 태무제의 도교 숭상, 남조 송나라의 두 원흉(柳劭, 柳濬)의 시해, 그리고 동진・서진・남북조 인사들의 도교 숭상 등이다. 이러한 일들은 모두 연해지역의 일관된 관념으로 해석된다.[11]

동진・서진・남북조의 천사도는 가문 대대로 전해지던 종교였고, 그 서예 역시 가문 대대로 전해지던 예술이었다. 예를 들어 북위의 최굉(崔宏)과 노연(盧淵), 동진의 왕휘지(王羲之)와 치음(郗愔) 등이 가장 두드러지는 예이다.[12]

그 흥기는 어쩌면 중국 '연해지역' 사람들의 기타 민족과의 문화 교류 활동과 관련 있을 수도 있을 것이다.

천사도 (…중략…) 신앙의 전파는 주로 연해 지역에서 시작하였으며, 외래의 영향을 받았을 가능성이 상당히 농후하다. 아마도 서로 다른 두 민족이 접촉하였을 것이며, 무사(武事)에 관계된 것은 주로 교통이 두절된 곳, 즉 산봉우리나 험준한 지역일 것이다. 문화 방면에 관계된 것은 주로 교통이 편리한 곳, 즉 해안의 항만지역일 것이다.[13]

11 陳寅恪, 「天師道与濱海地域之關系」, 『金明館叢稿初編』, p.1.
12 위의 책, p.39.
13 위의 책, pp.44~45.

명 왕조가 해금령을 실시한 것은, 당송원 이래 중국해양문명 발전에 있어 재난적인 전환점이었다. 항전抗戰 전야에 레이하이쭝雷海宗 선생은 중국 문화에 상무정신이 부족하고 나약했던 점을 비판하면서, 명나라 때 중국 남방의 민간 해양 발전이 가지는 중대한 의의를 특별히 지적하였다.

> 명 왕조 삼백년 동안 어떤 방면에서 보아도 항상 제대로 된 궤도에 오르지 못하였기에, 전체적인 국면에 있어 이 시기가 인류 역사상 가장 큰 오점이라고 여겨진다. 게다가 누가 여기에 대해 책임을 져야 하는 지도 말하기 어려울 지경이다. (…중략…) 민족과 문화 전체가 모두 이미 절망적인 단계로까지 떨어졌다. 이러한 보편적인 암흑 속에서 단 한줄기 광명이 바로 한족 민월(閩粵) 계통의 대외 발전이었다. 이것은 4천년 이래 동아시아에 세워진 유일한 민족이 아직 진정으로 절망적 지경에까지는 이르지 않았으며, 그 내재적인 잠재력과 생기로 여전히 새로운 출로를 개척하고 있었음을 증명하고 있다. 정화의 7차에 걸친 출사(出使)는 단지 조력을 하였을 뿐, 민월 계통 사람들이 남양으로 발전해 나가는 것을 결정짓는 주요한 원동력은 아니었다. (…중략…) 한족은 본래 대륙 민족이었지만, 이때에 이르러서야 방향을 전환하였고, 그 일부분은 해상민족이 되었다. 이는 아주 귀중하고 보기 드문 수륙을 겸한 민족이 되었다고도 감히 말할 수 있다.[14]

천인커 선생은 만년의 연구에서 '민해지역'이 중국의 역사구도에서 아주 특별한 지위를 가진다고 한층 강조하였다.

---

14 雷海宗, 『中國的文化与中國的兵』, 商務印書館, 2001, pp.157~158.

비황(飛黃) 정지용과 대목(大木) 정성공 부자 이후, 민해(閩海) 동남지역은 지금까지 3백여 년 동안 비록 여러 차례 인간사의 변천을 겪었으나, 실제로는 한 구석의 조그만 지역이 온 나라만큼의 중량을 가진다. 역사를 다루는 학자는 근원을 쫓아 거슬러 올라가면서 세상 변화의 이유를 찾음에 있어 이 점에 주의하여 다루지 않으면 안 될 것이다.[15]

이상의 역사적 사례로 중국문명은 다양성이 풍부하고 해양과 육지의 성격을 겸비하고 있음을 족히 설명하기에, '육지'라는 단일한 상표로 덮어버릴 수 없다. 유감스러운 점은, 연해지역의 문화 전파와 교류로 형성된 특정 문화 형태가 중국문명의 큰 전통에 끼친 영향 그리고 명대 후기 중국 남방 연해지역에서 자생한 해양으로의 전향에 대해, 중국문명의 전환이라는 의미상에 있어 충분한 해석이 가해지지 않았다는 것이다.

중국의 농업문명과 유목문명 그리고 해양문명은 대립하여 불협화음을 전혀 이루지 않았다. '대통합'은 중국문명의 주요한 특징이다. 그것은 전제 황권과는 같지 않다. 문화적인 측면에서 포용적인 일면이 있었고, "문화로 민족을 융화하고 응집시켰으며",[16] 사상과 제도를 통해 '서로 조화를 이루나 같지 않음[和而不同]'을 실현하려 한 것이다.

중국문명 주체의 운행 궤도 속에서 내륙의 하위체계와 해양의 하위체계 간에는 미묘한 관련성이 존재한다. 근년에 들어 중외 학자들은 해양사 연구의 자극 아래 명 중엽의 '내륙사'와 '해양사'의 연관 관계에 주목하였다. 기시모토 미오岸本美绪는 남방에서 수입한 은이 군비로 북방

15 陳寅恪, 『柳如是別傳』 中冊, 上海古籍出版社, 1980, p.727
16 錢穆, 『民族与文化』, 『錢賓四先生全集』 第37冊, 台北聯經出版社, 1998, p.2.

으로 공급됨으로, 이에 은 보유량의 심각한 부족이 초래되어 연해지역에서 밀무역 활동이 활발하게 이루어졌으며, "'북로北虜'와 '남왜南倭'가 은의 유동을 매개로 밀접한 관계가 있음"을 밝혔다.[17] 자오스위趙世瑜는 "몽고의 통공호시通貢互市 요구는 그러한 일이 이미 존재하고 있었던 변경지역 민간무역(밀무역)의 합법화를 반영한 것으로, 이는 동남 연해의 '왜란'의 배경과 방법은 다르지만 교묘하게 닮아 있다"는 점을 지적하였다. 남방의 '융경개관隆慶開關'과 북방의 '융경화의隆慶和議'가 동시에 이루어진 것은, 만리장성 이북의 유목문명과 동남 해외의 해양문화 양자 간에 내재된 관계를 설명하고 있으며, '융경화의' 이후 변방지역의 무역 규모가 확대되었다. (…중략…) 이는 유라시아 대륙 중부 전체의 도시와 상업 발전의 구성 부분이기도 하였다. 명 왕조의 민간무역에 대한 적극적인 태도 역시 명 중엽 무역 규모의 확대와 시장 네트워크 형성의 직접적인 원인이 되었다. 또한 후자는 강남과 동해 연안의 상업 발전, 이 지역들과 동남아 및 유럽과의 무역과 관련이 있다. '북로'와 '남왜'는 16세기 후반에 떼어 낼 수 없는 중요한 사건임이 틀림없다.[18]

17 岸本美緒, 「"后十六世紀問題"与清朝」, 『清史研究』 2, 2005, p.84.
18 趙世瑜, 「時代交替視野下的明代"北虜"問題」, 『清華大學學報(哲學社會科學版)』 1, 2012, pp.69·74.

3. '해상 실크로드'의 문화적 함의와 현대적 의의

'실크로드 경제 벨트'[19]와 '21세기 해상 실크로드'[20] 건설의 전략 구상에서 육지와 해양을 동시에 고려한 것은, '중국은 대륙국가이자 해양국가'라는 역사적 토양 위에서 수립된 것이다. 이것은 대륙과 해양을 총괄하는 큰 구도이자 전방위적인 대외 개방의 대작으로, 평화적인 협력, 개방과 포용, 상호 학습, 상호 공영의 정신을 계승하고 있는 것이다. 아울러 오통五通즉, '정책소통[政策溝通]', '인프라 연통[道路聯通]', '무역창통貿易暢通', '화폐유통貨幣流通', '민심상통民心相通'이라는 일련의 규획 항목과 실천을 통해, 관련 국가와의 심화된 협력을 촉진하여 정치적 신뢰와 경제적 융합 그리고 문화적 포용의 이익공동체, 운명공동체, 책임공동체를 건설하고자 하는 것에 있다.[21] 이러한 구상 자체가 바로 전통적인 중화문명을 계승하고 선양하는 것이다.

한무제 시기에 서문徐聞-합포合浦 길을 개척한 것에서부터 명대 정화의 7차 원정에 이르기까지는 중국의 전통적 해양 시대이자,[22] '해상 실크로드'가 발생하고 발전하여 번영한 시대이기도 하다. '해상 실크로드'는 서구 중국학자들이 '실크로드' 개념을 빌려 중외 해상 통로를 묘사하면서 제기한 것이다. 1903년 프랑스의 중국학자 에두와르 샤반Edourd

---

19 習近平, 「共同建設"絲綢之路經濟帶"」, 『習近平談治國理政』, 外文出版社, 2014, pp.287~290.

20 習近平, 「共同建設二十一世紀"海上絲綢之路"」, 『習近平談治國理政』, pp.292~295.

21 中國國家發展改革委員會·外交部和商務部經國務院授權發布, 『推動共建設絲綢之路經濟帶和21世紀海上絲綢之路的愿景与行動』, 人民网, 2015.3.28. http://world.people.comec2015/0328/c1002-26764633.html.

22 楊國楨, 「中華海洋文明的時代划分」, 『海洋史研究』 5, 社會科學文獻出版社, 2013, p.2.

Chavannes은 "중국의 비단무역은 한 때 아시아의 중요한 상업이었으며, 그 상업에는 두 가지 도로가 있었다. 하나는 가장 오래된 것으로 서역의 강거康居에서 나오는 길이고, 또 하나는 인도의 여러 항구를 통과하는 바닷길이었다."[23] 그 이후로 '해상 실크로드' 개념이 학술계에 의해 받아들여지게 되어 여러 각도와 여러 측면에서 사용되었다. 그래서 '해상 실크로드'의 시작과 끝나는 시간, 포함된 해역 범위, 문화적 내함 등 방면에 대해 연구와 토론이 진행되어 아주 큰 성과를 거두었지만, 서로 다른 해석 또한 적지 않게 있었다. 중국이든 외국이든 간에 학자들은 모두 이 이름이 적절하지 않다고 여겼다. 그래서 해양무역의 각도에서 '향료의 길', '도자기의 길', '차의 길' 혹은 종합적 유형인 '비단과 도자기의 길', '향료와 도자기의 길' 같은 명칭을 제시하였고, 정치문화적 각도에서 '사신의 길', '종교의 길', '문화의 길' 등 대체할 수 있는 호칭을 제시하였다. 1987년에 유네스코는 세계문화발전 10년 연구 계획(1988~1997)을 추진하여, '실크로드 종합연구'를 10대 사회과학 연구항목 중 하나로 선정하였다. 이에 '육상 실크로드', '해상 실크로드', '사막 실크로드', '초원 실크로드' 등의 분과 과제에 대한 전문적이고 대규모적인 초국가적 공동 연구를 전개한 후, '해상 실크로드'의 명칭과 그것이 지칭하는 함의가 '동서양이 해양을 통해 융합하고 교류하며 대화하는 길"이라는 것이 비로소 국제 학술계의 보편적인 동의를 얻게 되었다.

고대 '해상 실크로드'는 아시아 해양문명의 매개체로, 이는 중국 한 국가에만 있는 것이 아니다. 문화적인 시각에서 출발하면 이것은 "해양

23 Edourd Chavannes, 『西突厥史料』 第四篇, 馮承鈞 譯, 『西突厥史略・東羅馬之遣使西突厥』, 中華書局, 2004, p.208.

중국, 해양 동남아, 해양 인도, 해양 이슬람 등 해양 아시아 국가와 지역의 상호 소통, 상호 보완, 화합, 공영을 이룰 수 있는 해양경제문화 교류체계의 개념이다. 그래서 '해상 실크로드'는 서양 자본주의 세계체제보다 일찍 나타난 해양세계체제라 할 수 있다. 이 세계체제는 해양 아시아 각 지역의 해항을 접점으로 자유 항해무역을 지주로 하여, 경제와 문화적 교류를 주류로 하면서 각지에 나타나는 서로 다른 형태의 해양문화를 포용하여 평화적이고 조화로운 해양 질서를 형성하였다"고 해석할 수 있다.[24] 중국은 이러한 해상 대통로를 이용하여 동서양을 연결하였다. 주동적인 나라도 있었고 피동적인 나라도 있었지만, 그 노정의 국가들은 '해상 실크로드'의 운행에 들어왔는데, 이는 중국의 강력한 무력과 경제로 협박한 것이 아니었다. "당 왕조 때 나타난 새로운 국가들은 중국인의 경험 속에서는 오히려 아주 신선한 대상이었다. 비록 그 규모는 훨씬 작았지만 그들의 조직 방식은 중국과 비슷하였고, 그 나라의 통치자들은 동일한 사상의식을 가지고 있었다. 그 나라들은 중국어로 공무를 처리하고 중국의 법률과 공무 처리 방법 체계를 채택하였다. 비록 그 나라들이 조공국의 지위를 받아들이기는 하였지만 실제로는 중국의 관제를 전혀 받지 않았다."[25] 만일 이것이 소위 말하는 조공이라면 이는 중화문명에 대한 조공이었다. 남송부터 명나라 초기까지 중국은 조선과 항해 기술의 발명과 혁신으로 해상력의 절대적 우세를 가지고 있었지만, 이러한 우세는 해양권력을 추구하거나 패권을 장악하는

---

24 楊國楨, 「海洋絲綢之路与海洋文化研究」, 『學術研究』 第2期, 2015, p.92.

25 Denis Twitchett 主編, 中國社會科學院歷史研究所 譯, 『劍橋中國史』 第三卷 『劍橋中國隋唐史』, 中國社會科學出版社, 1990, p.34.

데에 발휘되지는 않았다. 그러므로 '해상 실크로드'가 개척된 이래로 그 길은 항상 그 노정의 국가들이 서로 교류하는 평화적이고 우호적인 길이었다. 근대 초기 유럽이 동쪽으로 확장하여 아시아 해양세계의 질서를 파괴한 것에 이르러서야, '해상 실크로드'의 평화적 본질이 비로소 바뀌게 되었다. 역사의 부호로써의 '해상 실크로드'는 서태평양과 인도양의 지리적 공간을 포괄하며, 전통해양시대의 평화·개방·포용의 정신과 문화를 대표하는 것이다.

'21세기 해상 실크로드'는 '아태 재균형론'이나 '해양 연방론'과는 확연이 다른 전략 구상으로, 정치적 경쟁이나 경제적 경쟁이기도 하지만 문화적 경쟁이기도 하다. '아태 재균형론'이나 '해양 연방론'에서는 중국을 대륙국가이면서 스스로를 태평양 국가로 자처한다고 보고 있다. 특히 일본과 소위 '제일 열도'에 속하는 아세안ASEAN 국가들은 아시아 일부분의 동북아나 동남아 국가가 아니라 '서북 태평양과 인도양에 연접한 국가군'이라고 부추겨, '해양 연방'을 건설하려는 망상을 품고 중국과 아시아의 평화적인 굴기를 제지함으로써, '육해 일체'와 '육해 대립'이라는 해양관의 차이점을 드러내려 하였다. 이러한 배경 아래 '21세기 해상 실크로드'의 건설을 제시하여, 이를 그 노정의 국가들이 공동으로 발전할 수 있는 협력과 공영의 길, 평화와 우정의 길이 되도록 하는 것이 일종의 문화적 선택이다.

'21세기 해양 실크로드'의 건설은 단순히 경제적인 과정과 기술적인 과정이 아니라 문명의 진보 과정이다. 그래서 자금의 투입과 기술의 확대에만 의지해서는 역부족이며, 정확한 이념의 지도와 역사적 경험 교훈의 타산지석 등이 필요하다. 따라서 기초를 홀시하는 연구태도는 취할 수 없는 것이며, 해양문명사의 자원을 발굴하고 중국해양문명사의 연구를 심화하여, 역사 연구와 당대 연구의 상호 소통과 상호 보완을 촉진하는 것은, 해양 스토리를 잘 만들 수 있는 능력을 높이는 필수 조건일 뿐만 아니라, 더 나아가 중국문명의 현대적 전환을 촉진하고 해양 강국을 건설하는 내재적 요구인 것이다.

부록

담대하게 추구해야 할 중국해양문명

하문대학 역사학과 양궈전 교수를 탐방하면서*

『중국사회과학보』 기자 장춘하이張春海

"우리는 해양의 각도에서 중국을 보아야만 한다." 바다 바람, 바다 색, 바다 맛의 훈도 아래, 아홉 살에 하문으로 이주해 온 하문대학 역사학과 양궈전 교수는 해양에 대해 깊은 인식을 지니고 있었다. 기자와 그의 대화 또한 해상 실크로드, 복건과 해양의 관계를 중심에 두고 전개하였다.

1990년대 이래로 양궈전 교수는 『해양과 중국』(총서)와 『해양중국과 세계』(총서)를 연이어 책임 편집하여, 해양인문사회과학연구를 발전시킬 것을 호소하였다. 그는 기자에게 해양문명과 해양사에 대한 연구는 뒤를 이어주는 사람이 반드시 있어야 하며, 중국이 해양강국을 어떻게 건설하고 해양 실크로드의 가치를 어떻게 평가하는 등의 역사 문제는 진지하게 사고할 가치가 있는 것이라고 하였다.

---

* 이 글은 『中國社會科學報』 2015년 2월 13일 A05판에 실렸다.

〈그림 2〉 천주(泉州) 어항(漁港)에 있는 어선

1. 해양무역과 결부된 복건의 흥망성쇠

『중국사회과학보』: 복건은 바다로 인해 융성하였고, 해로의 봉쇄로 인해 낙후되었다. 오늘날 이전에 큰 항구를 많이 가졌던 복건이 어떻게 발전했는가?

양궈전: 연해지역의 성 가운데 복건은 자연조건이 가장 좋은 것은 아니다. 그것의 흥기는 자연 요소 외에도 역사적인 연고가 있다. 첫째, 중국경제가 남으로 이동한 것이다. 양송兩宋 시기에 이르러 중국경제 중심의 전체적 추세가 북에서 남으로 또 서에서 동으로 향하였기에, 이는 해양으로 가까이 다가선 것이다. 둘째, 남송이 수도를 항주에 건립하였는데, 이에 일부 재정수입이 해로 운송과 해상무역에서 획득하였다. 당시 조정은 해양 발전 정책을 취하여 해양을 통해 재정수입을 확대하였다. 이러한 배경

아래 천주泉州는 적합한 지리적 위치로 중요한 항구가 되어 발전하게 되었다. 그 기간에 동쪽으로 온 아랍인들이 있었는데, 조정에서 개방정책을 실행함으로 인해 그들은 천주 도시 내에서 자유롭게 거주하면서 상업적 이윤을 취하였다. 이곳 사람들은 아랍과 왕래하는 해상 교통망을 장악하여, 중국과 아랍 세계 간의 무역 루트를 서로 연결시켰다.

그 이후 복건의 해상무역 중심은 장주漳州와 하문으로 옮겨갔다. 당시 장주의 동양 항로는 마닐라까지 연결되었는데, 이는 스페인의 태평양 항로의 끝 지점과 이어지게 되었다. 그래서 복건은 멕시코나 유럽 등의 지역 사이에 화물과 은 등의 교환과 운송을 전개하였는데, 이것이 지금 우리들이 말하는 '글로벌화'이다. 서구의 흥기에 있어서도 이 항로가 아주 큰 작용을 하였다.

오늘날 민남 골든 트라이앵글閩南金三角, Hokkien Golden Triangle인 천주와 하문 그리고 장주는, 중국이 태평양 방면으로 나아가는 데 있어 없어선 안 될 지역이다. '21세기 해상 실크로드'를 발전시키려면 민남 골든 트라이앵글이 필요하며, 이에 민남 골든 트라이앵글은 일원화되어야 하지 알맹이가 없는 '도시 간 통합'이어서는 안된다.

2. 육지와 해양의 이중성격적 중화문명

『중국사회과학보』: 교수님께서는 '21세기 해상 실크로드' 건설에 '해상 실크로드' 역사의 거울과 해양문화 이론이 버팀목이 되어야 한다고 하셨는데, 이러한 관점이 어떻게 생겨났는가?

양궈전 : 이러한 관점을 제시한 것은 현재 해양 실크로드 건설을 이야기하는 것에 있으며, 이는 모두 '중국문명을 어떻게 볼 것인가'라는 해묵은 문제로 돌아가게 될 것이다. 현재 중국에 해양문명이 있는가라는 문제에 대해서는 갖가지 견해가 존재하고 있다. 백 여 년 동안 중국학계에서는 대부분 중국은 대륙국가이지 해양국가가 아니며, 중국에는 일찍이 해양활동이 있었지만 해양문명은 있지 않았다고 여기고 있다. 이러한 관점의 영향으로 두 가지 관점이 나타났다. 그중 한 관점은, 육권陸權의 굴기는 중화민족의 위대한 부흥의 역사적 숙명으로, 해양으로 나아가는 것은 아주 중요하지만, 반드시 해양과 육지를 동시에 고려하여 해양 전략이 육권 굴기를 위해 시간과 공간을 얻게끔 해야 한다는 것이다. 또 다른 관점은, 중화민족의 위대한 부흥은 복고가 아니라 전환이기에, 중화문명은 전통적 내륙문명에서 해양문명으로 전향되어야 한다. 그래서 해상 중국의 굴기가 바로 중화민족의 위대한 부흥의 최종적 검증인 것이다. 이 두 관점이 선택한 대책은 다르지만, 이러한 전제에는 중국에는 일찍이 해양문명이 있었음을 인정하지 않고 있고, 더군다나 중화해양문명의 자부심은 더욱 말할 필요가 없다.

나는 해양문명은 '해양-육지'가 일체화된 구조 속에 존재하며, 육지문명과는 결코 고저와 우열의 이원 대립이 아니라 여긴다. 양자의 상호작용은 바로 인류가 세계 발전에 참여하는 절차인 것이다. 중국은 대륙국가이자 또 해양국가이기에, 중화문명은 육지와 해양의 이중성격을 구비하고 있는 것이다.

중국은 스스로의 해양문명이 있고 스스로의 해상 특성을 가지고 있다. 이것은 단순히 해양에 기댄 국가의 해양문명과 다르므로, 중국은 육지와 해양의 관계를 타당하게 처리해야 할 필요가 있다. 그것의 이상적인 상태는 '육지와 해양의 균형'이다. 중화민족의 부흥에서 서북쪽으로의 대개발과 동쪽 해양으로의 진출은 좌우 양 날개가 되는 것인데, 그 의의는 바로 '육지와 해양의 총괄'인 것이다. 이것은 '일대일로'의 전략적 의미와 서로 상통하고 근접하는 부분이 있다. 그러나 실제로는 육지를 중시하고 바다를 경시하며 육지로 바다를 제어하는 것이 정상이어서, 이러한 모순의 엉킴은 중국이 해양으로 나아가는 역사적 선택을 괴롭혔고, 아울러 지금에 와서 이를 실천하는 데에도 영향을 주고 있다.

3. 문화적 선택으로서의 해상 실크로드 진흥

『중국사회과학보』: 해상 실크로드라는 이 통로를 어떻게 정확히 인식해야 하는가?

양궈전: '해상 실크로드'는 서구 자본주의의 세계체제보다 일찍 나타난 해양세계체제라고 말할 수 있다. 이러한 세계체제는 해양 아시아 각지의 해항海港을 접점으로 또 자유 항해무역을 버팀목으로 하여 경제와 문화의 교류를 주류로 삼는 것이기에, 이는 각 지역의 상이한 형태의 해양문화를 포용하여 평화와 화해의 해양질서를 형성하는 것이다. '해양

실크로드'의 발생, 발전, 변천을 연구하는 것은, 실제로 아시아 해양문화의 역사적 실증을 찾아가는 과정이자 해양문화와 해양문명연구를 심화시키는 과정이다.

'일대일로一帶一路' 건설에 대해 국내에는 일부 도시들 간에 기점을 쟁탈하고자하는 문제가 존재하고 있다. 이 이면에는 지역 발전의 이익과 매우 밀접하게 관련되어 있기에, 경쟁 정도가 치열하게 드러남을 볼 수 있다. 그러나 이러한 도시들의 역사적 소급이나 현실적 위치는 거의 비슷하여, 모두 기점, 지점, 최일선, 중추라고 말하고 있다. 그렇다면 그렇지 않은 도시가 또 어디 있겠는가? 내가 생각하는 '일대일로'는 네트워크 모습의 구조로 형성된 것으로, '육상 실크로드'와 '해상 실크로드' 간에는 결코 대립적이지 않은 것이다. 어떤 사람은 이를 '차의 길', '향료의 길'이라 말하는데, 이는 모두 중국과 외국 간의 통로라는 의미이자 중국과 외국 간의 교류 형성의 통로인 것이다.

중국역사와 해륙海陸의 두 가지 실크로드 간의 관계에 대해서는 이미 많은 연구가 있었다. 최근 들어 일부 육권陸權 지연정치학자들은 중국의 고속철이 혜성처럼 등장하여 세계를 놀라게 한 것을 환호하였다. 그들은 고속철의 흥기가 육상 운송 기술의 대규모적 진전을 가져다주어, 국내 경제의 해운에 대한 의존 정도가 낮아질 것이라 예측하였다. 나는 이러한 낙관적인 견해에 동의하지 않는다. 육상교통이 아무리 발달한다 할지라도 해양의 중요성을 부정할 수 없다. 왜냐하면 해상교통 운송 기술의 새로운 진전은 평면적 항해에서 심해 항해로 또 입체 항해로 향하게 하기에, 그 전망은 그 누구도 예측할 수 없다. 이 외에 역사를 거슬러 실크로드의 역사를 제기하면서, 중국역사상 육권이 가장 왕성했던 한대, 당대, 원대의 무역 규모가 해상을 압도하였으며, 원대에는 육상 운송의 위험과 코스트가 대폭 하락하여 육로 운송규모와 무역규모가 해운을 압도하였기에, 육권이 해권을 철저하게 압도하여 최고조에 이르렀다고 이야기한다. 이것이 진정 중국 이야기인가? 이에 지혜로운 자들의 해명을 기다린다. 그래서 '21세기 해상 실크로드' 건설함에 있어 정확한 역사의 본보기가 아주 중요하다는 것을 알 수 있다.

'21세기 해상 실크로드' 건설은 연도 국가들의 공동 발전을 주축으로 하여 고대 해양 실크로드의 전통정신을 이어왔고, 새로운 창조가 있었다. 이것은 현재와 미래에 깊이 탐색해야 할 실천적 과제이다. 시대적 배경으로 볼 때, 해상 실크로드를 진흥하는 것은 현실적 의의를 지니고 있는 일종의 문화적 선택인 것이다.

제3장

인간과 바다의 조화에 대한 문답

2004년 12월 11~12일, 쿠알라룸푸르에서 개최된 '조화와 공생-21세기 인류 평화 프로세스와 환경보호 국제 심포지움'에서 '인간과 바다의 조화-새로운 해양관과 21세기 사회발전'이라는 주제로 강연을 했다. 강연을 마친 후 회의에 참가한 학자와 청중의 질문에 두 차례에 걸쳐 답할 시간을 가졌다. 수칭화蘇慶華 박사가 주관하여 편집한 『평화를 몸소 체득함-'조화와 공생-21세기 인류 평화 프로세스와 환경보호 국제 심포지움' 논문집』(말레이시아 창가創價학회, 2006.4 초판) 중 「문답실록問答實錄」의 기록과 녹음을 정리한 원고 가운데 관련 내용을 발췌하여 편집하였다.

1. 첫 번째 심포지움 문답 실록

시간 : 2004년 12월 11일 오후 13 : 00 ~ 14 : 00

사회자 : 수칭화(蘇慶華) 박사

기록과 녹음 정리 : 리우수지아(劉樹佳) 선생

수칭화 : 해양에 관한 다방면의 과제를 말씀해 주신 양 교수님께 깊은 감사를 드린다. 해양은 인류 미래의 희망이기에, 우리 인류는 후대 자손에게 일류의 생존공간을 보존하기 위해 다 함께 해양 보호에 힘을 써야 한다. 이런 관점을 가지고 있는 자체가 매우 중요한다고 생각한다. 오늘날의 세계에 인류가 육지를 이미 엉망으로 만들었는데, 우리가 지속적 발전 전략으로 하늘이 우리에게 미리 남겨 둔 명당인 이 해양을 순차적으로 적절하게 개발해야 한다고 생각한다. 이렇게 한다면 우리 인류에게 이름다운 미래가 있을 것이다. (…중략…) 지금부터 우리에게 남아 있는 한 시간은 이 자리에 계신 여러분에게 주어져 있으니, 질문과 의견이 있으면 말씀하시길 바란다. (…중략…) 그러면 먼저 거葛 교수께 발언을 청한다.

청중 1(거젠숑葛劍雄 교수) : 방금 양 교수님의 강연에 사례 하나만 더 보충하고자 한다. 2000년에서 2001년 사이에 나는 다행히도 중국의 제17차 남극탐사대에 참여하게 되었다. 남극대륙이 한 바탕 약탈을 겪고 나서, 지금 세계 각국 모두 그곳에 대한 주권과 생존환경 문제에 주목하기 시작하였다. 그렇지만 남극의 영유권 문제는 아직 완전히 해결하지 못하고 있다. 남극은 도대체 어느 나라에 속해야 되는 것이냐? 예를 들어, 남극에 가까이 있는 칠레는 그 영토의 동서 양 끝이 남극의 극점과 삼각형을 형성하고 있는데, 기타 북유럽의 나라들도 남극의 일부가 그들의 관할 범위에 속한다고 계속 제기하고 있다. 그렇다면 지금 어떻게 해야 하나? 나는 개인적으로 우리가 취해야 할 행동은, 관련 국가들의 주권을 긍정하지도 부정하지도 않으며, 전 인류가 연구할 수 있게끔 남극 전부를 개방해야 한다는 것이다, 그 어떠한 나라이건 남극에서 영구적인 기지를 세우기만 하면 남극 부서와의 협상에 참여할 자격이 있다고 생각한다. 현재 중국은 남극에 이미 두 개의 기지를 세웠는데, 그것은 바로 중산中山과학기지와 장성長城과학기지로, 앞으로 또 다른 기지를 세울 수 있길 희망한다. 최근 한차례 탐사는 남극의 최고점을 원정하려고 했다. 남극의 극점은 미국인이 이미 점유하였고, 온도가 가장 낮은 최냉점은 러시아인이 이미 점유하였지만, 남극의 최고점은 아직 점유되지 않고 남아있다. 그러나 남극의 최고점에 올라가는 일이 확실히 쉽지 않다. 겨울이 되면 최고점의 기온이 영하 50도까지 내려가기 때문이다. 이러한 예를 제시한 것은 여러분에게 알리고 싶었기 때문이다. 우리는 자연환경을 보호해야 하고 인류를 행복하게 해야 한다. 또한 남극에서 균형점을 유지해야 하면서도 국가와 민족이 그곳에서 잠재적 이익을 가질 수 있는지 고려해야 한다. 이것이 우리들이 사고할 가치가 있는 문제이다.

수칭화 : 거젠숑 교수의 보충에 감사드리며, 또 다른 질문을 받는다.

청중 3 : 내가 제기하는 이 문제는 양 교수님의 해양관과 관련된 것이다. 교수님께서는 해양의 미래 발전에 대해 아주 낙관적인 태도를 보이고 있다. 우리 인류는 육지에서 오랫동안 살았고, 우리 역시 나름대로 자신만의 환경보호관을 가지고 있다. 그러나 역사적 각도에서 보면, 인류가 이미 육지의 환경을 심각할 정도로 파괴하였다. 그렇다면, 우리가 앞으로 해양 쪽으로 발전할 때 과거처럼 자연생태계를 파괴하는 잘못된 행위를 범하지 않으려면 어떻게 해야 하나?

양궈전 : 지금 우리 인류가 육지에서 생활하고 있고, 앞으로도 그럴 것이다. 해양 개발은 사실 우리 인류가 육지에서 더 잘살기 위해서 하는 것이다. 전 인류사회의 자연환경을 완벽하게 구하고자하는 이상은 거의 실현불가능하다. 아울러 인류가 육지에서 해상으로 이주하는 것도 아직까지 실현하기가 어렵다. 현재 진행하고 있는 해양을 보호하는 행동들은 육지의 위기를 해결하는 방법의 하나일 뿐이다. 해양을 살리려면 인류가 먼저 자신부터 반성해야 한다. 인류가 생겨나 공업시대가 흥기하기 전까지 해양은 거의 오염되지 않았다. 다시 말하면, 해양의 오염문제는 공업시대에 나타난 것이다. 고대 사람들은 하늘에 대해서 아주 경외하였다. 농업시대 중국 백성들은 대부분이 천신天神을 받들어 모셨고, 만약 이 나라에 지진이 발생하면 황제는 반드시 하늘에 제사를 지내야 했는데, 이는 혹여나 하늘의 노여움을 살까봐 걱정한 것이다. 옛날에 사람들도 농사를 지으면서 발아래의 땅을 파괴하지 않았는가? 그러나 설령 농부들이 풀을 다 뽑아도 풀은 또다시 자라나 자연생태를 회복하기 때문에 큰 문제가 되지 않았다. 최근 200년 동안에 공업문명이 나타난 후에야 비로소 환경이 나날이 심각해졌다.

20세기 이래로 인류는 자신이 자연의 주인이고, 더 이상 자연의 일원으로 생각하지 않게 되었다. 인류는 '정복자'로 자처하며 스스로 자연을 제어할 방법이 있다고 생각하였다. 예를 들어, 날씨가 더워지면 현대인은 에어컨만 조절하면 이 찌는 듯한 더위 문제를 해결한다고 생각하지 않는가? 인류가 난폭한 방법으로 자연의 문제를 대처한 것에 대해, 60년대의 일부 환경보호 운동가들(특히 윤리학자들)이 반대 의견을 잇달아 내놓았지만 모두 받아들이지 않았다. 환경문제를 올바로 직시하는 것은 불과 이 2~30년의 일이다. 일단 육지의 자원이 부족하면 인간은 해양의 중요성을 직시하게 된다. 만약 해양자원을 쟁탈하기 위해 구획을 정하는 '인클로저' 운동을 실행한다면, 오히려 더 많은 약탈적 전쟁이 일어날 수 있을 것이다. 적지 않은 국가들이 앞 다투어 해양자원을 약탈할 것인데, 그 예가 석유이다. 국제해양법 협약이 통과한 이후, 전 세계의 대략 1/3에 해당하는 해역이 연해국가의 경제수역으로 귀속되었다. 그러나 경제수역의 구분이 도서 주권의 귀속과 연결되어 있기에, 해역으로 서로 인접하고 혹은 서로 마주보고 있는 나라들은 각각 200마일의 경제수역을 가진 상황에서, 더 많은 해양권익을 쟁취하기 위해 서로 물러서지 않고 있다. 이런 해양주권 논쟁이 존재하고 있는 해역은 대략 130여 곳이 있다.

이 밖에, 인구가 연해지역에 밀집되는 추세도 문제이지만, 이 문제를 해결하기도 쉽지 않다. 그렇다고 인류가 해양에 전혀 근접하지 않을 수도 없다. 이 문제를 제기하는 것은 연해의 육지가 장차 완전히 바다에 침몰될 가능성 때문인 것은 아니다. 그러나 인류가 홀시하면 안 되는 점은, 바로 백년을 지날 때마다 해수면이 수십 센티미터 상승하는 문제로, 이 변화는 그 누구도 예측할 수 없다. 그래서 만약 우리 자신이 인류와 바다와의 조화를 실현하려고 한다면, 인류는 지금부터 상술한 문제를 고려해야 한다고 생각한다. 또한, 일부 지질학자들이 북극의 지하에 많은 석유가 매장되어 있다는 것을 발견하였는데, 이에 일부 국가에서는 곧바로 이 명당을 앞 다투어 점유하였다. 그런데 지금의 문제는, 북극 빙해氷海의 면적이 그렇게 넓은데 얼음 층이 녹고 난후 밑으로 파고 들어가려 하면 아주 긴 시간이 필요하기에, 이곳을 지금 당장 개발하는 것은 불가능한 일이다.

이 점을 고려하면, 미래에 인간이 바다와 더불어 조화롭게 발전을 이루려면 우리는 단순히 해양으로 육지를 대신해서는 안 되며, 바다와 육지의 공생・공존 또한 서로 존중해야 한다고 생각한다. 해양이 인류를 위해 봉사하기 때문에, 우리들도 건강한 바다를 보존할 의무가 있는 것이다.

청중 5 : '인간과 바다의 조화'는 새로운 개념이다. 왜냐하면 인간과 바다는 원래 조화롭지 못하였고, 몇 천 년 동안 계속 이러하였다. 그리고 공업혁명은 인류와 바다의 부조화를 야기한 주요 원인이라 할 수 있다. 만약에 중국처럼 그렇게 수 천년동안 바다에 대해 관심이 없었다면 오히려 조화를 이룰 수 있었을 것이다. 그러나 현재의 문제는, 유럽에서 흥기된 해양문명은 인류를 하여금 해양을 쟁탈하게끔 유발시켰고, 해양자원을 쟁탈하는 것 또한 오늘날의 추세가 되었다는 점이다. 중국 연구원 장원무張文木는, 중국은 자신만의 치해법治海法 혹은 치해권治海權이 있어야 한다고 지적하였는데, 이는 국가를 발전시키고 부강시킬 수 있는 경로의 하나라고 여겼다. 그래서 지금 많은 중국인들은 해양의 중요성을 점점 알게 되었고, 심지어 해양을 점차 국토의 일부분으로 넣고 있다. 그렇다면, 양 교수님께 중국의 현 해양정책에 대해 자신만의 특징이 있는지 혹은 강조하는 분야가 있는지를 여쭙고 싶다.

양궈전 : 중국의 왕조 시대에는 아주 오랜 시간 진정한 해양정책이 없이 해강海疆 정책만 있었다. 해안선 이내의 토지는 해강이었고, 해안 이외의 해역은 그다지 관리를 받지 않았다. 해안 방어는 육지로 바다를 제어하는 것으로, 사람들이 몰래 바다로 나아가 이민족과 무역하거나 혹은 섬에 집거하여 안정된 정권에 해를 끼칠까봐 막는 것이다. 해외 국가와의 조공무역을 허락하는 것은 진정한 해양정책과 차이가 있다. 그러나 민간의 측면에서 볼 때, 그것은 또 다른 것이다. 연해지역 사람들의 생존 방식은 바다를 삶의 터전으로 여겨, 그들의 전통적 생업은 어획과 항운 그리고 상업이다. 고대 육지 사람들은 '바다를 밭으로 여긴다[以海爲田]'라고 기록하고 있는데, 이것은 농민들이 농사를 짓는 것과 같은 의미이다. 사실 어획과 항운 그리고 상업은 모두 유동적인 것이어서, 농민들이 안정적으로 농사를 짓는 것과는 크게 다르다. 여러 대에 걸쳐 활동한 어민과 뱃사공 그리고 해상海商들의 해역에는 전통적인 어장과 항로 그리고 무역 유통망이 형성되었고, 그러한 사람들이 자주 활동하는 지역은 그들의 '집단'으로 이루어져 새로운 문명 요소를 탄생시켰지만, 이러한 해양 발전은 왕조로 대표되는 육지세력의 제재를 받아 주류로 되지 못하였다.

지금 많은 중국인들이 해양의 가치를 중요시 여겨 해양의식을 각성하기 시작하였다. 중국의 해양 발전 전략은 아직 토론과 연구의 단계에서 머물고 있으며 각기 다른 의견이 존재하고 있다. 중국의 해양정책은 주로 동쪽 바다로 나아가, 수출 지향형 경제를 발전시키고, 해양경제를 개발하며, 해양에 대한 관리를 강화하고, 현대화 해군을 건설하는 것 등이 있다. 이는 단지 중국 자신의 영해 속의 일들을 한다고 하지만, 여기에도 많은 문제와 도전에 직면하고 있다.

중국은 곧바로 「해양법에 관한 국제 연합 협약」의 담판과 제정 과정에 참여하였고, 1996년 전국인민대회 상무위원회의 승인을 받아 중국에서 발효하였다. 협약 규정에 따라 중국은 12마일의 영해, 24마일의 접속 수역, 200마일의 경제수역과 대륙붕을 영유하여, 그것의 총 면적이 300만 ㎢에 이른다. 그러나 환중국해의 해역 너비가 400마일보다 적어, 중국의 관할 해역이 한국, 북한, 일본, 필리핀, 말레이시아, 인도네시아, 브루나이, 베트남 등 8개국이 주장하는 관할 해역과 겹치는 곳이 있다. 이렇게 중첩된 해역의 경계선을 긋는 것은 관련된 연해국가들과 협상을 통해 해결해야 한다. 경계선을 긋지 못한 상황에서 중국 어민들이 전통 어장에 가서 조업을 하면, 상대 나라가 경계선을 넘는다는 지적을 하여 적지 않은 해사 분쟁이 야기된다. 또한, 일부 원래 중국에 속한 도서가 타국에 의해 점유되어 주권 분쟁을 일으키기도 한다.

중국이 해양을 통해 궐기함에 있어 어떤 사람은 중국 위협론을 제기하였다. 그는 해양시대로 진입한 지금, 중국이 큰 제국으로 될 기회가 있다고 여겼다. 이 말을 어떻게 해석해야 할까? 내가 미국 친구와 한차례 한담하였는데, 그 친구는 다음과 같이 말하였다. 정화가 서쪽 바다로 간 당시에, 만약 그가 땅을 점유할 마음이 조금이라도 있었다면 아마 지금의 국제 통용어는 영어가 아니고 중국어였을 것이다. 중국이 해양을 통해 궐기하면, 미국의 지위를 대신 할 수 있을 것이다. 이는 그중의 한 가지 가능성이다. 그래서 일부 사람들이 별의별 궁리를 다해 중국을 에워싸 봉쇄하려는 것이다. 이 문제들을 평화적 방식으로 해결 할 수 있을지는 중국과 해당 국정자의 정치적 지혜에 달린 문제이다.

중국의 해양관리체제는 업종 분산관리체제에서 종합관리체제로 넘어가고 있다. 해양관리의 혼란으로 인해 통일된 법 집행기관이 없다면 국가의 해양권익을 보호하기 어렵다. 해양경제는 전통에서 현대로 전환하고 있다. 하지만 전통산업을 주도로 하고 있어 신흥산업의 발전을 강화해야 한다. 부정할 수 없는 것은, 해양 개발에는 많은 인력과 돈이 들어가야 하고 첨단기술도 사용해야 하지만, 개발 이후 수익을 얻을 수 있는지에 대해 말하기는 좀 어렵다. 해양을 심층적으로 개발하는 것도 쉬운 일이 아니다. 어떤 이는 미래에 천연가스의 탄수화물(메탄 하이드레이트)이 석유를 대신할 수 있다고 하지만, 그 선결 조건은 천연가스의 탄수화물을 어떻게 해야 채취할 수 있는 것인가이다. 만약 기술 운용이 잘못되어 탄수화물이 해저에서 폭발하게 된다면, 그것의 지구에 대한 파괴력이 아마 혜성이 지구와 충돌하며 발생하는 파괴력보다 더 클 것이다. 아마 인류가 멸망을 자초할 가능성도 있을 것이다. 이점을 고려하여 첨단기술을 이용하여 깊이 들어가 개발하기 전에, 먼저 인간이 해양과 조화롭게 공존할 수 있어야 하는 점을 염두해 두어야 한다.

2. 원탁회의 문답 기록

시간 : 2004년 12월 12일 오전

사회자 : 수칭화(蘇慶華) 박사, 라이뢰이허(賴瑞和) 박사

기록과 녹음정리 : 리우타이안(劉泰安) 선생

수칭화 : 기조 연설자, 사회자 그리고 이 자리에 계신 여러분! 오늘 우리는 심포지움의 두 번째 중요한 단계로 들어가고자 한다. (…중략…) 먼저 기조 연설자께 이번 심포지움 주제로 발표한 것에 대해 고견을 듣고자 한다.

양궈전 : 어제 나도 좋은 연구 보고를 들었고, 또 여러분의 질문이 있었다. 나는 이 주제에 대해 던진 질문이 아주 예리하다는 느낌이 들었다. 내가 발표한 해양 문제에 대해 관심을 가진 사람들이 많다고 할 수도 있지만, 많지 않다고도 할 수 있다. 왜냐하면 보통 사람들은 자신의 생계를 위할 뿐 바다와 무슨 관계가 있는지는 고려하지 않고 있기 때문이다. 다시 말해 바다로 돈을 버는 사람조차도 해양으로부터 돈을 벌 생각만 하지, 어떻게 해양을 보호할지에 대한 문제는 고려하지 않는다. 그래서 이 문제에 대해 심도 있게 사고하지 않는다. 나는 우리 창가創價 학회의 회원 여러분들이 여러 문제를 고려했다고 생각한다. 깊이 있는 사고를 한 사람이라면 현실적 이익이 곧바로 보일 수 없는 것이다.

인간과 해양의 관계는 실제로 인간과 자연 관계의 일부분이다. 지금 문제를 두드러지게 하는 원인은 해양을 개발해야 하기 때문으로, 해양

을 인류의 두 번째 공간으로 개조하고 이용하기 시작하면서 이 모순이 나타나게 되었다. 육지개발 방식을 해양개발에 응용해야 할까? 만약 이렇게 한다면, 우리는 틀림없이 해양 보호 문제를 고려하지 않고, 어떻게 해야 해양의 모든 것을 다 건져내서 내 것으로 만들 수 있을까만 생각할 것이다. 나는 개인적으로 우리가 지금 해양에 관한 문제를 토론하는 것이 좀 앞서갔다고 생각한다. 21세기의 해양 문제는 많은 사람들의 주목을 받아야 한다. 어쨌든 이 문제는 결국 우리 모두의 생활과 관련이 있는 것이다. 예를 들어, 에너지 문제, 먹고 사는 문제, 담수 문제 등을 어떻게 해결할 것인가? 이 모든 것은 인간이 자연과 어떻게 조화를 이루면서 발전할 수 있는지를 고려해야 한다. 이 이면에는 몇 개의 단계가 있다. 조화로운 발전을 이야기하자면 끝이 없지만, 주로 사람과 사람 간의 문제를 처리하는 것으로, 여기에는 집단, 또래, 세대가 이에 포함된다. 해양이익에 직면할 때, 우리는 인간과 해양 간의 관계를 살펴보아야 비로소 공생할 수 있을 것이다.

지금 관건적인 문제는 다음과 같다. 인류가 자연을 정복하려는 관념은 기본적으로 바뀌지 않았다. 공업문명이 생태문명으로 대체되지 않을까? 나 역시 대답하기가 어려운 문제이다. 나는 앞으로의 문명은 생태문명의 노선을 걸어가야 한다고 여긴다.

어떤 어민은 하루 종일 바다에서 일했는데, 지금은 해양오염으로 고기를 잡을 수 없거나, 혹은 어획량이 적어 살아나갈 방도가 없게 되었다. 일부 해당 관청에서는 선의로 어떤 지역 혹은 어촌에다 집을 지어 어민들을 육지로 이주시켰다. 어민들은 육지에서 며칠 살다가 육지생활에 적응하지 못한 채, 경작할 줄 모르고 장사도 못하기 때문에, 대부분 온 길을 다시 되돌아갔다. 이러한 문제들은 해결하기 어렵기 때문에 토론할 만한 가치가 있다.

청중1(sgm이사장 주광후이朱光輝) : 해양오염 문제는 현실적인 문제이다. 말레이시아에 유명한 산호섬이 여러 개가 있는데, 하나는 티오만Pulau Tioman섬에 있고, 다른 하나는 사바Sabah 주의 도서에 있다. 이곳에는 지금 해양오염으로 많이 파괴되어, 지금 산호섬은 점차 소실되고 있다. 해양이 개발되면 해양생물에게 아주 큰 훼손을 가져다 줄 것이다. 이런 측면에서 양 교수님께서는 어떤 조치를 취해야 한다고 생각하는가? 교수님 자신은 해양이 파괴되는 것에 대해 어떻게 생각하는가? 이는 환경보호에도 아주 중요한 과제라 생각한다.

양궈전 : 해양오염을 다스리는 문제에 대해서 우리는 여태까지 이 문제를 꺼낼 때마다 하는 일은 오염을 처리하는 것이었다. 즉 먼저 오염시키고 그 다음에 처리하는 방향인 것이다. 그러면 어떻게 잘 처리 할 수 있는가? 현재로서는 먼저 예방부터 시작해야 한다. 하나의 해역 혹은 해안에서 그러한 활동을 하려면, 사전에 지표를 정해야 한다. 이 이면에는 정부가 주도적인 작용을 발휘하는 요인이 있다. 만약 개체라면 그들은 대부분 공공이익을 고려하지 않고 자신의 이익만 고려할 때가 많기 때문에 정부가 먼저 개입해야 하는 것이다.

예를 들어, 해양기능의 구역별 구분을 기획하는 것이다. 산호섬 같은 이러한 지역은 휴양관광 구역으로 정하고, 공업활동 혹은 산호 성장에 영향을 미치는 활동을 못하게 해야 한다. 아울러 각 부서의 관리도 동시에 진행해야 한다. 현재 일부 인허를 담당하는 부서와 관리를 담당하는 부서가 서로 연계되어 있지 않아, 그 이면에 허다한 모순이 존재하고 있는 것이다.

기획안에서 우선 육지와 해양을 포괄하는 해양 구역의 생태계가 감당할 수 있는가를 고려해야 한다. 동일한 지역에 모두 관광산업만 발전시키면 안 된다. 사람들이 먹고 남는 것을 모두 바다에 버려, 많은 병과 깡통 등 각종 일용 용기가 해변 모래사장을 오염시키는데, 이 문제도 아주 심각하다. 이러한 상황에서 생태계가 정화될 수 있을까? 그 기준이 어떤 규모까지 규제할 수 있을까? 먼저 기획하는 것이 첫 번째이다.

두 번째는 예방과 모니터링 시책을 고려해야 한다. 표준 규격에 도달하지 못하면 공사를 하지 못하게 해야 한다. 그런 다음에 정비를 하는 것인데, 이를 기업식 운영 과정 관리라고 일컫는다. 이렇게 해야 오염 정도를 최소한으로 내릴 수 있다. 그러나 이것을 집행하려면 그 난이도가 아주 높은데, 그것은 각 부서마다 자신의 이익이 있기 때문이다. 교통 담당 부서는 교통의 이익을 생각하고, 생산 담당 부서는 생산의 이익을 생각하며, 관광 담당 부서는 관광의 이익을 생각하는 것이다. 그래서 이 일은 반드시 종합적인 관리가 있어야 한다. 현재 유엔에서 시범적으로 하고 있는데, 동아시아의 하문廈門시가 해양 방면에 있어 유엔의 시범 도시가 되는 것처럼, 한 도시가 해안과 해양의 종합적인 관리를 받는 것이다. 검토해보니 이 방법이 꽤 괜찮은 것 같아, 많은 부서들이 통합되었다. 그렇다면 이들을 어떻게 관리하고 어떻게 기획하며 또 어떻게 실행할 것인가? 여러 경험을 얻는 후에 동아시아 지역으로 널리 확대해야 한다.

이 일도 잘 하려고 하면 아주 어렵다. 그 이유는 단순히 해상을 관리하는 것만으로는 안 되는데, 대부분이 육상의 문제이기 때문이다. 다시 말해 해양오염의 80%가 육지의 오염에서 온 것이기 때문이다. 예를 들어, 공업 오수, 생활하수, 농업 오수 등 크게 이 세 가지가 모든 오염원의 80%를 차지하고 있는 것이다. 육지오염은 어떻게 억제해도 어렵다. 육지가 이처럼 넓고 크기에 반드시 해야 하지만, 그 어려움 또한 아주 많다.

제4장

해양중국의 현실적 사고*

1. 중국의 해양권리와 이익에 관한 전면적 주시

해양강국은 전면적인 소강사회를 건설하고 중화민족을 부흥시킬 수 있는 필수 조건으로, 국가 발전전략에 중요한 위치를 차지하고 있다. 중국의 해양권리와 이익에 관해 전면적으로 주시하고 해양 발전의 현대화 과정을 가속화하는 것은, 역사가 중국인에게 부여준 중요한 임무이다.

세계해양 경쟁의 새로운 국면은 우리에게 해양을 주시하고 해양을 경략經略하게끔 경고하고 있다. 오늘날 중국은 해양권리와 이익을 지키는데 매우 가혹한 상황에 직면하고 있다.

* 이 장절은 『瀛海方程』(海洋出版社, 2008, pp.72~77)에 실려 있다.

첫째, 관할 해역의 국토화가 국제적 추세로 되었다. 20세기 해양자원의 대 발견은 인류문명이 지속적으로 발전할 수 있는 출구로 여겨, 해양 연안의 각 국가들은 잇달아 공해 쪽으로 생존공간을 확장하며 다양한 주장을 제기하였다. 1994년 11월 16일에 「해양법에 관한 국제 연합 협약」의 발효에 따라, 영해, 접속수역, 경제수역, 대륙붕의 국가관할제도가 확립되었다. 이에 전 세계해양 면적의 30%이상, 대략 1.09억㎢가 각 연해국가의 관할 해역으로 확정되어, 세계해양지정학적 구도에 거대한 변화를 일으켰다. 21세기로 들어오면서, 해양의 전략적 지위와 자원 쟁탈전이 나날이 치열해져, 각 나라들이 잇달아 해양권리 주장을 조정하여 해양을 국토화하는 방향으로 나아갔다. 관할 해역을 확대하고 바다에 있는 조그만 섬을 쟁탈하기 위해, 어떤 국가는 주권 표지물을 인위적으로 설치하거나, 혹은 '인류가 거주 또는 경제생활을 유지'할 수 없는 도서에 사람들을 보내기도 하였다. 어떤 국가는 조사전문회사를 조직하여, 여기다 거액의 자금을 투입하여 데이터를 수집하였는데, 이는 대륙붕을 확장하기 위한 준비를 하는 것이다. 어떤 국가는 국제수역에다 군사기지를 세우는 계획을 세웠다. 해양을 분할하고 국가의 판도를 새로 확정하는 것이, 현대 국제관계의 이슈 가운데 하나가 되었다.

1996년 5월 15일, 전국인민대회 상무위원회의 비준을 거쳐 「해양법에 관한 국제 연합 협약」이 중국에서 발효되었다. 협약 규정과 중국의 주장에 따라, 중국은 너비 12마일의 영해, 24마일의 접속수역 및 200마일의 경제수역과 대륙붕 등 관할 해역을 영유해야 하는 것이다. 이것의 총면적은 300만㎢에 이르며, 육지 영토의 1/3에 상당한다. 영해와 그 상공 그리고 해저와 하층토에 있어 완전한 주권을 가진다. 접속수역 내에 안전, 세관, 재정의 단속권과 이민, 위생의 관리권을 가진다. 경제수역과 대륙붕 안에 자연자원을 탐사하고 채굴하며 이용할 주권권리와 해상의 인공시설 건설, 해양 과학연구, 해양환경보호의 관할권을 가진다. 이 외에, 중국은 공해상에서 자유로운 항해권리와 국제 해저구역 자산을 공유할 권리를 지닌다. 그러나 중국은 관할 해역의 국토화라는 국제적 흐름에 아직 구체적인 호응을 하지 않고 있다. 또한 해양 경계선 정책을 확정하고 관할 해역 경계선을 선포하는 데 있어, 중국은 소속 관할 해역을 통제하고 관리하는 해상국가 역량이 아직 형성되지 않았다.

두 번째, 동아시아 '해양 인클로저 운동'이 중국의 관할 수역을 분할하고자 하고 있다. 「해양법에 관한 국제 연합 협약」에 따라 응당 중국 관할 해역으로 귀속되어야 함에도, 그 절반인 대략 150만㎢가 해상 주변의 8개국과 중첩된다고 주장하며, 일방적으로 자국 귀속으로 선포하였다. 논란이 되는 이 해역은 무려 중국 육지 경계에서 논란이 되는 면적의 9배나 된다. 그중 수십만 ㎢는 이미 일부 나라의 실제 개발구역으로 되어, 해양석유와 가스의 탐사와 채굴 그리고 기타 활동이 진행되고 있다. 이러한 활동으로 석유시추 1,000여 곳에 착정하여 석유와 가스 구조 200여 곳과 해상 석유가스 유전 180개가 발견되었고, 이에 외국 자금과 기술을 끌어와 약탈적 개발을 행하고 있다. 중국이 역사적으로 권리를 갖고 있던 전통어장은 분할되고 잠식되었으며, 중국 어선을 쫓고 충돌하며 구속하는 사건이 자주 일어났다. 일부 국가의 선박은 중국의 관할 해역에 독단적으로 들어와 해양조사와 과학연구 활동을 진행하고 있으며, 심지어 중국 연해 정보를 탐지하는 첩보활동을 한다. 조어도釣魚島, 중사황암도中沙黄岩島, 서사군도西沙群島는 이미 외국이 눈독을 들이는 대상이 되었고, 남사군도南沙群導의 44개 섬과 초석礁石은 각각 외국에 점거되었다. 2002년 11월 중국은 아세안 국가들과 「남중국해 당사국 행동 선언南海各方行爲宣言」에 서명한 이후에도, 관련 나라들의 권리침해 행위가 그치지 않았다. 예를 들어 이들 국가들은 각각 「남사南沙 해방 28주년」, 「카라옌Kalayaan 설립 25주년」 기념활동을 개최하였다. 아울러 소위 '라부안Labuan 국제해상도전'이라는 오락 경기활동을 열었는데, 이는 자국의 '주권'을 선포하기 위한 분위기를 띄운 것이다. 또한 자국이 이미 점유한 섬 암초 해역에 대한 군사적 제어와 해양 측량을 강화하였고, 항공기와 군함을 출동시켜 무인도에 대한 정찰과 순찰활동이 예년보다 현저히 늘어났다. 동해에서는 일본정부가 연간 임차료 2,256만 엔으로 민간에게 조어도와 부근의 남소도南小島와 북소도北小島의 사용권을 '임차'함으로써, 과거에 이루어진 중・일 양국 간의 양해谅解를 계속 부정하고 있다. 중국의 '이견을 뒤로하고 공동으로 개발하자'라는 주장은 사실상 주변 국가의 승인을 받지 못하였다. 현재 중국은 해양의 개발과 이용, 해양서비스 보장, 해양 방위 능력 등이 강대하지 못하고, 해상법의 집행과 권익 보호 역량이 충분하지 않기에, 상대적으로 먼 해역에서 대해서는 실질적인 관할권을 행사하지 못하고 있다. 이것은 중국의 관할 해역을 보전하는 데에 큰 압력으로 되고 있다.

해양권리는 국가의 영토가 해양 쪽으로 확대되어 형성되거나 파생된 권리로, 국가 주권의 범주에 속한다. 중국이 해양권리를 행사하는 것은 정치, 경제, 안전, 문화 등에 중차대한 이익이 있다. 대만과 그 부속도서 그리고 남해南海의 여러 도서들의 주권과 그것들이 영유하고 있는 관할 해역을 수호하는 것이, 중국 통일된 정치적 이익을 드러내는 것이다. 해양 과학기술과 해양경제의 발전은 중국경제가 지속적으로 발전할 수 있는 새로운 성장원이다. 해양무역과 원양어업을 발전시켜 자원의 공급과 배치에 있어 글로벌화를 실현하면 막대한 경제적 이익을 가져다준다. 당대 '중국위협론'자들은 중국의 굴기를 억제해야 한다고 주장하는데, 그들의 주된 목표는 중국이 동쪽 해양으로 진출하지 못하게 막는 것이다. 관할 해역과 접속해역을 통제하고 해양으로 나아갈 수 있는 기본적인 제해制海 능력을 세워야만, 다른 나라들의 봉쇄를 타파하고 국가 안전을 효과적으로 유지할 수 있다. 이에 중국은 해양과학과 해양인문사회과학을 발전시켜야 한다. 그래서 이전에 여러 학과에 분산되어 있던 해양 관련 이론과 주요 논술을 학과체제로 발전시켜, 새로운 의미와 실천적 요구를 부여하고, 서로 통하고 긴밀하게 연계되는 새로운 사상과 명제를 창조하여, 민간과 지역 단계에 처해 있는 전통적 해양문명을 민족문명의 단계로 끌어올리는 것이다. 이렇게 함으로써 중차대한 문화적 이익을 지니게 되는 것이다.

해양을 가까이하는 것은 세계 강국으로 발전하는 데에 반드시 거쳐야 할 길이다. 중국이 해양을 통해 세계와 상호 작용하고 세계경제체제로 융합되는 것은, 서부 대개발이 세계 무대에 갈 수 있는 역사적 기회를 창출하여 내륙지역의 현대화를 추진하기 위함이다. 내륙이 해양을 주목하는 것도 그 자체 발전의 수요인 것이다. 우리가 한마음 한뜻으로 발전을 추구하는 데 있어, 그 시선을 육지에만 집중하여 해양을 고려할 겨를이 없어서는 안 되는 것이다.

중국의 많은 지도자와 군중들이 해양에 대한 인식 부족은 말할 필요가 없으며, 해양 발전의 중요성과 절박성에 대한 전 국민적 인식이 아직 형성되지 않았다. 언론에서 태평성세를 구가한 강희·옹정·건륭의 치세[康乾之治]'를 선양하는 데에만 열중한 것은, 해양을 경시하는 보편적 사회심리가 반영된 것이다. 세계가 해양 경쟁의 새로운 시대로 들어가 깊이 발전하는 지금, 이런 잘못된 사회심리를 되돌리지 않으면 해양발전 전략을 실시하기 어렵고 국가 관할 수역을 보전하기가 어려워, 이에 개혁 개방과 평화적 굴기 노력은 보장을 받지 못하게 된다. 중국 관할의 해역 면적은 세계에서 10위에 위치하지만, 일인당 소유면적은 122위에 그치고 있다. 그래서 조그만 섬과 적은 물이라도 소중히 여기고 보호할 가치가 있다. 경계선을 긋는 기점으로 할 수 있는 손바닥만 한 작은 섬 하나라도 포기하면, 200마일 범위의 국가 관할 수역을 포기하는 것과 같다. 다시 말해 해양에서의 축소와 손해는 중화민족의 근본적인 이익을 해치게 될 것이다!

관념의 변화는 구체적인 정책의 제정보다 더 중요하다. 해양 관념의 각성이 없다면 해양 발전에 대한 자각도 생기지 않게 될 것이다. 해양권리와 이익을 지키는 용기와 진취적 정신이 없으면 해양대국의 지위도 없게 될 것이다. 중국의 해양권리와 이익에 대한 전폭적인 관심이 대중의 마음속에 깊이 자리를 잡아야, 실제 생산생활 속에서 해양과 적극적인 관계를 형성할 수 있을 것이다. 그런 까닭에 우리는 해양과학을 발전시키는 동시에 인문사회과학이 해양을 홀시하는 수동적인 국면을 변화시켜, 해양인문사회학과의 설립을 추진하여야 한다. 아울러 이를 통해 해양정치, 해양경제, 해양군사, 해양외교, 해양법률, 해양관리 및 해양역사문화를 숙지하는 각 분야의 전문 인재를 양성해야 한다. 또한 중국의 국정에 적합한 해양 발전노선을 탐구하고, 해양국토화 과정에 나타나는 새로운 이론, 새로운 관념, 새로운 문제, 새로운 상황을 연구하여, 국가정책에 자문과 건의를 제공하고, 사회 각 계층에 정확한 정보를 제공함으로, 전 국민이 해양권리와 이익에 대해 모두 관심을 갖는 분위기를 형성해야 한다. 민심을 응집시켜 해양 발전을 함께 도모하여, 해양 경쟁에 있어 할 수 있는 바를 다한다면, 우리는 해양 경쟁의 감제고지에서서 해양강국과 전면적 소강사회 건설의 목표를 실현할 수 있다.

중국 정치협상회의 제10기 2차 회의 발표자료 53. 2004.3.3

2. 육지와 해양의 협력, 조화로운 사회주의 사회 구축

중국공산당 제16기 제5차 전체회의에서 중국은 '11차 5개년계획' 기간의 주요 발전 목표와 지도원칙 그리고 중대한 배치를 제기하였다. 21세기의 첫 20년은 중국 발전의 중요한 전략적 기회로, 특히 '11차 5개년계획' 기간이 관건이 된다. 이는 우리에게 고도의 역사적 책임감과 강렬한 위기의식 그리고 폭넓은 세계적 안목을 가지길 요구한다. 이에 우리는 기회를 잡고 갖가지 도전에 대처하여, 중국특색의 사회주의 사업을 힘을 다해 밀고 나가야 한다.

21세기는 해양의 시대이기에, 해양 공간과 자원 그리고 환경을 개발하고 활용하며 관리하고 보호하는 것은 인류사회발전의 주된 관심사로 되었다. 중국은 대륙국가이자 해양국가이다. 중국이 해양과학기술이 선진화를 이루고, 해양경제가 발달하며, 해양생태환경이 건강하고, 해양종합국력이 강대한 해양강국으로 되는 데 있어, 전대미문의 기회와 도전에 직면하고 있다.

「해양법에 관한 국제 연합 협약」이 발효된 이래, 세계해양의 약 30%가 연해국가의 관할 해역으로 구획되었다. 협약에 따라 중국은 300만㎢의 관할 해역을 획득함으로써, 그 생존공간을 확장하였고 해양권리와 이익이 더욱 증가하였다. 이와 동시에, 중국은 환중국해 주변에 서로 마주하거나 인접한 8개국과 경제수역과 대륙붕의 경계선을 구획함에 있어, 해양권리에 관한 논쟁이 존재하고 있다. 중국의 해양국토를 어떻게 개발하고 활용하며 관리하고 보호하며 또 해양권익을 어떻게 지켜야 하는지가, 하나의 장기적이면서 어렵고도 막중한 임무이다.

중국이 평화적으로 발전하기 위해서는 평화적인 국제환경이 필요하다. 현재 중국 주변의 해양정세가 복잡하여, 정치, 군사, 경제적 측면에서 모두 거대한 압력에 직면하고 있다. 해권 패주霸主인 미국은 중국을 '방해형 위협妨害刑威胁' 대상으로 여겨, 해군 병력을 태평양으로 이동배치하고, 미일 안보동맹에 기초하여 중국 주변 해역에다 중국을 봉쇄하는 '제1열도선'과 '제2열도선'을 구축하였다. 일본 우익세력들은 조어도 주권과 동해 유전의 개발 문제에 대해 중국을 비난하면서, 대만과 대만해협으로 그 범위를 확대시켰다. 어떤 사람들은 미국의 비호를 받아 '서태평양 해양연방'과 '쿠로시오 해류동맹黑潮同盟'을 세우려는 헛된 망상을 하였다. 대만 독립을 주장하는 사람들이 지배하고 있는 대만 당국은, 대륙과 대만이 하나의 중국에 속한다는 원칙에 끊임없이 도발하고 있다. 천수이볜陈水扁은 '국가통일위원회'와 '국가통일강령'의 폐지를 선포하여, '헌법 개정'을 통해 '대만의 법적 독립'을 도모함으로써, 대만 해협의 평화와 안정을 파괴하였다. 이로써 해양에서의 비전통적인 안전 문제가 증가되었다. 국제 해상테러리즘과 해적들이 남해와 말라카Malacca해협에서 창궐하고 있는데, 이는 중국의 국제무역 통로와 에너지 통로 안전에 많은 위협이 되고 있다.

중국 사회경제의 중심과 황금지대는 동부연해 지역에 위치하고 있다. 동부경제 발전의 우월성은 해양에 있고, 경제 발전을 제약하는 약점도 해양에 위치하고 있다. 오늘날 중국은 선박제조 대국, 해양어업 대국, 해양운송 대국, 해양무역 대국으로 되었고, 사회경제의 발전도 점점 더 해양에 의존하고 있다. 그러나 인구가 연해지역으로 이동하여 환발해만環渤海灣, 장강 삼각주, 주강 삼각주라는 3개의 대도시권을 형성하였지만, 어떤 지역은 육지 발전과 해양 발전 양자 간의 관계를 잘 처리하지 못함으로 인해, 해양을 희생하는 것을 대가로 하여 경제 성장을 추구하였다. 그래서 항구와 개발구를 조밀하게 건설하고 바다를 메워 매립지를 만들어, 해양 쪽으로 도시 규모를 극력 확장하였다. 이는 생태환경이 더욱 취약해지고, 해안지역에 있어 인간과 땅 간의 긴장관계와 기후이상 등 일련의 문제를 초래하게 하였다. 해양개발의 불합리 혹은 과도한 개발로, 생태의 목표와 경제의 목표 간에 충돌이 일어났다. 규정을 위반한 마구잡이 포획으로 전통적 어업자원이 고갈되었고, 해안에 있는 모래와 자갈을 함부로 채굴함으로써 넓은 맹그로브 숲과 산호초가 사라졌다. 또한 연해의 습지면적이 대폭 격감함으로 인해, 기후를 조절하거나, 물을 저장하여 홍수가 나지 않도록 상류에서 물길을 분류分流시키거나, 해일을 방어하거나, 해안을 보호하는 이러한 능력이

저하되었다. 육지의 오염물이 해양으로 배출되어 근해의 수질이 악화되었다. 그래서 발해는 거의 사해死海로 되었다. 해양의 환경변화로 야기된 재앙적인 지진, 쓰나미, 폭풍우와 산사태 등 해양재난 그리고 지속적인 해안 침식과 해수면의 상승은 연해사회에 중대한 영향을 끼쳤다. 일부 연해도시는 지면이 함몰되었고, 주강 삼각주에는 짠물이 역류하였으며, 태풍은 동남쪽 연해안을 빈번히 습격하게 되었다. 심지어 중부지역의 특대형 폭우를 야기하여, 저수지의 댐이 무너지고 홍수가 범람하는 대참사를 이루게 하였다.

이러한 사실들이 우리에게 알려주듯이, 핵심 전략 기회를 파악하여 전략적 레이아웃을 해야 하며, 육지를 중요시 여기고 해양을 홀시하지 말아야하며, 해양으로부터 오는 도전을 잘 대처하고 해양으로부터 오는 위협을 잘 풀어야 한다. 일정 정도 의미에서 중국의 평화적 궐기는 국가민족의 생존과 관련된 해상 이익을 보호할 수 있는지, 또 육지와 해양이 조화롭게 지속적으로 발전을 이룰 수 있는지 여부에 달려있다. 조화로운 세계는 조화로운 해양을 필요로 한다. 실력으로 평화를 구현하고 실력으로 함께 이익을 얻으며, 주변국과의 해양 분쟁을 해결하고, 해양정치 · 군사 · 경제 · 문화 영역의 국제적 경쟁과 협력에 전적으로 참여하여, 공평하고 합리적인 국제적 해양 질서를 세우는데 기여하는 것이, 해양대국으로서 중국의 책임인 것이다. 조화로운 중국은 육지 개발과 해양 개발의 조화가 필요하다. 과학 발전관의 지도 아래, 집중적으로 육지를 발전하는 '특대도시열풍'과 해도육지화海島陸地化(즉 반도화)를 추구하는 '섬과 육지를 잇는 대교 열풍'을 돌이켜 생각해보아야 한다. 아울러 해양 특성에 따른 해양개발을 착실히 기획하여, 해양과 육지의 경제가 상호 작용하고 보완되게끔 해야만, 동부지역이 사회주의 현대화를 앞장서서 실현할 수 있으며, 전면적 소강사회와 조화로운 사회를 건설하는데 기여할 수 있을 것이다.

중국 정치협상회의 제10기 4차 회의 발표자료 581. 2006.3.8

3. 중국해양 기본법의 조속한 제정을 위한 제언

21세기로 접어들면서 중국의 종합적 국가경쟁력은 상승하였고 주변의 안전환경도 개선되었다. 후진타오胡錦濤를 총서기로 한 당 중앙에서는 시기와 형세를 판단하여, 중국공산당 16기 대표회의에서 해양 개발 전략의 실행을 제시하였다. 국무원에서는 「전국 해양경제발전 기획 강요」중에서 한 걸음 더 나아가 해양강국 건설의 위대한 목표를 제시하였다. 이처럼 중국에서 해양의 지위와 기능을 돌출시킴으로써, 해양사업은 전례 없는 발전기회를 얻게 되었다. 이에 조선과 해양운송 능력, 항구 물동 능력, 해양산업경제 능력, 해양 유전과 가스전 등의 자원개발 능력, 해양탐구와 과학연구 능력, 해양첨단기술의 응용 능력, 해양관리와 법 집행 능력, 해양 통제와 억제 능력, 해양환경 보호 능력이 부단히 강화되어 세간의 이목을 끌었다.

해양 공간과 해양자원은 중국 사회경제 현대화와 지속적 발전의 중요한 기반이자 주요한 출로로, 국가의 굴기와 민족부흥에 직결되는 근본 이익이 된다. 「해양법에 관한 국제 연합 협약」에 따라, 전 세계 해양 면적의 36%가 연해국가의 관할 해역으로 확정되었다. 이에 중국은 영해, 접속수역, 경제수역과 대륙붕 등 관할 해역의 총 면적이 300만 ㎢를 영유하게 되었다. 이는 중국이 육지 국토 면적의 1/3에 상당하는 관할 해역에서 주권 혹은 주권을 행사할 권리가 있음을 의미한다. 해양 판도의 확장은 기존 해양권력의 틀을 바꾸어 놓았는데, 이는 중화민족의 생존과 발전에 새로운 공간을 제공하였다. 그러나 냉전 이래 해양 패권국가의 해상 봉쇄와 압박, 중국의 장기간 육지 발전에 집중한 영향과 해양 종합 경쟁력의 취약으로 말미암아, 중국은 관할 해역에서 국가 주권을 완전히 행사하지 못하였고 해양권익은 누차 피해를 입었다. 중국이 평화적으로 발전하면서 전략적으로 해양을 중시하였을 때, 해양패권주의자들은 극력 저지하고서는, 중국을 '대륙 아시아'의 대표라고 하면서 중국해양 발전의 합법성을 부정하였다. 그들은 중국과 해상 인근 국가와의 관계를 이간질하고 세계 여론을 기만하는 등 최악의 영향을 야기하였다. 중국이 하나의 해양국가로서의 법적 지위를 확립하는 것은, 역사와 시가가 우리들에게 부여한 사명이다.

중국은 육지 대국이자 해양 대국이다. 이는 역사적으로 이미 존재하고 있는 사실이다. 그러나 근대 해권海權의 상실로 말미암아, 중국의 해양법규정체제의 설립은 독립국가로 된 이후에야 비로소 정상 궤도로 들어선 것이다. 1996년 중국은 「해양법에 관한 국제 연합 협약」을 비준하였는데, 그 이후 해양 입법은 큰 진전을 이루었다. 중국인민대표회의는 「영해와 접속수역 법」을 제정한 이후, 연이어 「경제수역과 대륙붕 법」, 「해역사용 관리법」을 반포하였다. 아울러 「광산자원법」, 「해양환경 보호법」, 「어업법」을 수정하였고, 「해도법海島法」을 제정 중이다. 국무원은 「대외 해양과학연구 관리 규정」, 「해양 행정처벌 실시 조치」, 「무인도 보호와 이용 관리규정」, 「해양투기 지역 관리 잠정 규정」, 「해저 케이블 배관 보호 규정」 등 부설 법규를 공포하였다. 그러나 이러한 법 규정은 부서의 법이거나 구체적인 법으로, 거시적이거나 완전함을 갖추고 있지 않아 해양실무와 해양권익을 확장하는 데 있어 강력한 법률적 근거를 제공하지 못하고 있다. 해양 기본법인 「해양법」을 제정하는 것은, 중국이 해양국가의 법적 지위를 확립하는 것이고, 해양강국 건설정책을 널리 선포함으로써 국가의 의지를 상승시키게 된다. 아울러 이는 중화민족의 해양 공간과 해양자원을 보전하고 지키는데 중요하고도 심원한 의미를 지니고 있을 뿐만 아니라 현실적 긴박감도 지니고 있다.

해양개발을 실시하고, 해양경제를 발전시키며, 해양권익을 보호하는 실천적 확장과 심화에 따라, 중국은 해양을 둘러싼 개발・활용・관리・통제・보호의 활동이 이미 관련 부문과 연해지역의 범위를 훨씬 뛰어넘었다. 육지와 해양 간의 상호 작용 그리고 조화로운 발전은 조화로운 사회와 기술 창조를 기반으로 한 국가를 건설하는 데 있어, 종합적이고 전반적이며 전향적인 중요한 문제로 되었다. 과학 발전관을 전면적으로 실행하는 것은, 육지 계획을 잘 구성하는 동시에 해양의식을 강화시키고, 해양 계획을 잘 구성하며, 체제 시스템을 완벽하게 개선하는 데 있다. 이에 해양 법률의 기본원칙과 법률제도에 관한 총괄 규정이 있어야 한다. 이로써 해양법체제 전반을 관통하고 다양한 특정 입법을 연결시키며, 하위 법률 간의 충돌 혹은 입법 공백의 결함을 해결하도록 해야 한다.

오늘날 연해국가들은 잇달아 국가 발전의 중점을 해양에 두고 있어, 해양공간과 해양자원을 둘러싼 국제적 경쟁이 갈수록 복잡해지고 극렬해지고 있다. 이에 국제해양법 질서도 부단히 조정되고 있다. 중국은 해역 관할에 있어 해상 경계선과 도서의 주권 문제에 관한 분쟁도 있고, 또한 해양자원의 개발과 활용에 관한 국제적 협력도 있다. 공해와 국제해저구역에도 중국이 반드시 지켜야 할 이익이 있다. 공정하고 합리적인 새로운 국제해양질서 수립을 위해 공헌하는 것 또한 중국이 당연히 해야 할 의무이다. 해양국가들이 잇달아 해양 기본법을 연구하고 제정하려는 큰 추세에 따라, 중국은 필히 적극적으로 응대하여야 한다. 아울러 중국은 국가적 이익과 전 인류의 이익의 출발점에 서서, 해양의 국제규칙을 현지화하고 책임감이 있는 해양국가 이미지를 수립하여 의심을 해소시키고 신임을 얻어야 한다. 또한 아시아와 세계해양의 평화와 안정을 유지하고, 전략적 기회를 잘 이용하여 자신을 발전시켜야 한다.

개혁 개방 이후, 중국은 해양자원의 개발과 보존, 해도海島의 개발과 보호, 해양 기능의 구역화, 해역 소유권 관리, 해역의 유료 사용, 연안지역과 해양의 종합적 관리, 해양생태의 보호, 해양권익 유지, 해양공익서비스, 해양자산 관리, 국제해양사업 협력과 교류 등의 실천 경험과 관련 법 규정의 형성에 있어, 해양 기본법의 입법을 위해 기초를 다졌다. 이에 종합적인 해양 기본법을 제정하기 위한 조건이 날로 성숙해졌다. 그래서 지금부터 적극적으로 추진하여, 중국해양 기본법 제정을 위한 예비 작업에 속도를 높이고, 입법 계획에 포함되도록 노력해야 한다. 지금 이 시기가 가장 적절한 시기이다.

중국의 해양 발전은 중국의 평화 발전의 중요한 부분이자, 아시아 해양과 세계해양의 평화 발전의 중요한 역량이다. 나는 해양 기본법의 제정이 국가와 민족에 필요한 것이라고 믿는다. 멀지 않은 장래에 해양강국에 절대적인 공헌을 하게 될 해양 기본법의 탄생을 맞이하게 될 것이다.

중국 정치협상회의 제10기 5차 회의 발표자료 620. 2007.3.9

제5장

포용적 발전과 현대해양 발전관 연구*

인류사회의 발전 과정을 보면, 육지 발전과 해양 발전은 모두 생존 발전 공간을 개척하는 행위이다. 육지문명과 해양문명의 기원은 거의 동시에 나타나며, 오랜 역사 세월 속에 독자적으로 발전하였는데, 이것은 두 개의 서브시스템subsystem이라 할 수 있다. 이 두 개의 서브시스템은 폐쇄적이고 배척되며 보수적인 측면이 있고, 개방적이고 호환적이며 혁신적인 일면을 갖고 있기에, 모순과 통일은 인류사회 발전 역사 속에 존재하고 있다. 그래서 이 두 시스템의 상호 작용은 인류가 세계 발전에 참여하는 과정인 것이다.

해양은 인류역사의 진전에 중대한 영향을 끼쳤다. 18세기 말부터 20세기 중엽에 이르기까지, '거대한 해권海權인 동시에 거대한 기계적 역량으로 이루어진' 서구 주도의 산업화와 현대화는, 경제의 세계화를 초

* 본 장절은 2011년 중국해양정보센터에서 위탁을 받아 수행한 연구 성과이다.

래하고, 인구·자원·환경의 생태적 위기를 일으키며, 세계경제 발전의 불균형적 남북문제를 야기하였다. 제2차 세계대전 이후, 해양공간과 자원가치의 '재발견'에 따라, 인류사회 문명 발전의 목표가 재차 해양을 지향함으로 인해, 해양의 평화로운 개발과 이용에 있어, 개발도상 해양국가와 내륙국가 그리고 선진 해양국가 간의 해양권리를 공유하는 새로운 추세가 출현하였다. 21세기로 들어와 인류사회는 해양자원과 공간을 전면적으로 개발하고 활용하는 시대를 맞이하게 되었다. 이에 해양은 발전의 뜨거운 이슈가 되었다. 이는 국내외 정치·경제·사회·과학기술·문화·외교·군사·국민생활과 긴밀히 연계되어 있어, 급히 해결을 요하는 많은 인문사회 문제가 제기되었고, 아울러 현대해양 발전관의 형성을 촉진시켰다. 세계 각국은 자신의 해양 발전전략을 조정하여, 새로운 세기에 해상 경쟁의 감제고지를 선점하는데 주력하고 있다.

중국은 대륙국가이자 해양국가이다. 해양으로 나아가는 것과 해양을 무시하는 것의 선택은 국민경제와 사회문명의 전체적 국면에 관한 것이다. 이것은 우리 선조들이 무거운 역사적 대가를 치르고서 쟁취한 인식이다. 해양으로 다시 돌아간다는 것은 중국이 개혁 개방을 이루고 세계경제의 일체화 진전에 융합하는 발전 추세이다. 해양국가로 진입하는 첫 번째 진형은 선진화된 해양과학기술, 번영된 해양경제, 강화된 해양군사력, 건강한 해양생태환경을 이룬 해양국가를 건설하는 것이다. 이것은 중국의 전략 목표이다. "육지와 해양의 통괄적 계획을 유지하고, 해양 발전전략을 제정하고 실시하여, 해양 개발과 제어 그리고 종합 관리 능력을 제고하는 것"이 '12차 경제개발 5개년' 계획 부문이다.

이러한 부문을 실행 가능하게 하려면, 그 전제조건의 하나가 바로 과학적 발전관과 포용적 발전 이념의 지도 아래 현대해양 발전관을 수립하는 것이다.

지금까지 중국학술계에서는 과학 발전관과 포용적 발전 이념에 대한 연구를 전개하지 않았다. 다만 거시적이고 개괄적인 소개만 있을 뿐이며, 해양 영역에 대해서는 다루지도 않았을 뿐더러, 현대해양 발전관에 관한 전문적인 논문은 찾아 볼 수조차 없다. 본 장은 시대 변천과 사회 전환의 시야로부터 역사 경험을 총결하고, 현대해양 발전관의 함의와 가치를 고찰하고자 한다. 아울러 국민의 의지를 결집시켜 해양 발전을 지지하게끔 하고, 국가 해양 발전전략을 제정・실시하여, 미래지향적인 이론적 뒷받침을 제공하고자 한다.

1. 현대해양 가치관과 발전관

제2차 세계대전 이후 평화와 발전이 전쟁과 혁명을 대신하여 시대의 주선율이 되었고, 국제 해양정치경제 질서는 조정기로 접어들었다. 인구가 급증하고 경제 발전에 의존하는 육지에서는 재생될 수 없는 자원이 나날이 고갈되고 생태환경이 악화됨으로 인해, 사람들의 시선을 해양으로 돌리게끔 만들었다. 이에 전 지구적 범위에서 해양에 대한 재인식을 불러일으켰고, 과학기술의 발전 또한 해양자원의 개발과 이용에 큰 가능성을 열어 놓았다. 해양을 통제하고 이용하는 주요 방향은 해양통로를 쟁탈하는 것에서 해양자원을 쟁탈하는 것으로 바뀌었다. 선진 해양국가들은 먼저 해양자원을 앞 다투어 점유하였다. 전쟁 이전에 열강들이 통제했던 식민지들이 잇달아 독립하여 주권국가로 되었는데, 라틴아메리카 국가를 시작으로 한 이들 국가는 해양권 쟁취를 위한 투쟁을 벌이고 있다. 각 방면의 이익 게임 아래 탄생한 「해양법에 관한 국제 연합 협약」은 해양권익 시스템을 확립하였는데, 이는 해양가치관과 해양 발전관의 거대한 변화를 반영하였다.

1) 현대해양 가치관의 형성

해양가치관은 해양에 대한 인류의 인식으로, 해양으로 향해 나아가고, 해양을 이용하고 개발하는 인류의 행위를 결정하였다. 해양인식의 목표는 해양에 대한 인간의 생존 가치와 의의를 찾아내어 사회 발전을 촉진시키는 것이다.

인류가 최초로 고기를 잡고 소금을 만든 것에서 해양의 경제적 가치를 발견하였고, 항해를 통해 해양의 교통 가치를 발견하였다. 이러한 것에서부터 오늘날 해양을 입체적으로 개발하고 이용하며 보호하는 공간 가치, 자원 가치, 정치 가치, 안전 가치, 소비 가치, 생태 가치, 심미 가치 등으로까지 확장되었다. 거시적으로 볼 때, 아래 네 가지는 서로 연관되며 각기 중요한 가치 관념을 형성하고 있다.

(1) 해양은 인류가 생존 발전하는 제2의 공간이다.

예로부터 육지는 인류가 생존 발전했던 공간이다. 과거에는 육지를 본위로 삼아 해양을 인식하였다. 그래서 인류의 생존 발전에 해양이 갖는 긍정적인 의미는, 각 대륙의 문명을 소통시키는 큰 통로였다는 데 있다. 지금에 있어 이러한 이해는 분명 단편적이고 편협적인 것이다. 수많은 현대해양 과학자들과 인문사회 학자들은, 해양공간에는 해역 표층수, 해저, 바닥, 상공, 주변 해안가를 포함한 입체적인 개념으로 여기고 있다. 인류의 경제활동은 해양 자연생태계와 서로 결합하여 해양생태경제 시스템을 형성하기에, 해양은 더 이상 자연 물체의 개념이 아니라 인류사회의 속성을 지니고 있는 것이다. 인류가 생존 발전 공간을 확장하는 구상에는 '하늘로 오르고', '땅속으로 들어가며', '바다로 나아가고', '극지에 오르는' 네 가지 방향이 있다. '하늘로 오르는 것'은 지구 밖의 오아시스를 찾는 것으로, 오늘날까지 막연한 것이다. '땅 속으로 들어가는 것'은 지하에 생존 공간을 구축하는 것이지만, 지상과 마찬가지로 자원의 제약을 받는다. '바다로 나아간다는 것'은 해양을 개발・이용・통제하고, 평면에서 입체적으로 추진하여 대양과 심해 그리고 해저로 진군하는 것을 가리킨다. '극지에 오르는 것'은 얼음 층으로 뒤덮인 남극 대륙을 가리킨다. 해양과학기술의 혁신으로 해양에다 작업과 생활공간을 건설하게 되었다. 예를 들어 해상 오일가스 플랫폼, 해상 공장, 해상 도시, 수중 거주지, 해저 호텔, 해저 터널, 해저 공장, 해저 창고 등의 구상이 현실화되고 있는 것이다. 1994년 11월 16일 「해양법에 관한 국제 연합 협약」의 발효는 영해 이외인 공해公海에 대한 전통적 구도를 바꾸게 하였다. 세계해양의 약 1.094억㎢(일설에는 1.3억㎢)의 근해가 인위적으로 영해, 인접 지역, 배타적 경제수역, 대륙붕으로 구획되어 연해국가의 관할 해역으로 되었다. 이것을 통속적으로 '푸른 국토'라 부르는데, 이처럼 해양은 인류의 생존 발전을 위한 제2의 공간으로 여겨진다.

(2) 미래문명의 출로는 해양에 있다.

고대문명과 현대문명의 물질적 기반은 주로 육상자원에 의존하고 있지만, 지금은 부족하고 다 소진되었다는 위기감이 나타나고 있다. 그러나 해양의 개발과 이용은 해양 평면과 표층수에 국한되어 아직 심해와 해저에 미치지 못하고 있기에 발전 잠재력이 아주 많다. 현대 과학 연구의 진전에 따르면, 인류에게 제공되는 해양 식물의 능력은 아마도 세계 농산물 생산량의 1,000배에 이를 것이고, 해수 담수화는 담수자원을 지속적으로 개발할 수 있는 중요한 수단이며, 해양에너지의 총 사용 용량은 780억 KW 이상이 될 것이라 한다. 해양 석유와 천연가스는 각각 1,350억 톤과 140조 ㎥가 될 것으로 예측된다. 지구촌 면적의 49%를 차지하는 국제 해저구역에는 풍부한 금속 결핵結核, 코발트 발망각, 열액 황화 물질 등 육상의 전략적 대체 광물이 매장되어 있다. 수심이 300m 이상인 대륙 가장자리의 해저와 영구적인 동토의 침적물 중에는 천연가스 하이드레이트가 축적되어 있는데, 그 자원의 양은 전 세계 석탄・석유・천연가스 총 매장량의 두 배 이상에 달하는 것으로 추정하고 있다. 해양은 자원이 풍부하지만 미개발된 보고寶庫이며, 육지를 기반으로 하는 인류사회가 지속적으로 발전할 수 있도록 지탱하는 소중한 자산이다. 이것이 바로 미래문명, 즉 육지와 해양의 일체화의 발전에 출로를 제공하게 될 것이다.

(3) 해양을 가진 자가 미래를 가지게 된다.

해양의 전략적 지위와 가치에 대한 인류의 인식이 끊임없이 높아지면서, 해양을 이용한 무역을 발전시키고 문명을 전파하는 기능이 연해국가의 발전에 활력을 불어넣었다. 근대 이후 바다로 나아가 해권海權을 발전시킨 것은 세계적 대국 굴기의 경로였다. 해권은 "한 국가가 군사적 수단을 동원해 해양에 대한 통제력을 운용하는 것"이며, "해권의 역사는 모두 그렇지는 않지만, 주로 국가와 국가간의 투쟁을 기술한 것"이라 정의된다.[1] 제2차 세계대전 이후 세계질서는 큰 변화가 있었고, 평화와 발전이 시대적 주제로 되었다. 해양의 가치는 『해권론』이 생겨난 시대보다 더욱 높다. 선진 해양국가들이 해권에 기대어 세계해양을 제어하는 전략은 기본적으로 변하지 않았지만, 그 전략 목표는 바다에서 해양입체로 확대되었고 해양통로에서 해양자원의 쟁탈로 확대되었다. 해양 개발도상국에서 시작된 해양권 장악 투쟁은, 세계 각국이 「해양법에 관한 국제 연합 협약」을 통해 해양자원의 소유권에 대한 재분배를 야기시켰다. 그러나 각국의 해양자원 확보와 이용은 여전히 각국의 실력에 달려 있어, 해양을 가진 자가 미래를 가지게 된다.

(4) 21세기는 해양세기다

21세기 해양은 인류사회 발전의 중요성을 더욱 부각시키고 있다. 세계의 경제・사회・문화가 가장 발달된 지역은 해안선으로부터 100km 이내의 연해지역에 집중되어 있고, 하루 평균 3,600명이 연해지역으로

---

1 Alfred Thayer Mahan, 一兵 譯, 『海權論』, 同心出版社, 2012, p.1.

이동하고 있다. 유엔의 「21세기 아젠다」에서는, 2020년에 이르면 전 세계 연해지역 인구가 전체 인구의 75%에 이를 것으로 전망했다. 해양경제는 경제의 지속적 발전에 있어 그 공헌이 높아져, 세계무역 총액의 70% 이상이 해운에서 왔고, 전 세계 관광 수입의 1/3이 해양에 의존하고 있다. 해양생물자원, 화학자원, 동력자원, 해저 오일과 금속 자원의 개발과 이용은, 빠른 발전 추세를 보이고 있으며, 해수 담수화는 담수자원을 지속적으로 개발할 수 있는 중요한 수단이 될 것이다. 심지어 해수를 끌어들여 내륙 지역의 사막화 문제를 해결할 수가 있다. 기술발전에 따라, 미래는 유전 개량과 유전자 공학 그리고 세포 공학 기술을 통해, 내염耐鹽 작물을 배양하고 해수의 관개 농업을 발전시켜 육상식물을 다시 해양으로 돌려보내, 육지농업인 식량 안전과 수자원 부족의 압력을 완화할 수 있도록 할 것이다. 유엔은 심해의 상업적 채굴활동이 2020년 이후에 시작될 것으로 전망했다. 신흥 해양산업의 형성에 있어, 해양경제가 21세기 세계경제 발전의 새로운 버팀목이 될 것이다.

2) 새로운 해양 발전관의 구축

발전이론은 서방에 기원한다. 18세기 중엽 '발전(영어－development, 프랑스어－developpent, 독일어－entwichlung)'이란 용어는 사회 변화 과정을 묘사하는데 사용되었다. 공업혁명과 진화론에 발맞춰, 발전의 의미는 주로 생산과 물질생활의 진보를 가리켰다.

20세기 중엽 이래로 서로 다른 국가와 지역 간의 발전 불균형 문제가

'남북문제'로 변화되면서, 인류 발전권이란 개념을 만들어 국제 발전법의 형성을 촉진시켰고, 이에 발전연구Development Studies가 흥기하였다. 처음에는 개발도상국들이 후진국 상태를 어떻게 탈피할까라는 문제를 연구하는 데 집중하였고, 이후에는 선진국의 발전사와 인류사회의 지속적인 발전 문제로 확대되었다.

발전 연구는 먼저 경제학 분야에서 대두되어 경제 성장을 강조하는 발전경제학을 형성하였다. 이는 "평균 수준이 발전에 어떠한 영향을 미치는가"와 "주민 간 또는 국가 간의 경제적 분배 문제는 발전에 어떠한 영향을 미치는가"를 중점적으로 연구하는 것이다.[2] 뒤이어 사회학과 정치학 등 학문 분야의 발전 연구가 뒤따라 경제사회 종합발전이론을 형성하였다. 발전사회학에서는 주로 현대사회의 기본적 특징을 둘러싼 문제(예를 들어 사회 분화와 통합, 세속화, 도시화 등)와 사회 발전의 전반적인 패턴을 체계적으로 연구한다. 아울러 사회 지표와 역사 비교의 방법으로 사회 발전정책을 연구하고 평가한다. 발전정치학은 개발도상국 경제 발전의 정치적 결과와 정치적 요인이 경제 발전에 어떠한 역할을 가져다 주는 가에 대해 주로 연구하는 것으로, 발전 과정 중의 불공정과 안정적인 문제에 초점을 맞추고 있다. 발전 인류학은 민족문화의 차이에서 출발하여, 글로벌화 경제 발전과 각종 문화적 배경 아래의 지식 그리고 전통 간의 상호 작용을 고찰한다. 발전 철학은 사람을 근본으로 하는 새로운 발전관을 제기하여, 사람들이 자신의 행동을 어떻게 조정하여 선순환 사회 발전을 실현시킬 것인가를 탐구하는 것이다. 이 외에

2 Debraj Ray, 陶然 外譯『發展經濟學』, 北京大學出版社, 2002, pp.7・8.

도 과학기술 발전학, 발달심리학 등의 연구가 있다.

1980년대에 이러한 연구이론은 한층 더 발전했다. 단순한 경제 성장론과 세대 간 공평성을 무시한 사회종합발전론을 초월하여, 지속 가능한 발전Sustainable development 개념을 확립하여, 인간사회와 자연이 조화롭게 발전하는 것을 목표로 하면서, '인구・환경・자원・발전'의 전체적인 연관성에 대해 세계적인 범위에 있어서의 시공時空적 분석을 가하고 있다. 지금에 있어서 지속 가능한 발전 연구는 당대 발전 연구의 주류로 되었다.

해양 발전은 인류가 직간접적으로 해양을 개발하고 이용한 실천활동을 통해, 사회 변천에 영향을 미치는 행위를 가리킨다. 이전에는 일반적으로 전통적 육상발전 모델을 해양에 접목하였기에, 해양 발전은 곧 해양경제 생산의 증가에 있었다. 그래서 해양정치, 해양경제, 해양사회, 해양문화의 전반적인 발전을 그다지 고려하지 않았고, 해양선진국과 해양개발도상국 간의 공동 발전을 고려하지 않았다. 해양 영역의 발전권이 사람들에게 보편적으로 받아들여지게 되고 매우 중요한 권리로 여겨진 이후, 새로운 해양 발전관이 점차 구축되기 시작하였고, 이는 해양실천활동에서 그리고 「해양법에 관한 국제 연합 협약」과 「21세기 아젠다」 등의 문건에서 구현되었다.

(1) 해양이익의 공유

해양이익은 해양지역의 개인과 단체, 해양지역과 육지지역, 연해국가와 내륙국가에 관련되기에, 그것을 공평하게 나눈다는 것은 육지보다 훨씬 복잡하여 다층적인 문제를 안고 있다. 일부 해양지역이 1단계로, 즉 하나의 만灣 혹은 하나의 수역을 환경 단위로 한다. 여기에는 해양을 개발하고 이용하는 다양한 사회 집단, 업종, 개체들이 모여 있다. 그들 간에는 해양을 개발하고 이용하는 출발점이 달라, 그 이익이 서로 교차하거나 심지어 서로 배척하는 경우가 많다. 국가 내부의 해양지역 간 그리고 해양지역과 내륙지역 간이 2단계이다. 여기에는 행정 단위의 다름으로 인해 개발중점과 발전전략이 각각 다르게 되고, 해양이익도 모순과 충돌이 발생할 수 있다. 중앙과 지방 사이에도 해양이익의 분배 문제가 있다. 연해국가, 도서국가, 내륙국가 간이 3단계이다. 지리적으로 인접하거나 마주하는 연해국가와 도서국가는 지리적으로 유리하거나, 유불리하기도 하며, 불리하기도 하는 여러 상황이 존재한다. 이런 까닭에 공평한 원칙에 따라 영해와 대륙붕 그리고 배타적 경제수역의 경계를 획정해야 한다. 연해국가, 도서국가와 내륙국가 간에도 해양이익의 모순과 충돌이 있는 만큼, 공평한 원칙에 따라 해양의 실제 이익을 재분배해야 한다. 세대 간에 해양의 은혜를 공평하게 나누는 것이 4단계이다. 현대사회 성원들은 해양 발전에 있어 기회 선택의 공평성을 고려해야 하고, 각 방면의 요구와 이익(즉 사람과 사람 간의 공평)을 동시에 고려해야 한다. 또한 후대의 생존 권리를 존중하여, 후대의 해양 발전 이익(즉 세대 간의 공평)을 동시에 고려해야 한다. 해양을 통제하고 관리하며 규제하는 각국의 규정에서 추구하는 목표는 공평한 원칙으로 국내의 해양이익 관계에 대해 조정하는 것이며, 「해양법에 관한 국제연합 협약」의 정신은 공평한 원칙으로 국제해양이익 관계에 대해 조정하는 것이다.

(2) 해양자원의 지속적 이용

해양경제 분야에서 지속가능한 발전관은 해양생태환경을 보호하는 기초에서 세워진 경제의 지속적인 성장을 표현하는 것으로, 물질 추구를 핵심으로 하는 전통적 소비 관념과 환경 희생을 대가로 하는 전통적 발전 관념을 바꾸고자 하는 것이다. 이것은 해양자원을 합리적으로 개발하고 이용하여 해양자원 시스템의 선순환을 유지 보호하고, 자원과 환경의 용량이 감당할 수 있는 조건 아래 현대인의 요구를 충족시키면서 또 후속 세대의 필요를 만족시키는 발전인 것이다. 연해국들은 국가적 입법, 기획, 투자, 행정조치를 통해 해양개발에 대한 정부의 간섭을 강화하고, 과학기술을 촉진하여 해양을 진흥시켰으며, 해양 이용 능력을 제고하여 적은 해양자원의 대가로 고효율적인 이익을 쟁취하였다.

(3) 인간과 해양의 조화로운 공존

자연과 환경을 인류의 정복 대상으로 삼는 전통적인 관념을 바꾸어, 인간과 자연의 화합과 평등 그리고 조화로운 발전을 위한 새로운 관계 건립을 제창한다. 해양생태환경을 보호하고, 인간과 해양이 조화로운 공존을 이루는 것이 바로 그 가운데 중요한 영역이다. 녹색환경 이념은 환경과 발전을 통합적으로 사고하여 해양생물자원의 증식량과 어획량의 관계를 균형 있게 가늠하길 요구한다. 그래서 정당한 보호 시책을 취하여 새로운 어업관리 제도를 제정하도록 한다. 간석지와 천해淺海를 과학적이고 합리적으로 이용한 양식 해역은, 고효율과 저오염의 규모를 갖춘 양식 유형으로 발전시키고, 더 나아가 무공해 양식을 널리 보급하는 것이다. 해양환경에 대한 인류활동의 오염 피해를 방지・경감・

제어함으로써, 해양생태환경의 퇴화를 방지하고 해양의 건강성을 보호해야 한다. 해양생명의 건강성과 복지를 소중히 여겨, 수산 유전 자원 보호구역, 유어幼魚 자원 보호구역, 수생水生 야생 동식물 보호구역, 해양과 해안 생태계 보호구역, 희귀 또는 멸종위기종 보호구역을 설치해야 한다. 구조 순환경제와 녹색 해양경제로 해양환경과 해양 발전의 균형을 조절해야 한다. "해양의 흥망성쇠Seas and Oceans-Dead or Alive는 모든 사람에게 책임이 있기에", 세계 각국은 해양을 보호하고 해양자원 파괴와 환경퇴화를 방지하는 책임과 의무를 함께 분담해야 한다.

3) 새로운 해양관이 직면하고 있는 도전

현대해양 가치관 형성과 현대해양 발전관의 구축은 해양문명 발전의 한 단면이다. 그러나 가치와 사실 사이에는 큰 격차가 있고, 정확한 사상에 대해서도 단편적인 이해와 인식의 문제도 있다. 이러한 진보는 장구한 역사의 발전 과정이 될 것이며, 현재로서는 아직 정형화되거나 완성되지 않은 상태이다.

① 세계화는 각국의 해양이익이 서로 얽혀 있어, 유엔과 국제기구가 전 인류와 세계 전체의 이익을 보장하는 '세계주의' 법치 형태를 출현시켰지만, 인류공동체는 결코 나타나지 않았다. 이에 현실적 해양활동 주체는 다원화되고 다층적이어서, 그들의 가치목표와 가치지향은 다르고 일치하지 않았으며, 해양자원을 육지자원의 부족 대체재로 대부분 활용하고 있다. 이처럼 환경을 희생시켜 경제 성장을 추구하는 전통적

발전 모델이 여전히 유행하고 있어, 이러한 행위 방식은 불가피하게 대량의 이익충돌을 야기하게 된다. 현대해양관의 이념은 민중의 자각적인 추구로 바뀌어야 하는데, 아직 갈 길이 멀다.

② 해양세계의 행위 주체는 독립적인 연해국가와 도서국가이다. 이들 각국은 자국의 이익에서 출발하여 현대적 해양관념을 이해하고 받아들이며, 국익의 극대화를 추구하고 자국의 해양 발전 전략을 제시한다. 「해양법에 관한 국제 연합 협약」 원칙에 근거하여 해양권리를 주장하는데, 국가 간 해상 경계의 획정이 필요한 곳이 370여 곳이다. 그리고 33개 이상의 국가가 200해리 대륙붕을 초월한 외부 경계에 대해 신청을 해야 할 것이며, 이는 유엔 대륙붕 경계위원회의 심의를 할 필요가 있다. 이것은 해양가치의 제고에 부정적인 사회역사적 효과를 낳게 하였다. 해양공간과 해양자원의 쟁탈과 분할이 더욱 심화되어 국제 분쟁의 쟁점이 되고 있다. 이에 공동 발전과 포용적 발전 이념을 기대하는 것은 더욱 어렵게 되었다.

③ 국제해양사회 경제문화의 질서는 여전히 미국 등 선진 해양국가들이 주도하고 있다. 미국은 국제해양 규칙의 발언권을 장악하여, 자신을 중심으로 하는 해양세계화를 추진하고 있으며, 심지어 해양패권 지위를 유지하기 위해 해양에서의 국익을 확장하고, 하드파워를 바탕으로 국제규범과 해양법의 제약을 받지 않고 있다. 이것은 공동 발전과 포용 발전의 이념과는 전혀 어울리지 않는다. 현대해양 가치관과 현대해양 발전관에 부합하는 국제해양사회 경제문화 질서의 건설은, 그 책임은 막중하나 갈 길은 아주 멀다. 「해양법에 관한 국제 연합 협약」의 발효로 인류가 해양을 평화적으로 이용하고 해양을 전면적으로 관리하

는 새로운 시기가 열렸다는 것이 과연 옳은지 판단할 필요가 있으며, 아울러 이는 역사적인 검증이 요구되는 것이다.

2. 중국의 개방형 경제의 형성과 신흥 해양관의 관계

1978년 11월의 중국공산당 제11기 3중 전체회의에서 중국의 전면적인 개혁 개방의 위대한 역사를 열었다. 30년 동안 중국은 '계급투쟁을 강령으로 삼는 것'에서 경제건설 중심으로의 전환, 폐쇄・반폐쇄 사회에서 개방사회로의 전환, 계획경제에서 시장경제로의 전환, 농업문명에서 공업문명으로의 전환을 실현(혹은 초보적 실현)시켰다. 개방형 경제의 형성과 중국해양이익의 확대는 새로운 해양관의 발전에 비옥한 토양을 제공하였다.

1) 중국의 개방형 경제의 형성

개혁 개방은 한차례 혁명으로 중국사회 구조의 전환을 촉진하였다. 일정 의미에 있어서 개방형 경제의 형성은 "해양에 대한 중앙 권력 중심의 개방으로, 연해지역을 촉진시켜 해양 발전으로의 역사적 잠재력을 방출하고 발휘하게끔 하였다".[3]

(1) 동쪽 해양으로 나아가 국제경제의 대순환에 참여

임해臨海 지역의 가장 큰 장점은 개방성이다. 1980년 5월 중앙은 심천深圳, 주해珠海, 산두汕頭, 하문厦门에다 경제특구를 운영하기로 결정했다. 1984년 5월, 14개 연해 항구도시를 더 개방하기로 결정했다. 이어서 연해지역에는 각종 경제기술 개발구, 국제무역과 항운센터, 보세구역, 대만상인 투자 구역을 잇따라 건립하였다. 해양 발전 추세는 변방에서 중심으로 나아갔고, 중국은 동쪽 해양으로 나아가 국제경제의 대순환에 참여하기 시작하였다. 1986년 7월, 관세무역 일반협정 체결국 지위 회복을 신청했고, 2001년 11월, 세계무역기구WTO에 가입하였다. 이에 중국 경제는 국제경제체제에 신속하게 편입되었다. 현재 중국은 이미 선박 제조 대국, 해양 어업 대국, 해양 수송 대국, 해양무역 대국으로 성장하였고, 사회경제 발전은 갈수록 해양에 의존하고 있다. 2008년 중국의 대외경제 의존도는 60%를 넘었고, 국제 에너지의 자원형 상품에 대한 의존도가 높아졌다. 1993년 이후 중국은 석유 순수입국으로 되었고, 2009년에는 원유, 철광석, 산화알루미늄, 구리광석 등 수입 의존도가 40~70%에 달했다.

(2) 전통에서 현대로 전환한 연해지역의 사회경제

해안선을 가진 현縣·시市·구區로 구성된 연해지역은, 연해 성(시와 구) 육지 면적의 21.7%와 인구의 32%를 차지하고 있다. 이곳은 중국 경제 성장 엔진이자 황금 지대로, 대외무역, 대외경제기술, 대외문화교류

3 楊國楨, 「關于中國海洋社會經濟史的思考」, 『中國社會經濟史研究』 2, 1996.

에 중요한 역할을 하고 있다. 연해지역의 사회경제는 우선 폐쇄・반 폐쇄적인 경제구조에서 개방형 경제구조로 전환되었고, 체제 전환과 이익 조정 그리고 관념의 전환으로, 사회는 점진적으로 전통에서 현대로의 전환을 이루었다. 아울러 육지와 해양 두 방향으로 저변을 확대하여 동부 전 지역의 굴기를 촉진하였다. 한편으로, 산과 바다의 협력을 통해 연안의 내륙 산간지역의 시장경제 육성을 이끌어 내었고, 공업화와 도시화의 과정으로 진입하였다. 한편, 해양을 지향하여 해양경제를 발전시켜, 국민경제의 새로운 성장 동력으로 되었다. 해양생산총액은 1979년 62억 위안에서 2010년 3조 8439억 위안으로 증가하였고, 국내생산총액에서 해양생산총액이 차지하는 비율은 1979년 0.7%에서 2010년 9.7%로 상승하였다. 2005년 대외무역 수출로 직접 흡수한 취업인구가 1억 명을 넘었는데, 이는 전체 취업자의 1/7을 차지하였다.

(3) 중서부의 발전을 이끈 동부의 굴기

중국은 해양과 세계의 상호 작용을 통해 국제 경제체제에 편입하였다. 이는 중서부 지역을 세계로 향하는 역사적인 기회를 창조하게 되었다. 해안지대를 핵심으로 한 동부지역은 중국 경제의 현대화를 이끄는 견인차 역할을 담당하여, 임해지역의 우위를 통해 개방형 경제가 가져다준 자금・인력・기술・상품・사상・이념을 육지로 옮겨와 확산시킴으로써, 서부 대개발과 동부의 옛 공업기지 그리고 중부의 진흥을 이끌어 내었다. 이는 중국 사회경제구조의 전환에 큰 영향을 미쳤고 중요한 역할을 했다.

2) 중국의 해양 이익의 확장

「해양법에 관한 국제 연합 협약」은 연해국가의 관할 해역을 구획하는 새로운 제도로, 가장 많은 이익을 얻는 나라는 미국, 소련(러시아), 일본, 영국, 캐나다, 호주 등 선진 해양국가들 그리고 라틴아메리카의 긴 해안선을 지닌 개발도상의 해양국가들이다. 중국은 득도 있고 실도 있는데, 해양이익이 확장됨으로 인해 주변 국가들의 쟁의와 침략을 받고 있다. 확대된 중국의 해양이익은 여러 방면에 걸쳐 있다.

(1) 해양정치 이익

영해와 도서 주권 그리고 배타적 경제수역과 대륙붕의 해양주권 권리는 국가의 핵심 이익으로 떠올랐다. 「중화인민공화국의 배타적 경제수역과 대륙붕 법」에는 다음과 같이 규정하고 있다. "중화인민공화국의 배타적 경제수역은 중화인민공화국 영해 이외 그리고 영해를 인접하고 있는 지역이 되며, 영해 폭의 기선으로부터 측정하여 200해리까지 연장한다." "중화인민공화국의 대륙붕은 중화인민공화국의 영해 이외의 자국 육지 영토의 자연 연장 및 확대된 대륙 가장자리 외연의 해저 구역 해상海床과 저토 전부이고, 만일 영해 폭의 기선으로부터 측정하여 대륙 가장자리 외연까지의 거리가 200해리가 되지 않을 경우에는 200해리까지로 확대한다." 관할 해역 내에 있어서 우리는 각종 해양권리를 보장하는 국내법을 제정하고, 더 나아가 효과적인 관리를 할 권리가 있다. 또한 각종 대외적인 해양법률을 완정하게 제정하여, 중국 관할 해역의 정치질서와 사회질서를 규범화하는 권한을 가진다. 도서의 주권은 중국 관할 해역의 범위에 관계되는 것으로, 이 또한 정치적 인정의 근거이다. 이는 대만과 그 부속 도서 그리고 남중국해 도서들의 주권과 영유권을 지닌 관할 해역을 지키고, 중국의 해양정치적 이익을 구현하는 것이다. 중국은 평화적이고 안정적인 국제관계가 필요하며, 해양 발전의 실력을 증진하여 해양권익을 수호하고, 대만과 조국 대륙의 통일 그리고 중국 관할 해역에 관련된 여러 분쟁을 처리하고 최종적으로는 해결하며, 해상 이웃과 평화 공존하는 것, 이것이 해양의 정치적 이익을 보장하는 핵심이다. 중국은 공해와 국제 해저지역을 개발하고 이용하는 권리를 공유하고, 동시에 공해와 국제 해저지역을 보호할 의무를 공유함으로써, 국제해양정치의 이익에 참여하는 것이다. 그래서 국제해양질서를 수호하고 건설하는 국가적 책임을 지고, 동아시아 지역과 전 지구적 해양 사무에 적극 참여함으로써, 중국의 존재를 구현하고 응당한 지위를 차지하는 중요한 역할을 충분히 할 수 있을 것이다.

(2) 해양경제 이익

해양과학과 해양경제의 발전은 중국경제가 지속적으로 발전할 수 있는 새로운 성장 근원이다. 발해渤海, 황해黃海, 동해東海, 남해南海 4대 해역에는 해양자원이 아주 풍부하다. 이미 검정된 해양 생물은 2만 278종, 해양 어류는 3천여 종이다. 1차 생산 총량은 45억 톤이며, 어류 생물량은 1500만 톤으로 환산된다. 20미터 이내의 얕은 해역은 15만 7,000㎢가 되고, 해수 양식 가능 면적은 260.01만ha에 이르며, 이미 양식하고 있는 면적은 106.49만ha에 이른다. 천해와 간석지의 양식 가능 면적은 242만ha이고, 이미 양식하고 있는 면적은 89.37만ha에 이른다. 이처럼 해양어업과 해수양식을 발전시키면 육상농업에 대한 식량 안전의 압박을 완화시킬 수 있다. 해양은 중국 전략 자원의 중대한 비축기지이자 아직 미개발된 자원의 보고이다. 해저의 석유자원 매장량은 약 528억 톤, 가스자원 매장량은 약 28.6조㎥로 추정된다. 수심이 300m 아래의 가장자리 해저에는 풍부한 해양 천연 가스 하이드레이트를 매장하고 있어, 이는 미래에 석유와 가스를 대체하는 전략 자원이다. 연해에 60여 종의 사광砂鑛이 있어, 그곳의 누적 매장량이 16.4억 톤으로 확인되었다. 연안에 제염에 적합한 토지는 0.84만㎢이며, 바다 소금 생산량은 세계 1위이다. 조석潮汐 에너지, 파동 에너지, 열 에너지 등 해양 에너지 매장량은 약 6.3억KW로 추정된다. 중국 해안은 좋은 항만과 내륙을 연결하는 강이 있는데, 심수深水 지역이 400여 km에 이르고, 중급 이상 버드berth를 설치할 수 있는 곳이 160여 곳이며, 만 톤급 이상이 40여 곳, 10만 톤급 이상이 10여 개에 이른다. 국내무역 가운데 해양 운송은 이미 철도 운송 위주의 국면을 뛰어넘었고, 대외경제무역의 80% 이상을 해양 운항에 의존하기에, 해양은 중국 물류의 관건으로 되었다. 해수는 공업 냉각수, 도시 용수, 생산 공정 용수로 직접 이용할 수 있고, 각종 화학원소를 추출하고 각종 화학제품을 가공할 수 있다. 또한 해수 담수화를 통해 생활용수로도 사용되어 연해지역의 물 부족 문제를 해결할 수 있다. 심지어 해수를 육지로 끌어와 서북지역의 사막화 문제를 해결 할 수도 있다. 중국 연해에는 모두 1500여 곳의 관광지가 있어 해양 관광업을 발전시키기에 적합하다. 연구에 따르면, 중국의 각 지역에서 매년 제공할 수 있는 생태 서비스 가치는 약 1조 5047억 위안에 이른다. 이 외에도 외국의 해양자원과 세계의 해양공공자원을 적극 활용하여, 해양무역과 원양어로 그리고 해저탐사 등을 발전시키고, 자원공급의 세계화를 실현시킴으로써, 막중한 경제이익을 가지게 된다. 중국은 이미 동태평양 국제해저 다금속 결핵 광구에서 7.5만 ㎢의 탐사계약을 획득하였고, 서남쪽 인도양에 있는 국제해저 다금속 황화물질 광구에서 1만 ㎢의 탐사계약을 허가받았다.

(3) 해양안전 이익

국가 안보는 해양과 육지 그리고 하늘을 포함하는데, 해양은 국가안전의 보호벽이다. 해양과 육지를 두루 갖추고 있는 중국은 근대 이후 육지와 해양으로부터 이중적인 타격을 받았는데, 주로 해양패권국으로부터 위협을 받았다. 현재 '중국 위협론'자들은 중국의 부상을 억제시켜야 한다고 주장하는데, 그들의 중점 목표는 중국이 동쪽의 해양 진출을 막는 것에 있다. 환중국해와 서북태평양 지역은 외국이 침범하고 간섭하는데 반드시 이용하는 전장이자, 중국 근해 방어의 중점 구역이기도 하다. 대양大洋은 패권 국가들이 중국을 봉쇄하는 전략구역이자, 중국이 그 포위망을 뚫고 전략 핵 위협과 핵 반격을 실시하는 활동 구역이기도 하다. 관할 해역과 그 인접 해역을 충분히 통제할 수 있고, 대양으로 나아갈 수 있는 기본적인 제해 능력을 확보해야 만이, 국가 안전을 효과적으로 수호할 수 있다. 전통적인 안보위협(해상 침투)에 대응하고, 해적과 해상 테러세력 그리고 마약 밀매 등의 비전통적인 안보위협을 제거하는 것은, 중국 경제의 핵심적 안전 이익을 본질적으로 보장하는 것이다. 경제 글로벌화 형세 속에서 중국은 매년 수천조 달러에 달하는 수출입 무역활동을 해양에 의존하고 있다. 중국의 1인당 자원이 부족하고, 석유 · 철광석 · 구리 광석 · 망간 광석 · 크롬 광석 등의 채굴 매장량은 공업화 · 도시화 · 현대화의 수요를 충족시킬 수 없다. 그래서 국제시장을 충분히 활용하여 자원 공급의 세계화를 실현시킬 수 있도록 하는 것이 필연적인 전략 선택이다. 황해와 동해 그리고 남해의 어귀를 안정시키고, 두만강의 동해(일본해) 어귀를 회복하며, 태국만과 벵골만의 어귀를 개척하여, 해상통로의 원활한 항해를 보장하는 것은, 중차대한 해양무역과 자원의 안전 이익을 확보하는 것이다. 해양의 자연재해를 예방하고, 해안 섬과 해안가 그리고 해양의 생태환경을 보호하는 것은, 해양생태계의 중차대한 안전 이익을 확보하는 것이다.

(4) 해양문화 이익

해양 발전은 인간의 생존방식이자 문명의 역사 과정이다. 자연과학과 기술과학의 각 분과 학과에서 진행된 해양 관련 교차 연구와 융합 연구가, 해양 과학으로 형성된 이후 해양 관련 기초이론 연구와 응용 연구에 큰 성과를 거두었고, '해양대과학海洋大科學' 방향으로 발전하였다. 해양과 인류 기원 그리고 해양과 전 지구환경 변천을 제시하여, 해양재해를 피하고 감소시켰다. 아울러 해안지역의 종합관리 등 굵직굵직한 과학문제에 관한 이론 혁신과 첨단 해양기술의 실행은, 인류사회문명의 진보를 촉진시켰다. 하지만 환경 희생을 대가로 한 사회발전 모델에 충격을 가져다주어, 인류의 이성과 양지良知를 되돌아보게 하였다. 이에 인문사회과학의 참여를 불러와, 사회가치의 합리성을 논증하여 인문적인 보장을 제공하는 것이다. 해양 발전에 대한 사회적 수요의 자극에 따라, 인문사회과학의 각 분과 학과의 해양 관련 연구도 점차 깊이를 더

하였다. 일부 영역과 방면에서 새로운 사상과 논리를 제시하여, 자신의 학과체계를 구축하고 아울러 통합적 흐름이 나타나기 시작하였다. 중국 현대해양의 발전 방식은 중화민족 해양역사문화의 전통 위에서 기초를 닦아, 해양과학과 해양인문사회과학을 발전시킨다. 그리고 관할 해역 내 자연자원과 인문역사유산의 가치를 분명하게 파악하여, 해양 환경을 개발·이용·보호하는 수준을 높이는 것이, 과학연구의 중차대한 이익을 확보하는 것이다. 중국해양 발전을 집대성한 물질문명과 정신문명의 성과는, 기존에 서로 다른 학과에 분산되어 있던 해양 관련 이론과 중요한 논술을 자신의 학과체계로 발전시켰다. 아울러 과학적 융합에 새로운 의미와 실천적 요구를 부여하여, 서로 밀접하게 연관된 새로운 사상과 새로운 논증을 창출하게끔 하였다. 이로써 전통적으로 민간 차원과 지역 차원의 해양문명을 민족문명 차원으로까지 끌어올려, 중국 특색의 현대해양문명을 건립하였다. 또한 중화문명의 내용을 풍부하게 하여, 서양해양문명과의 교류 발언권과 주도권을 얻게 되었다. 이에 해양 발전은 인류사회의 진보와 광대한 인민의 이익에 부합하는 방향으로 나아가도록 노력하여, 새로운 시대의 해양문명에 국제적 공헌을 창출함으로써, 중차대한 문화적 이익을 확보하게 되는 것이다.

3) 신구 해양관의 병존과 충돌

중국해양사업의 발전과 해양개발의 실천 속에는 두 종류의 신구新舊 해양관이 병존하며, 수시로 격렬한 충돌이 일어나고 있다. 이것을 구체적으로 표현하면 다음과 같다.

(1) 육지 중시와 해양 경시 그리고 육지와 해양의 총괄

오 천년 동안 육지문명은 줄곧 중국의 주류 문명으로, 농업을 근본으로 삼아 육지를 중시하고 해양을 경시하는 관념이 뿌리 깊게 박혀 있었다. 해양 발전은 변방의 위치에 처해 있었고, 장기간 연해지역과 민간 수준에 머물러 있었다. 전통적인 농업 생산방식과 생활방식은 사람들의 행위방식과 사고방식에 깊은 영향을 끼쳤고, 황토를 그리워하는 사회 심리와 사유 편향을 키워주었다. 해양 발전전략의 제시, 현대해양 발전관의 확립, 육지와 해양의 총괄과 조정 발전의 이념은 점차 보편화되었지만, 전통적인 발전 관념과 사회 심리 그리고 사유 편향은 근본적으로 전환되지 않았다. 해양의 중요성에 대한 국민의 인식은 공감대를 이루지 못하고 있다. 전체적인 분포로 동고서저東高西低와 남고북저南高北低로 볼 수 있는데, 내륙 주민들은 해양의식이 보편적으로 부족하며, 동부의 내륙과 연해지역도 이와 마찬가지이다. 이것은 국민의 의지를 결집하고 해양 발전을 지지하는 것에 대해 매우 불리하게 작용한다. 지도자층에 있어서도 육상 발전을 중시하고 해양 발전을 홀시하는 사상이 여전히 주도적인 지위를 차지하고 있다. 해양은 국가발전전략 중에 그 지위가 높지 않기에, 육지와 해양을 총괄적으로 다루기 힘들게 되어버렸다. 그래서 항상 해양 발전을 희생시키고 육지 발전을 꾀하는 것이다. 해양 발전을 독립적인 것으로 본다면, 그것은 고립적인 존재가 되어 해양과 육지의 총체적 발전에서 충분한 작용을 발휘하지 못하게 된다. 최근 경제와 사회 발전의 실천 속에서, '정위가 바다를 메우는 것精衛填海'을 답습하는 육지적 사유는 바다 요충지인 연해에 '특대형 도시 열풍'과 바다 섬의 육지화(즉 반도화)를 추구하는 '섬 연결 프로젝트'와 '해상대교 붐'을 만들어 내었다. 이는 해양생태환경을 더욱 취약하게 만들어, 해안지역에 사람과 땅의 긴장 관계와 이상 기후 등 일련의 문제를 가져다주었다.

(2) 약탈적 개발과 지속가능한 발전

해양의 지속 가능한 발전에는 3대 원칙이 있다. 첫째, 해안지역 생물자원 개발 이용률이 자원의 갱신률보다 높지 않아야 한다. 둘째, 바다로 들어가는 해안지역 폐기물과 오염물 양이 해양지역의 환경용량보다 크지 않아야 한다. 셋째, 연해지역 인구 규모가 연해지역과 해양생태의 적재 용량을 넘지 않아야 한다. 그러나 현실적 경제이익의 자극 아래 일부 해역의 개발이 불합리하거나 과도하게 개발되어, 바다를 이용하기만 할 뿐 바다를 가꿀 줄 몰라, 생태 목표와 경제목표가 충돌하는 현상이 나타났다. 규칙을 어기고 마구잡이로 포획하는 '약탈적 개발'이 여전히 행해짐으로 인해 전통어업 자원이 고갈되었다. 해안 모래를 마구잡이로 캐내어, 거대한 홍수림紅樹林, mangrove과 산호초가 사라지게 되었고, 연해지역 습지가 크게 줄어들어, 기후를 조절하고 저수지 물의 조절로 홍수를 예방하며 해일을 막고 해안을 보호하는 능력이 떨어지게 되었다. 이에 해역은 질서 없이 무절제하게 사용되어, 일부 해양자원과 자연경관이 파괴되는 지경에 이르게 되었다.

(3) 선 오염 후 조치와 생태해양

생태해양은 환경과 발전을 일체화하는 것을 목표로 한다. 이는 해양환경의 효율적 보호를 핵심으로 하여 보호와 개발을 병행함으로써, 환경과 발전의 선순환적 작용을 이루는 것이다. 그러나 선 오염 후 조치라는 발상은 근본적인 전환을 이룰 수 없다. 육상의 공업폐수, 농업폐수, 생활하수가 마구잡이로 바다로 흘러들어 갔는데, 설령 오염 폐수가 정화 처리를 거친다 하더라도, 대부분 심층 처리에 이르지 못하기에, 근해 해역에서 감당할 수 없는 무거운 짐이 되었다. 해상 선박의 기름 유출사고, 물 밸러스트water ballast, 양식 오염수, 해양 석유 플랫폼 오수 배출과 기름 유출사고는 근해환경의 악화를 가중시켰다. 일부 해역은 그 오염이 심해, 해양의 희석과 자정 능력을 초과하였다. 해양오염은 해수의 질을 떨어뜨리고, 수분체에 산소가 부족하게 하여, 해양생물을 곧바로 죽이거나 생물체의 생리적 생화학적 정상 기능을 파괴하였다. 해역에 부영양화富營養化를 조성하여, 각종 부유생물이 폭발적으로 번식시키거나 집중적으로 모여져 '적조'를 형성시킴으로 인해, 큰 면적의 어류와 패류를 질식시켜 죽게 만들었다. 연안에 바다를 에워싼 해안 공사를 진행하여 물길과 주변의 환경을 바뀌게 함으로, 이에 각종 어류의 이동경로를 막아 기존 생태계의 파괴를 초래했다.

(4) '가까운 곳에서 먼 곳까지, 얕은 곳에서 깊은 곳까지'와 '먼 곳에서 가까운 곳까지, 깊은 곳에서 얕은 곳까지'

세계해양 전략 발전의 대추세로 볼 때, '가까운 곳에서 먼 곳까지, 얕은 곳에서 깊은 곳까지'와 '먼 곳에서 가까운 곳까지, 깊은 곳에서 얕은 곳까지'는 두 가지 서로 다른 전략 방향이다. 개발도상 해양국가는 전자를 선택한다. 이들 국가는 해양을 개발하고 통제하는 조건의 한계와 편의성 그리고 활용성을 고려하여, 자기 관할의 근해와 천해淺海를 집중적으로 개발하고 통제한다. 선진 해양국가들은 후자를 선택한다. 해양을 개발하거나 통제하든 상관없이, 미국 등 선진 해양국가들은 원해 전략과 심해 전략을 견지하면서, "해양에 대한 이해가 가장 많은 국가가 해양을 장악할 가능성이 가장 높다"[4]라 여긴다. 이들은 해양 개발에 있어 외국과 국제 공공의 해양자원을 우선적으로 활용하여, 원해를 먼저하고 근해를 뒤로 하며, 논란 해역을 먼저 하고 관할 해역을 뒤로 하는 것이다. 또한 해상 통제에 있어서도 먼 곳에서부터 가까운 곳으로 하여, 작전의 최전방을 다른 나라들의 해안선까지 밀고 나가는 것이다. 이것은 표면적으로 경제력과 기술조건의 다른 선택이고, 심층적으로 보면, 이것은 육상에서 해양을 향하는 사고와 해양에서 육지를 향하는 사고의 차이이다. 중국의 전통적 선택은 전자였다. 요 몇 년 사이 중국은 이러한 전략적 방향을 따라 크게 성공을 거두었지만, 자국환경을 희생하고 자국 자원을 소비하는 막심한 대가를 치렀다. 어업 대국으로 중국의 원양 어획량은 7%에 그쳤고, 해양 어획은 근해 어장에 집중되어 근해 어업 자원이 해마다 쇠퇴하게 되었다. 해양 천연 오일가스의 배치도 원해와 논란 해역을 겨냥하지 않고, 중국이 통제할 수 있는 인근 해역과 일부 관할 해역에 집중되어 있다. 이로써 남중국해 석유 자원은 약탈 유실되었고, 발해 유정이 유출되는 등 자국 해양환경을 파괴하는 사건이 발생하게 되었다. 중국의 해군발전전략도 이와 마찬가지로 가까운 곳에서 먼 곳으로 나아가는 것이어서, 방어적 지역적 전략 목표가 자신의 손발을 묶고 있어, 나날이 확장되는 국가의

4 Thomas S. Bums, 王新民 外譯, 『大洋深處的祕密戰爭』, 海洋出版社, 1985, p.87.

해양이익과 서로 부응하지 않는다. 후자로 방향을 틀어 원양・심해・극지로 공간을 확장하는 해양활동이 이미 진행되고 있지만, 우주사업을 발전시키는 것처럼 거국적인 체제가 아직 형성되고 있지 않고 있다. 그래서 분명치 않은 방향성, 강하지 않은 대오, 부족한 조치, 충분치 않은 힘 등의 문제가 존재하고 있다.

신구 해양관의 공존과 충돌은 사람들에게 더 많은 생각을 불러일으켜, 이에 대응 조치를 제시하여 신시기 중국해양관의 내포를 더욱 풍부하게 하고 있다.

3. 신시기 중국해양관의 함의와 가치 취향

개혁 개방 이후 경제사회 변혁의 실행을 거쳐, 단순히 경제 성장을 추구하는 전통적인 발전전략에 대한 반성으로, 2003년 10월 중국공산당 제16기 3중 전회에서 과학 발전관이 제시되었다. 2004년 10월 중국공산당 제16기 4중 전회에서는 조화로운 사회주의 사회를 구축하는 전략사상이 제시되었고, 2006년 10월 중국공산당 제16기 6중 전회에서는 조화로운 사회주의 사회를 구축하는 몇 가지 중대한 문제에 대해 결정을 내렸다. 2007년 10월 제17차 전국인민대표대회에서는 경제 건설, 정치 건설, 문화 건설, 사회 건설, 생태문명 건설을 포함한 전면적인 소강사회의 분투 목표를 제시했다. 해양경제를 발전시키고 해양권익을 수호하는 것은, 중국이 전면적으로 소강사회를 건설하는 전략 목표 중의 하나이다. 과학적 발전을 촉진하고 조화로운 사회를 촉진하는 것을 강조하는 것은, 그 자체로 포용성 성장의 의미를 지니고 있다. 후진타오 총서기는 2009년에 포용성 성장과 포용성 발전 이념을 정식으로 제시했다. 이 이론 설계는 육지 발전에 입각한 것이지만, 해양 발전 영역에도 적용이 되는 것이다. 신시기 중국의 해양관은 마땅히 해양 영역에서 과학 발전관의 심화여야 한다.

1) 신시기 중국해양관의 함의

신시기 중국해양관의 함의는 과학 발전과 포용성 발전이다. 과학 발전관과 포용성 발전의 이념은 중국 사회구조의 전환과 국제금융 위기의 발생에 따라 야기된 심층적이고 구조적인 문제를 겨냥하여 제기된 것이다. 하지만 그것 또한 신시기 중국해양 영역에 적용되어, 중국해양관의 함의를 풍부하게 한다.

(1) 해양의 과학적 발전은 해상 역량 건설의 전면적 균형적 발전이다.

해양의 과학 발전은 '발전 없는 성장'의 전통적인 발전 모델을 바꾸는 것으로, 단순히 해양경제총량의 성장을 추구하지 않고, 해양경제・해양과학기술・해양정치・해양군사・해양사회・해양문화・해양생태의 공동 발전을 실현하는 것이다.

① 해양경제는 해양 발전의 첫 번째 임무이다.

해양경제는 해양문명의 물질방식으로, 인류가 해양자원과 해양공간을 직간접적으로 개발 이용하면서 형성된 경제를 가리킨다. 여기에는 생산・유통・소비・관리・서비스 분야의 해양에 관련된 경제적 이익과 형태 그리고 운영 패턴을 포괄하고 있다.[5] 현대해양경제는 해양자원을 개발하고 해양 공간에 의존하여 진행된 생산활동, 해양자원과 공간을 직간접적으로 개발하는 관련 서비스산업 활동을 포함하고 있다. 해양과 관련된 것은 특정한 의존관계를 지니고 있는데, 이것이 본질적인 속성이다. 해양경제의 과학적 발전은 우선 해양산업의 공동 발전이다. 현대해양경제의 매개체인 해양산업은, 해양개발의 선후와 기술의 발달에 따라 전통산업・신흥산업・미래산업으로 나눌 수 있으며 국민경제 부문의 구조분류법에 따라 1차 산업, 2차 산업, 3차 산업으로 나눌 수 있다. 해양경제발전을 과학적으로 기획하여, 해양 오일 가스, 운송, 어업 등의 산업을 발전시킨다. 해양자원개발을 합리적으로 개발 이용하고, 산업구조를 중점적으로 조정하여, 지속 가능한 생산방식이 이루어지도록 하는 것이다. 둘째, 해양경제체제의 조화로운 발전이다. 해양경제는 경제활동과 해양의 연관성 정도에 따라 협의狹義, 광의廣義, 범의泛義 3가지 종류로 나눌 수 있다. 좁은 의미로는 해양을 개발 이용하는 각종 산업과 관련 경제활동의 총화를 가리키고, 넓은 의미로는 해양 개발과 이용을 위해 조건을 제공하는 경제활동을 포함하며, 더 넓은 의미로는 해양경제와 분할하기 어려운 해도海島경제와 연해경제 그리고 하해河海체

5 楊國楨, 「論海洋人文社會科學的概念磨合」, 『厦門大學學報(哲學社會科學版)』 1, 2001.

제 중의 내하內河경제 등까지 확대된다. 해양 수면의 유동성과 연관성으로 해양경제체제는 교차성과 융합성의 특징을 지니고 있다. 이것은 해양의 여러 업종과 지역경제체제 그리고 육지(섬) 경제체제의 교차가 있을 뿐만 아니라, 해역을 공동 사용함에 있어서, 다른 업종체제와 지역체제 심지어 다른 국가 해양경제체제가 교차하기도 한다. 각종 해양경제체제는 해양 수면을 유대로 하여 상호 의존하는데, 이에 각종 갈등과 충돌을 조정하고 처리하여 조화로운 발전을 이루도록 해야 한다.

② 해양과학기술은 물질문화의 창조적 성과이며, 해양 발전의 첫 생산력을 촉진한다.

해양의 끊임없는 개발은 해양과학기술의 끊임없는 진보에 있다. 개발에 중점을 둔 해양과학기술의 발전은 해양경제 성장의 보장이다. 구호에 중점을 둔 해양과학기술의 발전은 해양재해를 방어하고, 해양의 건강성을 지키는 수단이다. 선도적 해양과학기술의 발전은 새로운 해양산업을 육성하고 미지의 해양 분야를 발견하는 것으로, 해권 발전의 필수조건이다. 해양과학기술의 창의력은 현대 기초설비의 발전과 개선에 있어 주요한 지주이다. 해양과학기술의 혁신과 산업화는 해양경제 발전에 새로운 성장 동력을 제공하고, 기업의 경쟁력을 높이며 새로운 시장을 개척하게 한다. 해양과학기술의 성과는 국가안보 분야에 응용되어, 해양군사력을 높이는 핵심요소일 뿐만 아니라 해양에너지와 환경 안전 그리고 생태와 생물 안전을 보장하는 기술기반이다. 해양과학기술의 진보는 해양사회의 생존과 생활기반을 바꾸었고, 인류의 제2 생존공간의 문화적 개념을 발전시켰다. 그래서 해양문화에 근본적인 영향을 끼쳤다. 해양과학 기술 발전의 핵심은 과학기술혁신의 수준과 능력을 크게 향상시키는 것이다. 중국과 세계선진 해양국들 간의 해양과학기술은 아직도 큰 차이가 있다. 그래서 국제적인 선진기술을 도입・집적・응용하여, 국내외에 없거나 성숙하지 않은 관건적인 기술을 중점적으로 공략하고, 주체적 지적재산권을 갖춘 해양자원 탐사개발의 핵심기술과 해양환경 모니터링 기술 등을 개발하여, 자신의 우위를 형성해야만 선진적인 대열에 진입할 수 있다. 해양은 수많은 현대과학이 발견되는 중요한 장소이다. 인류가 직면한 지구 온난화, 기후 변화, 생명의 기원, 인류의 기원 등 중차대한 과학 문제를 해결하는 것에는 해양과학연구의 진전과 밀접한 관련이 있다. 해양과학기초연구는 원형을 추적함으로써 높은 봉우리를 뛰어넘어야 한다.

③ 양호한 해양정치 환경은 해양 발전의 중요한 보증이다.

해양정치는 국내해양정치와 국제해양정치의 두 부분을 포함한다. 국내해양정치는 주로 해양 전략과 해양 발전계획의 제정과 시행, 해양 법률과 법규의 제정 및 보완, 해양종합관리체제와 집행 시스템 구축 등을 가리킨다. 국제해양정치는 주로 군사안보와 이데올로기 그리고 영토분쟁 등 전통적인 외교의제, 해양의 개발과 보호 그리고 해양공간과 자원배분(예를 들어 다국적 조업, 석유시추, 해양오염, 해저자원 개발), 해양과 극지 과학연구의 국제협력을 처리하는 것을 가리킨다. 아울러 비전통적 안보위협(예를 들어 해적, 해상밀수, 밀입국, 마약, 해상테러활동)에 대응조치를 취하고 국제평화유지활동에 참여하는 것 등을 가리킨다. 해양으로 복귀하는 것은, 중국이 선진 해양국가가 되겠다는 결심으로, 세계에서 마땅히 제 위치를 차지하겠다는 의미이다. 이것은 선진 해양국가와 신흥 해양국가들과 이익 충돌을 피할 수 없다. 영유권 수호, 충돌 방지, 이익 공유, 해양 주변국과의 해양 경계 그리고 도서 영유권 분쟁의 합리적 해결 등은, 해양정치에서 회피할 수 없는 의제이다.

④ 해양입법을 보완하는 것은 해양 발전 규범화의 전제이다.

중국과 주변 이웃 국가의 해상경계분쟁이 끊이지 않고 있다. 특히 조어도釣魚島 해역과 남중국해 일부 해역에 있어서는 더욱 그러하다. 중국과 관련 이웃 국가와의 힘겨루기는 거의 멈춘 적이 없다. 완벽한 해양입법은 중국이 해양주권과 권익을 주장하는데 유리하고, 해양 분쟁 당사국과 법적 논쟁을 벌이는데 유리하게 작용한다. 중국의 현행 해양입법은 대부분 단행법單行法이며 법 경로가 일치하지 않고, 입법 부서 또한 아주 많다. 아울러 「중화인민공화국의 영해와 접속수역 법」과 「중화인민공화국의 배타적 경제수역과 대륙붕 법」에서만 중국의 주요 해양권리를 원칙적으로 공시할 뿐이며, 여기에는 구체적인 절차규칙을 규정하고 있지 않다. 이것은 해상에서의 법집행에 불리하게 적용되기 때문에, 해양 발전에 유리한 법적 보장을 제공하기 어렵다. 그래서 해양 기본법을 제정하여, 모든 중요한 해상법률 관계(예를 들면 해상법, 해상 노동법, 해상 국제법, 해상 형법・해상 행정법, 해양환경과 자원 보호법, 해상 절차법 등)를 포괄시켜야 한다. 아울러 입법을 통해 해양법률제도를 진일보 정비하여, 법제화된 수단으로 국가의 해양권익을 보호해야 한다.

⑤ 해양군사력은 해양 발전의 견실한 뒷받침이다.

해양은 국가의 안전선이다. 에너지 안전과 경제 안보의 돌출 그리고 첨단 신기술 운용은 해양안전과 해양군사에 새로운 내용을 부여하였다. 평화시대에 무력으로 해양 문제를 해결할 명분은 낮아졌지만, 해양 통로의 통제가 해양세계를 통제할 수 있다는 전통적인 전략 사상이 결코 사라지지 않았기에, 중국은 중국의 해양 진출을 저지하는 해양 패권국들의 무력위협에 직면하고 있다. 또 다른 한편으로, "대국의 군함외교는 대부분 소국의 군함외교로 대신 대치되어",[6] 베트남과 필리핀이 남중국해 분쟁을 일으켜 늘 이슈로 되고 있다. 그 배경에는 해양군사 발전의 중요성이 이전의 그 어느 때보다 상회하여, 한층 더 현저한 위치에 두어야 한다.

⑥ 해양사회는 해양 발전의 전제이고, 해양사회의 움직임이 없으면 해양 발전은 없다.

해양사회는 직간접적인 각종 해양활동 속에서 사람 사이에 형성되는 각종 관계의 조합, 사회조직과 그것 간의 상호 작용을 일으키는 구조 시스템을 가리킨다. 해양사회의 과학 발전은 일종의 통합적인 발전이다. 이것은 해양지역사회 내 인민의 생활, 문화교육, 사회복지, 사회보장, 의료보건, 사회질서 등을 포함한 전반적인 진보이다. 중국은 전통해양사회와 현대해양사회가 공존하고 있다. 전통해양사회에서 현대적 전환으로 출현한 어업, 어촌, 어민 문제는 농업, 농촌, 농민 문제와는 그 성격이 달라, 육지의 방식으로 해결할 수 없고 해양적 사유로 '삼어三漁'

6 Robert keohane · Joseph nye, 林茂輝 等譯, 『權力与相互依賴－轉變中的世界政治』, 中國人民公安大學出版社, 1991, p.127.

난제를 해결해야 한다. 이것은 민생을 개선하는 데 초점을 맞춘 사회 건설을 강력하게 추진해야만 공동 발전을 이룰 수 있다.

⑦ 해양문화 발전은 해양과학 발전의 기초이다.

해양문화의 함의는 일반적으로 해양에 대한 인류의 정신문화적 추구를 가리키며, 넓은 의미에서는 인류가 해양을 개발하고 이용하면서 창조해 낸 물질문화와 제도문화로까지 확대된다. 글로벌 해양시대의 해양문화는 한편으로 해양공간과 해양자원의 쟁탈하고 통제하며 관리하는 의식을 강화하였고, 한편으로는 생태환경을 보호하고 지속가능하게 이용하려는 의식을 발전시켰다. 이에 해양의 개방적 창조적 의미는 해양을 초월하게 되었다. 그래서 해양은 개방사회, 정보사회, 지구사회, 해양문화를 대표하는 것으로 사용되어 전 인류문명의 공통적 정신 자산으로 되었다. 해양문화의 정수는 개척・개방・소통・포용으로 세계 발전에 참여하는 것에 있다. 해양의 과학적 발전은 해양문화의 진수를 잘 이해하고 파악해야 한다.

⑧ 해양생태는 해양과학 발전의 자연 기반이자 해양과학 발전의 최종적인 귀결이다.

해양환경의 변화로 야기된 해양재해(예를 들어 재난성 지진, 해일, 폭풍우로 인한 산사태, 물사태 등)와 오래 지속되는 해안 침식 그리고 해수면 상승은, 인류사회에 지대한 영향을 미치고 있다. 기상이변인 엘니뇨 현상은 이미 광범위한 해역에서 그 온도가 비정상적으로 높아져, 해양 시스템의 정상적인 작동에 영향을 가져다주었고, 허리케인의 강도와 파괴력을 가중시켰다. 해양생태환경의 악화는 인류의 해양 발전 뿐만 아니라 인간 사회의 안전까지 위협이 되고 있다. 경제와 생태계를 총괄하여 조화롭게 발전시키려면, 경외감으로 해양을 대하고, 해양환경 오염과 파괴의 흐름을 전면적으로 통제하고 시정하여, 인간과 자연 그리고 환경의 조화로운 발전을 실현해야 한다.

해양경제, 해양 과학기술, 해양정치, 해양군사, 해양사회, 해양문화, 해양생태계는 긴밀한 상호 관계를 맺고 있다. 해양의 과학적 발전은 해양정치, 해양경제, 해양 과학기술, 해양군사, 해양사회, 해양문화, 해양생태의 공동 발전에 있으며, 해양경제 성장의 지속성과 해양생태의 지속성 그리고 사회적 효율의 지속성을 통일시키도록 하는 것이다.

(2) 포용성 발전은 해양 발전 가운데 과학 발전관의 구체적 구현이다.

포용성 발전의 함의는 학술계에서는 아직 통일된 정의가 없지만, 그것의 기본적인 함의는 전체 사회 구성원 모두가 공평하고 합리적으로 발전 권리와 기회 그리고 성과를 공유하는 것이다. 공유성과 공정성은 포용성 발전의 기본 특징이다. 공유성은 사회 대다수 사람이 발전 권리와 기회 그리고 성과를 향유할 수 있는 것으로, 이 모든 것은 반드시 일정한 사회적 공평함으로 보장해야 한다. 여기에는 주로 권리의 공평, 기회의 공평, 규정의 공평, 분배의 공평 등이 포함된다.

포용성 발전은 해양 발전에 새로운 발전 모델을 제공하였다. 해양 발전은 본질적으로 개척 · 개방 · 소통의 특성을 지니고 있다. 해양 발전의 속도가 빨라지고 있고, 새로운 것과 지난 것들과의 충돌도 더욱 격렬해지고 있다. 포용성 발전 이념은 해양 발전의 개척과 개방의 정신을 장려하면서, 해양 발전에 대한 공평성과 공유성이라는 두 원칙을 제시하고 있다. 그래서 해양 발전 중에 이미 알고 있는 각종 모순의 해결을 위해 지도적 의견을 제시하는 것은, 미래 해양의 과학 발전에 더욱 유리하다. 공간적 범위에서 탐구하면, 해양 영역에 있어서 포용성 발전의 구체적인 구현은, 국내 해양경제사회의 포용성 발전과 국제해양사회의 포용성 발전으로 나눌 수 있다.

국내 해양경제사회의 포용성 발전은 다음을 포함한다. ① 육지의 발전과 해양 발전의 포용이다. 중국 사회경제의 중심과 황금지대는 동부연해지역에 위치하고 있다. 인구가 연안으로 대량 몰리면서, 어떤 지역은 육지 발전과 해양 발전의 관계를 제대로 처리하지 못했고, 해양을 희생하는 대가로 경제 성장을 추구하였다. 그래서 항구와 개발구를 집중적으로 건설하였고, 바다를 간척하여 도시규모를 대거 확장하였다. 이로 인해 해양생태계가 파괴되어 연해사회에 극도의 악영향을 미쳤다. 국내 해양경제사회의 포용성 발전은, 가장 먼저 육지 발전과 해양 발전의 포용이다. ② 신흥해양산업과 전통해양산업의 포용이다. 전통적 해양산업은 바다와 해안지대의 고기잡이, 소금, 항구, 항운 등의 업종에 의존하고 있다. 해양개발의 심화에 따라, 해양 석유개발을 중심으로 한 신흥해양산업군이 형성되었다. 여기에는 주로 해양 제조업, 해양 채굴업, 해양 지질 탐사업, 연안 관광업 등 신흥산업이 포함된다. 해양공간과 해양자원 이용의 조화에 있어서 전통산업과 신흥산업은 공평성과 공유성의 원칙을 지켜야만 포용성 발전을 이룰 수 있다. ③ 해양의 개발・통제・관리・보호의 포용이다. 중국이 해양을 개발하고 이용하는 정도가 갈수록 심해져, 해양을 이용하여 경제 성장을 실현하려는 수요와 해양개발 과정 중에 드러나는 이익 충돌, 자원 고갈, 환경 악화가 두드러지고 있다. 해양권익, 해양과 해안 지대의 환경, 자원과 인류활동이 통괄적으로 발전하기 위해서는, 해양의 개발과 통제 그리고 관리와 보호의 포용이 반드시 실현되어야 한다. 자신의 생존환경을 잘 다루어, 생태환경의 효율적 보호를 경제 발전과 상응하는 위치에 두어야 한다. 보호하면서 개발하고 또 개발하면서 보호함으로써, 사회 스스로 환경에 적응하도록 해야만 비로소 인간과 땅 그리고 바다의 조화로운 발전을 실현시킬 수 있다. ④ 해양지역사회 사람들의 기회 평등과 공평한 참여를 이룬다. 그래서 해양 발전의 성과에 따른 이익과 재부는 전체 사회 구성원이 공유하는 것이다. 특히 낙후된 지역과 저소득층을 충분히 포용하는 것은, 해양지역사회에서 포용성 발전의 기본 특징인 공평성과 공유성의 구현인 것이다.

(3) 국제 해양사회의 포용성 발전은 선진 해양국가의 기득 이익과 발전도상의 해양국가 이익 간의 균형을 조화시키는 데 있다.

제2차 세계대전 이후 선진 해양국가들은 강대한 군사력과 과학기술을 바탕으로 해양 영역의 기득 이익을 형성했다. 최근 몇 년간 개발도상국들은 점차 해양으로 힘을 기울여, 선진 해양국가의 기득 이익 판도를 타파하려는 노력을 기울여 왔다. 양자의 이익을 조율하는 데 있어, 해양이익을 공평하게 분배하고 공유하는 원칙을 반드시 주장해야 한다. 이어 해양지리가 유리한 국가와 해양 지리가 불리한 국가 그리고 연해국가와 내륙국가들의 해양이익 분배를 조화시키려면, 발전 기회를 반드시 공유해야 하고 각종 도전을 공동으로 맞이해야 한다. 이로써 해양의 포용성 발전과 개방형 발전 그리고 지역과 전 지구의 조화를 실현할 수 있게 된다. 중국은 평화롭고 능동적인 자세로 국제해양사무에 동참하고, 동시에 앞 다투지 않고 겸손한 자세로 해양 발전의 형세와 도전에 대처해야 한다.

2) 신시대 중국해양관의 가치 취향

신시대 중국해양관의 가치 취향은 종합국력을 강화하고 국가이익을 보호하며 해양문명을 창출하는 데 있다.

(1) 종합국력 강화

국가와 국가 간의 다양한 경쟁은 종합국력이 결정적 작용을 한다. 종합국력은 경제, 과학기술, 외교, 정치, 문화, 군사 등 다양한 요소를 포함한다. 공간적으로 구분하면 종합국력의 경쟁은 육지와 해양 그리고 우주의 세 가지 영역에서 진행된다. 해양은 육지에 이어 인류의 두 번째 생존공간으로, 해상의 종합국력 위상도 갈수록 중요해지고 있다. 해양 국력의 성장은 종합국력의 강화에 지극히 중요한 역할을 한다.

(2) 국가이익 보호

세계화 속에서 민족국가는 여전히 국제사회의 주체로서 해양에 관심을 갖고 있고, 해양을 경략經略하며, 국가 이익의 보호에 관계하는 것이다. 현재 중국해양이익은 국가의 주권 이익, 안보 이익, 발전 이익과 갈수록 중첩되고 있다. 그래서 대만 문제, 조어도 문제, 남중국해 문제는 국가의 핵심 이익으로 상승되었다. 해양의 과학적 발전, 포용성 발전을 유지하는 것은, 중국의 국가이익을 지키기 위해 충분한 역량을 불어넣는 원천이 된다.

(3) 해양문명 혁신

오랜 역사 속에 중화민족은 굴하지 않고 바다로 진출하여, 자신의 해양경제와 해양사회 그리고 해양인문 모델을 발전시켰고, 풍부한 문화적 침전물을 축적하여 전통적인 중화해양문명을 창조하였다. 우수한 중화 전통해양문명을 계승・발양하고, 세계화라는 조건 아래 새로운 함의와 실천적 요구를 부여받아, 서로 관통되고 밀접하게 연관된 새로운 사상과 새로운 이론을 창조해 내었다. 이로써 전통적으로 민간 차원과 지역 차원에 머물렀던 해양문명을 민족문명의 수준으로 끌어올려, 현대해양문명 관념의 현지화를 이루었다. 그래서 서양 열강들이 해양패권과 굴기에 의존한 것과는 다른 발전노선을 모색하고, 공정하고 합리적인 국제해양질서의 구축에 적극 참여하는 것이, 해양문명의 혁신이자 세계문명 발전의 공헌인 것이다.

4. 미래 중국해양 발전의 전략적 사고

미래 중국해양 발전의 큰 방향은 현대해양 발전관의 지도 아래 각종 모순과 저항을 없애고 극복하여 선진 해양국가를 건설하는 것이다. 이 과정은 수십 년 심지어 수백 년의 시간이 걸릴 정도로 많은 어려움과 도전에 직면해 있어 불확실성을 안고 있다. 우리는 미래를 예측할 수 없지만, 전략 발전의 측면에서 깊이 사고하여 최선의 선택을 해야 한다.

첫째, 해양평화 발전의 전략적 기회를 파악하여, 해양 개발과 통제 그리고 종합관리 능력, 해양재난 방제와 완화 능력을 높이고, 해안 섬 그리고 해안지대와 해양생태환경 능력을 보호하여, 해양사업과 해양경제 발전을 촉진하여 다시금 새로운 지평을 열게 한다.

오늘날 세계는 여전히 평화와 발전의 시대에 처해 있고, 중국은 여전히 해양평화 발전의 전략적인 기회에 처해 있다. 이것이 기본적인 판단이다. 해양 발전의 전략적 기회를 잡을 수 있을지 그리고 평화롭게 선진 해양국가를 이룰 수 있을 지는 세계적인 난제이다. 개발도상 해양국가들은 평화적인 방식으로 선진 해양국가 대열로 진입하고자 하는데, 아직까지 성공한 전례가 없다. 중국은 해양대국이자 개발도상 해양국가이다. 평화적인 방식으로 선진 해양국가가 될 수 있느냐는, 그 관건은 바로 자신에게 있는 것이다.

선진 해양국가 건설을 전략적 목표로 삼는 것은, 국가 의지와 국가 역량 그리고 국가정신의 구현이다. 아울러 중국이 현대화와 민족 부흥을 실현하는데 필수불가결한 구성부분이다. 국가의 최고 정책 결정 층의 결심이 국가 해양제도의 건설로 이뤄져야 한다. 현대적 해양관을 수립하여 시대 조류에 순응하며, 미래 해양 발전에 적응하지 못하는 리더십 체제와 관리제도를 개혁하고, 해양 기본법을 제정하고 해양 법률제도 체제를 정비하는 것이, 해양 발전전략을 실행하는 근본적인 보장이다.

국가의 해양제도 건설은 역사적 과정으로, 앞으로 10년이 관건적인 기간이다. "시운이 왔을 때 천지조차 힘을 합쳐 그대를 돕지만, 시운이 없어지면 지혜로운 영웅조차도 그 웅대한 뜻을 얻기 힘들다[時來天地皆同力, 運去英雄不自由]." 전략적 계획은 미래세계 정세의 기본 방향을 충분히 고려해야만 한다. 미래세계의 구도 속에서 중국의 전략적 위치는 여러 가지 방안 사이에서 반복과 비교를 진행하여, 국가 최고 정책 결정층의 정치적 결단이 내려져야 한다. 그래서 국가의 의지와 국가 역량 그리고 국가정신을 응집시켜야만 견실한 법리적 근거가 있게 된다.

평화적 방식으로 선진 해양국가로 진입하는 여정은, 해양경제의 발전을 중심으로 한 자주적인 발전으로 해양 발전의 종합국력을 부단히 높여야 한다. 「전국 해양 개발 계획(1996~2020)」에서는, 21세기로 접어들어 해양경제의 성장 속도가 같은 기간 국민경제의 성장 속도보다 높았고, 2020년에 이르면 해양경제는 2000년의 기초 위에서 새로운 단계로 올라가, 해양 개발의 총체적 실력이 세계 선진국 반열에 진입할 것이라고 내다봤다. 「전국 해양경제 발전 계획 요강(2001~2010)」에서는 중국의 해양경제 발전의 총체적인 목표를 다음과 같이 제시하였다. 해양경제가 국민경제 중에서 차지하는 비중이 진일보 제고되어, 해양경제 구조와 산업 구도가 최적화될 것이라 하였다. 아울러 해양과학기술 기여율이 현저히 커지면서, 해양 지주 산업과 신흥산업이 빠른 속도로 발전할 것이고, 해양산업의 국제경쟁력이 한층 강화되어, 해양생태환경이 질적으로 현저하게 개선될 것이라 보았다. 특색 있는 해양경제 구역을 형성함으로써, 해양경제가 국민경제의 새로운 성장 동력으로 되었다. 10년간의 노력으로 혁혁한 성적을 거둔 해양경제가 국민경제에서

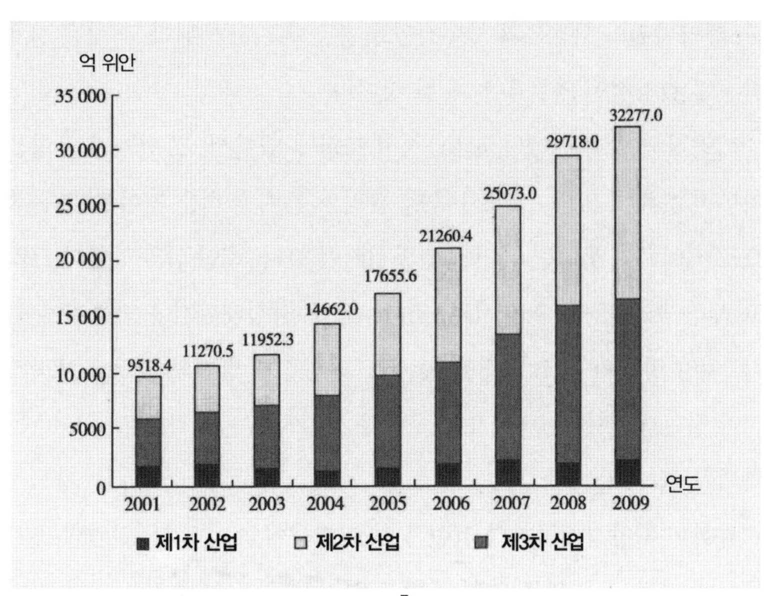

〈그림 3〉 전국 해양생산 총가치와 3차 산업 구성[7]

차지하는 비중이 진일보 제고되었지만, 아직도 부족한 면이 많이 있다.

해양경제구조와 산업구도를 최적화하는 데는, 맡은 바 책임은 무겁고 갈 길은 아직도 멀기만 하다. 중국의 해양경제 발전은 1차 산업과 2차 산업 비중이 지나칠 정도로 높다. 위의 그림에서 제시하는 바와 같다.

3차 산업 발전이 약한 것은, 현재 해양경제 발전의 주요한 문제이다. 해양경제구조 조정과 산업의 업그레이드를 추진하는 것은 앞으로 일정 기간의 절박한 과제이다. 해양 첨단과학기술의 발전은, 해양의 기반·전망·전략·관건적인 기술개발 능력을 향상시키고, 공정 장비 제조 수준과 산업화 능력을 향상시키며, 해양의 전략적 신흥산업을 육성하

7 『中國統計年鑒2010年』, p.12.

고, 해양자원의 고효율과 지속적인 활용을 촉진하게 된다. 이것은 경제 발전에 결정적인 역할을 하게 될 것이다.

해양경제 발전은 해양생태환경의 조화에 있어서, 그 관계가 균형을 이루지 못하고 있다. 그래서 종합 관리의 통제 능력을 높이고, 부분적으로 제어하지 못하는 국면을 전환시켜야 한다. 해안 섬과 해안가 그리고 해양생태환경을 향상시켜, 조화로운 해양생태환경을 만들어야 한다. 해양 방재와 감소 능력을 높이고, 해양경제 발전의 성과를 보장하여야 하는데, 이는 전략적으로 구도를 통일하고 전술적으로 나누어 돌파해야 한다.

특화된 해양경제구역의 건설은 그 어려움이 적지 않다. 지역별 해양 특성에 따라, 육지와 해양의 통합을 견지하고, 건설 주체를 명확히 하여야 한다. 육지화를 극복하는 계획 구상 그리고 동화된 건설 목표는, 우선 3차 산업의 깃발 아래 해양사회의 기초를 파괴하는 것을 막는 것이다. 아울러 민생과 안전을 보장함에 있어서, 먼저 실행하는 것이 필요하며, 이를 통해 경험과 교훈을 총결하여 점차적으로 추진해 나가야 한다.

둘째, 개혁 개방의 큰 방향을 견지하고, 국제해양사무에 적극적으로 참여하며, 대해양 영역의 대외 개방과 국제 협력을 부단히 확대해 나가는 것이다. 그래서 주변국과의 소통과 교류를 강화하고, 주변국들의 해양권익에 대한 요구를 논증하여 모순을 적절하게 해소하는 것이다.

평화와 발전의 시대에는 사회주의와 자본주의 양 체제가 병존하여, 서로 본보기로 삼아 공동 발전을 할 수가 있다. 협력 발전은 글로벌 문제 해결에 도움이 되고, 이로부터 '공생'과 '상생'에 이를 수 있다. 유엔의 제3차 해양법 회의에서 「해양법에 관한 국제 연합 협약」을 통과시켰는데, 이것은 국제해양 영역에서 평화적 방식으로 각국의 해양이익을 균형 있게 한 결과이다. 아울러 이것은 해양 분야의 국제협력을 위한 방향을 제시하였다. 각종 해양업무의 국제 조직은 국제 협력에서 중요한 역할을 발휘하였다. 중국의 적극적인 참여는 해양 대국으로서 국제적 책임과 의무를 짊어지는 모습을 보여주었다. 각국의 해양이익 모순이 나날이 첨예화되어지고, 국제해양 경쟁이 갈수록 복잡해지는 상황에서, 중국은 개혁 개방의 방향을 견지하여 국제해양사무에 적극적으로 참여하고, 해양 분야의 대외 개방과 국제 협력을 지속적으로 확대하며, 협력으로 평화를 도모하고 협력으로 발전을 촉진하며 협력으로 분쟁을 해결하는 데 있어, 조금의 흔들림이 있을 수 없다.

국제해양사무에 적극적으로 참여하고 포용성 발전 이념을 견지해야 하는 데 있어, 올바른 세계의식이 있어야 한다. 이러한 의식은 바로 원칙적인 관용과 이해 그리고 우호적인 의식이고, 포용 · 개방 · 진보 · 활달 의식이며, 조화 · 평화 의식이고, 국제화와 세계화 그리고 미래지향적 의식이며, 올바른 협력과 경쟁의식이다. 동시에 또 주체성을 견지해야만 국가의 해양이익을 수호하는 주권의식과 편안할 때 위험을 생각하는 우환의식이 있게 된다. 아울러 이성적 지혜로 애국 감정을 표현하고, 패권주의와 강권 정치에 반대해야 한다.

국가 간 갈등의 뿌리는 국가이익에 있다. 복잡한 역사와 지리적 원인으로 말미암아, 중국과 주변 8개 연해국가와 도서국가 간에는, 도서 영유권 분쟁과 관할 해역 구획 그리고 해양권익 등의 갈등과 충돌이 존재하고 있다. 이웃 나라와 친선관계와 동업관계 그리고 선린우호의 정책을 견지하면서 중국의 해양이익을 수호해야 하고, 주변 각국의 해양권익에 대한 요구를 논증하여야 한다. 그리고 상대방에 대한 배려를 충분히 헤아리고 쌍방의 이익을 균형되게 하는 데 있어, 협상과 대화를 통해 신뢰를 증진시키고 이견을 좁혀 모순을 해결해야 한다.

전략적 조치에 있어서는, 겸허한 태도로 해양 분쟁을 평화적으로 협의하여 처리하는 입장을 견지하면서, 침착하고 건설적인 태도로 제기된 문제를 처리해야 한다. 각국의 입장과 주장에 영향을 끼치지 않는 과도적이고 임시적인 해결방법을 적극 검토하여, 그 상황이 복잡해지거나 확대되는 것을 피한다. 이해관계가 대립하는 이중적인 행태에 대해서는, 반드시 근거가 있고 유리하며 절도 있게 폭로하고 반격을 가하여야 하며, 관용을 베풀어 나쁜 일을 조장하게 해서는 안 된다.

셋째, 해권을 발전시키고 해양 법집행 능력을 높이며, 해상 통로의 안전을 보장하는 것이, 해양권익과 국가의 안전과 안정을 유지하는 것이다.

평화롭게 발전하는 시대는 전쟁의 존재를 결코 배제하지 않는다. 중국이 해권을 발전시키고 현대화된 해군과 준군사화된 해양 법집행 조직을 건설하는 것은, 해양평화 발전을 실현하기 위한 필수불가결한 보장이다. 중국이 근 100년 동안의 낙후로 수모를 당한 가장 중요한 원인은 바로 해권을 상실하였다는 것이다. 현재 중국의 주권 이익과 안보이익 그리고 발전 이익은 해양 방면에서 나날이 겹쳐지고 있는데, 이는 해권 발전의 필연적 전략 선택이다.

해군은 해권의 화신이다. '해권론'의 해군주의는 해양 패권주의의 도구이다. 그러나 해권의 핵심인 제해권 장악은, 모든 해양국가가 자신의 해양권익을 수호하는 기본 권리이다. 중국은 해군을 발전시키고 정당한 해양권익을 추구하지, 해양패권의 길을 걸어가지 않는다. 그러나 평화와 안정을 구하고자 정당한 해양권익을 마음대로 내맡겨 손실을 초래하지는 않을 것이다. 만약 이 문제에 있어서 엄중한 전략적 오판을 한다면, 그 대가를 반드시 치르게 될 것이다.

해양법 집행은 해양법률 규범의 해양활동 조정에 대한 실현 과정이자, 국가의 해양주권과 주권권리를 행사하는 일상적 형식이다. 체계화된 해양 법집행 역량은 평화로운 시기에 해양을 통제하는 역할을 할 수 있고, 잠재적인 전통과 비전통적인 해상 위협에 효과적인 위협과 억제 작용을 할 수 있다. 중국해양의 평화 발전을 지키는 것도, 아시아 해양과 세계해양의 조화에 공헌하는 것이다. 중국의 해양법 집행이 장기간 정체된 이후, 법 집행 조직의 통일성과 체계성, 기술 장비의 선진화, 선박과 항공기에 대한 법 집행의 화력 배치에 있어서, 해양 선진국과는 아직 많은 차이가 있다. 그래서 해양법 집행 조직을 통합하여 해양 법집행 능력을 강화하고, 법 집행 공간을 보충하는 것이, 지금뿐만 아니라 이후에도 노력을 기울여야 할 방향인 것이다.

제6장

대만해협 양안 해양문화 교류의 심화

민해閩海라 불렸던 대만해협은 동해의 일부로, 환중국해의 중부에 위치하고 있으며, 중국과 동아시아 지역의 해상 생명선이다. 양안兩岸에 조성된 경제구역은 역사적인 형성 과정이 있었으며, 그 가운데 몇 차례의 분리와 중합重合을 겪었지만, 여전히 넘치는 에너지로 미래 중국해양 발전의 관건적인 지역이 될 것이다. 양안의 해양문화를 발전시키고, 해양문화적 교류와 협력을 촉진하며, 해양경제를 공동 발전시키는 것은, 양안 국민들에게 행복을 가져다 줄 뿐만 아니라 중화해양문화 건설에 기여하므로 중요한 의미를 지닌다.

1. 양안 해양문화 교류 협력의 역사적 토대

중국 대륙과 대만의 해양문화는 같은 근원으로, 대만해협 양안 동포를 연결하는 정신적 유대이자, 양안 해양문화 교류 협력의 역사적 기반이다.

1) 중화 전통해양문화의 개념과 함의

중화 전통해양문화는 역사적으로 중화민족이 해양과 도서 그리고 해안일대에서 해양자원과 해양공간을 직간접적으로 개발・이용하면서 창조된 물질문화이자 제도문화이며 정신문화이다. 중국해양문화라고 부르지 않는 것은, 개념・학술상에 있어서 불필요한 곤혹을 피하기 위한 것이다. 중국 강역疆域은 중원에서 변방으로 확장하는 과정을 겪었으며, 오늘날 중국의 영토 범위는 청조 때 정립되었다. 중국전통문화의 일반적 이해는 유가사상을 핵심으로 하는 '농본주의'의 중원문화이다. 가장 먼저 해양활동을 한 연해 지역은 해양민족의 세상으로, '동이東夷'와 '남만南蠻' 계통에 속하여, 중원 왕조의 관할을 받지 않았다. '동이'와 '백월百越' 같은 해양민족은 해양활동의 유동성으로 인해, 해역을 뛰어넘는 문화 창조를 이루었다. 이는 주변과 오스트로네시아 민족Austronesian family에게 많은 영향을 끼쳤기에, 이들의 활동을 국경으로 제한할 수 없는 것이다. 그 이후 '동이'와 '백월'이 중화민족으로 융합되었는데, 그들이 창조한 해양문화는 중화민족문화에 속하는 것이 당연하다. 중국 본토에서 해외국가로 이민하여 창조한 해양문화와 외국인이 중국으로 이주하여 창조한 해양문화는, 넓은 의미로 보면 중화민족의 해양문화에 속하는 것이다.

중화 전통해양문화는 남쪽으로 또 동쪽으로 이주한 한족과 현지 해양민족이 융합한 후 해양으로 나아가, 외국 해양문화와의 접촉과 교류 속에서 재창조된 것이다. 역사적으로 중화민족문화 '다원일체多元一體'의 일원으로, 중국이 다민족 통일국가를 형성하는 데 기여하였다. 해양세계의 일부분인 이것은 스스로 체계를 갖추어 동아시아와 서아시아 해역을 연접시켜, 근대 세계체제의 형성을 위한 역사적 전제조건을 창조하였다. 중화 전통해양문화는 중국의 귀중한 문화유산이다.

2) 대만 전통해양문화는 해협의 서안西岸해양문화의 연장과 분파이다

대만의 개발은 민남閩南 경제구와 해양문화의 확산과 확장의 결과이다. 오대五代 시기에 '민국閩國' 항해가와 해상들이 필리핀으로 통하는 '동양 항로'를 개척하였는데, 이는 '호자산虎仔山(지금의 대만 고흥高雄)'과 사마기두沙馬岐頭(현 대만 병동屏東 항춘恒春 반도의 묘비두猫鼻頭)를 기점으로 한다. 남송과 원대 시기에 천주는 아시아 동쪽 해상의 '해상 실크로드' 주요 허브항이었고, 팽호 열도는 어민과 선박 상인의 보충지로, 천주의 외청으로 진강현晉江縣에 예속되었다. 명초에 계롱산鷄籠山(현재 대만의 기륭과 평도平島)과 조어도釣魚島 등은 중국에서 오키나와로 통하는 망산望山의 성격으로, 복건 항해가가 발견하여 이름 지었다. 명 중엽, 민남 해상海商이

월항月港(현 용해시龍海市 해징海澄) – 동남아 – 대만 – 일본의 동서양 무역네트워크를 개척하였으며, 대만을 '작은 동양'으로 어업 상인들의 왕래가 잦았다. 1567년에 월항이 개방되자, 북쪽 대만의 담수淡水와 기륭은 복건 정부가 지정한 무역항이 되었다. 1624년에 '해상 마부'인 네덜란드는 대만을 차지하여 식민통치하면서, 민남 해상海商이 펼쳐놓은 양안 무역에 의지하여, 중국 실크 상품을 중계・운송하였다. 또한 민남 지역 사람들을 이주시켜 개간하게 하고 그들에게 쌀과 사탕수수를 제공하여, 바타비아(자카르타)에서 일본 나가사키의 장삿길을 유지시켰다. 늦게 잡아도 정성공 때부터 대만은 민남 사회를 '복제'하였고, 양안은 해양경제문화구와 '운명공동체'를 형성하였다.

청대에 대만해협은 복건의 내해內海였다. 복건은 이전에는 '팔민八閩'이라 불렀고, 대만이 복건의 한 부府로 된 이후 하나가 더해져 아홉으로 되었기에, '구민九閩'이라 불렀다. 양안의 많은 항구들이 마주하고 있고, '삼통三通'을 곧바로 열어 하나를 이루게 하였다. 그래서 '대만과 복건의 관계는 입술이 이를 보호하는 것과 같고, 수족이 그 머리를 지키는 것과 같다.' 대만과 하문은 청대 초기에 43년간 같은 행정단위臺廈道에 속해 있었기에, 떨어질 수 없는 관계였다. 그래서 대만이 곧 하문이었고 하문이 곧 대만이어서, 이는 마치 새의 양 날개와 같았다. 서쪽 해안에서 인력과 자금 그리고 시장을 제공하여, 동쪽 해안 개발구의 경제 발전을 이끌었다. 양안의 대외 협력은 전통적인 해양무역 네트워크를 발전시켜, 해양 특징이 더욱 두드러지게 되었다.

양안 해협이 하나가 됨으로 해서 해양문화를 선도하였다. 하늘을 찌를 듯한 파도의 위협과 흑수구黑水溝(청 제국과 유구琉球 간의 해양 분계선)를 뛰어넘는 장렬함 조차도, 대만으로 건너가려는 선민들의 용감한 전진을 막을 수가 없었고, 오히려 개방적이고 진취적인 해양 정신으로 더욱 응집되었다. 양안 해협이 하나가 된 것 또한 중국 역사상 해양발전의 가장 두드러진 성과로 되었다.

3) 일제의 대만 강점 이래, 민간에서의 양안 해양문화 교류 존속

대만과 복건의 관계속에서 대만이 일본에 의해 할양됨으로 말미암아, 양안은 50년 동안 분리되었다. 대만의 광복 후 얼마 되지 않아, 양안은 또 인위적으로 격리되었고, 이에 동안東岸과 서안西岸은 각기 다른 길로 발전하였다. 그러나 불안정하고 변화무쌍한 시국도 양안해양문화의 바탕색을 바꾸지 못하였다. 양안문화는 서로 다른 환경 아래 서로 다른 차이와 특색을 지니면서 발전하여, 민남과 객가客家 방언이 끊임없이 통용되었고, 마조媽祖신앙을 받드는 등의 연결고리를 자르지 못하였다. 이것은 당대 양안 문화의 동질감의 기반으로 강한 생명력과 영향력을 지니고 있다.

4) 양안 해양문화 교류의 회복과 발전

시간의 추이에 따라 양안 관계가 점차 완화되면서, 대치를 대신하여 대화로 이어져 나갔다. 양안 해양교류를 일찍 회복한 것은, 혈육으로 이루어진 양안 국민들의 공동 갈망이었다. 1979년 설날 중화인민공화국 전국인민대표대회 상무위원회에서는 「대만 동포에게 고하는 글」을 발표해, 양안의 분열과 대치 국면을 종식시키고, '쌍방 간에 통항通航과 통우通郵를 실현시키며', '무역을 발전시키고, 있는 것과 없는 것을 서로 융통하여, 경제교류를 진행하자'고 호소하였다. 대륙 측의 요청으로 대만 내부에서는 양안 간 '3통三通(즉 통우, 통항, 통상)' 개방을 요구하는 목소리가 높아졌다. 1987년, 대만 퇴역 노병들의 강력한 요구 아래, 국민당 당국은 민중들의 대륙 친지 방문을 개방하기로 결정했다. 1994년, 대만의 '금마애향연맹金馬愛鄉聯盟'은 「금문과 마조 그리고 대륙 간의 작은 3통 의견서金馬與大陸小三通說帖」를 제시하면서, 대만 당국에다 금문과 마조 두 지역을 시험 장소로 삼아, 대륙과 우선 '3통'을 실현하고자 건의하였다. 2000년 12월 13일, 대만 '행정원'은 「금문과 마조 그리고 대륙 지역 간 통항의 시험적 운영 실시 방법」을 통과시켰다. 이에 그 다음해부터 금문과 마조 그리고 중국 대륙 간에 해상 항로를 열었고, 금문과 마조 그리고 대륙 간에 직접 무역을 개방하였으며, 아울러 쌍방 주민들의 관광, 친지 방문, 상업 활동 등을 허가하였다. 대만 당국은 '작은 3통'에 여러 가지 규제를 부가했지만, 이것은 양안의 해상 왕래를 편리하게 하면서, 대만과 대륙 간의 전면적인 해양문화 교류 회복에 만족스런 한 걸음을 내딛게 된 것이다. 2008년 11월 4일, 양안 간의 장기간 협상 끝에 전반적인 인식의 일치를 이루어, 「양안 해협 항공수송 협의海峽兩岸空運協議」, 「양안 해협 해운 협의[海峽兩岸海運協議]」와 「양안 해협 우정 협의[海峽兩岸郵政協議]」를 체결하였으며, 그해 12월 15일 양안 간의 항공과 해양의 직접 운항과 우편 업무를 개방하였다. 대만, 팽호, 금문, 마조의 11개 항구와 중국 대륙의 63개 항구 간에 해상 직항을 정식적으로 실현하였다. 양안 해협 간'3통'의 공식적인 실현은 양안 교류 역사상 이정표가 되는 획기적 사건으로, 이는 대만과 대륙 간 해상 왕래의 정상화이며, 양안의 해양문화 교류가 이때부터 재차 발전 시기에 접어들었음을 상징하고 있다.

2. 현재 양안 해양문화 교류의 주요 영역과 성과

현재 양안 해협의 해양문화 교류는 어업, 무역, 항운, 생태, 종교, 관광, 과학, 교육 등 여러 분야를 미치고 있으며, 그 협력 방식은 자금, 기술, 제도, 인제 양성 등 여러 방면에 걸쳐져 있다. 이러한 교류는 넓이에서나 깊이에서 모두 일정하게 축적되어 왔다.

1) 해양어업 교류

해양어업은 항해의 생산 활동으로, 해양문화의 개방성과 포용성을 내포하고 있다. 어선의 문화체제는 선주와 선원의 노동관계에서 집중적으로 구현된다. 선주는 혈연관계에 근거를 두어 경영에 종사하고, 가족과 외지 선원을 고용하여 해상 작업에 종사하도록 하는데, 이것은 민남과 대만 어업경제문화의 전통이자, 현재 어업 노무 협력의 기초이기도 하다. 대만의 어업 산업은 자금과 기술 방면에서 우위를 차지하고 있지만, 어업 인력이 발전의 병목이 되고 있다. 반면, 대륙은 자금과 기술은 부족하지만, 충분한 어업 인력이 있어, 대만과 대륙은 서로 보완될 수가 있다. 양안 간의 대치가 완화된 이후, 어업 노무 영역에 있어 양안 간의 협력이 회복되고 점차 강화되었다. 그러나 대만 당국의 규제로, 대만 선박에 근무하는 중국 선원과 어부들은 조업을 하는 동안 대만 항구에 상륙하여 정비할 수 없어, 해상을 떠돌 수밖에 없었기 때문에, 악성 사건이 수시로 발생했다. 2009년 12월 22일, 양안은 「양안 해협 어선 선원 노무 협력 협의」를 체결하여, 상대방에서 고용된 선원과 선주의 합법적 권익을 보장하고, 협력체제를 구축할 것에 서명하였다. 대만은 이로부터 정규적인 방법으로 대륙 선원을 고용할 수 있게 되었다. 협의에 따라, 대만은 대륙에서 고용한 선원에게 육상에 임시 체류 장소를 정식으로 개방하여, 이들은 이로써 해상에서 떠돌 수밖에 없는 어려운 상황을 마감했다. 2010년 4월 16일, 양안은 선원 급여, 보험 혜택 등 구체적인 세부사항에 합의하였다. 이에 대만의 7개 중개업체와 대륙의 4개 경영 회사가 근해와 원양의 노무 협력 협정을 맺었다. 이는 양안의 해양어업 문화가 새로운 상황에서 융합되고, 조화로운 노무 관계 방향으로 발전하는 것을 의미한다.

이를 바탕으로, 대만은 "양식 경험과 기술, 교정성과를, 독자와 합자, 기술 이전의 방식으로 대륙에 적극적으로 보급하였다. 이러한 산업 이전의 결과는 오히려 대만 수산 양식업의 발전 공간을 더욱 넓혔다". 양안 사이에는 어업 협력 플랫폼을 세웠는데, 복건성의 하포霞浦 대만 수산품 공항 터미널, 연강 해협 양안 수산품 가공 기지 등을 예로 들 수 있다. 2008년까지 대만 업체들이 복건에서 설립한 수산 기업은 510여 곳에 달했고, "투자 영역은 어류 묘종 번식, 수산물 가공, 어업용 사료, 원양 어업, 레저 관광 어업, 수산물 무역과 과학기술 협력까지 미쳐, 복건성 어업 산업화의 진전을 힘있게 추진하였다". 절강성 주산 지역의 '양안 해협 원양 어업 협력 기지' 건설 항목도 계획 중에 있었다. 아울러 대륙 수산 기업도 대만으로 진출하기 시작했다. 2010년 5월 19일, 대련의 장자도獐子島 어업 그룹은 대북臺北에다 자회사를 정식으로 열었는데, 이는 대륙 수산업이 대만에 투자하여 설립한 첫 기업이다.

2) 해양무역의 교류와 협력

양안 간 해양 무역의 전개는 양안의 전통적인 무역의 회복과 발전이다. 양안의 전통적 해양무역 문화의 동력 아래, 최초 '밀무역'에서 '대만과의 소액 무역'으로 되어, 되돌릴 수 없는 흐름이 되었다. 2000년에는 '비범죄화'하여 작은 3통을 실행하였고, 2008년에는 큰 3통을 실현하였는데, 이에 해양무역은 양안 경제의 상호 작용에 주 통로가 되었다. 2010년 6월 29일, 양측은 「양안 해협 경제 협력 프레임 협정」을 체결하여, "양측 간 실질적인 대다수 화물 무역의 관세와 비관세 장벽을 점차 축소하거나 해소하고", "무역 투자 편의성, 산업 교류와 협력을 촉진"하기로 결정하였다. 양안 간에는 또 양안 무역 교류 활동을 정기적으로 개최하였다. 복건성이 매년 5월 18일 '양안 해협 경제 무역 교역회'를 개최한 것처럼, 광동성에서 개최한 '광동 대만 경제기술무역 교류회' 등은 이미 다년 간의 성공적인 개최 경험이 있었다. 이는 양안의 무역 교류 협력에 중요한 교류 플랫폼을 제공하였다. '해협의 서안 경제 구역' 건설은 대만 경제 무역 교류를 위한 지역화 플랫폼을 만들어, "해협의 서안 경제 구역과 대만 경제의 전반적인 교류를 강화시켰고, 이에 양안 교류 협력이 더 넓은 분야로 확대되어 더 큰 국면으로 나아갔다". 해협의 서안 경제 구역을 시발점으로 하여, 중국과 대만 사이에 '양안 공동시장'을 건립하는 계획도 논의 중에 있다. 객관적인 환경의 촉진 아래, 양안의 해양 무역은 신속하게 발전하였다. 2010년 중국과 대만 간의 무역액은 1453.7억 달러였는데, 이는 2009년에 비해 36.9% 성장한 것이다. 이에 중국은 대만의 최대 상품 수입 지역이자 무역 흑자의 근원이 되었다.

3) 해상 교통 운수 개발과 협력

양안 간 해상 직항이 실현되자, 중국과 대만 간 해상 교통 운수 개발 협력이 신속하게 발전하였다. 새로운 직항 항구와 항운이 속속 개통되어, 여객 수송량과 화물 운송량이 모두 지속적으로 제고되었다. 2009년 11월 12일부터 18일까지 교통운수부 부부장 쉬쭈위안徐祖元은 대만의 요청에 응하여, '양안 해협 항운 교류 협회 명예 이사장'의 신분으로 방문단을 이끌어 대만의 항구와 항운 업체를 시찰하였다. 아울러 대만 관련 기관과 회담을 갖고, 양안 간 항운 협력에 많은 합의를 이뤘다. 대륙 측은 양안 직항 항구의 건설을 매우 중시하여, 대만의 항만 투자 유치를 끌어들이려 노력하였고, 주요한 항구의 집결, 분산, 운반 시스템을 끊임없이 보완하였다. 양안 직항의 수요를 만족시키기 위해, 복건성은 2008년부터 5년간 총 500억 위안을 항구 건설에 투입하여 복주와 하문 등 직항 항구를 중점적으로 건설하는 것이었다. '양안이 공포한 81개의 직항 항구(항만) 중에 71개 항구(항만)가 이미 직항을 개통했고', 해상 화물 운송량은 5789억 톤이었다. 당시 컨테이너 하역 물량은 140만 TEU였고, 2010년에는 191.8만 TEU에 달했다. 2001년부터 2011년 3월까지, 복건과 대만의 '작은 3통'의 직항 여객 인원은 684.1만 명이었다.

이 외에도 양안 조선업 사이의 관계 역시 강화되었다. 2010년 8월, 복건성 선박업체 협회는 대만 조선 회사, 선박 학교와 연구개발 디자인 기구를 방문하여, 복건과 대만의 조선업 협력 의사를 교환했다.

4) 양안의 해양 관광 교류와 협력

해양 관광업은 해양경제의 중요 산업이자 해양문화 교류의 중요한 매개체이다. 복건성은 2005년부터 해협 관광브랜드를 만들어, 하문과 복주 공항을 양안 간 전세기 직항점으로 추진하였고, 전국 25개의 성과 시 주민들이 복건을 경유해서 대만으로 관광하는 것을 허가했다. 복주와 하문에서 1년 이상 거주한 외지 인구는 복건에서 서류를 발급받아 대만으로 여행하는 것을 허가했다. 2009년, 복건 관광 부서는 대만 입영立榮항공사와 연합하여 '전 국민을 위한 입영의 작은 삼통, 즉 대만의 5개 도시(臺北, 臺中, 嘉義, 臺南, 高雄)를 동시에 열어, 만인이 복건을 여행하는' 활동을 펼쳤고, 하문항공사와 연합하여 '백만 관광객 해협 왕래'

활동을 전개하였으며, 대만 라이온즈 여행사와 협력하여 '해협 여행' 사이트를 만들었다. 제1회 해협 관광 포럼과 제5회 해협 관광 박람회가 성공적으로 개최되었고, 「'작은 3통'으로 황금 여행 통로 설치 협력 선언」과 「장주漳州 연해 화산 지질공원과 펑호 열도 지질공원 관광협력 협의」 등을 체결하였다. 복건 항구를 통해 대만 지역으로 여행한 관광객은 108,553명으로, 그중 88.4%는 '작은 3통' 통로를 이용했다. 복건성에서 대만 관광객 123.4만 명을 맞이하였는데, 이는 전체 여행객의 27%를 차지하였다. 2010년, 제6차 해협 관광 박람회는 '해협 관광, 협력 상생'이라는 주제로, 양안의 네 지역을 묶어 해협 관광 경제권을 만들어, 이들 네 지역을 세계적인 관광지로 건설하고자 하였다. 투자 유치 내용은 전통적인 항목과 유람선 등 새로운 유망업종이 포함되어 있는데, 복건성은 46개의 관광 투자 항목에 277.83억 위안을 투자하는 것에 서명하였고, 그중 미주도湄洲島와 오주도五洲島 관광 항목(50억 위안)이 가장 큰 프로젝트였다. 2011년, 제7회 해협 관광 박람회에서는 해협 관광 온천 종합 전시 구역을 처음으로 설치하였고, 복건 대만 관광 산업화 협력 방안 포럼을 처음으로 개최하여 복건-대만 관광 산업화 협력 선언을 체결하였다.

마조媽祖문화는 해협 관광의 대표적인 브랜드이다. 1994년 이래로, 미주湄洲에서는 매년 대만과 공동으로 마조문화 관광 페스티벌을 개최하였고, 2007년에 「해협 마조문화 관광 협력 친목 공동 건의」를 공동으로 발표하였으며, 금문金門과 「관광 경제 무역 협력 의향서」를 체결했다. 2010년 7월, 중국 관광부에서는 마조문화 관광 페스티벌을 공동 주최하여, 정식으로 국가급 행사로 되었다.

정성공鄭成功 문화는 해협 관광의 또 다른 브랜드이다. 2002년부터 대남臺南시에서 정성공 문화 축제를 개최하였고, 2009년에 하문시에서 제1회 정성공 문화 축제를 개최했으며, 2010년 9월에 천주 남안南安에서 제1회 정성공 문화 관광 축제를 열었다. 현재 정성공 문화 축제는 해협 양안의 여러 도시에서 정기적으로 개최되는 전통문화 관광 축제가 되었다.

이 외에도, 석사石獅시에서는 2007년에 복건-대만 해상 교류 문화 페스티벌과 감강蚶江 해상 발수절潑水節을 창립했다. 2008년부터 이러한 행사는 국무원 대만 업무부서의 대만 교류 중점 항목으로 되었고, 2009년에는 문화부의 중점 지원 항목으로 되었다.

절강성에서 열린 2010년 중국해양문화 포럼은 '해양문화관광개발과 해양 관광 체험 지역 건설'을 주제로, 회의에 참석한 양안의 학자들은 해양 관광 개발과 '주산 군도의 해양 관광 종합 체험 지역 건설' 등의 문제에 대해 서로의 경험을 교류했다. 복건과 대만이 협력하여 '복건-대만 관광 협력 체험 지역'을 건설하자는 방안도 토의되었고, "두 지역의 전통적 오연五緣(즉 친연親緣, 지연地緣, 업연業緣, 신연神緣, 물연物緣)의 우세를 충분히 발휘하고", "'민남문화, 객가문화, 마조문화 등 양안의 공동적인 문화 내함을 개척하여, '해협 관광'의 주제를 부각시키고자" 하였다.

5) 해양생태 자원보호 경험의 교류와 협력

해양 자원을 개발하고 이용하는 동시에 현지의 생태환경을 어떻게 효과적으로 보호하는가 하는 문제는, 양안 해양문화 교류의 중요한 내용이다. 최근 몇 년간, 양안 해협은 해양관리와 생태보호를 주제로 하는 교류회를 여러 차례 개최하여, 해양 환경 자원보호의 경험과 교훈을 토론하였다. 중국과학원 남해해양연구소에서는 2년마다 '양안 해협 산호초 생물학과 해양보호 지역 심포지엄'을 개최하여, 양안 산호초의 생태 현장과 보호관리 경험을 교류하였다. 2010년 3월 29일부터 30일까지 제1회 '양안 해협 해양 포럼－해양환경 관리 학술심포지엄'이 대북臺北에서 개최되어, 양안의 해양환경 모니터링, 해도의 지속 가능한 발전, 해양생태계 관리, 해양보호 등 다양한 의제에 대해 전면적으로 토의를 했다. 대만 '환경보호부' 치우원옌邱文彦 부서장은 회의석상에서 양안 해협 해양환경 협력은 미래에 필요한 협력 방향이라고 했다. 같은 해 11월 5일, '양안 해협 생물 다양성 심포지엄'이 하문에서 개최되어, 해양 생물 다양성 보호 등의 문제에 대해 협력 방안을 검토하였고, 아울러 이 심포지엄을 정기화하여 이 방면에 있어 양안의 교류협력 채널을 구축하기로 하였다.

6) 해양 재난사고의 합동 구조와 경험 교류

대만 해협은 왕래가 빈번하고 기후가 복잡하여 해양 재난과 사고가 많이 발생하는 지역이어서, 해상 구조 경험의 공유는 양안 해양문화 교류의 중요한 측면이 된다. 2007년, 국무원 대만 업무 부서는, 중국은 양안 민간의 전문적인 구조 조직 간 기술 교류를 지지하며, 아울러 대만의 해상 구조 작업을 전폭적으로 지원하길 원한다고 밝혔다. 2008년 10월 23일, 하문과 금문의 협력으로, 제1회 하문-금문 항로 해상 수색 훈련을 성공적으로 개최하였다. 같은 해 양안은 「양안 해협 해상운수 협의서」를 체결하여, "쌍방은 해상 구조와 인양 기관의 협력을 적극 추진하고, 구조 연락 협력 체계를 구축하며, 해상 항행과 신체·재산·환경 안전을 함께 보장한다. 해난 사고가 발생하면 쌍방은 즉시 통보해야 하고, 거리와 편리성의 원칙으로 구조를 즉시 실시해야 한다"고 결정하였다. 2011년 5월 12일, 중국 전문 구조선 '동해 구조대 113'이 대만을 방문하였는데, 이는 62년 만에 처음으로 대만을 방문한 중국 구조선이 되었다. 이에 양안의 해상 구조 협력 메커니즘이 점차 전개되었다. 2009년부터 2010년까지 "쌍방이 함께 참여한 해상 구조는 11건이고, 조난자 162명을 성공적으로 구조했다".

7) 해양 신앙 풍속의 교류

양안 해협의 해양문화는 일맥상통하고, 양안 주민들도 같은 신앙 풍속을 가지고 있다. 공동 신앙의 기초 위에 세워진 양안의 해신 신앙의 활동교류는, 양안 해협 주민들의 감정을 연결시키는 중요한 유대가 된다. 복건 미주도湄洲島에서 시작된 마조 신앙은 대륙과 대만에 많은 신자를 가지고 있다. "향불이 대대로 마조 사당에 전해져, 풍랑조차도 복건과 대만의 정을 막지 못하네." 1987년 10월, 대만 대갑진란궁大甲镇澜宫의 마조 신자가 정치적 방해를 뚫고, 일본을 우회하여 상해와 복주를 거쳐 마조의 고향인 미주로 와서 참배 활동을 하였는데, 그는 '대만이 친지 방문을 개방하기 전에 국경을 넘어 대륙에 오른 선구자'가 되었다. 양안에 직항이 실현된 이후, 양안의 마조 신앙 교류는 더욱 편리해졌다. 2006년 9월, 대만 사상 최대 규모인 4,300명 정도의 마조 참배단이 대중臺中 항구에서 개별적으로 여객선에 탑승하여 금문 항구를 거쳐 하문으로 직항하였다. 2007년 4월 7일, 금문의 마조 신자들은 금문에서 미주로 직항하였고, 5월 14일에는 마조馬祖 열도의 마조 참배단은 마조에서 미주湄洲로 직항하였다. 2008년에 미주도湄洲島에서는 15만 명 이상의 대만 동포를 맞이하였다. 미주의 마조묘媽祖廟 이사회와 친목 관계를 맺은 대만의 마조궁묘媽祖宮廟는 1,200 곳이 넘었다. 2009년 2월 14일, 대만 가의嘉義에서 온 400여 명의 마조 신자들은 직항 여객선을 타고 미주도에 도착하여 참배활동을 하였는데, 이는 미주에서 양안 간의 직항이 이루어진 후 첫 대형 참배단이었다. 2009년 5월 15일, 복건성에서 제1차 해협 포럼 행사를 개최하는 계기로, 대만 마조 신자들을 초대해 미주도로 직항하여 참배를 했는데, 당시 참여 신자 수는 2,000여 명에 달했다. 2009년, 미주도에서 맞이한 대만 동포는 17.9만 명이나 되었다. 2010년 4월 15일, 대만은 양안 해협 마조 신앙문화 포럼을 개최하여, 중국의 46개 마조문화 기관에서 180여 명을 초청하여, 대만 인사들과 마조 신앙 문제에 대해 폭넓게 교류를 하였다. 대륙과 대만이 공동으로 대만에서 '마조의 빛, 세계 유산의 정화', '마조의 빛, 그 복이 창화彰化에 이르다', '마조의 빛, 그 사랑이 대갑진란궁에 미치네' 등 대형 버라이어티 쇼를 개최하였다. 2010년 상반기에만 미주를 방문한 대만 동포는 10.63만 명에 달하여, 전년도보다 20.4%나 늘었다.

'규모는 마조, 단결은 대도공조大道公祖'라는 것이 민간에서 전해져 오고 있다. 민간 보생대제保生大帝(대도공) 신앙의 교류활동 규모는 마조 신앙 교류활동보다 뒤떨어지지만, 나름 특색을 지니고 있다. 특히 대만은 보생대제 사당 동호회를 설립하여 양안 교류의 주요 창구로 삼고 있다. 이는 복건-대만 보생대제 사당 조직 간의 단결에 유리하여, 신자들의 인정을 얻었다.

8) 해양문화 학술연구 성과의 토론과 교류

해양문화 학술연구 성과의 교류는 나날이 양안의 공통된 관심 영역으로 되고 있다. 최근 몇 년 간 양안의 해양문화 학술교류회가 빈번하게 개최되었고, 또 정례화 형식으로 2007년 10월, 복주시에서 열린 '복건 해양문화 학술심포지엄'은 양안 해양문화를 주제로 한 첫 번째 학술교류대회였다. 2008년 11월 8일, '양안 해협 해양문화 포럼'이 하문대학에서 개최되었는데, 양안 해협에서 온 근 백 명의 해양문화 연구 전문가들이 참석을 했다. 2009년 6월, 제1회 '정성공 문화 포럼'이 하문시에서 개최되었고, 지금(2011년)까지 3회 연속적으로 열렸다. 2009년 11월, '2009년 해양문화 국제학술 심포지엄'이 하문대학에서 개최되었는데, 양안의 학자들은 '환중국해 한漢문화권 문화의 보존과 혁신'을 둘러싸고 학술적 교류를 하였다. 2010년 3월, 제1회 양안 해협 민남 문화 축제 '민남 문화 포럼'이 천주에서 열렸는데, 회의석상에서 복건과 대만 등지의 민남 문화의 해양문화적 특성을 토론하였고, 민남 문화 연구에 대한 새로운 시각과 방법으로 교류가 이루어졌다. 2010년 10월, 양안의 선정船政 엘리트와 선정 유명 인사의 후예와 전문가 학자들이 모두 복주에 모여, '복주 선정과 근대 중국 해군사 세미나'에 참석하였다. 그들은 복주의 선정과 대만과의 연원 관계를 공동 발굴하고, 선정 문화를 유대로 하는 교류와 협력을 촉진했다. 12월 23일, 복주 중국 선정문화船政文化박물관과 대만 장영長榮해사박물관이 타이베이에서 '복건 선정－청대 말기 자강운동의 선구' 특별전을 공동 개최하였는데, 8개월에 걸쳐 2만 여명의 대만 동포들이 참관했다. 2010년 7월 11일, 국제 해사 기구의 세계 선원의 해 활동의 일환으로, '바다, 해협, 선원'을 주제로 한 중국 항해의 날 경축 행사가 천주에서 개최되었다. 정화 항해 학술 포럼에서 국내외 전문가 학자들은 양안의 항구, 항운, 해양 개발과 도시 협력을 더욱 촉진시키고 심화시키기 위한 건의와 방안을 제시하였다. 양안은 마조 신앙풍속의 '세계유산등재' 추진을 위해 공동으로 많은 노력을 했다. 2009년 9월 30일 유네스코의 비준을 받아, 마조 신앙풍속은 인류 무형문화유산 대표 목록에 등재되어, 중국 최초의 신앙 풍속 류 세계문화유산이 되었다. 2011년 6월, '마조 신앙 학술세미나' 가 보전莆田 미주도에서 개최되어, 마조신앙 '세계유산등재' 이후의 보호와 개발, 마조문화 연구의 확장 공간 등의 문제를 논의하였다. 7월, '천주-대만 백가성百家姓 족보'와 해내외 명문 성씨의 대련예술과 서법예술 작품을 대만에서 순회 전시를 하였다. 9월, 화교대학은 하문 캠퍼스에서 '제1회 중화 마조 포럼'을 거행하였다. 10월, '제2차 양안 해협 문화 세미나'가 복주에서 개최되었고, 11월에는 '해양문명과 전략발전 톱 레벨 포럼'이 하문대학에서 열렸다. 이러한 학술활동은 양안의 해양문화 교류에 대한 인식을 밀접하게 하였다.

9) 양안 해양 계열 대학과의 교류와 협력

양안의 해양 계열 대학 간의 교류는 교육 분야의 해양문화의 교류이다. 2009년 5월 16일, 대련해사대학의 100여 명 교수와 학생이 원양실습선인 '육곤호育鯤號'를 타고 대만해양대학과 고웅해양과학기술대학양교를 방문했다. 이는 대륙의 원양실습선이 처음으로 대만을 방문한 것이다. 같은 해 7월 14~23일, 양안 해협의 청년 해양교육문화 교류행사가 대만에서 열렸다. 중국해양대학, 상해해양대학, 절강해양학원 등에서 온 대륙해양대학의 여러 학생들이 대만해양대학, 고웅해양과학기술대학을 방문하여 대만학생들과 깊이 있는 교류를 하였다. 2010년 8월 9일, '제1회 양안 해협 해양 해사 관련 대학총장 포럼과 전문 학술심포지엄'이 대만해양대학에서 열렸다. 여기에서 양안 해양 계열 대학이 더 큰 규모의 해사 해양 교육과 협력을 어떻게 펼칠 것인지, 또 양안의 해양 관련 교육을 보다 질 높이 발전시키는 방안을 공동 촉진하는 등 문제에 대해 진지하게 검토를 하여, 이에 대한 공동선언문을 발표하였다. 2011년 4월 5일, 하문의 오연만五緣灣에서 금문 해역까지 이르는 제1회 양안 해협의 대학 범선 시합이 열렸는데, 양안 15개 대학의 19개 팀이 참가를 했다. '제2차 양안 해협 해양 해사 대학 블루오션 전략 총장 포럼과 해양과학과 인문심포지엄'이 9월 22일 중국해양대학 주최로 청도靑島에서 개최되었다. 이 포럼의 주제는 '해양교육, 과학기술과 문화사업 발전 및 협력'이었다. 심포지엄의 의제는 다음과 같다. ① 해양과 글로벌 기후 변화, ② 해양자원 보호와 신재생 에너지 개발 이용, ③ 해양 권익보호와 해양 발전전략, ④ 블루오션 경제와 발전 방식의 전환, ⑤ 해양문화와 중화문명(중화 해양문화와 레저/해양 레저 관광 발전), ⑥ 해사 항운과 국제 물류, ⑦ 해양 선진 장비 제조, ⑧ 양안의 교류협력과 해양과학 인재 양성 등이다.

동시에 양안은 해양 대학 간의 학교 설립 협력 혹은 과학기술 기구 설립을 적극적으로 추진하였다. 2010년 6월, 절강해양학원과 대만해양대학이 협력하여 '양안 해협 해양문화 교류센터'를 설립하였고, 8월에 복건관해冠海조선공업회사는 대만건국建國과학기술대학과 복건성 선박공업그룹과 공동으로 복건성 선박기술대학을 창설하고자 하였다. 2011년 3월 2일, 하문해양기술대학과 타이베이해양기술대학은 정식적으로 합작학교 운영을 시작하여, 11명의 중국 학생이 타이베이해양기술대학 생활관 입주하여 한 학기를 기간으로 한 학습 교류를 시작하였고, 대만에서 이수한 전공학점을 인정해 주었다. 이는 양안 해협 해양 전문대학이 처음으로 해양 관련 응용형 인재를 협력하여 양성한 것으로, 양안 해양 관련 대학 교류협력이 새로운 단계로 들어섰음을 상징하는 것이다.

전체적으로 볼 때, 양안 간 3통의 정식적인 실현은, 양안 해협의 해양문화 교류협력을 한층 강화하는 데 아주 유리한 객관적 환경을 제공하였다. 현재 양안은 이 방면의 교류와 협력이 더 넓게 전개되고 있으며, 서로에 대한 이해와 신뢰를 증진하고 양안 관계의 발전을 힘차게 추진하게 되었다.

3. 양안 해양문화 교류가 직면한 저항과 도전

양안 해협은 해양문화 교류 협력에서 많은 성과를 거뒀지만, 양안의 해양문화 교류는 이와 마찬가지로 심각한 저항과 도전에 직면하고 있다.

1) 해양문화 영역에서 '대만독립' 주장자들이 야기한 분열 활동

우선, '대만독립' 주장자들(정계 인사가 대부분임)은 문화 분열을 야기할 목적으로, 양안 해양문화의 역사와 현실을 심각하게 왜곡하면서, '해양대만' 과 '대륙중국'의 대립 구도를 만들어 내었다. 그들은 양안 해양문화에 대한 대만 민중들의 잘못된 인식을 야기함으로써, 양안 상호간의 해양문화에 대한 정체성을 파괴하고, 또 양안 해양문화 교류의 정상적인 진행을 방해하여, 양안 관계에 심각한 악영향을 미쳤다.

대만 정계 인사들의 양안 해양문화에 대한 언급은, 중국해양문화에 속함을 인정하는 것에서 대만의 주체성을 강조하는 전환을 거쳤는데, 이는 대부분 정치 선전을 위한 목적이었다. 대만의 해양문화가 중국의 해양문화에 속한다는 것은, 대만 정계 인사들의 공통된 인식이었다. 초기 반대운동 인사들도 이 점에 동의를 했다. 일찍이 1977년에 장쥔훙張俊宏은 쉬신량許信良『비바람 소리[風雨之聲]』의 서문에서 다음과 같이 말하고 있다.

"천 년 동안 대만에 세워진 문화는 이미 해양중국의 문화에 속하였다. 오늘날 대만 경제의 고속성장은 여전히 이런 문화의 주요 부분을 계승하였는데, 그것은 바로 진취, 단순, 쾌활, 강건, 명쾌라고 할 수 있다. (…중략…) 자신을 충분히 발전시키고, 해양중국을 특징으로 하는 문화를 세워, 정치와 경제를 동시에 크게 발전시킨다면, 우리는 중국을 위해 생각지도 못할 경지를 개척하게 될 것이다."

1980년대 후반 '계엄 해지' 이후, 대만 내 언론의 자유가 점차 개방되어 해양문화를 비난하는 논조가 점점 많아졌다. 더욱이 민진당民進黨의 '대만독립' 주장자들은 중국 대륙의 해양문화의 존재를 부정하고, 중국 대륙의 문화를 '대륙문화'로 규정하면서, 그것을 낙후문화, 몰락문화의 대표로 보았다. 그래서 대만문화를 '해양문화'로 규정하여, 그것이 대륙문화에 비해 우월하다는 점을 강조하였다. 그들은 대만의 해양문화와 중국의 대륙문화를 대립시키고선, '해양문화'가 대만 문화와 중국 문화의 본질적 구별이라 여겼다. 이것은 정치활동과 결합된 '독립주장파' 사람들이 적극 고취하는 관점이었다. 1996년, '대만 독립의 대부'로 불리는 펑민밍彭明敏은 셰장팅謝長廷과 파트너를 이루어, '해양국가, 경신문명鯨神文明(고래 모습이 대만 형상의 원형)'을 슬로건으로 하여 대만 당국의 총통 경선에 참여하였고, 대만인은 중국인과 완전히 다른 해양민족이라고 선언했다. 2000년 민진당이 집권한 후, 이런 관점은 관방의 추진 아래에서 더욱 빈번하게 나타났다. 천수이볜陳水扁 등 대만 당국 리더들이 직접 나서서 대만 해양문화를 선양하며, 중국문화와 해양문화, 대만문화의 관계를 부정하였다.

대만 해양문화에 대한 '대만독립' 주장자들의 언급이 대만사회에 미치는 영향이 만만치 않았다. 국민당은 민진당 측의 선전공세에 대응하여 대만 유권자들의 호응을 얻고자 대만 해양문화 주체론 쪽으로 나아가기 시작했다. 2008년 마잉지우馬英九는 국민당 후보자로 대만당국의 총통 선거에 참여하여, '블루 혁명, 해양 흥국'이라는 구호를 외쳤다. 심지어, 대만 학술계에서도 마찬가지로, 일부 학자들은 역사적으로 중국대륙의 해양문화는 일찍이 사라졌고, 현재 대만의 해양문화는 중국에서 온 것이 아니라고 여겼다.

대만 정치인들의 양안 해양문화에 대한 언급은 단순히 학술 차원의 논의가 아니었다. '대만독립'의 관점을 갖고 있는 일부 인사들은, 해양문화를 문화 분열의 도구로 삼아 중국문화를 공격하고 중국해양문화를 부정하였는데, 이것은 대만인의 중국문화에 대한 동질감을 본질적으로 청산하기 위한 것이다. 그들이 대만의 해양문화를 고취하고자 하는 것은, 대만인들의 대만 본토문화에 대한 동질감을 키우기 위해서였다. 이들은 이런 수단을 이용하여, 최종적으로 대만인들의 대만에 대한 문화적 동질감을 이루어, '국가에 대한 공동체 의식'을 야기시켜 분열주의의 목적을 달성하고자 한 것이었다. 이에 정치 요인의 간섭을 줄이고 해양문화의 학술적 연구를 정상적으로 작동시키며, 양안 민중이 그 속에서 올바른 해양문화 관념을 형성하는 것이, 현재 우리에게 당면한 중요한 문제이다.

2) 해양문화 결핍에 대한 민중의 자각

양안 해양문화 교류의 주류는 민간의 자발적인 행위이며, 특히 해양

신앙 풍속의 교류가 가장 중점이 된다. 이것은 양안 교류의 돌파점이고, 지금도 선도적 역할을 하고 있으며, 양안의 정치와 경제의 발전을 이끌어내는 데 지대한 영향력을 지닌다. 그러나 그 동력은 민중의 소박한 감성인식과 열정에 머물러 있을 뿐으로, 양안의 공통된 해양 가치관과 발전관을 유지하는 이성적 인식단계로 오르지 못하였고, 해양문화의 자각이 부족한 상황이다. 그래서 민간 교류에서 몇 가지 문제가 생겨났다.

대만 마조묘에서 앞 다투어 미주湄洲 마조묘로 가서 향을 사르고 참배하는 것은, 주로 신자와 마주 묘당이 정통성을 인정받고 또 신명스러운 영적 능력을 증가시키는 수단이라고 여겼기 때문이었다. 그래서 이러한 행위는 묘당의 지위와 신명스러운 영적 능력을 제고하는 데 도움이 되고, 더 나아가 묘당에다 많은 참배객과 재부를 가져다 주게 되었다. 어떤 대만 학자는 이런 형상을 '마조 모식'으로 귀납하였다. 그래서 참배단은 '벼락부자'라는 심리로 마조를 참배하였고, 마조묘의 집사들은 '여자가 온갖 수단을 부려 돈 많은 남자에게 접근'하는 마음으로 대만 참배객들을 맞이하였다. 이것은 '재력으로 신력을 바꾸는' 교환 관계여서, 이해타산적인 색채가 충만해 있는 것이다. 둘째, 마조문화의 확산은, 신앙 중심의 지위를 차지하기 위해 각 지역의 마조묘들은 서로 간에 다툼이 일어났다. 2011년 9월 5일, 대남 안평개대천후궁安平開臺天后宮은 정성공이 마조여신을 맞이하여 대만에 온 지 350년 문화축제 활동을 경축하면서 '마조 대학' 설립을 선포하였다. 대남 라이칭더賴淸德 시장은 "안평의 '마조 대학'이 세계적인 마조 신앙의 중심으로 발전할 수 있기를 희망한다"고 하였는데, 이것이 최신의 동향이다.

기타 해양신앙 교류도 비슷한 현상이 나타났다. 이러한 실리적인 방법은 기존의 해양문화자원을 제대로 연구 발굴하지 못하게 만들었고, 또 높은 수준의 문화 통합을 어렵게 만들어, 해양문화관광으로 국내외에서 매력적인 브랜드로서는 부족하게 만들었다.

3) 양안 정부의 해양문화의 완만한 교류와 진전

양안 정부는 민간 해양문화 교류에 대해 점진적으로 개방하는 정책을 채택해, 민간 해양문화 교류를 단일에서 쌍방향으로 교류하는 발전을 추진하였다. 반면 양안 정부 간의 해양 실무교류와 협력은 정치적인 이유로 지지부진하였다. 본디 양안은 바다로부터 온 도전에 직면해 왔다. 예를 들어 조어도와 남해제도의 주권 분쟁 같은 것은 같거나 근접한 입장을 지니기에, 대외 협력으로 해양 권익을 지키는 것은 쌍방의 이익에 부합하는 것이다. 그러나 대만 당국은 '국가 안전'과 '대등한 입장'이라는 생각에, 양안 정부 간의 교류와 협력을 더 확대하여 개방하는 것에 아직도 많은 고민에 놓여 있다. 대만 마잉지우 총통은 중국과 협력하여 조어도 문제를 해결하지 않겠다고 누차 거듭 말했다. 남해 문제에 대해서도 서로의 의견만 주장하고 양보하지 않았다. 이 같은 상황은 장기적으로 보면 양안 간 해양문화 교류의 진일보한 전개에 아주 불리하게 작용한다. 대만의 새로운 총통 선거의 전망 역시 밝지 않다. 이 또한 미래 양안 정부 간의 해양문제에 대한 협력에 여러 변수로 작용하기에, 앞서 이에 대한 준비를 해야 한다.

4. 양안 해양문화 교류를 심화시키는 건의

상술한 것처럼 현재 양안 해양문화 교류에 직면하고 있는 저항과 도전에 대해, 우리들은 적절하게 응대하여 양안 해양문화의 교류와 협력을 저해하는 불안전 요소를 극복하여, 쌍방이 건강하고 깊이 있는 교류를 위해 길을 열어나가야 한다. 이를 위해 다음과 같이 건의한다.

1) 양안 해양문화의 이론적 논조를 새롭게 하자

'대만독립' 주장자들의 '해양문화론'은 기세가 드높은 것처럼 보이지만, 해양문화를 '대만독립'과 정당 간 투쟁의 도구로 삼고 있는 것에 불과하며, 더구나 대만을 위해서 전심전력으로 해양문화를 건립해야겠다는 것은 더더욱 아니다. 그와 반대로, 대만 민중들이 해양문화에 대해 줄곧 깊이 알지 못해야만, 그들의 황당한 주장이 발휘될 수 있는 여지가 있는 것이다. 그래서 양안 학술계가 같이 손을 잡고 중국해양문화 역사를 심도 있게 캐내고, 양안 해양문화의 이론적 논조를 새롭게 하여야 한다. 이는 '대만독립' 주장자들이 해양문화를 이용하여 문화 분열의 논조로 선전하는 계략을 억제하는 것에 중요한 의미를 지니고 있다.

양안 해양문화 이론적 논조를 새롭게 만들려는 목적은, 이론과 역사적 사실에 있어서 '해양대만'과 '대륙중국'의 대립 이론을 깨는 것이다. 우선 "중국은 대륙국가이자 해양국가이다"라는 이념을 수립해야 한다.

해양중국은 "중국문화의 장기간의 발전에서 잉태되어 나온 것이다". 양안 학술계는 장기간의 연구를 통해 이 문제에 있어 인식의 일치를 많이 이루었다. 우리는 이전 사람들의 학술적 축적을 이용하여 역사적 자료를 더 깊게 발굴하여, 이러한 논점에 대해 과학적으로 증명을 내고, 중국해양문화의 본질과 특징을 깔끔하게 하여, 양안의 해양문화 이론적 논조를 새롭게 만들어 내기 위한 견실한 근거를 제공해야 할 것이다.

중국해양문화와 대만 해양문화의 관계를 가다듬는 것은 양안 해양문화의 이론적 논조를 새롭게 만드는 기초이다. 대만 학술계는 객관적 역사사실을 바탕으로, "오늘날 대만은 한민족이 식민화하여 세운 사회이며, 중국인이 해양발전에 따라 만들어진 역사적 사실이다". 그리고 "대만의 해양문화는 중국해양문화의 확대라 할 수 있다. (…중략…) 한漢문화를 근본으로 한 (…중략…) 해양문화이다"라는 점을 인정하고 있다. 외해外海와 주변국가의 해양문화와의 상호 작용은, 외래의 해양문화를 흡수하는 것이자 양안의 공통된 특징으로, 처하고 있는 시간과 공간 환경의 변천에 따라 각기 다른 발전 모식을 지니게 되었다. 양안 해양문화는 발전 과정에서 차이가 드러남을 인정하지만, 다른 것 중에 공통점을 가지고 있음 또 같은 것 중에 차이가 있음을 인정해야만 한다. 이것은 서로 배척하는 것이 아니다. 이 또한 사실을 가지고 이치에 맞게 설득해야 하는 것이다.

양안 해양문화와 중국 대륙문화는 밀접한 관계를 지니고 있다. 대만문화는 해양문화만 있는 것이 아니라 대륙문화의 성분도 가지고 있어, 그것과 대륙문화를 완전히 대립된 것이라 할 수 없다. "내륙문명 역시 대만문명의 한 근원이다. 만약 대만의 문화적 뿌리를 좁게 보아 해양문명만 있다고 하는 것은, 사실 결코 완정하지 않는 것이다.” 중국 대륙문화와 해양문화의 상호 작용을 명백하게 밝히는 것도 양안의 해양문화의 이론적 논조를 새롭게 하는 임무이다.

양안 해양문화의 이론적 논조를 새롭게 하여, 양안 민중의 심리적 공감과 사회적 공감을 쟁취하여야 한다. 문화 분열 입장을 견지하고 있는 대만의 일부 학자들에게 더 많은 변론과 토론의 기회가 주어져야 할 것이다. 이처럼 상호 간에 의견을 교환하는 것은 학계에 뿐만 아니라 대만의 대중 속에도 영향을 미칠 수 있고, “진리는 논쟁하면 할수록 더욱 명백해진다”는 효과를 나타낼 수 있다. 이는 점점 더 많은 사람들이 중국 대륙과 대만 해양문화의 역사적 사실과 진상을 알게 될 것이고, ‘대만독립’ 주장자들은 옛날처럼 그렇게 민중의 사고에 일방적으로 주입함으로써 광범위한 사회적 이익을 취할 수는 없을 것이다.

2) 양안 해양문화 브랜드를 만들어, 양안 동포들의 정신적 유대를 강화시킨다

마조로 대표되는 해양민속문화, 천주항으로 대표되는 ‘해상 실크로드’문화, 정성공으로 대표되는 해권海權과 해상海商문화, 복주 마미馬尾의 선정船政문화, 진가경陳嘉庚으로 대표되는 해외이민과 화교문화 등은 모두 양안 해협 민중들의 공통된 역사적 기억이다. 이는 역사적으로 세계로 향하는 영향력을 갖고 있으며, 풍부한 문화적 유산을 남기고 있다. 문화유산을 보호하는 것에서 문화자산을 운용하는 쪽으로 전환하여,

해양문화 브랜드를 만드는 것에 있어서는 해야 할 일이 많이 남아있다.

'해협 관광'을 통해 양안의 문화관광 노선을 세심하게 디자인하여, 해양문화의 주제를 두드러지게 하는 것이다. 여기에는 '당산唐山에서 대만을 지나는 여행'과 '성공의 길'을 예로 들 수 있다. 이것은 여객선을 타고서 작은 3통을 거쳐 양안에 관련된 관광명소들을 한 곳으로 묶음으로써, 기타 연해 여행 방식과 유사한 것을 피하면서, 반향을 불러일으키는 국제 관광지를 형성시키는 것이다. 이렇게 함으로써 사람들로 하여금 양안의 해양문명에 대한 기여를 느낄 수 있게 하고, 양안 민중으로 하여금 해양으로 행했던 집단적 기억을 불러일으키도록 하는 것이다. 아울러 대만 민중, 특히 남대만 농민들에게 조상의 고향을 찾고자 하는 심리적 수요를 만족시키고, 족보 연결과 문화제 행사 등을 관광과 유기적으로 결합시키는 것이다.

고차원의 해양문화산업을 양성하여 새로운 문화상품과 서비스를 창출하고, 해양경제의 지주 산업을 형성하여 양안 해양경제의 발전을 이끌어 나가는 것이다. 시장과 학술의 한계 그리고 해양문화자원을 살피고 정리하는 학술연구의 선순환적 작용을 파악하여, 눈앞의 성공과 이익에만 급급하거나 실제에 부합하지 않는 '해양문명의 발원지'나 '시발항구' 등의 구호를 부추기는 것을 피해야 한다. 아울러 현대인의 입맛에 맞거나 지역경제를 살리기 위해 역사를 왜곡하는 것도 피해야만 한다.

3) 양안의 해양권익 보호 협력에 노력하고, 해양자원의 공동 개발을 촉진한다

양안 정부 간의 해양사무 협력을 촉진하는 데 있어, 양안 간에 존재하는 해양이익의 일치점을 정확하게 파악할 필요가 있다. 현 단계로 보면, 양안의 해양권익 보호협력과 해양자원 공동개발을 전개하는 것은, 양안 정부 간 해양협력의 새로운 돌파구가 될 가능성이 있다.

남해의 해양권익 보호 문제에 협력하는 것은 양안의 정부와 민간의 공동이익에 부합한다. 동시에 남해 지역에서 양안이 정부 차원의 해양협력을 진행했을 때 받는 저항은, 대만 당국이 아주 민감한 대만 해협 지역에서 협력을 진행했을 때 받은 저항만큼 크지 않을 것이다. 게다가 양안이 남해 지역에서 사전에 협력을 시작하는 것은, 향후 양안이 다른 지역과 분야에서 공시적인 해양 협력을 발전시키는 데 귀중한 사례를 제공할 수 있는 것이다.

남해 문제의 주권 인식과 해양 정책에 대해, 양안 정부는 일정한 공감대를 가지고 있다. 양안이 남해 주권을 주장하면서 제시한 역사와 법리 근거는 피차간에 밀접한 관련성과 일치성을 가지고 있다. "이것은 미래의 남해 법리 투쟁 속에서, 양안 모두 상대방에게 두터운 신임을 가지고 있으며, 서로 손을 맞잡고 중화민족의 공통된 해양 주권을 유지하는 든든한 기초가 된다." 남해 정책에 있어 대만은 1999년부터 공동개발과 평화공존의 방식으로 남해 문제를 다루고 있다. 리덩후이李登輝는 관광사업을 발전시키고자 주둔군을 해양경찰청으로 바꾸었고, 천수이볜은 몰디브 모델을 모방하여, 국가 수상 공원을 의도적으로 만들어, 남해 여러 나라들과 평화롭게 공존하려 하였다. 마잉지우는 "우리 주권, 논쟁 보류, 평화 호혜, 공동 개발"을 주장하였는데, 이는 중국 대륙의 일관된 입장과 거의 일치하였다. 이러한 것은 모두 양안 정부 간 남해 문제에 대한 협력을 하는 데 선결 조건을 제공하였다.

남해 문제에 있어 서로 협력하기 위해서는 양안은 점진적인 방식을 취해야 한다. 손 쉬운 일로는 해양권익보호 협력과 해양자원 개발의 결합 방식을 우선 고려할 수 있다. 생물자원 방면의 개발에 대해서는, 먼저 양안 남해 지역 어업 협력에 착수할 수 있고, 이러한 기초 위에 양안의 해상법 집행 부서 간의 협력을 전개해야 한다. 이에 원활한 소통 채널을 만들어, 쌍방의 이해와 신뢰를 증진시키고 행동상의 통일을 이루어, 남해의 어획과 어류보호 등 효과적인 협력 메커니즘을 점진적으로 구축하고, 민간 활동에 충분한 정보 서비스와 물자 지원 그리고 군사적 보호를 제공해야 한다. 실제 수요에 따라, 지난 몇 년간 양안의 해양 협력에서 실현한 여러 가지 합의(예컨대 「양안 해협 항운 협의」 등)에 대해 보완할 수 있고, 이를 남해 지역에 적용할 수 있다. 다른 한편으로, 남해 에너지 개발 영역도 마찬가지로 양안이 협력할 수 있는 이상적인 분야이다. 대만은 에너지가 부족하여 소비하는 석유, 천연가스 대부분을 수입해야만 한다. 경제 속도가 빨리 발전함에 따라 중국의 에너지 수요가 급증하고 있다. 그래서 중국 남해 지역에 매장된 풍부한 에너지를 개발하여 양안 해협의 발전 수요를 충족시키는 것은, 양안 민중들의 숭고한 염원이자 권리이다. 대만이 통제하는 태평도太平島는 남해 제도 중 가장 큰 도서로, 그곳에는 담수 자원이 있고 또 남해 유일의 공항이 부설되어 있어, 후방 지원의 이상적인 기지가 된다. "중국은 필요한 자금, 인력,

기술과 설비를 담당하고, 뜻밖의 일에 대처할 수 있는 군사적 보호를 제공한다. 대만은 태평도를 대륙의 중계 운송과 지원 물자를 저장하는 후방 기지로 삼아, 양안이 협력하여 남해 가스전을 개발한다." 이것은 서로가 윈윈할 수 있는 선택 가능한 방안이다.

근래에 중국과 대만은 남해 주권을 수호하는 문제에 대해 높은 차원의 협력이 이루어져야 한다는 목소리가 높아지고 있다. 2011년 8월, 중국 남해연구원과 대만 정치대학 국제관계 연구센터는 공동으로 기획하여 편찬한 「2010년도 남해 지역 형세 평가 보고서」를 발표했다. 이 보고서는 남해 문제가 나날이 격화됨에 따라, 남해 문제에 대한 양안 간의 협력을 강화하는 것이 시급하다고 여겼다. 이에 양안 간에 정치적 신뢰와 사무적 협력을 건의하였고, 양안 군사 협조체제와 남해 석유 가스 자원의 협력 개발을 추진해야 한다고 하였다. 미국 스탠포드대학교 국제안전과 협력 센터 연구원인 쉐리타이薛理泰도 이에 대한 문장을 발표하였다. 그는 이 문장에서 양안은 남해 해양자원 개발 문제에 대해 긴밀히 협력해야 한다고 건의하였다. 대만은 양안의 남해 협력 문제에 대해 일정 정도 망설임이 있는데, 아직 명확한 입장 표명은 없었다. 그러나 만약에 우리들이 이 문제에서 적극적인 의사를 계속 가지고 양안 민중들의 공통된 이익을 상기시키며, 대만 여론의 지지를 얻어 대만 당국에 영향력을 행사한다면, 양안의 미래에 일정 정도 공통적 인식과 협력을 이루는 것은 실현 불가능한 바람은 아닐 것이다.

남해 문제가 갈수록 이슈로 떠오르는 가운데, 대만은 남해에서의 발언권을 점차 잃어 가고 있으며, 심지어 태평도와 동사도東沙島는 베트남과 필리핀에게 점거당할 위험이 있다. 신문 보도에 따르면, 대만은 내년에 한 개 대대의 병력 약 천명을 태평도로 다시 돌려보낼 것이라 하였고, 심지어 방공미사일인 '천검일형千劍一型'을 처음으로 배치할 것이라 하였다. 또한 '국토 방위 계획'을 제정하여, 대만 해군이 48시간 이내에 태평도에 도착할 수 있도록 하고 있다. 이 계획이 실현되면, 양안 간 군사 협조체제 구축 문제도 조만간 논의될 것으로 보인다.

양안 정부의 해양 협력은 국제적 정치 정세의 제약을 받아, 예측할 수 없는 변수가 존재하고 있다. 그래서 양안은 중화민족의 지혜를 모아 쌍방의 상이한 의견을 잘 타협하고, 상호 신뢰를 강화하는 것이다. 최종적으로는 적절한 방법을 찾아서, 평화로운 바다와 조화로운 바다를 만들기 위해 노력하고, 세계 해양문명을 위해 보다 큰 공헌을 하는 것이다.

참고문헌

고적

包世臣,『中衢一勺』, 清光緖安吳四種本.
伯麟,『兵部處分則例』, 清道光刻本.
陳祖授,『皇明職方地圖』,『玄覽堂叢書』第15冊, 廣陵書社, 2010.
陳侃,『使琉球錄』, 續修四庫全書本.
『陳埭丁民回族宗譜』, 香港綠葉教育出版社, 1996.
陳建著, 江旭奇補,『皇明通紀集要』, 文海出版社, 1988.
陳廷恩等, 道光『江陰縣誌』卷十五,『無錫文庫』第一輯, 鳳凰出版社, 2011.
程敏政,『皇明文衡』,『四部叢刊初編』, 上海書店, 1989.
程嗣功等, 萬曆『應天府志』, 四庫全書存目叢書.
福趾,『戶部漕運全書』, 清光緖刻本.
『福建省例』, 臺灣文獻叢刊第199種.
傅恒,『通鑒輯覽』, 影印文淵閣四庫全書本.
顧炎武,『天下郡國利病書』, 上海古籍出版社, 2012.
『古今圖書集成』, 中華書局, 1986.
過庭訓,『本朝分省人物考』, 續修四庫全書.
黃衷,『海語』, 影印文淵閣四庫全書本.
『皇明祖訓』, 四庫全書存目叢書.
何喬遠,『名山藏』, 福建人民出版社, 2010.
何紹基,『光緖重修安徽通志』,『中國地方誌集成』省志輯, 鳳凰出版社, 2011.
『嘉慶道光兩朝上諭檔』, 中國第一歷史檔案館編, 廣西師範大學出版社, 2000.
江藩,『肇慶府志』, 清光緖重刻本.
焦竑,『獻征錄』, 上海書店, 1986.
『剿平蔡牽奏稿』, 全國圖書館文獻縮微複製中心, 2004.
嵇曾筠,『浙江通志』, 影印文淵閣四庫全書本.
方孔照,『全邊略記』, 續修四庫全書.

沖繩縣立圖書館,『歷代寶案』校訂本, 沖繩縣教育委員會刊, 第1-14冊, 1992~2014.
李鴻章,『李文忠公(鴻章)全集』, 吳汝綸編, 文海出版社, 1984.
劉向,『說苑』,『叢書集成初編』, 中華書局, 1985.
林焜熿,『金門志』, 大通書局, 1984.
雷禮,『皇明大政記』, 四庫全書存目叢書.
羅懋登,『三寶太監西洋記通俗演義』, 上海古籍出版社, 1985.
南州散人,『天妃林娘娘傳』, 韓錫鐸等點校, 遼沈書社, 1992.
『明實錄』, 黃彰健校勘, "中研院"歷史語言研究所校印, 1962.
『明經世文編』, 中華書局, 1962.
『明史』, 中華書局, 2012.
『明清史料』, 文海出版社, 1979.
『清宮宮中檔奏摺臺灣史料』 第11冊, 臺北"故宮博物院", 2005.
中國第一歷史檔案館編,『清代中琉關係檔案選編』, 第1-7編, 中華書局, 1993~2009.
乾隆『重修臺灣縣志』, 大通書局, 1984.
錢謙益,『牧齋初學集』, 上海古籍出版社, 1985
任啟運,『史要』, 四庫未收書輯刊.
司馬遷,『史記』, 影印文淵閣四庫全書本.
宋濂,『元史』, 中華書局, 1976.
慎懋賞,『海國廣記』, 覽堂叢書續集第14冊.
『臺灣文獻彙刊』影印本, 九州出版社、廈門大學出版社, 2004.
湯日昭等, 萬曆『溫州府志』, 四庫全書存目叢書.
王鳴鶴,『登壇必究』, 清刻本.
王世貞,『山堂別集』, 中華書局, 1985.
王昶等, 嘉慶『直隸倉州志』, 續修四庫全書.
王先謙,『日本源流考』, 四庫未收書輯刊.
汪揖,『使琉球雜錄』, 日本京都大學文學部藏本.
周凱,『廈門志』, 點校本, 鷺江出版社, 1986.
謝傑,『虔台倭纂・倭變』,『玄覽堂叢書』 第六冊.
徐兢,『宣和奉使高麗圖經』, 影印文淵閣四庫全書本.
徐葆光,『中山傳信錄』, 續修四庫全書本.
潘相,『琉球, 人學見聞錄』, 清乾隆刻本.
徐松,『宋會要輯稿』, 中華書局, 1957.

徐紘, 『皇明名臣琬琰錄』, 文海出版社, 1870.
徐昌治, 『昭代芳摹』, 四庫禁毀書叢刊本.
許弘綱, 『群玉山房疏草』, 清康熙百城樓刻本.
俞大猷, 『正氣堂全集』, 廖淵泉、張吉昌整理點校, 福建人民出版社, 2007.
顏斯綜, 『南洋蠡測』, 『小方壺輿地叢抄』再補編第十帙.
嚴從簡, 『殊域周諮錄』, 余思黎點校, 中華書局, 1993.
有心才人編次, 『金雲翹傳』, 魏武揮鞭點校, 中國經濟出版社, 2010.
趙汝適, 『諸蕃志』, 影印文淵閣四庫全書本.
張鎿, 『紫徽集』, 影印文淵閣四庫全書本.
張學禮, 『使琉球記』, 『小方壺輿地叢抄』 第十帙.
張袞等, 嘉靖『江陰縣誌』, 天一閣藏明代方志選刊.
張廷玉, 『禦定資治通鑒綱目三編』, 影印文淵閣四庫全書本.
張萱, 『西園聞見錄』, 文海出版社, 1940.
真德秀, 『西山文集』, 四部叢刊景明正德刊本.
鄭若曾, 『籌海圖編』, 中華書局, 2007.
鄭若曾, 『江南經略』, 影印文淵閣四庫全書本.
鄭汝璧, 『皇明功臣封爵考』, 四庫全書存目叢書.
周去非, 『嶺外代答』, 中華書局, 1999.
周煌, 『琉球國志略』, 續修四庫全書本.
周煌, 『海山存稿』, 四庫未收書輯刊本.
鐘薇, 『倭奴遺事』, 『玄覽堂叢書』 第六冊.
朱克敬, 『邊事匯抄』, 四庫未收書輯刊.

중문 논저

北京大學圖書館 編, 『皇輿遐覽－北京大學圖書館藏清代彩繪地圖』, 中國人民大學出版社, 2008.
陳寅恪, 『柳如是別傳』, 上海古籍出版社, 1980.
陳寅恪, 『金明館叢稿初編』, 三聯書店, 2001.
段漢武・范誼 主編, 『海洋文學研究文集』, 海洋出版社, 2009.
高星・張曉淩・楊東亞・沈辰・吳新智, 「現代中國人起源與人類演化的區域性多樣化模式」, 『中國科學, 地球科學』, 2010年第40卷第9期.
馮友蘭, 『中國哲學簡史』, 北京大學出版社, 1996.

黃仁宇,『萬曆十五年』, 三聯書店, 2005.
黑龍江文物考古工作隊,『黑龍江古代官印集』, 黑龍江人民出版社, 1981.
雷海宗,『中國的文化與中國的兵』, 商務印書館, 2001.
李小雲 外 主編,『普通發展學』, 社會科學文獻出版社, 2005.
淩純聲,『中國邊疆民族與環太平洋文化』, 臺北聯經出版公司, 1979.
鹿守本,『海洋管理通論』, 海洋出版社, 1997.
倪建中・宋宜昌 主編,『海洋中國－文化重心東移與國家空間利益』, 中國廣播出版社, 1997.
鈕先鐘,『西方戰略思想史』, 廣西師範大學出版社, 2003.
錢穆,『民族與文化』,『錢賓四先生全集』第37冊, 臺北聯經出版公司, 1998.
宋正海,『東方藍色文化－中國海洋文化傳統』, 廣東教育出版社, 1995.
吳天穎,『甲午戰前釣魚列嶼歸屬考』, 社會科學文獻出版社, 1994.
王義桅,『海殤, 歐洲文明啟示錄』, 上海人民出版社, 2013.
王宏斌,『清代前期海防, 思想與制度』, 社會科學文獻出版社, 2002.
習近平,『習近平談治國理政』, 外文出版社, 2014.
姚楠・許鈺,『古代南洋史地從考』, 商務印書館, 1958.
楊國楨 編,『林則徐書簡』(增訂本), 福建人民出版社, 1985.
楊國楨 主編,『海洋與中國叢書』, 江西高校出版社, 1998~1999.
楊國楨 主編,『海洋中國與世界叢書』, 江西高校出版社, 2003~2006.
楊國楨,『瀛海方程－中國海洋發展理論和歷史文化』, 海洋出版社, 2008.
楊金森等,『海岸帶管理指南』, 海洋出版社, 1999.
葉敬忠・劉燕麗・王伊歡,『參與式發展規劃』, 社會科學文獻出版社, 2005.
張海峰主編,『中國海洋經濟研究』第1-3輯, 海洋出版社, 1982・1984・1986.
張開城等,『海洋社會學概論』, 海洋出版社, 2011.
朱寰主編,『歐羅巴文明』, 山東教育出版社, 2001.
『中國海洋發展史論文集』, 第1~10輯, 臺北"中研院"三民主義研究所, 中山人文社會科學研究所叢刊, 1984~2008.

국외 논저

Marx-Engels,『德意志意識形態』,『馬克思恩格斯選集』第1卷, 中共中央馬克思恩格斯列寧史達林著作編譯局編, 人民出版社, 1972.
Alfred Hettner, 王蘭生 譯,『地理－它的歷史, 性質和方法』, 商務印書館, 1983.

Edouard Chavanne, 馮承鈞 譯, 『西突厥史料』, 中華書局, 2004.
Anthony Reid, 吳小安 外譯, 『東南亞的貿易時代, 1450~1680年』, 商務印書館, 2010.
AndreGunderFrank · Barry K.Gills主編, 郝名瑋 譯, 『世界體系, 500年還是5000年』, 社會科學文獻出版社, 2004.
Oswyn Murray, 晏紹祥 譯, 『早期希臘』, 海人民出社, 2008.
Oswald Spengler, 吳瓊 譯, 『西方的沒落』 第一卷, 『形式與現實』, 上海三聯書店, 2006.
『奧本海國際法』上卷第二分冊, 勞特派特修訂, 王鐵崖 · 陳體強譯, 商務印書館, 1981.
岸本美緒, 「"後十六世紀問題"與清朝」, 『清史研究』 2期, 2005.
Benedetto Croce, Douglas Ainslie英譯, 傅任敢 譯, 『歷史學的理論和實際』, 商務印書館, 1982.
Fernand Braudel, 肖昶 外譯, 『文明史綱』, 廣西師範大學出版社, 2003.
Bronislaw Malinowski, 張雲江 譯, 『西太平洋上的航海者』, 九州出版社, 2007.
Carl Schmitt, 林國基 外譯, 『陸地與海洋－古今之"法"變』, 華東師範大學出版社, 2006.
Char Lotte Sophia Burne, 程德潤 外譯, 『民俗學手冊』, 上海文藝出版社, 1995.
Denis Twitchett主編, 中國社會科學院歷史研究所 譯, 『劍橋中國史』 第三卷『劍橋中國隋唐史』, 中國社會科學出版社, 1990.
Barry Buzan, 時富鑫 譯, 『海底政治』, 三聯書店, 1981.
Fanny Douvere等, 徐勝 譯, 『國際海洋空間規劃論文集』, 海洋出版社, 2010.
Douglass C. North, 厲以平 譯, 『經濟史上的結構和變革』, 商務印書館, 1992.
Debraj Ray, 陶然 外譯, 『發展經濟學』, 北京大學出版社, 2002.
Hugo Grotius, 馬忠法 譯, 『論海洋自由或荷蘭參與東印度貿易的權利』, 上海人民出版社, 2005.
Andre Gunder Frank, 劉北成 譯, 『白銀資本一重視經濟全球化的東方』, 中央編譯出版社, 2011.
飯島伸子, 包智明 譯, 『環境社會學』, 社會科學文獻出版社, 1999.
Fernand Braudel, 唐家龍 外譯, 『菲力浦二世時代的地中海和地中海世界』 第一卷, 商務印書館, 1996.
Fernand Braudel, 肖昶 · 馮棠 · 張文英 · 王明毅 譯, 『文明史綱』, 廣西師範大學出版社, 2003.
Cornford, Francis Macdonald, 孫豔萍 譯, 『修昔底德一神話與歷史之間』, 上海三聯書店, 2006.
Francis Bacon, 何新 譯, 『新大西島』, 商務印書館, 1979.
Friedrich List, 陳萬煦 譯, 蔡受百 校, 『政治經濟學的國民體系』, 商務印書館, 1961.
Francois Perroux編, 『新發展觀』, 華夏出版社, 1987.
Immanuel Wallerstein等, 劉鋒 譯, 『開放社會科學, 重建社會科學報告書』, 三聯書店, 1997.
Georg Wilhelm Friedrich Hegel, 王造時 譯, 『歷史哲學』, 上海書店出版社, 2006.
Leslie A. White, 沈原 外譯, 『文化的科學, 人類與文明研究』, 山東人民出版社, 1988.

Raymond Williams, 劉建基 譯,『關鍵字, 文化與社會的詞彙』, 三聯書店, 2005.
Robert O.Keohane · Joseph S · Nye. Jr, 林茂輝 外譯,『權力與相互依賴一轉變中的世界政治』, 中國公安大學出版社, 1991.
Ruth Fulton Benedict, 何錫章 · 黃歡 譯,『文化模式』, 華夏出版社, 1987.
綾部恒雄 主編, 周星 外譯,『文化人類學的十五種理論』, 貴州人民出版社, 1988.
Alfred Thayer Mahan, 李少彥 外譯,「海權對歷史的影響」,『亞洲問題』, 海洋出版社, 2013.
Keith Muckelroy, 戴開元 外譯,『海洋考古學』, 海洋出版社, 1992.
EncyclopediaBritannica編著,『不列顛百科全書』第15卷, 中國大百科全書出版社, 1999.
Lois N.Magner,『生命科學史』, 華中工學院出版社, 1985.
Halford John Mackinder, 林爾薇 · 陳江 譯,『歷史的地理樞紐』, 商務印書館, 1985.
Dian H. Murray, 劉平 譯,『華南海盜』, 中國社會科學出版社, 1997.
Michael Howard, 褚律元 譯,『歐洲歷史上的戰爭』, 遼寧教育出版社, 1998.
EncyclopediaBritannica編著,『不列顛百科全書』第15卷, 中國大白科全書出版社, 1999.
Michel Foucault, 謝強 · 馬月 譯,『知識考古學』, 生活 · 讀書 · 新知三聯書店, 1998.
Norman Davies, 郭方 · 劉北成 外譯,『歐洲史』, 世界知識出版社, 2007.
Kenneth Pomeranz, 史建雲 譯,『大分流－歐洲, 中國及現代世界經濟的發展』, 江蘇人民出版社, 2003.
Leften Stavros Stavrianos, 吳象嬰 外譯,『全球通史, 從史前史到21世紀』, 北京大學出版社, 2006.
Santiago Gahona Fraga,『朱倫 · 鄧穎潔 外譯, 歐洲一體化進程－過去與現在』, 社會科學文獻出版社, 2009.
Edward Burnett Tylor, 蔡江濃 編譯,『原始文化』, 浙江人民出版社, 1988.
Arnold Toynbee, 沈輝 外譯,『文明經受著考驗』, 浙江人民出版社, 1988.
Arnold Toynbee, D.C.Somervell節錄, 曹未風 譯,『歷史研究』, 上海人民出版社, 1966.
Thomas S. Bums, 王新民 外譯,『大洋深處的秘密戰爭』, 海洋出版社, 1985.
Max Weber, 康樂 · 簡惠美 譯,『宗教社會學』, 廣西師範大學出版社, 2005.
Herodotus, 王以鑄 譯,『希羅多德歷史 · 希臘波斯戰爭史』, 商務印書館, 1959.
Sergey Georgiyevich Gorshkov, 濟司二部 譯,『國家的海上威力』, 三聯書店, 1977.
Aristotle, 顏一 · 秦典華 譯,『政治學』, 中國人民大學出版社, 2003.
Abraham Wolf, 周昌忠 · 苗以順 · 毛榮遠 譯, 周昌忠 校,『十八世紀科學, 技術和哲學史』, 商務印書館, 1997.
Iggers.G.G, 何兆武 譯,『二十世紀的歷史學－從科學的客觀性到後現代的挑戰』, 遼寧教育出版社, 2003.

Immanuel Wallerstein, 羅營渠 譯, 『現代世界體系』 第一卷, 高等教育出版社, 1974.

Ehler Charles · Fanny Douvere, 何廣順 外譯, 『海洋空間規劃—循序漸進走向生態系統管理』, 海洋出版社, 2010.

James Harrington, 何新 譯, 『大洋國』, 商務印書館, 1981.

Janet L. Abu-Lughod, 杜憲兵 · 何美蘭 · 武逸天 譯, 『歐洲霸權之前, 1250~1350年的世界體系』, 商務印書館, 2015.

역자 후기

21세기는 해양의 세기이자 해양이 미래 인류사회의 식량 보고로 자리매김한다는 사실에 대해 그 누구도 부정할 수 없을 것이다. 이에 세계 각국은 해양에 주목하면서 각국 나름의 해양 발전 전략을 구상하거나 실현시키고자 노력하고 있다. '블루 오션'에 대한 관심은 일차적으로 수해양학 등 자연과학이나 공학 관련 학과들의 종합적인 연구에서 출발하여 많은 성과를 거두었다. 이러한 기초 아래 인문사회과학 분야에서도 자연과학 등의 학문과 통섭한 인문해양학이란 분야가 새롭게 주목을 끌고 있다.

주지하다시피 해양에 대한 인식은 일찍이 서구국가들을 중심으로 전개되어 그들 국가의 해양력의 확산으로 전개되었다. 이러한 해양력의 전 세계적 확산은 근대 세계사의 격변을 야기시켰다. 이로 인해 근대 시기는 서구와 동양이라는 이분법적 사고, 즉 제국주의적 패러다임이자 서구 중심의 사고인 서구의 충격과 동양의 반응이라는 비대칭적 구도가 출현하게 되었다. 이에 서구는 해양을 통해 끊임없이 식민지 확장을 꾀하였고, 자신의 해양문명을 이데올로기화하고자 하였다. 그래서 대륙과 해양이라는 이원 대립적 구조 속에서, 대륙은 동양, 전통, 전제專制, 보수를 대표하고, 해양은 서구, 현대, 민주, 개방을 대표하는 것으로 각인시켰다. 이러한 사고는 서구의 자본주의와 결합하여 더욱 큰 힘을 발휘하게 되었지만, 이와 반대로 근대 동양에서의 해양 인식은 대륙 중심의 사고에 얽매여, 그 가치의 인지와 발견에 아무런 노력을 기울이지 않았던 것이다.

20세기 중후반에 들어 근대적 국가질서라는 연속선상에서 중국을 비롯한 아시아 각국들은 자국과 피지배적인 역사 관계에 중점을 두어 해상을 통한 교역과 교류 방면에 일정 정도 연구를 진행하여 왔다. 21세기로 접어들면서 기존의 양국 간이 아닌 다국가적인 각도에서 그들 간의 관계를 살피고 그 속에서 자국의 위치를 파악하려는 경향으로 나아가고 있다. 아울러 현재적 연구에 있어서는 단순히 해양이라는 제한적인 속성에 그치는 것이 아니라 '해역海域'이라는 개념을 제시하여 그 범위를 확대시키고 있다. 다시 말해 해역이라 함은 브로델Braudel의 세계 해역사海域史에 대한 이해에서 시작되어, 바다 세계 그 자체에만 예속되는 것이 아니라 그 바다를 에워싸고 있는 육지들 간의 교류, 즉 해상과 육상의 상호 작용을 모두 포괄하는 개념으로 인식되고 있다. 여기에는 정치, 경제, 사회, 문화 등을 아우르는 학제적 연구가 요구되기에, 기존의 중심과 주변이라는 관점에서 진행되어온 연구에 새로운 기제로 작용할 수 있을 것이다.

1990년대를 들어서면서 서구 중심의 해양 인식에 대한 새로운 전환이 중국을 위시한 동아시아 지역에서 일어났다. 특히 중국은 개혁 개방 이래 해양에 대한 지속적인 관심으로 이에 대한 많은 진전을 이루었고, 21세기로 접어들어서는 해양 발전 전략을 국가전략으로 승격시켰다. 이러한 중국의 국가전략 속에 해양인문인 중국해양문명에 서막을 연 학자가 바로 본 역서의 저자인 양궈전楊國楨 교수이다.

양궈전 교수와의 첫 만남은 2008년 절강해양대학에서 개최된 '중국

해양문화포럼'에서 시작되었다. 당시 양 교수는 '해양과 중국역사문화'라는 주제로 발표를 하였는데, 이것은 해양에 대한 관심에만 그치고 있었던 역자에게 아주 새롭게 다가왔다. 특히 1990년대 초부터 중국학계에서는 해양인문사회과학이라는 새로운 분야의 학문이 진행되고 있었다는 사실은, 여전히 분과학문을 중심으로 한 한국 인문사회관련 학계와 비교해 볼 때 신선한 충격으로 받아들여졌다.

해양인문사회과학이란 학과 간의 교차와 종합적 성격의 연구 분야로, 이 분야에 첫발을 내딛어 선성先聲을 이룬 양 교수는 『해양과 중국』과 『해양중국과 세계』라는 총서 그리고 2016년도에 『중국해양문명주제연구』(전 10권)를 주관하여 출판하였다. 이러한 총서들은 중국해양역사와 문화에 대한 뛰어난 성취이자 중국해양문명사 연구의 새로운 지평을 열었다.

본 역서 『해양문명론과 해양중국』은 『중국해양문명주제연구』(전 10권) 가운데 제1권에 해당한다. 이 저서는 양 교수의 연구 성과를 집대성한 저서로, 해양문명과 해양중국의 기초이론과 실천에 대한 단계적 성과라 할 수 있다. 아울러 이 가운데 일부분은 조사연구보고서, 관련논문, 강연 발표, 인터뷰 등의 내용을 담고 있다. 그래서 본 저서의 내용은 크게 세 부분으로 나누어 다루고 있다. 제1편은 '해양문명론'으로 기초이론 연구에 속한다. 여기에는 해양문명의 개념과 기본 형태 그리고 해양사 연구의 이론 방법을 제시하고 있다. 제2편은 '역사적 해양중국'으로 해양사 연구에 속한다. 여기에는 중국해양역사문화, 중국해양문명의 시대구분, 해양경계와 해양역사 등 시대별 특징을 살펴보고 있다. 이러한 점에서 본 편은 총론 격에 해당된다고 볼 수 있다. 제3편은 '현대적 신해양관'으로 현재적 시점의 연구라 할 수 있다. 여기에는 서양의 해양국가론에 대한 인식, 중국 전통해양문명과 해상 실크로드, 해양중국의 현실적 사고 등의 내용을 담고 있다. 물론 중국의 현대적 신해양관에 대한 사고에 있어 다소 자국 중심주의적 사유를 내포하고 있기에, 이론의 여지를 남기고 있는 한계가 있다.

역자들은 '해양'이라는 개인적 관심사에서 출발한 작업이었기에, 양 교수가 강조하고자 하는 숨겨진 의미를 얼마나 정확히 파악하였는지, 또 이 분야의 전공자에게 본서의 의미를 잘못 전달되는 것이 아닌지 두려움이 앞선다. 역자들의 천박한 지식으로 말미암아 번역에 분명 오류가 적지 않으리라 생각한다. 이 모든 오류의 책임은 전적으로 총괄을 담당한 본인에게 있음을 밝히고자 한다. 부디 전공자들의 기탄없는 질정을 바라마지 않는다. 끝으로 이 역서의 출판을 기꺼이 허락해 주신 소명출판 박성모 사장님과 편집・교정에 정성을 다한 윤소연 선생님 이하 편집부 여러분께 감사의 뜻을 표한다.

역자를 대표하여 김창경